KINDSTÜCHER
IM UNGARISCHEN KOMITAT BARANYA

Anna Szepesi

KINDSTÜCHER IM UNGARISCHEN KOMITAT BARANYA: RITUALDYNAMIK UND KULTURELLE KOMMUNIKATION

Über das rituelle Kindertragen im Zeitalter des ritualisierten Babytragens

EBERHARD KARLS
UNIVERSITÄT
TÜBINGEN

TÜBINGEN
LIBRARY PUBLISHING

Bibliografische Information der Deutschen Nationalbibliothek
Die Deutsche Nationalbibliothek verzeichnet diese Publikation in der Deutschen Nationalbibliografie, detaillierte bibliografische Daten sind im Internet über http://dnb.d-nb.de abrufbar.

Die Online-Version dieser Publikation ist auf dem Repositorium der Universität Tübingen frei verfügbar (Open Access).
http://hdl.handle.net/10900/121492
http://nbn-resolving.de/urn:nbn:de:bsz:21-dspace-1214924
http://dx.doi.org/10.15496/publikation-62859

Tübingen Library Publishing 2022
Universitätsbibliothek Tübingen
Wilhelmstraße 32
72074 Tübingen
druckdienste@ub.uni-tuebingen.de
https://tlp.uni-tuebingen.de

ISBN (Softcover): 978-3-946552-58-1
ISBN (PDF): 978-3-946552-59-8

Umschlaggestaltung: Sandra Binder, Universität Tübingen
Coverabbildung: Anna Szepesi, Tamás Waliczky
Satz: Sandra Binder, Universität Tübingen
Druck und Bindung: Open Publishing GmbH
Printed in Germany

Inhaltsverzeichnis

Die Region wird sowohl Branau als auch Baranya genannt. Im Text werden beide Benennungen gebraucht.

Danksagung

Ich bin vor allem den Menschen aus der Baranya zu Dank verpflichtet, mit denen ich zwischen 2009 und 2017 Interviews führen durfte, in denen sie über die Kultur des traditionellen Baranyaer Kindertragens, die Verwendung des Kindstuchs und der Šarenica sprachen.

Dank meiner Betreuer konnte meine Grundlagenforschung ab 2012 im institutionellen Rahmen fortgeführt werden. Gerhard Seewann (damals leitender Professor des Stiftungslehrstuhls für deutsche Geschichte und Kultur im südöstlichen Mitteleuropa an der Universität Pécs) stand mir von den Anfängen bis zur Entstehung der Diplomarbeit zur Seite und unterstützte meine Forschungsarbeit mit seinen Ratschlägen. Reinhard Johler (Direktor des Ludwig-Uhland-Instituts für Empirische Kulturwissenschaft und wissenschaftlicher Leiter des Instituts für donauschwäbische Geschichte und Landeskunde) ermöglichte es mir, dass ich mein Thema im Rahmen einer Universitäts-Dissertation ausarbeiten konnte und begleitete beratend den Werdegang der Studie bis zu deren Entstehung. Die hervorragenden Vorträge der Professoren des Ludwig-Uhland-Instituts EKW, die inspirierende wissenschaftliche Atmosphäre des Doktorandentreffens in Inzigkofen und die Stipendien des IdGL unterstützten die Vorbereitung. Mein besonderer Dank geht an Lioba Keller-Drescher, Monique Scheer und Bernhard Tschofen, die mit ihren Vorträgen und Seminaren an der Universität Tübingen zur Gestaltung des Themas beitrugen. Gleichermaßen bedanke ich mich bei der Ethnografin Eszter Csonka-Takács, beim Historiker Karl-Peter Krauss, bei der Anthropologin Klára Kuti und beim Geisteswissenschaftler Gábor Werner für ihre Fachberatung.

Die Forschung und die Ausarbeitung des Themas waren selbstfinanziert: Für das Zustandekommen der Dissertation gebührt auch Tamás Waliczky mein Dank, denn die mehrjährige Arbeit wurde aus gemeinsamen bildkünstlerischen Projekten finanziert. Diese Dissertation fasst meine Grundlagenforschung zusammen.

Anna Szepesi
Tübingen, im Januar 2021

1. Einleitung

Das Thema meiner Dissertation ist die Verbindung zwischen dem Tragen des Kindes und den Kindertragetüchern. Im Fokus steht das Kindstuch[1] als Textilie, die dem Tragen von Kindern diente und in Ungarn zur traditionellen Aussteuer der römisch-katholischen Deutschen gehörte, die seit der Kolonisation des 18. Jahrhunderts in Dörfern der Baranya/Branau leben und sich in erster Linie mit Agrarwirtschaft beschäftigten. Die Arbeit konzentriert sich auf die Dynamik der alltäglichen und rituellen Benutzung und auf die Subjekte formende, interaktive Rolle des Objekts. Im Sinne der neuesten Ergebnisse der materiellen Kulturforschung liegt die Betonung nicht mehr auf der detaillierten Beschreibung von Objektgruppen, sondern auf der Analyse der Objektbedeutungen im eigenen Kontext. Auch Gudrun M. König betont, dass die Analyse materieller Kultur sich „an zivilisatorischen Prozessen und alltäglichen Praktiken orientiert, an den Handhabungen, Routinen und Ritualen der Umgangsweisen mit den Gegenständen."[2] Das Ziel ist die Erforschung von komplexen Gesellschaften, in denen Geschichte und Gegenwärtigkeit kontinuierlich ineinanderfließen.[3]

Der Schwerpunkt in Bezug auf die Forschungsperspektiven der Empirischen Kulturwissenschaft der ritualdynamischen[4] Untersuchung fällt auf das Kindertragen im Komitat Baranya sowie auf die Analyse der sich verändernden funktionellen und symbolischen Inhalte, die sich in der Materialität des Kindertragens verbergen. Die Bedeutungsachse ist entlang der Anregung durch die Reproduktion, der Kosmologie, der Sicherung des Heranwachsens und des Schutzes der Nachkommen zu ziehen. An dieser Bedeutungsachse lassen sich biologische, psychologische und soziokulturelle Faktoren assoziieren.

---

1 Die allgemeine Benennung des Tragetuchs in der Baranya lautet Kindstuch. Ortsgebundene Benennungen sind: Einfasstuch (z. B. Újpetre, Liptód), Einpackstuch (z. B. Himesháza, Babarc), Manteltuch (z. B. Véménd, Erdősmecske).

2 König, Gudrun M.: Europäische Ethnologie/Empirische Kulturwissenschaft. In: Samida, Stefanie/Eggert, Manfred K.H./Hahn, Hans Peter (Hg.): Handbuch Materielle Kultur. Bedeutungen, Konzepte, Disziplinen. Stuttgart 2014, S. 279–287, hier S. 279.

3 Vgl. ebd.

4 Vgl. Harth, Dietrich/Michaels, Axel: Ritualdynamik. In: Brosius, Christiane/Michaels, Axel/Schrode, Paula (Hg.): Ritual und Ritualdynamik. Göttingen 2013, S. 123–128, hier S. 124 f. Die Wort-zusammensetzung *Ritualdynamik* lenkt die Aufmerksamkeit auf die dynamischen Prozesse im Sinne der transzendierenden Rituale des Alltags. Die Untersuchung der Dynamik und nicht die der statischen Elemente wird betont. Die Ausarbeitung dieses Paradigmas wurde in den 1990er-Jahren an der Universität Heidelberg vorgenommen.

Untersucht wird ein kulturell vielfältiges Gebiet, das Viereck, das die Siedlungen Pécs–Siklós–Mohács–Erdősmecske bilden. Zeitlich konzentriert sich die Arbeit auf die Mitte und die zweite Hälfte des 20. Jahrhunderts. Die Beziehung zwischen der ersten Verwendung der für das Kindertragen benutzten Textilie, dem Ritus und der Aussegnung (Introductio oder Benedictio mulieris post partum[5]), sowie die Veränderung der liminalen, symbolisch-kommunikativen Rolle werden analysiert. Die Verknüpfung spiegelt die schnellen Modernisierungsprozesse, gesellschaftlich-strukturelle Wandlungen, die Veränderungen um den Muttersegen, um die Rituale des Gebärens und der Geburt, sowie die der traditionellen Familie und des Kindertragens in Europa nach dem Zweiten Weltkrieg wider. Im Laufe der Modernisierung tritt die verbraucherorientierte Erwerbsgesellschaft an die Stelle der produzierenden Agrargesellschaft. In der Knappheitsgesellschaft ist das Verhältnis von Mensch und Gegenstand ganz anders als in der Industriegesellschaft, in der die Beziehung zu materiellen Dingen durch die ausgebreitete Kommodifikation bestimmt wird, wie Gottfried Korff feststellt.[6] „Die Art, wie Gesellschaften praktisch-instrumentellen Umgang mit den Dingen pflegen, entscheidet auch darüber, wie sie ihr Dingbedeutsamkeitssystem ausrichten."[7]

Auf diesem Gebiet führte ich ab 2009 eine Feldforschung durch und führte narrative Interviews[8] zum Kindertragen in der Baranya. Es liegen mir vor allem Erinnerungen von Ungarndeutschen vor, weil das Kindstuch in dieser Bevölkerungsgruppe weit verbreitet war und deshalb eine gute Forschungsmöglichkeit bietet (Bild I/1.). Die Forschungen habe ich auf das *Šarenica*[9]-Tragetuch von römisch-katholischen Schokatzinnen aus Kátoly erweitert (Bild I/2.). Die Schokatzen sind Südslawen, die in der Gegend von Mohács leben. Das von Generation zu Generation vererbte Kindstuch und die Šarenica sind in den untersuchten Regionen auch heutzutage präsent und fungieren gegebenenfalls noch als Gebrauchsgegenstand, Erinnerungsobjekt, als Accessoire des Folklorisierungsprozesses oder haben neue Funktionen im Rahmen der Umnutzung erfahren. Erstes Ergebnis der Untersuchung war eine Ausstellung im damaligen Textilmuseum in Budapest im Jahr 2010.[10] Die Ausstellung stellte die alltägliche und rituelle Funktion der Kindstücher im

---

5 Bárth, Dániel: Asszonyavatás [Aussegnung]. In: Ethnographia CX (2.), 1999, S. 359–398, hier S. 359.

6 Vgl. Korff, Gottfried: Bemerkungen zur Dingbedeutsamkeit des Besens. In: Anzeiger des Germanischen Nationalmuseums und Berichte aus dem Forschungsinstitut für Realienkunde, 1995, S. 33–44. hier S. 33. In der vorliegenden Arbeit werden die Begriffe Ding, Sache, Gegenstand und Objekt synonym verwendet.

7 Ebd.

8 Die Interviews wurden größtenteils auf Ungarisch geführt.

9 Benutzt im Sinne von „etwas Buntes".

10 Szepesi, Anna: Hordozókendő a baranyai németek viseletében. Das Kindstuch bei den Deutschen in der Baranya. In: Dies. (Hg.): Hordozókendők és női sorsok. Hordozókendő a baranyai

geschichtlichen und psychologischen Kontext und im Kontext der Frauengeschichten und *Oral History* dar.[11] Neben den ausgestellten Textilien wurde auf Archiv- und Standaufnahmen, Videofilmen und in Form von Texten das gesammelte, bruchstückhafte Wissen bezüglich einer unsichtbar gebliebenen Welt der weiblichen Sphäre sichtbar. Im Laufe der Feldforschung sind die Interviews im Rahmen von dynamischen Situationen entstanden, einer Art des *Sensory-Ethnography*-Prinzips folgend, wobei die Probanden ein Kleinkind, eine Puppe oder einen Teddybären ins Tuch einhüllten und an sich befestigten (Bild I/20., I/21., I/22.). Die Informationen, die sich in den Objekten sowie im kommunikativen Gedächtnis vererben, werden durch Videodokumentation vervollständigt, die das in den Gesten liegende mimetische Gedächtnis sichtbar macht.

Die Hauptquelle für meine qualitative, empirische Forschung bilden neben den Textilgegenständen narrative Interviews, Familienfotos und Archivaufnahmen sowie archivalische Quellen. Die angewandte *objektbiografische Methode* umfasst sowohl die menschliche Wahrnehmung bezüglich der Objektnutzung, als auch die mehrere Generationen übergreifende Lebensspanne der Textilie.[12] Die aus der Doppellebensperspektive des Menschen und seines Gegenstands betrachteten, in einem Zwischenraum[13] formulierten Objektdeutungen ergeben die Engramme des Kindertragens. Die Objekteigenheiten lassen sich in den Objektbiografien aus der Perspektive der Lebenswelt erfassen, so werden die feinen Unterschiede, die Veränderung des alltäglichen und rituellen Gebrauchs und das Fortleben der Gegenstände sichtbar. Igor Kopytoff fast dies gut zusammen: „What also happens, I would suggest, is that societies constrain both these worlds simultaneously and in the same way, constructing objects as they construct people."[14]

---

németek viseletében. Kindstücher und Frauengeschichten. Das Kindstuch bei den Deutschen in der Baranya. Textilmúzeum, Budapest, 2010a, S. 5–37.

11 Im Katalog zur Ausstellung erschien auch die Studie des Historikers Gerhard Seewann über die Geschichte der Ungarndeutschen im 18.–20. Jahrhundert, der Essay der Psychiaterin Júlia Frigyes über die Psychologie des Kindertragens und die Studie der Verfasserin über die Kindertragetücher.

12 Vgl. Hahn, Hans Peter: Materielle Kultur. Eine Einführung. Berlin 2005, S. 45.

13 Vgl. ebd.

14 Kopytoff, Igor: The cultural biography of things: commoditization as process. In: Appaduraj, Arjun (Hg.): The social life of things. Commodities in cultural perspective. Cambridge 2011, S. 64–91, hier S. 90.

2. Forschungsstand und Fragestellung

2.1. Forschungsstand

Es gibt nur wenige Studien, die sich mit der rituellen Funktionalität und Rolle der europäischen Kindertragetücher beschäftigen. Der Ethnograf Antonín Vaclavík beschreibt in seinem 1956 auf Deutsch erschienenem Werk[15] anhand der Ergebnisse jahrzehntelang eigens durchgeführter Feldforschungen die Textilkultur einiger Gebiete der damaligen Tschechoslowakei. Er analysiert die Textilstoffe und Verzierungstechniken des 19.–20. Jahrhunderts, die an die Übergangsriten geknüpft sind. In erster Linie beschäftigt er sich mit bestickten Gegenständen aus Leinen und mit der Symbolik der Stickmuster. Vaclavík beschreibt die rituelle Anwendung der Ziertextilien, welche in Mähren und in der Slowakei einst fast in jedem Haus in Form von Wochenbett- und Einsegnungstüchern vorhanden waren. Diese fanden ihre zeremonielle Verwendung bei Riten um die Geburt sowie bei Haaropfer-, Hochzeits- und Begräbnisriten.[16] Der Wochenbettvorhang diente grundsätzlich der Isolierung, dem apotropäischen Schutz der Wöchnerin. Im Einsegnungstuch wurde der Säugling nach Ende der Wochenbett-Periode von der Mutter, welche das Kind um sich band, zur kirchlichen Segnung gebracht. Der Gebrauch der Wochenbett- und Einsegnungstücher ist mancherorts nicht eindeutig voneinander zu trennen.[17] Vaclavík betont, dass die Verwendung des Einsegnungstuchs an die Zeit vor der kirchlichen Liturgie, an magische Wahrsageriten, erinnert, da in Mähren der Mutter, die mit ihrem Kind zum Muttersegen ging, zu dieser Zeit 30, ab Mitte des letzten Jahrhunderts neun bis 18, weitere Frauen folgten, die auf Kindersegen warteten und auf der Schulter das eigene Einsegnungstuch trugen.[18]

Die Textil-Anthropologin Patricia Williams basiert ihre Studie auf die Forschungsarbeit von Vaclavík, sie analysiert die magisch-religiöse Rolle des Einsegnungstuchs und

---

15 Vaclavík, Antonín: Volkskunst und Gewebe. Prag 1956.
16 Vgl. ebd., S. 36.
17 Vgl. ebd., S. 35.
18 Vgl. ebd., S. 36.

der Haube, die bei tschechischen und slowakischen Hochzeits-, Geburts- und Begräbniszeremonien getragen wurden.[19] Zur Erläuterung der Prozesse wandte sie die Übergangsriten-Theorie von Arnold van Gennep an und verfolgte im Laufe der Feldforschungsarbeit in den 1990er-Jahren die Beziehung zwischen den Textilien und den Riten. Aufgrund des europäischen Kontextes der Textilien, die sich an rituelle Handlungen knüpfen und dem Kindertragen dienen, sind die beiden oben vorgestellten Werke äußerst wichtig für meine Untersuchung.

Das Baranyaer Kindstuch wurde zuerst von der Ethnografin Zsuzsa W. Sáfrány detailliert als Tragemittel und Teil der Tracht beschrieben.[20] Sie stellt fest, dass das Kindstuch auch bei einigen mit den Deutschen zusammenlebenden Südslawen in der Baranya aufzufinden ist.[21] W. Sáfrány zitiert die ausführlichere, ungarische ethnografische Fachliteratur über das weit verbreitete Kindertragetuch aus Leinen bei den Slowaken in der heutigen Slowakei und bei den ungarischen Palotzen. Die Fachliteratur beschreibt allerdings nur die Tragefunktion und untersucht die rituelle, magische Funktion nicht. Sáfrány zitiert auch Edit Fél, die in ihrem Artikel über die Palotzen in Tura auch die Bräuche um die Wöchnerin, über die Einsegnung, erwähnt, vor allem aber die Trageweise des Leinentragetuches und die Mobilitätsfunktion betont.[22]

Die kulturhistorische Studie von Klára K. Csilléry[23] lenkt die Aufmerksamkeit auf die europäische, mittelalterliche Verwendung der Kindertragetücher, die im Karpatenbecken im bäuerlichen Alltag bis hin ins 20. Jahrhundert Anwendung fanden. Die Ethnografin, die zusätzlich Abschlüsse in Kunstgeschichte und bildender Kunst besitzt, knüpft die bäuerlichen Kindertragetücher an die christliche Ikonografie, indem sie das Erscheinen der Tragetücher im Europa des 14. Jahrhunderts in Maria-Darstellungen und in biblischen Szenen untersucht. Neben den ungarischen ethnografischen Grundforschungen verwendet sie auch die Resultate der internationalen Fachliteratur.

---

19 Vgl. Williams, Patricia: Protection from Harm: The Shawl and Cap in Czech and Slovak Wedding, Birthing and Funerary Rites. In: Welters, Linda (Hg.): Folk Dress in Europe and Anatolia: Beliefs about Protection and Fertility. Oxford u. a. 1999, S. 135–154.

20 Vgl. W. Sáfrány, Zsuzsa: A gyermekhordó kendők Baranyában [Die Kindertragetücher in der Baranya]. In: A Béri Balogh Ádám Múzeum Évkönyve 8–9, 1979, S. 258–260.

21 Vgl. ebd., S. 260.

22 Vgl. Fél, Edit: A turai viselet [Die Tracht in Tura]. In: Néprajzi Értesítő XXIX (1–2), 1937. 84–105, hier S. 91. Zitiert W. Sáfrány 1979, S. 258.

23 Vgl. K. Csilléry, Klára: 14. századi ábrázolások a gyermekhordó kendő alkalmazásáról [Darstellungen zur Verwendung des Kindertragetuchs im 14. Jahrhundert]. In: Szilágyi, Miklós (Hg.): Számadó: Tanulmányok Paládi-Kovács Attila tiszteletére. [Studien zu Ehren von Attila Paládi-Kovács]. Budapest 2001, S. 305–315.

Die zusammenfassende Studie von Attila Paládi-Kovács konzentriert sich auf den Gebrauch der Kindertragetücher in der ungarisch-slowakischen Kontaktzone.[24] Der Autor untersuchte und beschrieb jahrzehntelang die Mittel des Last- und Kindertragens der Region. Eines der am meisten verbreiteten Begriffe für das Kindstuch in jener Gegend hat auf Slowakisch (*tačka*) und auf Ungarisch (*tacska*) einen ähnlichen Klang. Die andere, weit verbreitete ungarische Benennung *tácsi* ist wahrscheinlich auch eine Variante von *tacska*.[25] Der Verfasser verfolgt die Etymologie des Wortes *tacska* in Bezug auf Interpretationen in der ungarischen Sprache, die besagen, dass der Wortstamm *tá* auf die Kindersprache zurückgeführt werden kann und auf die Bedeutung „irgendwohingehen" verweist.[26] Aus der Sicht meiner Untersuchung liefert dieses Ergebnis einen wichtigen Beitrag, da das Wort *tá* in der Kindersprache Mobilität bedeutet und die davon abgeleiteten Begriffe *tačka/tacska* und *tácsi* im Winnicottschem Sinne den *Übergangsobjekt*-Charakter[27] des Kindertragetuchs erahnen lassen.

Im Katalog zur Ausstellung über das Kindertragen in der Baranya, die 2010 im Budapester Textilmuseum stattfand, gehe ich im Rahmen der Übergangsriten auf die Theorie von van Gennep, die die Beziehung des Objekts und des Übergangsritus betrifft, ein.[28] In meiner Studie, die 2017 in der Zeitschrift *Ethnographia* erschien, untersuche ich die interaktive Rolle des Kindstuchs und der Šarenica, Teile der Aussteuer, welche diese in der liminalen Periode nach der Zeit im Wochenbett einnahmen.[29] Einen Rahmen zur Präsentation der Ergebnisse meiner Untersuchung bietet als *Grounded Theory* die Liminalitätstheorie von Victor Turner.

---

24 Vgl. Paládi-Kovács, Attila: Gyermekhordó kendők a felföldi magyar-szlovák kontaktzónában [Kindertragetücher in der ungarisch-slowakischen Kontaktzone in Oberungarn]. In: Ethnographia, 2009/3, S. 267–278.

25 Vgl. ebd., S. 273.

26 Vgl. ebd.

27 Vgl. Winnicott, Donald Woods: Transitional Objects and Transitional Phenomena. In: Ders.: Playing and Reality. London u. a. 2005, S. 1–34, hier S. 2–7.

28 Vgl. Szepesi 2010a, S. 25 f.

29 Vgl. Szepesi, Anna: A rituális gyermekhordástól a ritualizált babahordozásig. Rituáldinamikai folyamatok a baranyai gyermekhordozó kendő (Kindstuch) használatában [Vom rituellen Kindertragen zum ritualisierten Babytragen. Ritualdynamische Prozesse in der Verwendung des Kindstuchs in der Baranya]. In: Ethnographia 128 (2017/4), S. 663–688.

2.2. Fragestellung und Zielsetzung

Die Fragestellung meiner Dissertation richtet sich darauf, inwiefern das untersuchte Objekt eine interaktive Rolle in den den Einzelnen und die Gemeinschaft betreffenden Prozessen spielt, konkret im Veränderungsprozess, der eine Statusveränderung bedeutet, in die Mutter und Kind nach der Geburt gelangen. In meiner Untersuchung ermöglichen die aus empirischer Forschungsarbeit entstandenen Objektbiografien einen Einblick in jene Strukturen, die zur gegebenen Zeit und in der jeweiligen Gesellschaft sowohl in der Welt der Menschen als auch in der der Gegenstände Normen herausbilden.[30] Die Textilien, die sich an eine Wende des menschlichen Lebens knüpfen, sind dazu berufen, die Tiefe und Kontinuität gesellschaftlicher Kontakte zu sichern.[31] Die als Bekleidung getragenen Textilien sind am engsten mit dem menschlichen Körper verbunden, sie bilden einen Teil der kulturellen Deutung des Körpers. Laut der Argumentation der Anthropologin Barbara Kisdi bestimmen die gesellschaftlichen Diskurse diejenigen Rahmen, innerhalb derer man sich des Körpers besinnt.[32] Jede Gesellschaft gestaltet die kulturelle Interpretation und die durch Aspekte der Macht gesteuerte Handhabung des Körpers und nennt dies „Kolonisation des Leibes", was im Falle des Gebärens als ausschließlich weibliche körperliche Funktion prägnant erscheint.[33] Ziel meiner Studie ist es neben dem rituell-symbolischen Inhalt des Kindertragens auch die in der Materialität des Objekts erscheinende Kosmologie zu erfassen, in der sich auf das ideale persönliche, gesellschaftliche und politische Körperbild fokussieren lässt.

2.3. Theoretische Grundlage

2.3.1. Die Ritualtheorie von Victor Turner

Für die Interpretation meiner Forschung der Übergangsriten bezüglich der gebärenden Frau, des Statuswechsels der frisch gewordenen Mutter und der Beziehung zwischen dem Einzelnen und der Gesellschaft, verwende ich die Ritualtheorie des Sozialanthropologen

---

30 Vgl. Kopytoff 2011, S. 89.

31 Vgl. Schneider, Jane: Cloth and Clothing. In: Tilley, Christopher u. a. (Hg.): Handbook of Material Culture. London u. a. 2013, S. 203–220, hier S. 204.

32 Vgl. Kisdi, Barbara: A női test dekolonizációja. A szülés posztmodern szemlélete [Dekolonisation des weiblichen Körpers. Die postmoderne Anschauung der Entbindung]. In: Néprajzi Látóhatár 2012/3, S. 23–44, hier S. 23.

33 Vgl. ebd., S. 23.

Victor Turner. Meine Absicht ist es, die Prozesse mit Hilfe dieser Theorie nicht statisch, sondern in ihrer Veränderung zu erfassen. In diesem System kann sowohl die Positionierung des Ritus der Aussegnung, als auch die symbolische Funktion der untersuchten Kindstücher aus der Baranya, die sie bei verschiedenen Ereignissen einnehmen, gedeutet werden.

Turner, eine herausragende Persönlichkeit der symbolischen Anthropologie, publizierte 1969 sein Buch *The Ritual Process*[34], in dem er das Ritus-Material aufarbeitete, das er während seiner Feldforschung im Kreis des nordwestsambischen Ndembu-Stammes sammelte. Die sich dort herauskristallisierenden Ergebnisse bildeten die Grundlage für seine Ritualtheorie. Den anderen wichtigen Impuls für die Tätigkeit von Turner bot die 1909 erschienene Arbeit *Les rites de passage*[35] von Arnold van Gennep. Van Gennep teilte die Übergangsriten der Lebenskrisen, die durch die gesellschaftliche Statusänderung im Leben des Einzelnen hervorgerufen werden, in drei Phasen. Diese sind die Phase der Separation, wenn der heilige Raum und die heilige Zeit sich von dem profanen Raum und der profanen Zeit trennen, danach folgt eine liminale Zwischenphase und schließlich erfolgt die letzte Phase, die Rückkehr in die Gesellschaft, die Reintegration. Turner kam während seiner Forschungsarbeit zur Erkenntnis, dass die Gennepsche Übergangsriten-These über den Lebenskrisen-Ritus des Einzelnen hinaus auch auf andere rituelle Prozesse, die in der Funktion der Gesellschaft eintreten, erweitert werden kann, z. B. auf Kalenderriten, die sich an Produktionszyklen knüpfen oder auf Veränderungen kollektiven Charakters, wenn die ganze Gesellschaft aus einem Status in einen anderen wechselt.[36]

Turner schrieb der mittleren, sogenannten Gennepschen „Schwellen- bzw. Umwandlungs- oder auch liminale[n] Phase (vom lat. limen = Schwelle)"[37] eine besondere Bedeutung zu. Diese Phase kann auch als eine Zwischenphase bezeichnet werden, da sich die Subjekte des Rituals in einem Übergang befinden, bei dem sie nicht mehr zu dem vorherigen Status und noch nicht zu dem nächsten gehören. Dies bedeutet eine Art Schwellenzustand: Die Symbole der früheren Phase verschwinden, die sich darin befindenden werden strukturell unsichtbar.[38] Die Liminalität steht der normativen, gesellschaftlichen Struktur gegenüber und wird so durch eine Antistruktur charakterisiert. Im

---

34 Turner, Victor: Das Ritual. Struktur und Anti-Struktur. Frankfurt u. a. 2005 [Original: The Ritual Process: Structure and Anti-Structure. Chicago 1969].

35 Gennep, Arnold van: Übergangsriten (Les rites de passage). Frankfurt u. a. 2005 [Original: Les rites de passage. Paris 1909].

36 Vgl. Turner, Victor: Das Liminale und das Liminoide in Spiel, „Fluss" und Ritual. Ein Essay zur vergleichenden Symbologie. In: Ders.: Vom Ritual zum Theater. Der Ernst des menschlichen Spiels. Frankfurt u.a. 2009, S. 28–94, hier S. 83 ff.

37 Ebd., S. 35.

38 Vgl. ebd., S. 38 f.

Zustand der Liminalität, die unabhängig von der Struktur und der Hierarchie ist, kann eine menschliche Gemeinde entstehen, die *Communitas*. Die Communitas kann sich spontan durch ideologische oder normative Gruppenlagerung herausbilden und bedeutet, dass sich zwischen den Menschen, die die Communitas bilden, eine tiefe verbale und non-verbale Verständigung entfaltet.[39] Um die liminalen Erscheinungen zu beschreiben, die vor allem für Stammes- und Agrargemeinschaften charakteristisch sind, entlang von kalendarischen, biologischen oder gesellschaftlichen Kriseprozessen entstehen, sich in die übergreifenden gesellschaftlichen Ereignisse gliedern und kollektiven Charakters sind, führt Turner den Begriff der *Liminoidität* ein. Dieser dient dazu, die symbolischen Äußerungen industrieller Gesellschaften zum Ausdruck zu bringen und die rituellen Erscheinungen der Gegenwart zu deuten. Die Liminoidität steht einer unterhaltsamen, freizeitlichen Handlung nahe und erinnert nur an die Liminalität, die im Wesentlichen an die Randerscheinungen der gesellschaftlichen Hauptprozesse geknüpft ist.[40]

Turner war unter den ersten Forschern, die rituelle Handlungen unter dem Aspekt des Symbolismus und der Performativität untersuchten.[41] Er konstatierte, dass die Gesellschaft die Veränderungen in Form von Ritualen aufarbeitet und die darin vorkommenden Symbole und symbolischen Handlungen als essentiellen Teil von gesellschaftlichen und psychologischen Prozessen betrachtet.[42] Die neuesten Ritualforschungen übten an einigen Hauptelementen von Turners System Kritik und überwanden diese, wie z. B. die Liminoidität. Die Turner-Monografie von Peter J. Bräunlein hebt hervor, dass Turner den Gender-Aspekt außer Acht ließ.[43] Im Zusammenhang mit dem heutigen Kindertragen verwende ich statt des Liminoiditäts-Paradigmas von Turner den Begriff der Ritualisierung: „Als Bewegungsbegriff führt Ritualisierung von einer unmarkierten Alltagssituation zu einer markierten, d. h. programmatisch definierten Ordnung."[44]

---

39 Vgl. ebd., S. 73–81.
40 Vgl. ebd., S. 82 f.
41 Vgl. Harth/Michaels 2013, S. 124.
42 Vgl. Turner 2009, S. 30 f.
43 Vgl. Bräunlein, Peter J.: Zur Aktualität von Victor W. Turner. Einleitung in sein Werk. Wiesbaden 2012, S. 152.
44 Dücker, Burkhard: Ritualisierung. In: Brosius, Christiane/Michaels, Axel/Schrode, Paula (Hg.): Ritual und Ritualdynamik. Göttingen 2013, S. 151–158, hier S. 155.

2.3.2. Das Paradigma Ritualdynamik

Das ab 1990 an der Ruprecht-Karls-Universität in Heidelberg untersuchte Forschungs-
paradigma der Ritualdynamik lenkt die Aufmerksamkeit auf die Interpretation der Rituale, die den Alltag transzendieren und somit auf die dynamischen Prozesse.[45] Das Paradigma verwirft die universalistische Anschauung ritueller Handlungen. Das Augenmerk
der Forschung richtet sich aus mikrosoziologischer Perspektive auf die rituelle Praxis von
marginalisierten Gruppen, womit solche Unsicherheiten reflektiert werden, die durch die
schnellen Modernisierungsprozesse ausgelöst wurden.[46]

Catherine Bell zitiert den Gedanken von Roy Rappaport, wonach Ritual „*the* basic
social act"[47] bedeutet. Zur Unterscheidung und Formulierung des traditionellen und heutigen Kindertragens, das heißt betreffend der Unterschiede der rituellen und ritualisierten
Handlungen, bin ich mit der Definition des Ethnografen Gábor Barna einverstanden:

> „Rituell handeln bedeutet, im Laufe des Alltagshandelns feine Unterschiede, Ge-
> gensätze und Strategien hervorzurufen und wertbelastet voneinander zu unter-
> scheiden. Die Ritualisierung ist nach dieser Auffassung die Wahl zwischen
> Handlungsweisen. Die Ritualisierung ist eine Handlungsweise, die hervorgeho-
> bene/spezifische Gegensätze schafft, sich als wichtiger, besser und wirkungs-
> voller betrachtet."[48]

Verkörperungs-Theorien spielen eine maßgebliche Rolle für mein Dissertationsthema. In
der Leitlinien gebenden Deutung von Gabriele Mentges haben die textilanthropologi-
schen Forschungen folgende Frage zu beantworten: „Wie werden die Bedeutungen von
Kleidung in Bezug zum Körper konstruiert ?"[49] Das Handwerksprodukt (so auch das
Kindstuch), das die Technologie und Ideologie der Gemeinschaft in sich trägt und unmittelbar auf die Sinne und auf den Körper wirkt, ist in die Prozesse, wie die gesellschaftliche *Identitätskonstruktion, Repräsentation und Egokonstruktion*[50], als Akteur involviert. Eine

---

45 Vgl. Harth/Michaels 2013, S. 124.
46 Vgl. ebd. S. 124 f.
47 Rappaport, Roy A.: Ecology, Meaning and Relegion. Richmond 1979, S. 174, zit. nach Bell, Catherine: Ritual Theory, Ritual Practice. New York 2009, S. 54.
48 Barna, Gábor: „Ich bedanke mich für meine Gesundheit." Gästebücher in einem Krankenhaus.
   Acta ethnographica Hungarica. 47. 3–4. 2002, S. 301–307, hier S. 306. Zit. nach Dücker, Burkhard: Ritualisierung. In: Brosius, Christiane/Michaels, Axel/Schrode, Paula (Hg.): Ritual und Ritualdynamik. Göttingen 2013, S. 151–158, hier S. 154.
49 Mentges, Gabriele: Für eine Kulturanthropologie des Textilen. Einige Überlegungen. In: Dies.
   (Hg.): Kulturanthropologie des Textilen. Berlin 2005, S. 11–54, hier S. 22.
50 Vgl. ebd.

Hauptfunktion von Ritualen ist, dass sie Wandlungsprozesse, wie zum Beispiel Erwachsenwerden, Gebären beziehungsweise Geburt und Tod anregen und prägen.[51] Wie werden in diesen Prozessen der menschliche Körper und der rituelle Gegenstand – in der gegenwärtigen Situation das Kindstuch, das als *zweite Haut* den Körper des Tragenden und des Getragenen verbindet, – interpretiert?

Frühere Ritualtheorien betrachteten den menschlichen Körper als Objekt und Instrument der Riten.[52] In der Formulierung von Catherine Bell war die Gestaltung des Körpers der Gegenstand der Untersuchung wie Riten als gesellschaftliche Handlungen („how ritual shapes the body"[53]). Die postmodernen philosophischen Strömungen der 1990er-Jahre, wie auch die Performativitätstheorie der Geschlechter von Judith Butler, bewirkten einen Paradigmenwechsel in der Ritualforschung. Der menschliche Körper bekommt als Subjekt ritueller Handlungen einen besonderen Akzent und die neuen Untersuchungen stellen sich die Frage, wie der Ritus aus der Logik der körperlichen Handlungen entspringt.[54] Wie bringt der Körper den Ritus zustande und wie formt er ihn („how the body shapes ritual"), dies ist der neueste Annäherungsversuch der Fragestellung der Verkörperungs-Theorie.[55]

Maya Nadig vergleicht in ihrer Studie die Hausgeburt, die Rituale um das Gebären von Kulturen unterschiedlicher Gesellschaftsstruktur aus der Perspektive gesellschaftlicher Praxis und ritueller Handhabung der physischen, psychischen und emotionalen Prozesse, die während des Gebärens gegenwärtig sind.[56] Nadig stellt die Erfahrungen der Cuna-Kultur aus Panama, der Maya-Kultur aus Yukatan und Guatemala, sowie die der Hebammen von Hausgeburten in Deutschland einander gegenüber. Dabei grenzt sie ihre Ritualforschung zum Gebären von der radikal gesellschaftlich konstruktiven Richtung der feministischen Anthropologie ab und kommt auf neue Ergebnisse. Demnach ist bei der Konstruktion von Geschlechtern die Rolle der physischen und psychischen Wahrnehmungen ausschlaggebend, da diese auf den Körper wirken und grundsätzlich lokal und gesellschaftlich bedingt sind.[57]

---

51 Vgl. Bräunlein, Peter J.: Ritualdinge. In: Samida, Stefanie/Eggert, Manfred K.H./Hahn, Hans Peter (Hg.): Handbuch Materielle Kultur: Bedeutungen, Konzepte, Disziplinen. Stuttgart u. a. 2014, S. 245–248, hier S. 247.

52 Vgl. Polit, Karin: Verkörperung. In: Brosius, Christiane/Michaels, Axel/Schrode, Paula (Hg.): Ritual und Ritualdynamik. Göttingen 2013, S. 215–221, hier S. 216.

53 Bell, Catherine: Embodiment. In: Kreinath, Jens/Snoek, Jan/Stausberg, Michael (Hg.): Theorizing Rituals: Issues, Topics, Approaches, Concepts. Leiden u. a. 2006, S. 533–543, hier 538.

54 Vgl. Polit 2013, S. 215.

55 Vgl. Bell 2006, S. 538 f.

56 Vgl. Nadig, Maya: Körperhaftigkeit, Erfahrung und Ritual: Geburtsrituale im interkulturellen Vergleich. In: Villa, Paula-Irene/ Moebius, Stephan/Thiessen, Barbara (Hg.): Soziologie der Geburt. Frankfurt/Main u.a. 2011, S. 39–73, hier S. 47 ff.

57 Vgl. ebd., S. 40 f.

Unter den früheren Forschungen ist aus der Sicht meiner Forschungsarbeit die klassische Studie von Marcel Mauss über die Körpertechnik aus dem Jahr 1934 relevant, in der er neben der kulturellen Bedingtheit des menschlichen Körpergebrauchs die bidirektionalen psychosomatischen Auswirkungen des Kindertragens und des Getragenwerdens erörtert.[58] Für einen bedeutenden Gestalter des Körpergebrauchs hält er die gesellschaftliche Determiniertheit, den *Habitus*. Den Begriff Habitus führt Mauss in die französische Soziologie ein, Pierre Bourdieu entwickelte diesen später weiter. Mauss hält sowohl bei Kindern als auch bei Erwachsenen die holistische Einheit der biologisch-psychologisch-gesellschaftlichen Bestandteile bezüglich der mimetischen Aneignung von Körpertechniken für ausschlaggebend. In der Interpretation von Stanley J. Tambiah aus dem Jahre 1979 ist das Ritual ein kulturell bedingtes, symbolisches Kommunikationssystem.[59] Der Ritus wird aus den Sequenzen bestimmter Wörter und Taten oft in multimedialen Ausdrucksformen aufgebaut. Die Feststellung von Tambiah, wonach der kulturelle Inhalt in einer kosmologischen oder ideologischen Konstruktion formuliert wird[60], bringt mich dem kulturanthropologischen Verständnis des rituellen Kindstuchs und des Kindertragens näher.

Die neueren Untersuchungen gehen dem performativen und kommunikativen Charakter der Rituale nach. Die Rituale wollen anders als verbale Äußerungen die veränderten Bedeutungen in erster Linie nicht erzählen, sondern die Betroffenen in die neue Lage versetzen.[61] Rituelle Bewegungen wie zum Beispiel der Tanz, die verschiedenen Prozessionen oder die Teilnahme mit dem in das Kindstuch gewickelte Kind an der Aussegnung bedeuten kinästhetische Erfahrungen, die „verkörperte Erinnerungen schaffen".[62] Diese verkörperten Erinnerungen formen die Person und die Identität.[63] Während der rituellen Bewegungen werden die kulturelle Identität und das kollektive Gedächtnis einer Gemeinschaft zur Wahrnehmung und Weitergabe bereitgestellt.[64] Wie Barbara Stollberg-Rilinger formuliert:

> „Einfache soziale Gemeinschaften werden durch das Ritual und im Ritual performativ auf Dauer gestellt; sie existieren als Gemeinschaft gewissermaßen nur

---

58 Vgl. Mauss, Marcel: Die Techniken des Körpers. In: Ders.: Soziologie und Anthropologie, Bd. 2. Gabentausch, Soziologie und Psychologie, Todesvorstellung, Körpertechniken, Begriff der Person. Frankfurt/Main u. a. 1978, S. 199–220, hier S. 210 f.

59 Vgl. Tambiah, Stanley J.: Eine performative Theorie des Rituals. In: Belliger, Andréa/Krieger, David J.: Ritualtheorien. Ein einführendes Handbuch. Luzern 2013, S. 223–246, hier 225.

60 Vgl. ebd., S. 226.

61 Vgl. Stollberg-Rilinger, Barbara: Rituale. Frankfurt/Main 2013, S. 196.

62 Polit 2013, S. 217.

63 Vgl. ebd.

64 Vgl. ebd., S. 219.

durch die kollektive Teilnahme am Ritual. So konstituiert sich beispielweise eine Christengemeinde durch Teilnahme an Taufe und Eucharistie [...]."[65]

2.3.3. Diversity und Kommunikation

Die Kindertragetücher aus der Baranya (Kindstuch, Šarenica) bilden den Teil einer repräsentativen Kultur handgewebter Wolltextilien, die auf dem heutigen Gebiet Ungarns einzigartig ist und bis ins 21. Jahrhundert verfolgt werden kann. Die Welt der südslawischen Wollgewebe, die balkanische Einflüsse aufweisen— wie die repräsentativen Wollgewebe der Serben aus Somberek, der Schokatzen aus Kásád aus der Region der Drau oder die Teppiche der nach 1945 angesiedelten Szekler aus der Bukowina – erscheint auch in den Interviews, die ich während meiner Feldforschungsarbeit anfertigte. In meiner Studie lassen die ungarndeutschen Kindstücher und die Šarenica der Schokatzen einen objektbiografischen Einblick zu, wie sich der aus der Anwesenheit mehrerer Volksgruppen formende Raum organisiert und wie sich Grenzen und Wechselwirkungen in dieser Diversität herausbilden. Frederik Barth erläutert in seinem Essay von 1969, dass die Grenzlinien ethnischer Gruppen nicht durch die Zugehörigkeit zu unveränderbarer, kultureller Einheit bedingt sind, sondern dass die Grenzlinien selbst gesellschaftliche Produkte sind.[66] Die ethnische Einheit wird durch die Aufrechterhaltung, durch die Übergänge der Grenzlinien und durch das Verhältnis zum Anderen bestimmt. Die Zugehörigkeit zu einer ethnischen Gruppe ist Frage der Identität.[67] Die Kultur des Kindertragens in der Baranya und die Baranyaer Wollgewebe-Kultur wird als Einheit betrachtet, die Feststellung von Claude Lévi-Strauss vor Augen haltend: „Die Verschiedenheit der Kulturen darf uns also nicht zu einer aufspaltenden oder gespalteten Betrachtungsweise veranlassen. Sie ist weniger eine Funktion der Isolierung als vielmehr der gegenseitigen Beziehung der einzelnen Gruppen."[68]

Moritz Csáky befasst sich in seinem kulturgeschichtlichen Essay *Culture as a Space of Communication* mit der Heterogenität der mitteleuropäischen Region und der Nationalisierung der Kultur im 19.–20. Jahrhundert. Seiner Ansicht nach sollten solche künstlichen Begriffe wie ethnische Gruppe, Nation, nationale Kultur und nationale Geschichte vermieden werden, da die kulturellen Prozesse nicht innerhalb nationaler und politischer Grenzen geschehen, sondern durch transnationale und transterritoriale Zusammenhänge

---

65 Stollberg-Rilinger 2013, S. 227.
66 Vgl. Barth, Fredrik: Introduction. In: Ders. (Hg.): Ethnic Groups and Boundaries. The Social Organization of Culture Difference. Long Grove 1998, S. 9–38, hier S. 15 f.
67 Vgl. ebd., S. 14 f., 17.
68 Lévi-Strauss, Claude: Rasse und Geschichte. Frankfurt/Main 1972, S. 13.

gestaltet werden.[69] Csáky empfiehlt seine These *culture as a space of communication* als alternatives, pluralistisches Modell anstelle der nationalistischen Kategorien. Dieser Anschauung folge auch ich in meinem Aufsatz. Den Begriff der Kultur interpretiert er nach Bronislaw Malinowski als „breitesten Kontext menschlichen Verhaltens".[70] Er beschreibt die funktionale Rolle der Kultur als Kontrollsystem, herausgebildet aus den Handlungsmustern der gesellschaftlichen Gruppen, wobei er sich auf Clifford Geertz und Simon Frith bezieht.[71] Csáky zitiert die Gedanken von Frith, wonach die kulturellen Handlungen nicht durch den Ausdruck der durch die Gruppe vertretenen Werte entstehen, sondern dass sich die Gruppe anhand von aktuellen, kulturellen Handlungen und ästhetischen Entscheidungen selbst bestimmt.[72] Csáky definiert die Kultur als Gesamtdepot von Verhaltensmustern, als Raum der Kommunikation:

> „Culture should thus be defined as a repertoire of elements, signs, symbols, or codes by means of which individuals communicate with each other. Culture is a space of communication in which lifeworlds are constituted and power relations are reconfigured by the establishment and dislocation of signs. Culture is a space of communication with permeable frontiers, new elements are continuously inserted, others are divested of their significance (or meaning), or are recorded or discarded. Thus, culture is a fabric of orienting threads, of linguistic as well as mimetic forms of conduct and pattern of expression; in short, of meaning by which individuals and social groups try to maneuver within an all-encompassing social space."[73]

Aus den Objektbiografien in meinem Beitrag gehen die Veränderungen des gesellschaftlichen Systems hervor, mit den Worten von Kopytoff: „[...] a society orders the world of things on the pattern of the structure that prevails in the social world of its people."[74] Bekleidungsgegenstände verfügen neben ihrer Gebrauchsfunktion auch über eine Symbolrolle. „Dinge sind Zeichen, wenn sie bei ihrer Verwendung und Wahrnehmung Sinn

---

69 Vgl. Csáky, Moritz: Culture as a Space of Communication. In: Feichtinger, Johannes/Cohen, Gerry B. (Hg.): Understanding Multiculturalism: The Habsburg Central European Experience. New York u.a. 2014, S. 187–208, hier S. 200.

70 Malinowsky, Bronislaw: A Scientific Theory of Culture and Other Essays. New York 1961, S. 5. Zitiert nach Csáky 2014, S. 195.

71 Vgl. Csáky 2014, S. 195.

72 Vgl. Frith, Simon: Music and Identity. In: Hall, Stuart/du Gay, Paul: Questions of Cultural Identity. London 1996, S. 108–127, hier S. 111. Zitiert nach Csáky 2014, S. 195.

73 Csáky 2014, S. 195.

74 Kopytoff 2011, S. 90.

erlangen und eine spezifische, non-verbale Kommunikation ermöglichen."[75] Man kann
die gesellschaftlichen Codes von Kleidertrachten so deuten lernen, wie man verschiedene
Sprachen erlernt, zitiert Gabriele Mentges die strukturell-funktionalistische Annäherung
von Petr Bogatyrev[76] und stellt Folgendes fest: „Durch ihren Zeichencharakter kann die
Tracht eigentlich erst ihre Rolle als Kommunikationsträger erfüllen."[77] Die Kindstücher
in der Baranya zeugen vom Zusammenleben mehrerer Volksgruppen im 21. Jahrhundert
(z. B. in Kátoly: Südslawen, Ungarn, Deutsche und Roma). Die interaktiven Beziehungen
zwischen dem Kindertrageobjekt und den Subjekten sowie die Analyse kontextualisierter
Objektbedeutungen führen dazu, dass die kulturanthropologische Frage des Kindertragens in der Baranya in individuellen, gesellschaftlichen, wirtschaftlichen und kulturellen
Prozessen gedeutet werden kann.

2.3.4. Diversity und Forschungsethik

Die Beschaffenheit meiner Studie wird grundsätzlich durch die anthropologische Forschungsethik gekennzeichnet. Im Laufe meiner Forschung untersuche ich eine auch eigens erlebte, weibliche Erfahrung, das Tragen des infolge der menschlichen Reproduktion auf die Welt gekommenen Kinds in der traditionellen Baranyaer Gebär- und Trage-
kultur. Die untersuchte Region befindet sich auf eigenem geografischem Gebiet, also
innerhalb Ungarns, der Großteil der Interviews wurde mit Gewährspersonen doppelter
Identität (in erster Linie ungarisch-deutsch, ungarisch-kroatisch, ungarisch-serbisch) in
der gemeinsamen Sprache, nämlich Ungarisch, geführt.

In den Gesellschaftswissenschaften befassen sich nur wenige mit der Kultur des Kindertragens, auch die Kultur der Geburt war Mangelgebiet der Forschung, erst in den
letzten Jahren wuchs das Interesse in diesem Bereich. Jane Redlin, eine der Veranstalter
der Berliner Ausstellung zum Thema *Mobilität mit Kleinkindern*[78] im Museum Europäischer

---

75 Kienlin, Tobias L./Widura, Anne: Dinge als Zeichen. In: Samida, Stefanie/Eggert, Manfred K. H./Hahn, Hans Peter: Handbuch Materielle Kultur: Bedeutungen, Konzepte, Disziplinen.
  Stuttgart u. a. 2014, S. 31–38, hier S. 31.
76 Vgl. Bogatyrev, Petr: The Functions of Folk Costume in Moravian Slovakia. Den Haag u. a. 1971,
  S. 83. Zitiert nach Mentges, Gaby: Erziehung, Dressur und Anstand in der Sprache der Kinderkleidung. Frankfurt/Main u. a. 1989, S. 38.
77 Mentges 1989, S. 38.
78 Vgl. Dilger, Julia/Redlin, Jane: KinderMobil. Kleine Helfer für kleine Helden. (Begleitbuch zur
  Ausstellung des Museums Europäischen Kulturen – Staatliche Museen zu Berlin, 1. 4. 2007–
  4. 1. 2009). Schriften der Freunde des Museums Europäischer Kulturen, Heft 6. Berlin 2007.

Kulturen im Jahre 2007 schrieb: „Bereits die wissenschaftliche Beschäftigung bzw. Nicht-beschäftigung mit diesen Mobilitätshilfen ist symbolisch aufgeladen."[79] Im Umriss der Alltagskultur erhielten die Erfahrungen der kindertragenden Frauen nicht genügend Aufmerksamkeit, auch die Genderforschung war nicht auf dieses Gebiet fokussiert.[80] Meine Untersuchung konzentriert sich auf die Rolle des Kindertragetuchs im Reproduktionsprozess, mit besonderem Fokus auf das bisher weniger erforschte, traditionelle Kindertragen und im weiteren Sinne auf die Kultur der Geburt.

Nadig konstatiert, dass das Hausgeburtensystem der Bauerngesellschaft und das der konsumorientierten Gesellschaft sowohl inhaltlich als auch in der Symbolik zahlreiche Unterschiede in sich tragen:

> „Unterschiedlichkeit der Epochen, Gesellschaften, Gruppen oder Milieus begründet, die die Geburt tragen, und andererseits beziehen sich die Differenzen auf die unterschiedlichen symbolischen Konstruktionen des ‚Körpers', der ‚Frau', der ‚Mutter', der Beziehung zwischen Mann und Frau und zwischen Frau und Frau."[81]

Nichtsdestotrotz weist das holistische Gebärmodell kulturenverknüpfende Gemeinsamkeiten auf. Laut Nadig werden während der holistischen Entbindungsleitung körperliche, seelische, psychische Strömungen zu Erfahrungen und in den entstehenden Verkörperungsprozessen verbergen sich Gleichheiten.[82] Die Verbindung zwischen dem rituellen Kindertragen und ritualisiertem Babytragen – das Thema einer meiner früheren Studien[83] – knüpft sich an die Gleichheiten der die Kulturen verbindenden, holistischen Geburtsrituale.

Als Teil der Forschungsethik hielt ich es für wichtig, die „Gleichheit herzustellen"[84], also die während der Sammlung des empirischen Stoffes, beim Führen der Interviews, eventuell auffallenden Diversitätskategorien (Alter, gesellschaftliche Stellung, Weltanschauung, Religion, Herkunftsidentität) zwischen Forscherin und Befragten zu überbrücken. Das Gefühl der Gleichheit konnte auch anhand der gemeinsamen Erfahrung des

---

79 Redlin, Jane: Kitras – Alltagsdinge und Symbolträger. Eine Forschungsskizze. In: Tietmeyer, Elisabeth u.a. (Hg.): Die Sprache der Dinge – kulturwissenschaftliche Perspektiven auf die materielle Kultur. Münster u. a. 2010, S. 163–171, hier S. 163.

80 Vgl. ebd.

81 Nadig 2011, S. 39.

82 Vgl. ebd., S. 69.

83 Vgl. Szepesi 2017, S. 678 f., 682.

84 Becker-Schmidt, Regina/Bilden, Helga: Impulse für die qualitative Sozialforschung aus der Frauenforschung. In: Flick, Uwe u. a. (Hg.): Handbuch Qualitative Sozialforschung. Grundlagen, Konzepte, Methoden und Anwendungen. Weinheim 1995, S. 23–30, hier S. 27.

Kindertragens hergestellt werden. Ich konnte die Teilnehmer*innen der Befragung durch spielerische Interaktionen kennenlernen, wie beispielsweise beim Anbringen der Kindstücher am Körper (die Gesten, die körperliche Erfahrung der Verwendung, „embodied experiences"[85]), Videoaufnahmen und gemeinsamen Gestalten von Ausstellungen aus dem gesammelten Material. Durch zahlreiche Gespräche sind zwischen uns enge Beziehungen entstanden.

Der Kulturwissenschaftler Werner Schiffauer lenkt in seiner Studie aus dem Jahr 1996 die Aufmerksamkeit auf die Krise der ethnologischen Repräsentation. Schiffauer zeigt auf diejenigen Komponenten, durch die die Feststellung der Unterschiede, die Konstruktion der „anderen Kultur", das sogenannte *othering*, in den 90er Jahren problematisch wurde, obwohl dies in den 70ern noch an „Emanzipation und Subjekthaftigkeit" geknüpft werden konnte.[86] Schiffauer fasst diese Veränderung in drei wesentlichen Aspekten zusammen: Er hebt die neuartige Verantwortung des durch die Kulturanthropologie konstruierten Wissens hervor, warnt vor dem Gewicht und der Manipulierbarkeit der anthropologischen Feststellungen und betont ferner, dass die Ethnologen in den globalisierten, postmodernen Gesellschaften die Ethik der „political correctness" zu befolgen haben.[87] Schiffauer konstatiert:

> „Auch das als positiv repräsentierte Andere ist problematisch – und zwar deshalb, weil die Vermutung existiert, dass jede Konstatierung von Differenz (und sei sie noch so positiv gemeint) Hierarchie, also Macht, Unterordnung, Ausgrenzung – wenn nicht gar Vernichtung – impliziert oder nach sich zieht."[88]

Er hebt hervor, dass Ethnologen zur Behandlung des Problems verschiedene Strategien ausgearbeitet haben. Von diesen Gesichtspunkten halte ich mehrere für befolgenswert, zum Beispiel den Fokus auf die „Thematisierung und Konzeptualisierung des Raumes *zwischen* den Kulturen"[89], die Analyse kultureller Phänomene in dynamischen Prozessen, die Erforschung der eigenen Kultur und die Hinwendung zur erlebten und erbauten Kultur durch das Individuum. Schiffauer plädiert dafür, dass Anthropologen trotz der Ge-

---

85 Pink, Sarah: Doing Sensory Ethnography. Los Angeles u. a. 2015, S. 79.
86 Schiffauer, Werner: Die Angst vor der Differenz. Zu neuen Strömungen in der Kulturanthropologie. In: Zeitschrift für Volkskunde 92, 1996, S. 20–31, hier S. 21.
87 Vgl. ebd., S. 25 ff.
88 Ebd., S. 21.
89 Ebd., S. 28 f.

fahren Geschichten über das Anderssein von Kulturen erzählen müssen. „Und zwar deshalb, weil ich die radikale Kritik am Eigenen vermissen würde, die nur durch das Aufscheinen des Anderen möglich ist."[90]

Die feministische Anthropologin palästinensisch-amerikanischer Herkunft Lila Abu-Lughod grenzt sich in ihrem Essay *Writing against Culture*[91] von den ethnografischen Schriften und dem Kulturbegriff aus den Studien *Writing Culture*[92] ab. Zusätzlich setzt sie sich das Ziel, einen Weg zur Aufhebung der Dichotomie zwischen dem „Ich" und dem „Anderen" zu finden. Abu-Lughod meint, dass die Dichotomie in den anthropologischen Schriften durch die konstruierten Kulturdarstellungen erschaffen und gestärkt wird. Anthropologen sollten eigentlich gerade das entgegengesetzte Ziel verfolgen und Strategien ausarbeiten, mit denen sie gegen die Konstruktion von Kultur schreiben könnten. Abu-Lughod schlägt als Ausweg drei Strategien vor (*discourse and practice, connections, ethnographies of the particular*[93]), von denen ich in meiner Forschung den Weg der Ethnografie des Partikularen verfolge, indem die objektbiografische Wahrnehmung der einzelnen Kindertragetücher die Annäherung an das Thema bedeutet. Abu-Lughod argumentiert dafür, dass in den Gesellschaftswissenschaften die Methode der Verallgemeinerung nicht als neutral angesehen werden kann.[94] „For these reasons I propose that we experiment with narrative ethnographies of the particular in a continuing tradition of fieldwork-based writing."[95]

Die soziologischen Konzeptionswurzeln der *Diversity* reichen bis zu den amerikanischen, bürgerrechtlichen Bewegungen gegen rassistische Diskriminierung und Segregation der Afroamerikaner und zu den Bewegungen von Minderheitengruppen wie die Frauenbewegung zurück.[96] Ab den 1990er-Jahren wurde die Verhinderung jedweder Diskriminierung aufgrund ethnischer Herkunft, der Sprache, der Religion und des Weltbildes, des Alters, des Geschlechts und der sexuellen Orientierung, der Behinderung und der gesellschaftlichen Schicht zu einer politischen Richtlinie der Europäischen Union.[97]

---

90 Ebd., S. 30 f.

91 Abu-Lughod, Lila: Writing Against Culture. In: Fox, Richard G.: Recapturing Anthropology. Working in the Present. Santa Fe 1991, S. 137–162, S. 137 f.

92 Clifford, James/Marcus, Georg E. (Hg.): Writing Culture: The Poetics and Politics of Ethnography. Berkerley u. a. 1986.

93 Abu-Lughod 1991, S. 147 ff.

94 Vgl. ebd., S. 149 f.

95 Ebd., S. 153.

96 Vgl. Wolf, Eli: „We are here, we are queer, get used to it." Diversity-Management als professionelles Handeln in der sozialen Arbeit am Beispiel sexueller Orientierung. In: Aschenbrenner-Wellmann, Beate (Hg.): Mit der Vielfalt leben. Verantwortung und Respekt in der Diversity- und Antidiskriminierungsarbeit mit Personen, Organisationen und Sozialräumen. Stuttgart 2009, S. 112–137, hier S. 120.

97 Vgl. ebd., S. 113 f.

Mit dem Slogan „Diversität ist unser Geschäft" fasst Ulf Hannerz in seiner Studie zusammen, auf welche Schwerpunkte sich Anthropologen konzentrieren sollten.[98] Hannerz meint, dass sich aus der Untersuchung der Diversität die Vermeidung des Ethnozentrismus ergibt; die anthropologischen Untersuchungen sollten sich nicht auf die Vergangenheit konzentrieren, sondern auf Prozesse, die sich herausbilden, die in der Entstehungsphase sind.[99]

In der repräsentativen Wollgewebekultur des Komitats Baranya und in der Varietät der Kindertragetücher offenbart sich die historisch herausgebildete, gesellschaftliche Diversity. Die *Hybriditätstheorie* von Martin Sökefeld bringt mich näher an die Evaluierung des empirischen Basisstoffes bezüglich des rituellen Kindertragens in der Baranya. Sökefeld konstatiert:

> „Hybridität bezeichnet dann die Vorstellung, dass Übergänge, Passagen und Zwischenräume genauso ‚normal' sind wie Prozesse der Vermischung, dass es keine ursprüngliche ‚Reinheit' von und Trennung zwischen Kulturen gibt, und dass Kulturen – wenn man denn das Konzept im Plural überhaupt beibehalten möchte – nicht als scharf voneinander abgegrenzt gedacht werden können, sondern als Gebilde, die an den Rändern ‚ausfransen', und ohne scharfe Grenze in einander übergehen."[100]

---

98 Hannerz, Ulf: Diversity is Our Business. In: American Anthropologiest 112 (2010), H. 4, S. 539–551, hier S. 539.

99 Vgl. ebd., S. 547.

100 Sökefeld, Martin: Zum Paradigma kultureller Differenz. In: Johler, Reinhard (Hg.): Europa und seine Fremden. Die Gestaltung kultureller Vielfalt als Herausforderung. Bielefeld 2007, S. 41–57, hier S. 48.

3. Methodisches Vorgehen

3.1. Forschungskonzept

In der materiellen Kulturforschung steht der am Körper getragene Textilgegenstand, der Medium kultureller Inhalte ist, an hervorgehobener Stelle. Er ist mit dem menschlichen Körper am engsten verbunden und deutet immer auf den Akteur hin.[101] Die Kindstuchtextilie repräsentiert für das Kind eine der ersten sinnlichen (haptischen, olfaktorischen, gustatorischen, und visuellen) Wahrnehmungen der Objektwelt der Außenwelt, sie bietet ein illusorisches Raumerlebnis, Körperkontakt mit der Trägerin/dem Träger. Im Mittelpunkt meiner Forschung steht die sich zwischen Mensch und Trageobjekt ausdehnende Interaktivität, das hermeneutische Erfassen der entsprechenden, biologisch-psychisch-gesellschaftlichen Übergangsprozesse. Die moderne Materialkulturforschung fragt, wie Dinge an den Selbstbestimmungsversuchen des Einzelnen und gesellschaftliche Gruppen an der Herausbildung eines Identitätsbildes mitwirken.

Gudrun M. König und Zuzanna Papierz heben hervor, dass bei der Untersuchung von Trachtgegenständen die zentralen Themen die Folgenden sind: „[...] Körperlichkeit, die Praktiken und Akteure, die Materialität und Sichtbarkeit [...]".[102] Ich wählte bei meiner empirischen Forschungsarbeit zur Erfassung der Interaktionen zwischen dem Gegenstand und dem Subjekt qualitative Methoden. Im Falle der Gesellschaftswissenschaften kann eine Erscheinung mithilfe der qualitativen Methoden in ihrer Ganzheit und auch differenziert erfasst werden.[103] Mit Anwendung qualitativer Methoden kann man die Gesellschaft und die die Kultur ausmachenden Lebenswelten aus einer emischen Perspektive, aus dem Gesichtspunkt der Akteure verstehen. Auf diese Weise können Wissen, Kommunikationsformen und Interaktionen untersucht werden, Aspekte, die in der Welt des Alltags die Handlungen der Menschen beeinflussen. Die Mittel der qualitativen Forschung werden durch den Gegenstand der Untersuchung bestimmt.

---

101 Vgl. Mentges 2005, S. 21.

102 König, Gudrun M./Papierz, Zuzanna: Plädoyer für eine qualitative Dinganalyse. In: Hess, Sabine/Moser, Johannes/Schwertl, Maria (Hg.): Europäisch-ethnologisches Forschen. Neue Methoden und Konzepte. Berlin 2013, S. 283–307, hier S. 298.

103 Vgl. Kleining, Gerhard: Methodologie und Geschichte qualitativer Sozialforschung. In: Flick, Uwe, u. a. (Hg.): Handbuch Qualitative Sozialforschung. Grundlagen, Konzepte, Methoden und Anwendungen. Weinheim 1995, S. 11–22, hier S. 14.

Interview-Methoden, teilnehmende Beobachtung und materielle und archivalische Quellen bilden abhängig vom Thema und von den Gegebenheiten die Basis der empirischen Datenerhebung. Ziel meiner Forschung ist die Untersuchung der Reproduktion, die sich an das Kindertragen und an den Kindertragegegenstand knüpft sowie der Übergangsperioden und -prozesse, Interaktionen um die Geburt. Von den Beziehungen zwischen den Beteiligten dieser Forschung und von den individuellen Gegebenheiten kann nicht abgesehen werden. Die Befragten berichten über ihre eigenen Erfahrungen weiblicher Lebensgeschichten, die Forscherin schöpft die Fragen aus der eigenen Lebenserfahrung und muss ihren individuellen Standpunkt zum Objekt der Selbstreflexion machen. Zur Analyse der empirischen Daten verwende ich die Technik der *Grounded Theory*, die nach dem Prinzip der induktiven Logik die einzelnen empirischen Erscheinungen einer umfassenden Theorie näherbringt.[104] Als qualitative Annäherung der Dinganalyse verwende ich das *Dingbedeutsamkeitskonzept*[105] von Karl-Sigismund Kramer und Gottfried Korff aus einer „lebensweltlich-ethnografischen Perspektive"[106]. Die Formulierung durch König und Papierz ergibt folgende Konzeption:

> „Dinge werden als Objekte der Forschung in ihrer wissens- und bedeutungsgenerativen Rolle verstanden, als Protagonisten, die sich wandeln, handeln, zeigen und sprechen. Zu den Grundvorstellungen der materiellen Kultur gehört, dass Dinge nicht nur in ihrer Materialität und Funktionalität zu betrachten, sondern mit Sinn versehen und mit Bedeutung aufgeladen sind, die kontextabhängig abgerufen werden können."[107]

Ich verwende die Objektbiografie der *dichten Beschreibung* im Geertzschen Sinne, also zur Rekonstruktion des empirischen Stoffes, der mithilfe von qualitativen Methoden offengelegt wird. Die Objektbiografie ist eng mit der Biografie des Objektbenutzers verbunden, weist jedoch über diese hinaus, betrifft mehrere Generationen und folgt den Bewegungen und Veränderungen des gesellschaftlichen Lebens einer Mikrogemeinschaft.

---

104 Vgl. Wiedemann, Peter: Gegenstandsnahe Theoriebildung. In: Flick, Uwe, u.a. (Hg.): Handbuch Qualitative Sozialforschung. Grundlagen, Konzepte, Methoden und Anwendungen. Weinheim 1995, S. 440–445, hier S. 440 ff.

105 Vgl. König/Papierz 2013, S. 294 f.

106 Ebd., S. 301.

107 Ebd., S. 302.

3.2. Methodik A: Feldforschung

3.2.1. Körpererfahrung als teilnehmende Beobachtung

Mauss betont bei der Untersuchung der kulturell bedingten Körpertechniken den grundsätzlich mimetischen Charakter der Aneignung, auch auf das Kindertragen erweitert.[108] Bei der kulturanthropologischen Untersuchung des Kindertragens in der Baranya erhält die *Körpererfahrung*[109] als Wahrnehmungsmethode eine Rolle im Laufe der Feldforschung, da es sowohl aus dem Aspekt des Getragenen als auch aus dem des Tragenden um ein Objekt und um eine Handlung geht, die mit der Körperlichkeit eng verbunden sind. Der Zugang zum Gelände, die Kontaktaufnahme mit den *doorkeeper/ Türöffner[110]*-Personen, die Herausbildung der Sympathie, das Kennenlernen der sich an den Gegenstand knüpfenden Gesten und die Selbstreflexion wurden durch ein kinästhetisch-interaktives Spiel noch zu Beginn der Forschung, im Jahre 2009 ermöglicht. Dies bestand darin, dass ich mir mithilfe von Expertinnen aus Himesháza den Gebrauch des Tragetuchs angeeignet habe, ich habe mir das Kindstuch und die Šarenica umgebunden und damit auch die Geschichte dieser Region, die Familiengeschichte der einzelnen Akteure rezipiert. Des Weiteren habe ich etwa ein Dutzend Videoaufnahmen gemacht, in denen zu sehen ist, wie sich die Gewährspersonen das Tragetuch umbinden, indem sie eine im Haus auffindbare Puppe oder einen Teddy ins Tuch gebunden haben. Aus dem aufgezeichneten Dokumentarmaterial entstand ein Videofilm, der bei der Ausstellung im Textilmuseum in Budapest im Jahre 2010 zu sehen war.[111]

Die Körpererfahrung galt im Laufe der problemorientierten, intensiven Feldforschung und bei der Führung von Interviews über die erste, *explorative Phase* der empirischen Datenerhebung hinaus als zentrales Erkenntnisinstrument.[112] Die Beziehungen, die ich zu den Gewährspersonen aufbauen konnte, beeinflussten grundsätzlich die Sammlungsmöglichkeit empirischer Materialien. Zwischen mir und einzelnen Himesházaer Schlüsselfiguren der Datenerhebung und dank des *Schneeballsystems*, durch

---

108 Vgl. Mauss 1978, S. 210 f.

109 Mohr, Sebastian/Vetter, Andrea: Körpererfahrung in der Feldforschung. In: Bischoff, Christine/Oehme-Jüngling, Karoline, Leimgruber, Walter (Hg.): Methoden der Kulturanthropologie. Bern 2014, S. 101–116, hier 101 ff.

110 Schmidt-Lauber, Brigitta: Feldforschung. Kulturanalyse durch teilnehmende Beobachtung. In: Göttsch, Silke/Lehmann, Albrecht (Hg.): Methoden der Volkskunde. Positionen, Quellen, Arbeitsweisen der Europäischen Ethnologie. Berlin 2007, S. 219–248, hier S. 230.

111 Vgl. Szepesi, Anna: Hordozókendők és női sorsok/ Kindstücher und Frauengeschichten. Budapest: Produktion Szepesi-Waliczky 2010.

112 Vgl. Schmidt-Lauber 2007, S. 229 f.

das ich mit nahen und fernen Verwandten und Nachbarn dieser Personen in Kontakt kam, bei denen die *Authentifizierung*[113] durch weibliche Erfahrungen oder durch das Kindertragen möglich war, ist eine vertraute Atmosphäre entstanden. An einem Punkt der Forschung ist ein Störfaktor, eine Stagnation, eingetreten. Ich konnte die Anfertigung der zweischaftigen Kindstücher und der Šarenica in der Umgebung von Mohács dokumentieren, die Herstellung der vierschaftigen Kindstücher jedoch, ihr Bedarf und Medium blieben mir unbekannt. Neue Wahrnehmungsspaziergänge und die Erweiterung des ethnografischen Feldes, eine *Intervention*, wurden notwendig. Nach der Horizonterweiterung auf das Gebiet von Pécs–Siklós–Bóly, das auf eine entwickeltere Zunftwesengeschichte zurückblicken kann, erhielt ich auf dem neuen Terrain eine Antwort auf die Anfertigung der vierschaftigen Textilien, die eine zusammengesetztere Webtechnik voraussetzten. „Intervention bedeutet eine (bewusste oder unbewusste) Störung der Abläufe im Feld, die bestimmte, dort herrschende Logiken sichtbar machen kann."[114]

Den Akt des Kindertragens und den Tragegegenstand untersuche ich innerhalb des Themenkreises Entbindung-Geburt, der im Falle von traditionellen Gesellschaften ein Teil der weiblichen Erfahrung war. Zum Verständnis der gesellschaftlichen und symbolischen Bedeutungen des Kindertragens und der Tragetextilien trug die körperliche Wahrnehmung bei.

> „Die Frage nach der Bedeutung des Körpers bei und für die Feldforschung ist nicht einfach nur eine methodische Frage, sondern auch immer gleich eine erkenntnistheoretische. Körper und das über sie zugängliche Wissen sind zentrale Bestandteile von Feldforschung."[115]

Die erlebten Erfahrungen im Laufe der Feldforschung und der Interviews führen zur Aufdeckung der Differenzierung der alltäglichen und sakralen Sphäre, zur Wahrnehmung der alltäglichen und rituellen Verwendung. Dazu gehören die Bewahrung oder der Verkauf der Kindstuch-Textilien, das Unterscheiden der alltäglichen und festlichen Tücher, ihre Aufbewahrung im Haus, der Schutz gegen Motten, das das traditionelle Wissen verletzende Waschen des Objekts in der Waschmaschine, Möglichkeiten der Wiederverwendung und die Möglichkeit der Abschaffung. Infolge der Feldforschung sind Gesten des Kindertragens darstellende Dokumente ans Tageslicht getreten: Familienfotos und ein Archivfilm, die durch die Dorfgemeinde von Palotabozsok aufbewahrt wurden. Diesen

---

113 Vgl. Mohr/Vetter 2014, S. 109 f.
114 Ebd., S. 112.
115 Ebd., S. 107.

Film ließ der örtliche Pfarrer Márton Bezedeki 1943–44 anfertigen. Die Erfassungsmethode der Feldforschung zwischen 2009–2017 bilden 59 Videointerviews von 29 Stunden mit etwa 50 Leuten.

3.2.2. Problemzentrierte Interviews

Für meine Forschung wählte ich die Methode der *problemzentrierten Interviews*, die eine intermediäre Variante des Leitfaden- und des narrativen Interviews ist.[116] Mithilfe der strukturierten Interview-Methode geriet im Laufe der Interview-Anfertigung ein Teilproblem, die gesellschaftliche Erscheinung des Kindertragens, in den Fokus. Die mit dem Leitfaden verknüpften Fragen beziehen sich auf die Veränderung der Funktionen des alltäglichen und rituellen Kindertragens und auf das subjektive Erleben der Veränderung, auf das Empfinden der Übergangsprozesse um die Entbindung, um die Geburt sowie auf die biografische und kommunikative Rolle des Tragegegenstandes. Die narrativen Erzählungen schaffen Raum dafür, dass die individuellen Akzente der interaktiven Beziehungen zwischen Gegenstand und Mensch wahrnehmbar werden. Aus den ausgewerteten, mit dem Leitfaden verknüpften Interviews mit 44 Frauen und sechs Männern zeichnet sich die alltägliche und rituelle Welt des Kindertragens ab. Das sich wiederholende, rituelle Muster, das Erscheinen der rituellen Kohärenz, hebt den Akt des Kindertragens in die Sphäre des kulturellen Gedächtnisses.

Die narrativen Redeflüsse beinhalten den subjektiven Akzent des kommunikativen Gedächtnisses, der sich auf die jüngste Vergangenheit bezieht. Jan Assman schreibt über die Logik der individuellen und kollektiven Identität: „Der Teil hängt vom Ganzen ab und gewinnt seine Identität erst durch die Rolle, die er im Ganzen spielt, das Ganze aber entsteht erst aus dem Zusammenwirken der Teile."[117] Der Einzelne erschließt die interaktionalen und kommunikativen Muster einer Gruppe in den narrativen Interviews unter Formulierung der für ihn selbst wichtigen Faktoren. So kristallisierten sich die Hauptthemen meiner Untersuchung heraus: In den Interviews in Himesháza wurde der Akzent auf die Beziehung von Objektverwendung und Liminalität gesetzt, im Falle der Interviews in Újpetre war es die Materialität des Gegenstandes und bei den Interviews in Kátoly die Rolle der Kommunikation.

---

116 Vgl. Hopf, Christel: Befragungsverfahren. In: Flick, Uwe, u. a. (Hg.): Handbuch Qualitative Sozialforschung. Grundlagen, Konzepte, Methoden und Anwendungen. Weinheim 1995. S. 177–188, hier S. 178.

117 Assmann, Jan: Das kulturelle Gedächtnis. Schrift, Erinnerung und politische Identität in frühen Hochkulturen. München 2000, S. 131.

3.3. Methodik B: Analyse

3.3.1. Analyse materieller Kultur, Ding- und Kulturbedeutsamkeit

Gudrun M. König argumentiert im Sinne der Erforschung materieller Kultur für die qualitative Dinganalyse und hebt als methodische Annäherung die von Kramer und Korff ausgearbeitete Konzeption der Dingbedeutsamkeit hervor.[118] Kramer beschäftigte sich seit den 1960er-Jahren mit dem Thema *Mensch und Ding Relation* als Objektivationen von geistigen Prozessen und betont die Enthüllung der materiellen, formalen und funktionellen Bedeutungswelt der Dinge.[119] Korff hebt die Eingebundenheit der Bedeutungswelt der Gegenstände in die alltägliche Lebenswelt und deren kulturelle Bedingtheit hervor:[120]

> „Über den instrumentellen und funktionalen Dinggebrauch hinaus gibt es symbolische, affektbesetzte und emotionsgeladene Umgangsweisen mit Objekten unserer alltäglichen Lebenswelt, in die kollektive, kulturell kodierte Bedeutsamkeiten eingetragen sind. Kulturell kodiert – das heißt: durch objektbezogene Handlungserfahrungen werden im Laufe der Lebenszeit und Kollektivgeschichte Strukturen und Muster aufgebaut, die das Verhältnis zu den Dingen regeln."[121]

Die methodische Anwendung der Dingbedeutsamkeit-Konzeption bedeutet laut König, dass die kontextuelle Einbettung des Stoffes, der Form und der Funktion untersucht werden muss. König erklärt:

> „Die Operationalisierung des Dingbedeutsamkeitskonzeptes, seine Verwendung als methodische Vorangehensweise bei den Dinganalysen, wirkt dank der Systematisierung des forschenden Blickes der Gefahr der ‚freischwebenden' Symbolkombinatorik entgegen und bringt die Ebene der Bedeutung in einem

---

118 Vgl. König/Papierz 2013, S. 284.
119 Vgl. ebd., S. 288; Vgl. Kramer, Karl-Sigismund: Dingbedeutsamkeit. Zur Geschichte des Begriffs und seines Inhaltes. In: Anzeiger des Germanischen Nationalmuseums, 1995, S. 22–32, hier S. 23.
120 Vgl. Korff 1995, S. 33.
121 Ebd.

Zusammenhang mit den materiellen und funktionalen Qualitäten der untersuchten Objekte."[122]

In meiner Studie führe ich die kontextualisierte Untersuchung der Material—Form—Funktion aus der *lebensweltlich-ethnografischen Perspektive*[123] durch. Die objektbiografische Annäherung stellt eine solche Zeitachse auf, entlang derer die Veränderungen auf einer breiten Skala wahrnehmbar sind, sei es aus der Sicht der gesellschaftlichen Umgebung oder des Objektgebrauchs.

Laut Mentges sind im Laufe der modernen, anthropologischen Trachtforschung die Kategorien *Körper—Geschlecht—Raum—Zeit—Wahrnehmung—Erfahrung*[124] vor Augen zu halten. Der Mensch formt mit der getragenen Kleidung die eigene Identität, mit dem Körper werden kulturelle Bedeutungen kommuniziert, deshalb erhält die gesellschaftliche, kulturelle und individuell-identitätsbildende Rolle der Tracht in der Forschung einen Akzent.[125] Diese Qualitäten der traditionellen Kleidung spiegeln in meiner Studie die Hauptthemenkreise interaktionärer und kommunikativer Muster und der Identitätsbildung einzelner, territorial und kulturell kohäsiver Gemeinschaften wider.

Korff betont im Zusammenhang mit den Objektbedeutungen, über den zielorientierten, praktischen Bezug der Mensch-Gegenstand-Beziehungen hinaus, den Einfluss der Dinge auf die Sinnesorgane und Gefühle.[126] Er legt dar, indem er sich auf die Kunst- und Bildtheorie von Aby Warburg bezieht, dass in der Objekt- und Bildwelt der alltäglichen Kultur die Engramme der kollektiven Erinnerung einer Gesellschaft erscheinen.[127] Laut der Ergebnisse der ökopsychologischen Forschungen werden die Objektbedeutungen im Laufe der Sozialisation und Interaktion nicht explizit dargelegt, sondern mittels Formeln, Mythen und Engrammen, die im Gedächtnis konserviert worden sind.[128] In meiner Forschung wird die Dingbedeutsamkeit des Tragetuchs entlang der Bedeutungsachse der Reproduktion untersucht und vorgebracht. An diese Bedeutungsachse knüpfen sich andere Faktoren wie bio-psychologische, kulturelle und gesellschaftliche. Das empirische Material und der qualitative Forschungsprozess ermöglichen die sensitive Erfassung des Kindertragens als gesellschaftliche Erscheinung.

---

122 König/Papierz 2013, S. 296.
123 Vgl. ebd., S. 301.
124 Mentges 2005, S. 22.
125 Vgl. ebd.
126 Vgl. Korff, Gottfried: Einleitung. Notizen zur Dingbedeutsamkeit. In: Eberspächer, Martina/Ders. (Hg.): 13 Dinge. Form, Funktion, Bedeutung. Stuttgart 1992, S. 8–17, hier S. 8.
127 Vgl. ebd., S. 15 f.
128 Vgl. Korff 1995, S. 33.

Lioba Keller-Drescher verlagert den Fokus von der Untersuchung der Dingbedeut-samkeit auf die der *Kulturbedeutsamkeit*.[129] Die Objekte der Forschung sind immer episte-mische Gegenstände, konstatiert sie und betont die Wichtigkeit der Verknüpfung auch im Falle geschichtlicher Gegenstände mit der Gegenwart in der Relation von Objekt, Forscher und Fragestellung.[130]

3.3.2. Grounded Theory, Analyse der qualitativen Erhebungen

Im Laufe der Erforschung des Baranyaer Kindertragens konnten mithilfe der wahrge-nommenen, empirischen Daten, der induktiven Forschungsstrategie und der Analyse all-gemein gültige Folgerungen gezogen werden. Im Fall der drei Hauptuntersuchungsstät-ten (Himesháza, Kátoly, Újpetre) konnten während der Aufarbeitung von Ähnlichkeiten und Unterschieden des gesammelten, empirischen Stoffs bei kroatischen und deutschen Familien Untersuchungskategorien aufgestellt und die Fragestellung der Forschung for-muliert werden. Diese Frage geht den interaktiven Prozessen in der Relation der Objekt-Mensch-Gemeinschaft nach. Mithilfe der Methode der *analytischen Induktion* war es mög-lich, aus den individuellen und lokalen Daten gesellschaftliche Prozesse erfassende, the-oretische Feststellungen zu formulieren. Diese Methode schafft die Grundlage für die gleichzeitige Anwendung der induktiven und deduktiven, logischen Folgerungen, so dass durch die detaillierte Beobachtung und Analyse eines Bruchteils der Wirklichkeit eine wissenschaftliche Aussage formuliert werden kann.[131] In meiner Forschung umreißt die ritualdynamische Untersuchung, wie sich wegen der Modernisierungs- und Säkularisie-rungsprozesse, der Abschaffung der Institution der Hebamme und der Medikalisierung der Entbindung ab der Mitte des 20. Jahrhunderts die Rituale um die Geburt und das rituelle Kindertragen in der Baranya verändern. Das Erscheinen von modernen, außer-europäischen Kulturtechniken des Babytragens ab Ende des 20. Jahrhunderts zeugt von globalen, wirtschaftlich-kulturellen Prozessen.

Ich erläutere den Einfluss der Modernisierungsprozesse auf die Umwandlung des traditionellen Kindertragens, die Wechselwirkungen deute ich unter Verwendung der Er-gebnisse der Liminalitäts- und Communitas-Theorie von Turner sowie der von zeitge-nössischen, ritualdynamischen Forschungen. Das theoretische System von Turner, als

---

129 Vgl. Keller-Drescher, Lioba: Das Versprechen der Dinge. Aspekte einer kulturwissenschaftli-chen Epistemologie. In: Basler Jahrbuch für historische Musikpraxis XXXII. 2008, S. 235–247, hier S. 242 f.

130 Vgl. ebd., S. 247.

131 Vgl. Bühler-Niederberger, Doris: Analytische Induktion. In: Flick, Uwe, u. a. (Hg.): Handbuch Qualitative Sozialforschung. Grundlagen, Konzepte, Methoden und Anwendungen. Weinheim 1995, S. 446–450, hier S. 447.

gegenstandsnahe Theorie (*Grounded Theory*), hilft mir bei der Präsentation der Ergebnisse meiner Forschung. *Grounded Theory* ist eine praktische Untersuchungsmethode, die nach dem Prinzip der analytischen Induktion funktioniert.[132] Die ganze Datenmenge der empirischen Forschung – in diesem Fall die Interviews, die Beobachtungen auf dem Feld, die visuellen und archivalischen Textinformationen – sollen in Form einer konzentrierten und kontextualisierten Niederschrift festgehalten und die gesellschaftlichen Erscheinungen auf theoretischer Ebene gedeutet werden. Das theoretische System von Turner hilft der Forschung und der Analyse als *Grounded Theory* über die Mängel hinweg, die zwischen der empirischen Datenaufnahme und ihrer theoretischen Deutung entstehen.

Die erste Phase der Untersuchungsmethode der *Grounded Theory* ist das theoretische Sampling, wobei ich die relevanten, empirischen Daten in konzeptuelle Rahmen ordnete und Analysekategorien formulierte.[133] Als ich den empirischen Stoff in die wichtigsten, theoretischen Kategorien ordnete, war eine ergänzte Datenerhebung in Bezug auf die Liminalität – die Aushilfstheorien vor Augen haltend – notwendig. In der Phase des theoretischen Sampling wird gleichzeitig die induktiv-deduktive Methode angewendet.[134] Die empirischen Informationen müssen in der zweiten Phase der Interpretation ins System der spezifischeren Kategorien sortiert werden, so dass die zur Verfügung stehenden Texte exakt gedeutet werden können. Interpretation heißt, den Codierungsprozess der empirischen Datenbasis vorzunehmen. Im Verlauf des *offenen Kodierens* entstanden relevante Erkenntnisse zu den Texten, und aus diesen Texten arbeitete ich während des *axialen Kodierens* ein sich aneinanderknüpfendes Verhältnisnetz aus.[135] Im Falle der einzelnen Familien sind die Zahl und die Herkunft der Kindstücher, ihre erste Verwendung, ihr Aufbewahrungsort und die Selbsteinschätzung der Anwendung eben solche informativen Codes, aus denen sich die alltäglichen und rituellen Verwendungsfunktionen – eine Absonderung der profanen und heiligen Sphäre – und zugleich die feine oder radikale Veränderung der Funktionen infolge der axialen Codierung abzeichnen. Im Verlauf des *theoretischen Kodierens* werden die sich in den vorangehenden, herauskristallisierenden Kategorien und Subkategorien zum Text geordnet und dienen wie eine Art analytischer Rahmen der Analyse. Im Prozess der Codierung kommen auf Teilprobleme reagierende *ad hoc*-Aufzeichnungen zustande, und die Ansichten, die während des *Memo-Schreibens* entstehen, werden in das Schreiben der Studie eingebunden.

Die vorgestellten Kindertragetücher stellen einen objektbiografischen, interpretativen Text dar, in der Interpretation von Geertz eine dichte Beschreibung. Die mithilfe

---

132 Vgl. Wiedemann 1995, S. 440 f.
133 Vgl. ebd., S. 441.
134 Vgl. ebd.
135 Vgl. ebd., S. 443 f.

von Codierung und Analyse gewonnenen Erkenntnisse aus der empirischen Datenbasis und die interpretativen, dichten Beschreibungen bilden die Grundlage für die theoretischen Folgerungen bezüglich der Zusammenhänge zwischen den Interaktionen der Objekt-Mensch-Gemeinschaft, den Beziehungen und der Liminalität. Dies ist die eigentliche Zielsetzung der Methode der analytischen Induktion.

3.3.3. Analyse der Objektifikation

Die Fragestellung meiner Arbeit richtet sich an das Relationssystem zwischen den untersuchten Objekten und den Subjekten, an die interaktiven Prozesse und an die Wechselwirkungen: Wie die Materialität des Objekts das Subjekt in dem Veränderungsprozess beeinflusst, der eine Statusveränderung in sich trägt und in welche die Frau infolge der Entbindung gerät. Solange die frühere materielle Kulturforschung untersuchte, wie die Subjekte Objekte erschaffen, steht im Fokus der modernen materiellen Kulturforschung, wie die Objekte Subjekte konstruieren.[136] Tilley schreibt über die Objektifikation:

> „Objectification, considered in the most general way, is a concept that provides a particular way of understanding the relationship between subjects and objects, the central concern of material culture studies. It attempts to overcome the dualism in modern empiricist thought in which subjects and objects are regarded as utterly different and opposed entities, respectively human and non-human, living and inert, active and passive, and so on. Through making, using, exchanging, consuming, interacting and living with things people make themselves in the process. The object world is thus absolutely central to an understanding of the identities of individual persons and societies."[137]

Tilley hebt bei der Untersuchung der materiellen Kultur die Wichtigkeit der Objektifikations- und Verkörperungsprozesse hervor.[138] Seiner Meinung nach kommt man infolge der Sensibilisierung der empirischen Wahrnehmung näher an die auf die soziale Existenz

---

136 Vgl. Berta, Péter: Szubjektumok alkotta tárgyak - tárgyak által konstruált szubjektumok. Interakció, kölcsönhatás, egymásra utaltság: az "új" anyagikultúra-kutatásról [Durch Subjekte erschaffene Objekte, durch Objekte konstruierte Subjekte. Interaktion, Wechselbeziehung, Angewiesenheit: Über die neue Materielle Kultur Forschung]. In: Replika 63 (2008), S. 29–60, hier S. 36 f.

137 Tilley, Christopher: Objectification. In: Ders. u. a. (Hg.): Handbuch of Material Culture. London u. a. 2013, S. 60–73., hier S. 61. Zitiert nach Berta 2008, S. 37.

138 Vgl. Tilley 2013, S. 61.

des Menschen einwirkende, ontologische Kraft der Objekte heran, man muss die Qualitäten der Objekte, die auf die menschlichen Sinne mehrfach wirken, wahrnehmen können.[139] Meine Untersuchung ist bestrebt, die Rolle des untersuchten Objekts in der frühen Sozialisationsphase zu umreißen. Laut Tilley hat eine derartige detaillierte, anthropologische Untersuchung äußerste Relevanz und fungiert als Mangelersatz.[140]

Aus meinem empirischen Material geht die funktionale Verwendung des untersuchten Objekts im gesellschaftlichen Umfeld hervor, seine interaktive Wirkung auf Subjekte
kann umrissen werden. Zur Deutung der rituellen und symbolischen Inhalte, die in der
Funktionsveränderung und Materialität des Objekts zu erkennen sind, verwende ich zwei
frühere Methoden der Analyse von Trachten: die strukturalistische Annäherung von
Petr Bogatyrev und die Interpretation des Abdrucks der sich dynamisch verändernden
kulturellen Prozesse von Helge Gerndt. Bogatyrev betrachtet die Funktionsveränderung
als organisches System, bei dem die kleinste Veränderung bereits eine Änderung des ganzen Systems hervorruft.[141] Als Beispiel kann die Beziehung zwischen der Saussureschen
Parole und Langue aufgeführt werden, wonach nicht die Bedeutung der einzelnen Elemente
zählt, sondern die Relation zwischen ihnen zu untersuchen ist. Die Schwächung einer
Funktion kann zur Entkräftung des ganzen Systems oder zur Stärkung anderer Positionen führen.[142] Das analytische System von Bogatyrev eignet sich besonders gut zur Deutung der rituellen, sonntäglichen, feiertäglichen wie alltäglichen, funktionellen Unterschiede und der Veränderungen des Kindstuchs. Im Relationssystem der Funktionen dominiert jeweils ein Element, andere werden untergeordnet.[143] Von den Funktionen, die
von Bogatyrev untersucht wurden, sind im Hinblick auf die Kindertragetücher folgende
relevant: praktische, ästhetisch-erotische, soziosexuelle, moralische, magische, regionale,
fest- und feiertägliche und rituelle Funktionen sowie die Funktionen, die als Zeichen für
Klasse, Status oder Religion dienen.[144] Während im Falle der alltäglichen Verwendung
die praktische Funktion dominiert, spielt diese bei der rituellen weniger oder überhaupt
keine Rolle, aber die rituellen, fest- und feiertäglichen, ästhetisch-erotischen und regionalen Funktionen sind verstärkt anwesend.[145] Bogatyrev hebt neben den praktischen
Funktionen die Zeichenrolle der Tracht hervor.[146] Beim Kindstuch ist die Zeichenfunk-

---

139 Vgl. ebd., S. 60 f.
140 Vgl. ebd, S. 70.
141 Vgl. Bogatyrev 1971, S. 100.
142 Vgl. ebd.
143 Vgl. ebd., S. 34.
144 Vgl. ebd., S. 80.
145 Vgl. ebd., S. 44.
146 Vgl. ebd., 80 f.

tion semiotisch gesehen aus zwei Richtungen anzusteuern: der ikonische Inhalt des Objektgebrauchs in Bezug auf den Marienkult und der Wert des auch Fahnenfarben verwendenden Kindstuchobjekts als Identitätssymbol.

Helge Gerndt fokussiert sich auf die in den Trachten objektivierenden, dynamisch verändernden, kulturellen Prozesse. Die von ihm erarbeiteten strukturalistischen *Beschreibungsmodelle* sind subjektzentrisch, die Trachten werden als „Indikatoren" kultureller und gesellschaftlicher Prozesse untersucht.[147] Er lenkt die Aufmerksamkeit auf in Gegenständen objektivierte, europäische, mitteleuropäische, gesellschaftliche Prozesse, Akkulturations- und Assimilationserscheinungen sowie auf die Kommunikation zwischen den Volksgruppen. Gerndt unterscheidet drei analytische Haupttypen der Veränderungsprozesse: die formale und inhaltliche *Varietäten* ergebenden *Oszillationsprozesse*, die strukturelle Veränderungen ergebenden *Wandlungsprozesse*, des Weiteren *Vermittlungsprozesse* (in der Zeitdimension ist dies die *Tradition*, in Relation der geografischen Lage die *Diffusion*, in gesellschaftlichem Bezug die *Kommunikation*).[148] Ich verwende die Untersuchungsmethode von Gerndt, ergänzt durch die auf Osteuropa angewandte Kulturtheorie von Csáky. Er konstatiert:

„Cultural processes are reappraised as transnational and transterritorial constellations: they are not primarily determined by the topografy of political or national frontiers. Furthermore, the proposed notion enables us to percive the linguistic-cultural heterogeneity of Central Europe as a plurality of different, antagonistic, and overlapping spaces of communication. This insight yields further conclusions: the permanent fluctuation of verbal and nonverbal elements, signs, and codes gives rise to a communicative metaspace, a 'texture' that remains recognizable and legible throughout the region notwithstanding the distinctions imposed by the concrete languages and their vocabularies."[149]

Die Traditionen des Baranyaer Kindertragens können mit dem geschichtlich polykulturellen Gebiet der Schwäbischen Türkei[150] verbunden werden. In meinen empirischen Untersuchungen, die im Viereck von Pécs–Siklós–Mohács–Erdősmecske durchgeführt

---

147 Vgl. Gerndt, Helge: Kleidung als Indikator kultureller Prozesse. Eine Problemskizze. In: Schweizerisches Archiv für Volkskunde/Archives suisses des traditions populaires 70 (1974), H. 3–4, S. 80–92, hier S. 80 ff.

148 Vgl. ebd., 87 ff.

149 Csáky 2014, S. 200 f.

150 Die Schwäbische Türkei nennt man diejenigen Gebiete der Komitate Baranya, Somogy und Tolna die einst durch Ungarndeutsche dicht bewohnt waren.

wurden, war ich bestrebt, die Wechselwirkungen der Kindertragetücher bei den deutschen und kroatischen Volksgruppen zu erfassen, den sich verändernden Prozess des Zusammenlebens verschiedener Nationalitäten festzuhalten und mithilfe der oben angeführten Methoden zu bewerten. Im empirischen Stoff sind die in Kátoly durchgeführten Interviews und die von der Schokatzer Dorfbevölkerung stammenden Gegenstände mit der Feststellung von Csáky zu charakterisieren: „Culture as a space of communication is always a hybrid *mélange* [...].“[151]

3.4. Methodik C: Wahrnehmung

3.4.1. Objektbiografie

Zur Erfassung der Materialität des Baranyaer Kindstuchs, zur Skizzierung der Handlung des traditionellen Kindertragens und zur tiefgreifenden Deutung der Interaktionen zwischen Objekt und Subjekt verwende ich die Methode der Objektbiografie. Ab Ende der 1960er-Jahre intensivierte sich das gesellschaftswissenschaftliche Interesse an der Materialität der Gegenstände und richtete sich auf die Verbindung zwischen Objekt und Subjekt, auf Wechselwirkungen und Interaktionen (*material turn*). Die 1981er DGV-Konferenz mit der Thematik „Umgang mit Sachen“ fokussierte die Rolle der Forschungstendenz, die ab den 1960er-Jahren den Schwerpunkt bestimmte und die Mensch-Gegenstand-Beziehung untersuchte: Es wird gefragt „nach der Verankerung der Dinge in der jeweiligen Lebenswelt, nach ihrem Gebrauch, ihrer Nutzung, ihrer Aneignung und Bedeutung.“[152] Die Objektwelt wird als Agent sozialer Kontakte in der Materienwelt, als Träger von Modernisierungsprozessen und als Teil von Lebenswegen unter die Lupe genommen.[153]

Das Baranyaer Kindstuch ist Teil der traditionellen Aussteuer der Frau, oft aber auch der Mitgift des Mannes. Anhand meiner Interviews, ferner archivalischer Quellen wie Testamente und Eheverträge, ist das Kindstuch ein Teil jener Aussteuer-Objektgruppe, die in der jeweiligen Gemeinschaft eine Art abstrakte, symbolische Ordnung darstellt.[154]

---

151 Csáky 2014, S. 199.

152 Bausinger, Hermann: Eröffnung des Kongresses und Begrüßung. In: Köstlin, Konrad/Bausinger, Hermann (Hg.): Umgang mit Sachen. Zur Kulturgeschichte des Dinggebrauchs. Regensburg 1983, S. 7–10, hier S. 9.

153 Vgl. Keller-Drescher 2008, S. 241.

154 Vgl. Fél, Edit/ Hofer, Tamás: Das Ordnungsgefüge bäuerlicher Gegenstände am Beispiel der Aussteuer in Kalotaszentkirály (Siebenbürgen). In: Heilfurth, Gerhard u. a. (Hg.): Kontakte und Grenzen. Probleme der Volks-, Kultur- und Sozialforschung. Festschrift für Gerhard Heilfurth zum 60. Geburtstag. Göttingen 1969, S. 367–384, hier S. 368.

Die Aussteuer wird dem jungen Brautpaar mit auf den Lebensweg gegeben und zeigt im Falle der Textilien mit festlicher Funktion das ganze Programm des individuellen und familiären Lebens. Mithilfe der Objektbiografie konnte ich in der Untersuchungsregion das Minimum an Textilobjekten erfassen, – wozu auch das Kindstuch gehört – das beim gemeinsamen Lebensstart eines jungen Paares in der gegebenen Gemeinschaft als unentbehrlich gilt. Das Kindertragetuch ist ein Gegenstandsakteur im Gebären/Geburt-Lebenskrise-Zyklus und Übergangsritus. Das Kindstuch ist einerseits im Lebenslauf der ihn erschaffenden und verwendenden Subjekte ein *biografisches Objekt*, andererseits hat es einen eigenen kulturellen Lebenslauf und ein gesellschaftliches Leben, diese zwei Komponenten bilden eine strikte Einheit.[155]

Die Anthropologen Arjun Appaduraj und Igor Kopytoff untersuchen die kulturellen und gesellschaftlichen Beweggründe der Prozesse der Kommodifizierung und der Singularisation. Kopytoff verwendet zur Erfassung der kulturellen und gesellschaftlichen Existenz der Objekte in ihren Vorgängen die biografische Annäherungsweise.[156] Laut Kopytoff sichert die Kultur, dass bestimmte Dinge in einer Gesellschaft eindeutig einzigartig bleiben, sakral werden, das heißt, dass das Vordringen der Kommodifizierung durch sie beschränkt und gelenkt wird.[157] Die Erfassung der Objektbiografien, der Objektkarrieren, erfolgt vergleichbar wie im Fall von Personen. Mit Verweis auf Margaret Mead kann ein Weg der Kulturdeutung die Untersuchung des Lebensweg-Modells sein, das eine gesellschaftlich erfolgreiche Karriere darstellt.[158] Bei der Formulierung von Kindstuch-Objektbiografien nehme ich das kompakte Objektbiografie-Modell von Kopytoff als Vorlage:

> „What, sociologically, are the biographical possibilities inherent in its ‚status‘ and in the period and culture, and how are these possibilities realized? Where does the thing come from and who made it? What has been its career so far, and what do people consider to be an ideal career for such things? What are the recognized ‚ages‘ or periods in the thing's ‚life‘, and what are the cultural markers for them? How does the thing's use change with its age, and what happens to it when it reaches the end of its usefulness?"[159]

---

155 Vgl. Hennig, Nina: Objektbiographien. In: Samida, Stefanie/Eggert, Manfred K.H./Hahn, Hans Peter (Hg.): Handbuch Materielle Kultur: Bedeutungen, Konzepte, Disziplinen. Stuttgart 2014, S. 234–237, 234 ff.
156 Vgl. Kopytoff 2011, S. 66–68.
157 Vgl. ebd., S. 73.
158 Vgl. ebd., S. 66.
159 Ebd., S. 66 f.

Während die kulturell-biografische Annäherung von Kopytoff die kurzfristige, spezifische und individuelle Verwendung der sich verändernden Kontexte betrifft, lenkt Appaduraj die Aufmerksamkeit über die individuellen Biografien hinaus auf die langfristig erfolgenden Veränderungen der Objektbedeutungen (z. B. bei Reliquien) und auf die Gesellschaftshistorik der Objekte auf der Makroebene.[160]

3.4.2. Biografisches Objekt

Aus den Interviews geht hervor, dass die Subjekte mit der Erschaffung und Verwendung der Kindstücher sich selbst, ihre Identität, das Programm des eigenen und des familiären Lebens gestalten, wie Helga Hager das anhand der Hochzeitracht feststellt:

> „[D]ie Kleidung ist in der Vergangenheit wie in der Gegenwart in ein Netz von sozialen Handlungs- und Kommunikationssträngen eingebettet, in denen sich die Paarkonstellation, das Geschlechter- bzw. eheliche Verhältnis sowie familiäre Beziehungen abbilden."[161]

Hager untersucht in drei württembergischen Gemeinden die individuellen und gesellschaftlichen Bedeutungen von Ehe, Leiblichkeit und Sexualität sowie die sich verändernden Lebenswelten in der ersten Hälfte des 20. Jahrhunderts im Spiegel von Lebenswegen und Hochzeitrachten. Das Kindstuch ist im Leben der Mutter ein materieller Akteur und Symbol der Übergangsriten, des Gebären/Geburt-Lebenskrise-Zyklus, Mittel der Erinnerung und für den Säugling ist es ein Akteur der Identitätsbildung und der Sozialisation.

In seiner 1934 geschriebenen Studie nimmt Mauss die menschliche Körperverwendung unter die Lupe und führt den Begriff der *Körpertechniken* ein. Bei Betrachtung des Kindesalters untersucht er das Kindertragen und das Getragensein: In der Mutter-Kind-Dyade betont er den Körperkontakt und dadurch den Kontakt zwischen den Geschlechtern.[162] Mit den Tragegegenständen beschäftigt er sich mangels Untersuchungen überhaupt nicht.[163] Als Gestalter der Körpernutzung bezeichnet er den durch Nachahmung angeeigneten Habitus, die gesellschaftliche Determiniertheit.[164] Nach der Meinung von

---

160 Vgl. Appadurai, Arjun: Introduction: commodities and the politics of value. In: Ders. (Hg.): The social life of things. Commodities in cultural perspective. Cambridge 2011, S. 3–63.

161 Hager, Helga: Hochzeitskleidung, Biographie, Körper und Geschlecht. Eine kulturwissenschaftliche Studie in drei württembergischen Dörfern. Tübingen 1999, S. 15.

162 Vgl. Mauss 1978, S. 210 f.

163 Vgl. ebd., S. 211.

164 Vgl. ebd., S. 202.

Mauss sind neben den gesellschaftlichen Komponenten der Körpertechniken auch die psychischen und biologischen Bestandteile entscheidend.

Wie auch mein empirischer Stoff bezeugt, ist das Kindertragetuch in biologische und psychische Entwicklungen, rituelle Handlungen und in die gesellschaftlichen Prozesse involviert, die mit den vorangehenden Vorgängen im Einklang stehen. Bei der Deutung dieser sind mir die praktischen Erfahrungen und theoretischen Werke von Psychologen und Psychoanalytikern behilflich. Die wichtige, interaktive Rolle der ersten körpernahen Gegenstände in der frühen Entwicklungszeit im Kleinkindalter und bei der Herausbildung der Identität und der Sozialisation wird von Jean Piaget, Alfred Lorenzer und Donald Wood Winnicott untersucht. Für mein Thema sind die Forschungen Winnicotts ausschlaggebend, da die von ihm eingeführten Begriffe *Übergangsphänomene, Übergangsobjekte* und *Übergangsräume* die Rolle des Kindertrage-Objektgebrauchs in der frühen Sozialisation ausleuchten.[165]

Edit Fél und Tamás Hofer untersuchten in den 1950er- und 60er-Jahren im ungarischen Dorf Átány, dem Lebensweg einiger Gebrauchsgegenstände folgend, Familien- und Mikro-Objektuniversen und hielten diese dem Objektbestand der breiteren Gemeinschaft entgegen. Die Analyse der Struktur der gesamten Objektpopulation führte zum Kennenlernen des Aufbaus der lokalen Gesellschaft und der diese verändernden Tendenzen.[166] Hofer hebt die biografische, erinnerungstragende Qualität, die Aufgeladenheit der Objekte mit individuellen Erinnerungen, hervor.[167] Die spontan

> „zu Stande gekommenen Objektkollektive dokumentieren nicht nur das Lebensniveau der einzelnen gesellschaftlichen Schichten und gesellschaftlichen Epochen, sondern auch die in persönlichen Schicksalen erlebten, individuellen Varianten dieser Lebensweise."[168]

Das Kindstuch ist Teil des weiblichen und männlichen Aussteuer-Objektkollektivs, archivalische Quellen wie Eheverträge, Testamente und Inventarien von Hinterlassenschaften zeugen von der Veränderung der Objektstruktur, meine Interviews von den

---

165 Vgl. Winnicott 2005, S. 1–34.

166 Vgl. Fél, Edit/Hofer, Tamás: Arányok és mértékek a paraszti gazdálkodásban. [Bäuerliche Denkweise in Wirtschaft und Haushalt.]. Budapest 1977, S. 456-476.

167 Vgl. Hofer, Tamás: A "tárgyak elméletéhez." Felszerelések és tárgyegyüttesek néprajzi elemzése [Zur Theorie der Dinge. Ethnographische Analyse von Ausstattungen und Sachuniversen]. In: Hofer, Tamás (Hg.): Antropológia és/vagy néprajz. Tanulmányok két kutatási terület vitatott határvidékéről [Anthropologie und/oder Ethnographie. Studien vom Schwellengebiet zweier Untersuchungsgebiete]. Budapest 2009 [Original in: Népi Kultúra. Népi Társadalom 13, 1983, S. 29–64], S. 236–263, hier S. 251.

168 Ebd., S. 252.

Veränderungen im 20.–21. Jahrhundert. Die Lebensdauer der Objekte kann die der sie erschaffenden Subjekte übersteigen, neuere Generationen adaptieren die Objektbenutzung sowie das Objekt und passen es an die sich ändernde materielle Umgebung an (*Gleichzeitigkeit des Ungleichzeitigen*[169]).

Als Beispiel für meine Studie dienen außer den oben erwähnten Arbeiten weitere objektbiografische Werke, die sich mit der Objektidentität und der Identitätspolitik der Objekte befassen. Carol Hendrickson stellt im Licht der Subjekt- und Objektbiografien handgewebte Trachten der Maya vor und analysiert deren ethnische, gesellschaftliche, geschlechtliche, rituelle und Prestige-Funktion[170] und Elke Gaugele wiederum untersucht die gesellschaftlich-geschlechtliche Identitätspolitik des Schürzentragens und der Schürzen in der Region des süddeutschen Baden-Württemberg[171]. Péter Berta beschäftigt sich mit dem Gebrauch und der Prestige-Ökonomie des silbernen Prestige-Gegenstands, der als Identitätssymbol der Gábor-Roma aus Siebenbürgen anerkannt wird.[172]

---

169 Vgl. Köstlin, Konrad: Relikte. Die Gleichzeitigkeit des Ungleichzeitigen. In: Kieler Blätter zur Volkskunde. 1973, S. 135–157. Zit. nach Hofer 2009, S. 247.

170 Vgl. Hendrickson, Carol: Weaving Identities. Construction of Dress and Self in a Highland Guatemala Town. Austin 1995.

171 Vgl. Gaugele, Elke: Schurz und Schürze. Kleidung als Medium der Geschlechterkonstruktion. Köln u. a. 2002.

172 Vgl. Berta, Péter: Fogyasztás, hírnév, politika. Az erdélyi gábor romák presztizsgazdasága [Konsum, Prestige, Politik. Die Prestigewirtschaft der Gábor-Roma aus Siebenbürgen]. Budapest 2014. Bei dem Prestige-Gegenstand handelt es sich in den meisten Fällen um einen von einem Goldschmied gefertigten Krug.

4. Ritualisiertes Babytragen und rituelles Kindertragen in der Baranya

4.1. Das „Babytragen"

Auf den dörflichen Straßen der Baranya im 21. Jahrhundert sind neben den Kinderwagen und tragbaren Kindersitzen gegebenenfalls globalen Trends folgende, moderne Babytragen und Kinderbeförderungsmittel zu beobachten, die den städtischen Mustern entsprechen (Bild I/5.). Jane Redlin stellt fest, dass die heutigen, als Industrieprodukte vertriebenen Tragetücher ihre Vorlage nicht aus der Vergangenheit der europäischen Kultur, sondern aus den Kindertrage-Kulturtechniken der Ureinwohner anderer Kontinente beziehen.[173] Redlin erklärt, dass die heutigen, in der europäischen Alltagskultur gegenwärtigen Babytragen sich infolge der gesellschaftlichen und kulturellen Prozesse herausgebildet haben, die durch die Studenten- und amerikanischen Hippiebewegungen aus den 60er/70er-Jahren angestoßen wurden. Die Neuentdeckung des Gegenstands bedeutet einen Paradigmenwechsel, dessen Ziel die Gesellschaftskritik unter Verarbeitung der nationalsozialistischen Vergangenheit ist und als Aufstand gegen die Elterngeneration, die bürgerlichen Normen und die autoritäre Erziehung verstanden werden kann.[174]

Timo Heimerdinger ordnet die Pro-und-Kontra-Debatten um das Babytragen, das in West-Mittel-Europa ab den 1970er-Jahren populär wurde, in folgende Themenkreise ein: Gesundheit, Eltern-Kind-Beziehung und Identität. Das moderne Babytragen wird ab Ende der 1960er-Jahre zu einem Teil der Bewegung, die gegen die professionelle, medizinische Gesundheitspolitik auftritt. Die salutogenetische Anschauung bekommt neben der patogenetischen noch eine andere Rolle: Der Begriff der Gesundheit ist als Zustand des ganzen physisch-psychisch-sozialen Wohlstandes zu bestimmen und nicht als Mangel an Krankheit.[175] Im Gegensatz zu der modernen technisch-wissenschaftlichen Heilung besagt die Natürlichkeit betonende Strömung, dass die physisch-psychisch-soziale Entwicklung des Kindes durch die Herausbildung einer stabilen emotionalen Bindung zwi-

---

173 Vgl. Redlin 2010, S. 167.
174 Vgl. ebd.
175 Vgl. Heimerdinger, Timo: Vewickelt aber tragfähig. Europäisch-ethnologische Perspektiven auf ein Stück Stoff: das Babytragetuch. In: Österreichische Zeitschrift für Volkskunde. LXV/114 (2011), H. 3, S. 311–345, hier S. 324.

schen den Eltern, der Mutter und dem Kind, durch die körperliche Nähe, den Körperkontakt, das Stillen und die Involvierung in Interaktionen bedingt wird (*attachment parenting*), wobei das Tragen und die Verwendung des Kindertrageobjekts eine wesentliche
Rolle erhält.[176]

Neben den biologischen und psychologischen Faktoren der Verwendung des Tragetuchs ist laut Heimerdinger auch der gesellschaftliche Fakt der Kommunikation der Identität relevant.[177] Ab 1972 fängt die Firma „Didymos" von Frau Erika Hoffmann an, auf
deutschem Sprachgebiet nach afrikanischen, südamerikanischen und asiatischen Kulturtechniken gefertigte Tragetücher zu verkaufen. In den 1970er-Jahren erscheint das Buch
des Amerikaners Jean Liedloff über die Tragetuch-Verwendung der südamerikanischen
Ureinwohner. Liedloff lebte zweieinhalb Jahre lang mit dem Stamm der südamerikanischen Yequana im Dschungel zwischen Venezuela und Brasilien und glaubt den Schlüssel
zum glücklichen Lebens der indigenen Bevölkerung in der Natürlichkeit der Kinderzie-
hung, in der Rolle des Tragens und des Körperkontakts gefunden zu haben.[178] Heimerdinger betont, dass es eine gut umgesetzte, fest eingeübte Praxis der entwickelten Indust-
riegesellschaften ist, die gesunde, naturnahe Lebensweise weitentfernter Kulturen zu
adaptieren.[179] Die Sehnsucht nach der Natürlichkeit kann auch als Zivilisationskritik auf-
gefasst werden, die keineswegs etwas Neues in der Geschichte der Philosophie darstellt.
Auf einem Pol der Debatte um das Tragetuch steht also das *attachment parenting*, das kinästhetische Erlebnis mit dem Kind und die uneingeschränkte Mobilität, auf der anderen
Seite kann die den weiblichen Emanzipationsprozess hemmende Beschränktheit erwähnt
werden, da das Kindertragen die ständige Anwesenheit der Mutter erfordert.[180] Zur
emanzipierten Elternteil-Kind-Beziehung und zur Entwicklung des Kindes ist es ange-
messener, wenn das Kind einen größeren Raum zur freien Bewegung und zum Schlafen
ein Kinderbett bekommt, statt ständig getragen zu werden und in Körpernähe zu sein.

Im Familienroman *Jakobsleiter* von der zeitgenössischen, russischen Autorin Ljudmila
Ulitzkaja formuliert die Protagonistin, die Bühnenbildnerin Nora, ihre Gedanken über
das Kindertragen und die Kindererziehung, die Einstellung der ostmitteleuropäischen,
städtischen Intelligenzschicht sozialistischer Staaten der 1970/80er-Jahre zur Erziehung
durch Verbundenheit, zum Babytragen und zur Kindererziehung:

---

176 Vgl. ebd., S. 329.

177 Vgl. ebd., S. 332.

178 Vgl. Liedloff, Jean: Auf der Suche nach dem verlorenen Glück. Gegen die Zerstörung unserer
Glücksfähigkeit in der frühen Kindheit. München 2006. [Original: The Continuum Concept.
New York 1977], S. 193 ff.

179 Vgl. Heimerdinger 2011, S. 334.

180 Vgl. ebd., S. 312.

„Vom ersten Tag an ließ Nora Jurik an ihrem Leben teilhaben, was vor allem
der blauen Kängurutrage zu verdanken war, einem Geschenk von ihrer Freundin Tschipa. Darin begleitete der Kleine Nora zu Ausstellungen, ins Theater und
zu Besuchen. Damals war diese Bauchtrage noch eine westliche Seltenheit, doch
in den folgenden Jahren sollte sie neben anderen Dingen in der ganzen Welt zu
einer neuen Beziehung zwischen Mutter und Kind beitragen, denn nun wurde
der Spross nicht bei der Kinderfrau, Großmutter oder Nachbarin gelassen, sondern an Orte mitgenommen, die früher niemand mit einem Baby besucht hätte.
Die Trage verschaffte der Mutter eine gewisse Freiheit und sorgte zugleich für
eine noch engere Bindung zwischen ihr und dem Kind. Dieser Gedanke beschäftigte Nora, als Jurik laufen lernte. Denn nun wollte er die Distanz zwischen
sich und dem Körper der Mutter am liebsten nicht vergrößern. Also griff Nora
zu einer neuen Strategie, dem kompletten Gegenteil der früheren: Wenn Jurik
einen Schritt von ihr weg tat, vergrößerte sie diese Distanz durch einen Schritt
in die andere Richtung. So gewöhnte sie ihn an Eigenständigkeit und einen
wachsenden Abstand zu ihr, denn ihr war durchaus bewusst, welche Gefahr ihre
ausschließliche Bezogenheit aufeinander barg. Jurik fand recht schnell Geschmack an der Freiheit.“[181]

Die Autorin dieser Studie kaufte zum Tragen ihres sechs Monate alten Kindes während
eines Frankreichaufenthaltes aus ähnlicher Überlegung im Jahre 1990 eine Babytrage mit
Schnallen.

Die Ökonomin Réka Patik untersucht die Tätigkeit des Babytragens im Ungarn des
21. Jahrhunderts (Beratung, Ausbildung, Herstellung und Vertrieb von Kindertragemit-
teln) anhand ihrer eigenen Erfahrungen als Mutter, als Tragende und Forscherin. Sie bezeichnet dieses Gebiet aufgrund seines Zielmarktes und seiner Größe als Nische.[182] Laut
Patik können gewobene und elastische Textilien als Babytragemittel gelten, wie Mei Tais
und Babytragen mit Spangen, jedoch nicht die tragbaren Teile der Autokindersitze oder
Kinderwagen.[183] Patik beruft sich auf eine globale, statistische Umfrage, die verdeutlicht,
dass Babytragemittel selbst noch im Jahr 2013 neben anderen Kindermobilitätsmitteln
kaum zur Geltung kommen.[184] Dieser Geschäftszweig befindet sich an der Schwelle der

---

181 Ulitzkaja, Ljudmila: Jakobsleiter. München 2017, S. 149 f.
182 Vgl. Patik, Réka: Porter és az anyaság, avagy a rombusz egy niche-piacon [Porter und die Mutterschaft, oder der Rhombus auf einem Nische-Markt]. In: Lukovics, Miklós (Hg.): Tanulmányok
   Lengyel Imre professzor 60. születésnapja tiszteletére [Studien zu Ehren des 60. Geburtstags
   des Professors Imre Lengyel]. Szeged 2014, S. 83–89, hier S. 83.
183 Vgl. ebd.
184 Vgl. ebd., S. 84.

profitorientierten und non-profitorientierten Tätigkeiten, die Akteure des Markts sind selbst Mütter und Familienunternehmen. Das Babytragen ist bis heute Teil des alternativen Trends, der sich an die bindungsorientierte Erziehung knüpft, seine Zielgruppe ist die Schicht der städtischen, weiblichen Intelligenz.[185]

„Babywearing, along with its specifically related devices, is a kinaesthetic and material expression of a set of values related to a particular maternal identity"[186], stellt Florence Pasche Guignard, die Resultate der Ritualtheorie der Verkörperung vor Augen haltend, fest. Verkörperung ist der subjektive Aspekt des Körpers, die Sinnhaftigkeit wird dem Körper infolge der mimetischen und Gewohnheitshandlungen und nicht mittels reflexiver Lernprozesse bewusst.[187] Die Wurzeln der Theorie führen zur Studie von Mauss, der die menschlichen Körpertechniken unter die Lupe nimmt, so auch das Kindertragen.[188] Im Zusammenhang mit dem körperlichen Verhalten hebt Mauss hervor, dass jede Gesellschaft ihre eigentümlichen Techniken hat und dass diese im Habitus verwurzelten Kombinationen von den Einzelpersonen durch Imitation der angesehenen und glaubhaften Experten der Gemeinschaft angeeignet werden.[189] Die Feststellungen von Mauss werden sowohl bezüglich des traditionell-rituellen, als auch des modern-ritualisierten Kindertrage-Aktes durch meine Untersuchungen untermauert.

4.2. Fallbeispiel: Gegewärtiger Status der Kindstücher und die Praxis des Babytragens in der Familie der Frau R. aus Himesháza

Junge Leute in Himesháza am Anfang des 21. Jahrhunderts mit der Bereitschaft zum Kinderkriegen, wie beispielsweise die Enkelkinder und jungen Verwandten von Frau R. (geb. 1931 in Himesháza), wissen von den Kindstüchern der Familie, die im Kleiderschrank aufbewahrt werden, benutzen sie aber nicht. Sie werden lediglich als Erinnerungen und als Teil der Erbschaft betrachtet. Das rituelle Kindstuch von Frau R. (Anh. II/1.) ist einer der Hauptakteure dieser Studie, es war so lange in ritueller Verwendung wie die Mutter von Frau R. lebte (1889–1954). Sie bestand auf der Aussegnung bei den ersten

---

185 Vgl. ebd.
186 Pasche Guignard, Florence: Mediated Babywearing as Aesthetic Orthodoxy. In: Coats, Curtis D./Emerich, Monica M. (Hg.): Practical Spiritualities in a Media Age. London u. a. 2016, S. 17–34, hier S. 18.
187 Vgl. Polit 2013, S. 215.
188 Vgl. Mauss 1978, S. 210 f.
189 Vgl. ebd., S. 202 f.

zwei Enkelkindern und half bei den notwendigen Vorbereitungen. Nach dem Tod ihrer Mutter folgt Frau R. bei der Geburt des dritten Kindes (1955) der Tradition nicht mehr und brachte das Kind nicht zur Segnung, die rituelle Funktion des Kindstuchs verschwand, die alltägliche, praktische Funktion blieb. Das Kindstuch verschwindet auch aus dem Alltag, kommt in den Schrank, da die Kinder von Frau R. das Kindertragetuch nicht verwenden. In den 1950–60er-Jahren ist das Kindstuch in der Baranya noch zeitweise in ritueller Verwendung, der Kinderwagen zählt hier noch lange als Prestigegegenstand. Das Kindstuch ist in den 1970–80er-Jahren – mancherorts sogar im 21. Jahrhundert – in seiner heilenden, beruhigenden, Mobilität fördernden Funktion in Gebrauch, seine rituell-magische Funktion hingegen geht verloren (Bild I/3., I/4., I/24.). Ab den 1980–90er-Jahren erscheint es als sachlicher Vermittler der Gruppenidentität in den Prozessen der Festivalisierung (Bild I/6.) und der Musealisierung. Nach der Evaluierung der Reportage[190], die ich mit der jüngeren Generation aus Himesháza geführt habe, interpretiere ich meine Wahrnehmungen unter Verwendung der Begriffe Globalisierung, Geschlechterrollen und Stigmatisierung.

4.2.1. Globales Babytragen versus lokale Kindstücher

Die Beispiele in der Baranya beleuchten die gesellschaftlich-kulturelle Einwirkung der psychologischen und biologischen Faktoren des zeitgenössischen Kindertragens. Eine Enkelin von Frau R., Frau Zs. (geb. 1982 in Mohács), arbeitet seit 2004 zuerst als Babysitterin, anschließend im Gesundheitswesen in Deutschland. Sie hütet die Kinder einer sechsfachen Mutter, die das Babytragen lehrt und die Tragetücher auch vermarktet. So lernte sie die moderne, deutsche Babytragekultur kennen. Frau Zs. nennt das familiäre Himesházaer Kindstuch *„altes Gewebe"* und hält seinen Stoff im Verhältnis zu den modernen Wickeltüchern für zu *„dick"*.[191] Sie bekommt eins der moderneren Tücher als Geschenk von der Ausbildnerin und verwendet es bei ihrem Erstgebornen 2011. Im modernen Wickeltuch trägt sie das Kind schräg auf dem Brustkorb, später wird das größere Kind auf dem Rücken getragen. Das Wickeltuch erhält bei ihr neben der Mobilität auch beim Stillen eine funktionale Rolle, weil sie sich damit verdecken kann. Beim zweiten, im Jahre 2013 geborenen Kind verwendet sie das Wickeltuch weniger, das Kind bedarf keiner ständigen Körpernähe, es war oft im Laufstuhl.

---

190 Es wurden Interviews mit den Verwandten von Frau R. (geb. 1931, Himesháza) geführt. Mit ihren Enkelkindern Frau Zs. (geb. 1982, Mohács) am 04. 06. 2015. und Herr G. (geb. 1980, Mohács) am 15. 04. 2015. Mit ihrer Nichte Frau T. (geb. 1956, Himesháza) und in Anwesenheit ihrer Tochter, Frau O. (geb. 1978, Mohács) am 29. 09. 2014.

191 Interview mit Frau Zs. Himesháza, 04. 06. 2015.

Herr G. (geb. 1980 in Mohács), der Enkelsohn von Frau R., arbeitet in der Stadt Pécs, er hält das Kindstuch aufgrund seines Stoffs und seiner Benutzungsart für schwerfällig, im Vergleich z. B. mit den modernen, aus Baumwolle angefertigten Tragetüchern, *„die wesentlich dünner, leichter und dementsprechend einfacher zu handhaben sind.* "[192] Bei seinen Kindern, die 2008 und 2010 auf die Welt gekommen sind, verwendet er gerne eine Art Mei-Tai-Babytrage mit Schnallen, die auf dem ungarischen Markt erhältlich ist.

Frau O. (geb. 1978 in Mohács) ist in Himesháza aufgewachsen, hat in Österreich geheiratet, lebt und arbeitet heute dort. Ihre Kinder sind 2007 und 2010 geboren. Frau O. besucht des Öfteren ihre Mutter Frau T. (geb. 1956 in Himesháza), die die Nichte von Frau R. ist. Frau T. wickelte ihr Enkelkind Ende der 2000er-Jahre, wenn sie zu Besuch war, manchmal in das Kindstuch, auch ihre Tochter legte ihr Kind für ein Foto ins Tragetuch. Das zweite, 2010 geborene Kind kam nicht mehr ins Kindstuch. Beide Frauen betrachten den tragbaren Teil des Autokindersitzes im Alltag als praktisches Kindertragemittel und verwenden diesen. Frau T. hütet das vierschaftige Kindstuch ihrer Mutter aus Somberek (Bild I/10., Anh. II/2.) und das zweischaftige Kindstuch aus Geresdlak, das von ihrer Schwiegermutter, aus der Aussteuer ihres Mannes, stammt, mit äußerster Sorgfalt. Frau T. ging mit ihren Ende der 1970er-Jahre geborenen Kindern im Kindstuch spazieren oder zum Arzt nach Mohács, die rituelle Funktion spielte keine Rolle, da sie den Glauben nicht ausübt, das Tuch wird daher lediglich in der profanen Sphäre verwendet.

Bogatyrev stellt unter den funktionalen Elementen der Volkstrachten ein sich dynamisch veränderndes, hierarchisches Relationssystem fest.[193] Wenn der regional-nationalistische Sinngehalt eines Trachtstücks dominiert, dann knüpft sich an dieses zusätzlich eine ästhetische Funktion als schönster Gegenstand oder die praktische Funktion als bequemster Gegenstand.[194] Wie wir in der Studie sehen werden, sind im Falle des traditionellen Kindstuchs beide Funktionen bei sämtlichen Gelegenheiten präsent. Bogatyrev konstatiert, dass der Träger geneigt ist, im Interesse der dominanten Funktion ein unangenehmes Gefühl, sogar Schmerz, zu ertragen und bezieht sich auf das Sprichwort, das auch in anderen europäischen Sprachen zu finden ist: „Wer schön sein will, muss leiden".[195] Wenn die aus Himesháza stammenden jungen Eltern, die wegen der Arbeitsmigration nach Pécs, Deutschland oder Österreich gezogen sind, die Verwendung des Kindstuchs für sich als unvorstellbar ansehen und sich dabei auf die unangenehmen, physischen Eigenschaften des *„dicken", „schwerfälligen",* antimodernen Wollgewebes beziehen,

---

192 Interview mit Herrn G. Pécs, 15.04.2015.
193 Vgl. Bogatyrev 1971, S. 34.
194 Vgl. ebd.
195 Vgl. ebd.

lehnen sie die regional-nationalistische Bedeutung und Funktion der Kindertrage ab. Dieser Prozess ist schon seit den 1960er-Jahren zu beobachten.

Die verschiedenen Gewohnheiten bezüglich des Kindertragens sind das Ergebnis einer Verschmelzung verschiedener kultureller Traditionen, Produkte der späten Moderne. Laut Stuart Hall handelt es sich in der globalisierten Welt nicht um erfasste kulturelle Identitäten, sondern um solche, die sich zwischen verschiedenen Zuständen in der Übergangsphase befinden und sich aus unterschiedlichen kulturellen Überlieferungen ergeben.[196] Es handelt sich um Kulturen der Hybridität und des Synkretismus, die neue Formen herausbilden und eine Quelle der Kreativität sind.[197] In diesen Vorgang lässt sich auch die moderne Kindertragekultur einfügen.

Die Informationen von Herrn G., die das moderne Babytragen betreffen, stammen von einer näheren Bekannten, die zugleich die Vorsitzende eines Babytrage-Klubs in Pécs ist. Im Thema Kindertragen folgt Herr G. dem der eigenen, städtischen Identität nahestehenden Muster und nicht seiner Herkunft nach den Himesházaer Traditionen. Die Verwendung des Kindstuchs erlebt er in Festivalisations- und Musealisationsprozessen, wie in der nachgespielten, traditionellen Hochzeit im Jahre 2005 in Himesháza, an der er auch mitgewirkt hat und bei der im Hochzeitszug eine Frau mit ihrem Enkel im Kindstuch auftritt oder am Programm von Ausstellungen, die durch die Autorin dieser Studie organisiert wurden und an denen er ebenfalls aktiv mitwirkte.

Nach der Analyse der gesellschaftlichen und kulturellen Relationen des heutigen Kindertragens in der Baranya kann festgestellt werden, dass dieses die Globalisierungsprozesse widerspiegelt. In der globalisierten Welt erschaffen die Individuen ihre Identität anhand eigener Entscheidungen selbst.[198] Solange der tragbare Kindersitz, wie einst der Kinderwagen, eine technisierte Variante der traditionellen, tragbaren Wiegen und Kinderbetten ist, sind die gewobenen, elastischen, mit Schnallen oder Reifen versehenen Kindertragen, die sich an die bindungsorientierte Erziehung und an die alternativen Kindererziehungsbewegungen knüpfen, moderne Varianten des rituellen am-Körper-Tragens. Laut Giddens Argumentation lebt die heutige Gesellschaft in einer Welt ohne Umwelt und Traditionen.[199] Die Tradition verschwindet nicht, erscheint jedoch nicht in ihrer konventionellen Form. „The traditional way means defending traditional activities through their own ritual and symbolism – defending tradition through its internal claims to truth."[200]

---

196 Vgl. Hall, Stuart: The question of cultural identity. In: Hall, Stuart/Held, David/McGrew, Tony (Hg.): Modernity and its Futures. Cambridge 1992, S. 273–326, hier S. 310.
197 Vgl. ebd.
198 Vgl. Giddens, Anthony: Sociology. Cambridge 2009, S. 147.
199 Vgl. Giddens, Anthony: Runaway World. How Globalisation is Reshaping our Lives. London 1999, S. 43.
200 Ebd.

Die Fallstudien in Himesháza zeigen, dass im 21. Jahrhundert das Auswählen von Babytragemitteln nicht mehr durch die Familientradition bedingt ist, sondern dem Rat von Bekannten und Fachleuten sowie der mit Hilfe der durch Medien vermittelten Empirie und praktischen Überlegungen folgt. Die Kurse zur Beratung bezüglich des Tragens werden in einem kommerzialisierten Umfeld organisiert, ihre Tätigkeit ist gemeinschaftsbildend, führt sowohl im konkreten als auch im virtuellen Raum über die profitorientierte Vorstellung des Gegenstandes weit hinaus. Im nordamerikanischen Kontext wird das moderne Kindertragen, ähnlich dem Yoga oder den Kampfkünsten, als spirituelle Praktik bewertet.[201] Das ungarische Babytragen erscheint als ein Teil der alternativen Bewegungen um das Gebären und um die Geburt.[202] Die Babytrageindustrie kann mit einer alternativ denkenden, ungarischen Käuferschicht rechnen.[203] Die ritualisierte Tätigkeit der Babytragekurse hat einen gemeinschaftsbildenden Charakter, als eine Art ritualisierte Variante derjenigen Gesten, in deren Verlauf die älteren weiblichen Verwandten oder der Ehemann bei der Befestigung des Kindstuchs an der jungen Frau mitgeholfen haben. Solange das Kindstuch und die Šarenica Teile eines rituellen Vorgangs und Akteure der Gruppenidentität sind, ist die Verwendung des modernen Tragetuchs eine ritualisierte Tätigkeit und setzt eine subjektive Wahl voraus.[204]

4.2.2. Die Veränderung der Geschlechterrollen beim zeitgenössischen Babytragen in Himesháza

Gemäß den ungarischen Forschungen ist die ungarische Gesellschaft des 21. Jahrhunderts familien- und kinderfreundlich, in Bezug auf die Geschlechterrollen jedoch, aus europäischer Perspektive betrachtet, eher traditionell, das heißt, dass sie sich zu den klassischen Frauen- und Männerrollen bekennt. Darin ist die Aufgabe des Mannes in erster Linie das Geldverdienen, die Frau verrichtet die Aufgaben in der Familie und im Haushalt, fasst die Soziologin Lívia Murinkó zusammen.[205] Die Arbeitsverteilung ist ungleichmäßig und den

---

201 Vgl. Pasche Guignard 2016, S. 18.
202 Vgl. Kisdi, Barbara: Mint a földbe hullott mag. Otthon szülés Magyarországon, egy antropológiai vizsgálat tanulságai [Wie der in den Boden gefallene Samen. Die Hausgeburt in Ungarn, Lehren einer anthropologischen Untersuchung]. Budapest 2013, S. 188.
203 Vgl. Patik 2014, S. 83 f.
204 Vgl. Barna 2002, S. 306.
205 Vgl. Murinko, Lívia: A nemi szerepekkel és a családdal kapcsolatos attitűdök európai kitekintésben: értékek és gyermekgondozás [Attitüde bezüglich Geschlechterrollen und Familien im Europäischen Umfeld: Werte und Kindererziehung]. In. Szociológiai Szemle 24 (2014), H. 1, S. 67–101, hier S. 69. [Eigene Übersetzung.] Murinkó ergänzt in der Fußnote, dass sie den Be-

Erhebungen zufolge sind die Partner mit der gegebenen, ungleichen Situation zufrieden.[206] Murinkó erklärt:

> „In den kommunistischen Systemen hat die Ideologie und die Sozialpolitik die Egalität zwischen den Geschlechtern theoretisch unterstützt. In der Praxis fiel aber trotz der hohen weiblichen Beschäftigungsquote das Verrichten der Hausarbeit auch den Frauen zu. Das Familienmodell der zwei Verdienenden war vorherrschend, doch waren die Frauen den Männern gegenüber auf dem Arbeitsmarkt benachteiligt. Die Frauenbeschäftigung wurde angenommen, die Beurteilung der Rollen innerhalb der Familie blieb aber traditionell. Infolge des Systemwechsels wurde in den postsozialistischen Staaten die Attitüde bezüglich der Geschlechterrollen (vorübergehend) konservativer, anschließend begann eine allmähliche Liberalisierung."[207]

Nach der Jahrtausendwende ist für die ungarische Gesellschaft die Modernisierung der Geschlechterrollen und ein akzeptabler Standpunkt bezüglich der alternativen Familienmodelle charakteristisch.[208] Die alternativen Babytragegewohnheiten von Herrn G. und Frau Zs. knüpfen sich an alternative Familienmodelle. Herr G. blieb nach der Geburt des zweiten Kindes im Jahre 2011, nachdem die Wochenbettzeit verstrichen war, die das Kind mit der Mutter verbracht hat, mit dem Baby bis zu seinem zweiten Lebensjahr zu Hause. Er nahm das staatliche Kinderpflegegeld (GYED) in Anspruch, das dem durchschnittlichen Gehalt der vorausgegangenen Jahre entspricht.

> *„Die Kleine habe ich mehrmals getragen, oder halt des Öfteren, da ich mit ihr zu Hause war und deswegen konnte sich so vielleicht eine engere Beziehung zwischen uns herausbilden. B. [erstes Kind] habe ich auch getragen, als die Gelegenheit da war, noch in der anderen Trage, aber weniger. I. [zweites Kind] viel mehr. [...]*

Frage: Habt ihr die Kinder auch zu Hause getragen, habt ihr sie auf den Leib genommen?

---

griff „Geschlechterrolle" (welchen auch ich übernehme) zur Deutung der inneren Funktionalität der Familien verwendet, obwohl dieser Ausdruck in der Genderforschung ab Ende der 1980er-Jahre ein übergangener Begriff ist.

206 Vgl. ebd., S. 71.
207 Ebd., S. 70.
208 Vgl. ebd., S. 71.

Zu Hause, in der Wohnung? Es ist vorgekommen. Als wir etwas zu tun hatten, als I. noch kleiner war und sie gerade schlechte Laune hatte, oder weinte, dann war es so, dass man sie sich aufgebunden hat und so konnte man bügeln.

Frage: Hat sie sich beruhigt? Hast du das wahrgenommen?

Ja, eindeutig. "[209]

Im Jahr 2011 blieben laut den statistischen Angaben fünf bis sechs Prozent der ungarischen Familienväter mit ihren Kindern zu Hause und nahmen das staatliche Kinderpflegegeld in Anspruch.[210] Herr G. zählt zu den Vätern mit einer egalitären Auffassung der Geschlechterrollen, diese erledigen im Gegenteil zu den konservativ eingestellten Vätern einen größeren Teil der Hausarbeit, bleiben mit den Kleinkindern zu Hause und entwickeln so eine enge Verbindung mit ihnen, zum Beispiel auch durch das Babytragen. Bei der Kleinkinderziehung und der Arbeitseinteilung der Paare spielt ein rationaler Abwägeprozess aufgrund der mikroökonomischen Kalkulation eine wesentliche Rolle, der der Erkenntnis folgt, welcher Partner eine größere Erwerbschance auf dem Arbeitsmarkt hat. Folglich nimmt dieser Elternteil allerdings weniger an der Kindererziehung teil.[211] Die den egalitären Prinzipien folgende Vaterschaft des in einem städtischen Umfeld lebenden Herrn G. und die Mutterrolle von Frau Zs., die ihre Kinder in einer Lebensgefährtenbeziehung auf die Welt brachte, bedeuten alternative Familienmodelle. Diese sind mit ritualisiertem Babytragen verknüpft, betonen die Wichtigkeit des Kinderkriegens und der Erziehung, des Weiteren zeugen sie von den Veränderungen der traditionellen Familienformen und Geschlechterrollen.

4.2.3. Kindertragen als Stigma-Attribut

Das Kindstuch nimmt Anfang der 2000er-Jahre in einer lokalen Umgebung die alltäglichen, praktischen Funktionen ein, die noch vorkommen, als Frau T. und ihre Tochter, die aus Österreich zu Besuch kommende Frau O., das erste Enkelkind einpacken. Einer Amateur-Kameraaufnahme zufolge werden die in der Familie geborenen Kleinkinder ins Kindstuch gepackt. Somit hat das Ereignis im Familienleben nicht nur eine aktuelle Auswirkung, sondern auch einen Erinnerungswert für diejenigen, die weiter entfernt leben. Das Foto wird zum Erinnerungsstück, das die Verwandtschaftsbeziehungen stärkt. Ernő

---

209 Interview mit Herrn G. Pécs, 15.04.2015.
210 Vgl. Murinko 2014, S. 75.
211 Vgl. ebd., S. 72.

Kunt stellt fest, dass Anfang des 20. Jahrhunderts bei den Fotobestellungen von Bauernfamilien diejenigen Aufnahmen eine der wichtigsten Gruppen bilden, die von und für die in der Migration lebenden Familienmitglieder gemacht worden sind.[212] Kunt schreibt den Fotografien in bäuerlicher Verwendung im Falle von grundlegenden Übergangsprozessen eine bedeutende Rolle zu, was zum Beispiel aus meiner empirischen Untersuchung hervorgehend auch den Gebrauch des Kindstuchs betrifft:

> „Zusammenfassend lässt sich über die in bäuerlichem Besitz befindlichen Fotos sagen: Sie sind Elemente jenes Prozesses, der die *kollektiven kulturellen Traditionen (folk-lore)* immer mehr zu *patrimonialen Traditionen (family-lore)* und schließlich zu den in unserer Zeit entstehenden *individuellen Traditionen (individual-lore)* gemacht hat."[213]

Frau T. hält die Benutzung des Kindstuchs in Österreich für unvorstellbar, stigmenhaft, weil, wenn ihre Tochter ihr Kind in ein Kindstuch gewickelt hätte, *„das so gewesen wäre, als ob sie, weiß ich nicht woher, dahin geflohen wäre, weil sie große Augen gemacht hätten, denke ich, weil man das dort nicht so kennt…"*[214] Die regionale Verwendung des Baranyaer Kindstuchs wird auch dadurch betont, dass eine eventuelle Verschiebung aus dem lokalen Umfeld, das heißt die Verwendung in Österreich, laut Frau T. nicht angebracht wäre, weil es einen Flüchtlingsstatus, das Anderssein des Trägers betonen würde. Hofer stellt fest, dass ein Prestige-Gegenstand einer traditionellen Bauerngesellschaft unter wechselnder gesellschaftlicher und sachlicher Umgebung den Träger stigmatisiert.[215] Gaugele summiert, dass infolge der gesellschaftlichen und wirtschaftlichen Modernisierungsveränderungen nach dem Zweiten Weltkrieg die Schürze zu einem veralteten Kleidungsstück, zum stigmatisierten Geschlechterrollensymbol wurde.[216]

Redlin beschäftigt sich in seiner analysierenden Studie zur europäischen Kindermobilität des 20. Jahrhunderts mit dem Weiterleben von Klischees bezüglich der Kindertragetücher, die das Tragen der Tücher mit gesellschaftlich Diskriminierten und ökonomisch Benachteiligen verbinden, wie „Hausierer/innen, Roma, fahrende Schausteller/innen und Musikant/inn/en."[217] Nach der Verbreitung der technisierten, modernen Kindertragemittel, wie etwa dem Kinderwagen oder tragbaren Kindersitz, galt der Transport

---

212 Vgl. Kunt, Ernő: Lichtbilder und Bauern. Ein Beitrag zu einer visuellen Anthropologie. In: Zeitschrift für Volkskunde, 80, (1984), S. 216–228, hier S. 222.
213 Vgl. ebd., S. 228.
214 Interview mit Frau T. (Mutter) in Anwesenheit von Frau O. (Tochter). Himesháza, 29.09.2014.
215 Vgl. Hofer 2009, S. 252.
216 Vgl. Gaugele 2002, S. 243–249.
217 Redlin 2010, S. 169.

des Kindes an den Leib gebunden – vom Lager der alternativ Denkenden abgesehen – als eine antimoderne Handlung und stand für den Rand der Gesellschaft. Die Praktik wurde mit ständiger Wanderung und Mobilität gleichgesetzt, einer Charakteristik derjenigen, die in einer diskriminierten, gesellschaftlichen Lage lebten. Pasche Guignard konstatiert aufgrund ihrer empirischen Studien, dass, obwohl sich das Babytragen in den heutigen europäischen, französisch-sprachigen Gesellschaften verbreitet hat, dies oft negativ bewertet und mit exotischem Anderssein, afrikanischer Fremdheit und Armut gleichgesetzt wird, was mit dem Stereotyp der „idealen, französischen Mutter" nicht vereinbar ist.[218]

Die 2001 erschienene Studie von K. Csilléry erhellt die Veränderung des Prestigestatus der Verwendung des Kindertragetuchs im mittelalterlichen Europa.[219] Während im 14. Jahrhundert auf zahlreichen Maria- und Heiligendarstellungen das Kindstuch europaweit zu sehen war, war in Darstellungen der Bibelgeschichten und Heiligen ab dem 15.–16. Jahrhundert ein Schwund desselben zu beobachten. Für das erstarkte Bürgertum bedeutet bereits die Wiege ein Novum.[220] In den Augen der Auftraggeber der Gemälde erschien es nicht mehr angebracht, auf Darstellungen der Heiligen Maria die Verwendung des Kindstuchs sichtbar zu machen, wenngleich auch diese nicht verschwunden war, sondern in den Traditionskreis der dörflichen Frauen zurückgedrängt worden war.[221] K. Csilléry konstatiert unter Anführung europäischer Fachliteratur, dass das Kindertragen auch noch im 20. Jahrhundert einen Teil des bäuerlichen Alltags ausmacht.[222] Die Analyse des rituellen Funktionswechsels des Baranyaer Kindstuchs im 20. Jahrhundert, die Gegenstand meiner gegenwärtigen Studie ist, bringt mich näher an die Verknüpfung zwischen dem Kindertrageobjekt und dem Marienkult, dem Archetyp der idealen Mutter, sowie der Erklärung der Rollenveränderung des Gegenstandes vom Sakralen bis hin zu einem der Stigmatisierung.

4.3. Fazit

Die Fallstudien der drei jungen, in naher Verwandtschaft stehenden Elternteile ermöglichen einen Einblick in die Mikroebene der heutigen Kindertragekultur in der Baranya. Der Prozess, in dem das traditionelle, rituelle Kindstuch mit lokalem Bedeutungsinhalt

---

218 Vgl. Pasche Guignard 2016, S. 26 f.
219 Vgl. K. Csilléry 2001, S. 305 f.
220 Vgl. ebd., S. 308.
221 Vgl. ebd., S. 309.
222 Vgl. ebd., S. 305.

im 20. Jahrhundert seine Funktionen schrittweise einbüßt und an seine Stelle globale, wirtschaftliche und gesellschaftliche Prozesse widerspiegelnde Kindertragemittel treten, ist klar zu verfolgen. Solange das rituelle Kindstuch ein Träger der Gruppenidentität ist, stellt die Auswahl des globalen Kindertragegegenstandes eine individuelle Entscheidung dar und spiegelt damit eine individuelle Identität wider. Der tragbare Kindersitz wie auch der Kinderwagen sind Produkte von Modernisierungsprozessen, sie sind technisierte, praktische Varianten der traditionellen, tragbaren Wiegen und Kinderbetten. Die Verwendung der textilen Babytragen kann an die bindungsorientierte Erziehung, an die alternativen Kindererziehungsbewegungen geknüpft werden, sie ist die moderne, ritualisierte Variante des traditionellen Am-Körper-Tragens.

Ich fasse die Lehren des Babytragens in Himesháza neben der Globalisierung in den Themen der Geschlechterrollenveränderung und der Stigmatisierungsprozesse zusammen. Der mit dem Kleinkind zu Hause bleibende, das Kind tragende Vater mit egalitärer Einstellung und der Fall der Mutter, die sich trotz einer Lebensgefährtenbeziehung zum Kinderkriegen entscheidet, zeugen von der Modernisierung der Geschlechterrollen und der Akzeptanz gegenüber alternativen Familienmodellen. Nach der Jahrtausendwende erscheint die die Veränderungen akzeptierende Einstellung in der eher traditionellen, die männlichen und weiblichen Rollen betonenden, ungarischen Gesellschaft.[223] Das Himesházaer, einen sakralen Objektstatus aufweisende, rituelle Kindstuch würde sich in einer neuen gesellschaftlichen und sachlichen Umgebung in ein Stigma-Attribut verwandeln: Anstatt des Prestigesymbols würde es als Stigma-Symbol die in diskriminierter Lage Lebenden markieren.

Die untersuchten Fallstudien untermauern die Argumentation Redlins auf der Makroebene: Die heutigen als Industrieprodukt vermarkteten Tragetücher zeugen von einem Paradigmenwechsel. Die Verwendung von modernen Tragetüchern, die sich an Kulturtechniken außerhalb Europas lebender Volksgruppen orientiert, stellt eine Gesellschaftskritik dar, sie kann die Ablehnung und die Aufarbeitung der nationalsozialistischen Vergangenheit bedeuten.[224] Die Verwendung des Tragetuchs, die das holistische Kindererziehungsmodell widerspiegelt und an Stelle der technisierten Kinderwagen-Mobilität tritt, kann als Zivilisationskritik angesehen werden.

---

223 Vgl. Murinkó 2014, S. 70 f.
224 Vgl. Redlin 2010, S. 167.

5. Objektbiografien von Kindertragetüchern verschiedener Branauer Familien

5.1. Untersuchungsregion Baranya: historischer und sozioökonomischer Hintergrund

5.1.1. Geschichtlich-topografische Einordnung des untersuchten Themas

Bis heute sind im Viereck Pécs–Siklós–Mohács–Erdősmecske in der Baranya materielle Zeugnisse des Kindertragens aufzufinden: Am weitesten verbreitet ist das deutsche Wollgewebe, das Kindstuch, gelegentlich kommt auch die dörfliche Schokatzer Šarenica vor, und noch seltener findet man das festliche, bestickte, ungarische Kindertragetuch aus Leinen aus Bogád und Egerág.[225] Im Kreise der Bevölkerung ist das kulturelle Gedächtnis des traditionellen Kindertragens an den römisch-katholischen Kulturkreis gebunden. Archivalische Quellen untermauern die Verwendung des Kindstuchs im 18. und 19. Jahrhundert in der Baranya. Aus den das Alltagsleben der Region Süd-Transdanubien widerspiegelnden Aufzeichnungen des Pfarrers Michael Winkler (1729–1810) aus der zweiten Hälfte des 18. Jahrhunderts, als er in den Tolnaer Siedlungen Szakadát, Bonyhád und im Baranyaer Gödre als Seelsorger wirkte, geht der Gebrauch des Kindstuchs hervor.[226] Michael Winkler schreibt 1790:

> „Auf dem Prädium ‚Juhe' haben sich in diesem Sommer zwei Frauen derart angetrunken, dass sie die ganze Nacht hindurch dort liegenbleiben mußten. Eine dritte hatte sich im Keller so berauscht, dass sie auf dem Heimweg ihren Säugling, den sie in gewohnter Weise im Tuch eingefaßt getragen hatte, verlor. Wenn

---

225 Die zwei Kindstücher aus der Sammlung des Janus Pannonius Múzeum Pécs wurden in Bogád-Egerág angefertigt, Ltsz. 84.5.4., 84.19.1.

226 Vgl. Winkler, Michael/Galambos, Franz: Glaube und Kirche in der Schwäbischen Türkei des 18. Jahrhunderts. Aufzeichnungen von Michael Winkler in den Pfarrchroniken von Szakadát, Bonyhád und Gödre. Zusammengestellt, aus dem Lateinischen übersetzt und eingeleitet von Franz Galambos. München 1987, S. 152. Auf die Quelle wurde ich durch Karl-Peter Krauss aufmerksam gemacht.

andere Frauen das Kind nicht aufgehoben hätten, wäre das schreiende Kind am Weg verlassen liegengeblieben."[227]

Ich hebe die geschichtliche, geografische und politische Bedeutung der Quelle an dieser Stelle hervor. In seiner Predigt Ende des 18. Jahrhunderts in Gödre, an der Grenze der Komitate Somogy–Tolna–Baranya, spricht Winkler vom in Tücher eingefassten Kindertragen, als wäre dies eine allgemein praktizierte Handlung. Nach meinen Forschungserfahrungen zum 21. Jahrhundert bezüglich des Kindertragens auf diesem Gebiet sind nur im Komitat Baranya materielle Zeugnisse erhalten geblieben. Damit ist bewiesen, dass das Kindertragen im Tragetuch im 18. Jahrhundert zu dieser Zeit im Kreis der deutschen Siedler in einer größeren Region als heute verbreitet war. In der disziplinierenden Redeweise der Predigt Winklers offenbart sich neben den mythisch-sagenhaften Elementen die Reformpolitik des Habsburgischen Absolutismus. In welchem geografischen, geschichtlichen und über institutionelle Strukturen verfügenden Umfeld kamen die deutschen Siedler im 18. Jahrhundert im Südost-Transdanubien an? Welche Maßnahmen und Faktoren konsolidierten die Lebenswelt der Region? Welche geschichtlichen und wirtschaftlichen Faktoren veränderten die traditionell soziale, bis zum Ende des Zweiten Weltkrieges bestehende Hierarchie?

5.1.2. Baranya nach der Türkenzeit

Infolge der zwei erfolgreich geführten Kriege, die auch das Ende der 150-jährigen osmanischen Herrschaft bedeuteten (1699 Frieden von Karlowitz und 1718 Frieden von Passarowitz), wurden die historischen Grenzen des Königreichs Ungarn wiederhergestellt, zugleich wurde das Land ein Teil des Habsburgerreichs. Als Erbe der Türkenkriege veränderte sich die ethnisch-religiöse Zusammensetzung der Bevölkerung und die Siedlungsstruktur in der untersuchten Region Südost-Transdanubiens, ähnlich, wie dies auch auf anderen Gebieten des Königreichs geschah.[228] Beispielsweise ging die Zahl der ungarischen Bevölkerung in der Baranya zurück, viele ergriffen die Flucht und oft lebten sie mit den von den Türken subventionierten Südslawen, vor allem mit Serben, zusammen.[229] Die türkische Herrschaft hatte für die Bevölkerung häufig eine strenge, oft brutale, militärische Diktatur bedeutet, sie waren vor den schweren Steuerlasten in größere

---

227 Ebd.
228 Vgl. Seewann, Gerhard: Geschichte der Deutschen in Ungarn. Bd. 1: Vom Frühmittelalter bis 1860 (Studien zur Ostmitteleuropaforschung). Marburg 2012a, S. 81.
229 Vgl. Andrásfalvy, Bertalan: Nyugat-Baranyai német telepesek történeti néprajzi kérdései a levéltári források tükrében. [Geschichtlich-volkskundliche Fragen deutscher Kolonisten der West-Branau im Spiegel der archivalischen Quellen]. In: Máté, Gábor (Hg.): Együtt élő népek -

Siedlungen geflohen oder hatten Schutz in sumpfig-bewaldeten Gegenden gesucht.[230] Die ganze osmanische Epoche war durch horizontale Mobilität großer Bevölkerungsgruppen und eine rege Migration gekennzeichnet, der Wechsel des Wohnsitzes erwies sich als Überlebensstrategie.[231] Die Migration der südslawischen Volksgruppen aus dem Süden in Richtung Norden begann im späten Mittelalter und verlief parallel mit der Ausdehnung des Osmanischen Reiches. Anfang des 17. Jahrhunderts erschienen südslawische Bevölkerungsgruppen in den Komitaten Baranya, Somogy, Tolna und Fejér.[232] Die zeitgenössischen Quellen nennen die christlich-orthodoxen Serben „Raitzen", aber diese Bezeichnung wurde auch auf katholische Raitzen angewandt, die aus Bosnien eingewandert waren, sich bis heute Bunjewatzen und Schokatzen nennen und sich im Laufe des 17. Jahrhunderts unter anderem in der südlichen Baranya niedergelassen hatten.[233] Die Wanderung der südslawischen Volksgruppen war einerseits eine spontane Migration, andererseits wurden diese von der osmanischen Macht aufgrund militärischer und wirtschaftlicher Überlegungen angesiedelt. Die osmanischen Behörden privilegierten diejenigen südslawischen Bauern, deren Dörfer die osmanische Kavallerie, die Spahis, ernährten oder die als Soldaten in türkischen Grenzbefestigungen dienten.[234] Der ab Ende des 17. Jahrhunderts erfolgreich geführte Krieg gegen die Osmanen und die sich ändernden Machtverhältnisse erfordete eine andere Lage bezüglich Sicherheit und Wirtschaft. Während sich das osmanische Heer von Schaf- und Rindfleisch ernährt hatte, wurde die Versorgung des kaiserlichen Heeres durch Getreideproduktion und Brot gesichert. Der erhöhte Getreidebedarf führte zu einer Getreidekonjunktur, so dass sich der Schwerpunkt von der extensiven Viehzucht auf den intensiven Ackerbau und die intensive Viehzucht verlagerte.[235] Die Wiener Hofkammer und der Hochadel bemühten sich merkantilistischen Prinzipien folgend, ihren Großgrundbesitz auf die möglichst profitabelste Wirtschaft umzustellen.[236] Im 18. Jahrhundert entsprach die extensive Viehzucht der Serben nicht den neuen Anforderungen und so hatten sie die Alternative, sich entweder an die neuen wirtschaftlichen Voraussetzungen anzupassen oder weiterzuwandern. Nach den Türkenkriegen Mitte des 18. Jahrhunderts siedelten sich Südslawen im Land noch in denjenigen Dörfern an, in denen die Integration vergleichsweise einfach möglich war. Sie

---

eltérő értékrendek: Andrásfalvy Bertalan válogatott társadalomnéprajzi tanulmányai. [Zusammenlebende Völker – verschiedene Wertordnungen: Ausgewählte ethnographische Studien von Bertalan Andrásfalvy]. Pécs u.a. 2011a, S. 263–279, hier S. 264.
230 Vgl. Seewann 2012a, S. 82.
231 Vgl. ebd.
232 Vgl. ebd., S. 90.
233 Vgl. ebd., S. 91.
234 Vgl. ebd.
235 Vgl. ebd., S. 102.
236 Vgl. ebd., S. 97.

ließen sich beispielsweise in Beremend, Kásád und Lippó nieder und, wo das nicht möglich war, zogen sie weiter.[237]

Der Wiener Hof hatte bereits 1689 im Impopulationspatent von Leopold I. formuliert, dass zum Neuaufbau der von den Osmanen zurückeroberten Gebiete (Neoacquistica) unter Berücksichtigung merkantilistischer Aspekte eine großangelegte Kolonisation erforderlich war.[238] Eine starke Binnenmigration im Lande war unerwünscht, deshalb wurden ausländische Siedler gebraucht. Leopold I. rief in seinem Impopulationspatent zur Teilnahme an der Siedlungsaktion und zur Ansiedlung im Land auf, ohne dabei auf gesellschaftliche Stellung, nationale oder religiöse Zugehörigkeit zu achten.[239] Im Laufe des 18. Jahrhunderts wurde es für die Großgrundbesitzer von entscheidender Wichtigkeit, dass sich nach der Verdrängung der eine extensive Landwirtschaft betreibenden Südslawen vor allem deutsche Bauern auf ihrem Land niederließen, von denen eine hohe Arbeitsmoral, sichere Steuereinnahmen, vertraglich gesicherte Frondienste und eine intensive Dreifelderwirtschaft zu erwarten waren.[240] „Loco Slavorum sunt ex Germania Neo-Advenae" heißt, dass an Stelle der Slawen vielerorts neu angesiedelte Deutschen zu finden waren, was sich durch zahlreiche Steuerregister des 18. Jahrhunderts belegen lässt.[241]

5.1.3. Akteure der Ansiedlung

Die drei Hauptakteure der Kolonisation waren die Siedler, die daran beteiligten, privaten Grundherren und der Staat. Deutsche Siedler aus Südwest-, West- und Mitteldeutschland kamen vor allem wegen des wirtschaftlichen Niedergangs ihrer Heimat ab der zweiten Hälfte des 17. Jahrhunderts.[242] Oberstes Ziel der Auswanderer war es, in einem Agrargebiet eine eigene Hofwirtschaft zu erwerben, um so den Status eines Bauern erlangen zu können, was in ihrer eigenen Heimat aus konjunkturellen und strukturellen Gründen nicht möglich war. Die deutschen Siedler wurden durch die niedrigen Grundstückpreise, den vererbbaren Hausbesitz, das Recht zur Freizügigkeit und eine Steuerfreiheit von fünf Jahren für ausländische Ansiedler (für Binnenwanderer waren es nur drei Jahre) angezogen.[243] Die erste große Einwanderungswelle erfolgte nach dem von Ferenc Rákóczi II.

---

237 Vgl. ebd., S. 100.
238 Vgl. ebd., S. 104 f.
239 Vgl. ebd., S. 107.
240 Vgl. ebd., S. 99.
241 Vgl. ebd.
242 Vgl. ebd., S. 117 f.
243 Vgl. Seewann, Gerhard: Die ungarischen Schwaben. Skizze ihrer Geschichte vom 18. bis zum
    20. Jahrhundert. In: Szepesi, Anna (Hg.): Hordozókendők és női sorsok. Hordozókendő a

angeführten Aufstand, in dem sich der ungarische Kleinadel, herumirrende Soldaten und Bauern gegen den Absolutismus der Habsburger auflehnten, und der mit dem Frieden von Sathmar 1711 beendet wurde.[244] Schon 1712 strömten tausende deutsche Siedler nach Ungarn, ihren Höhepunkt erreichte die Ansiedlungswelle in den 1720er-Jahren.[245] Die Siedler warteten in den deutschen Häfen (z. B. Ulm, Günzburg, Donauwörth, Marxheim, Kelheim, Regensburg, Passau) auf Transportgelegenheiten und schifften sich anschließend über Wien nach Ungarn ein.[246] Die Reise von der Donau zu den Gutsbesitztümern wurde meist von den Grundherren organisiert. Im Falle der in meiner Studie untersuchten Dörfer sind 1722 beispielsweise die ersten Siedler dem Ruf des damaligen Grundherren, Wilhelm Franz von Nesselrode, des Pécser Bischofs, folgend in Himesháza eingetroffen.[247] Hundertzwanzig Bauern samt ihren Familien siedelten sich damals an: achtzig von ihnen als 5/8- (mit 16 Joch Feld), vierzig als 6/8-Landwirte (mit 20 Joch Feld).[248] Zwischen 1711 und 1786 kamen etwa 350–400.000 deutsche Siedler nach Ungarn.[249] Während in der ersten Hälfte des 18. Jahrhunderts die Siedlungsaktionen der Grundherren vorherrschten, wurden in der zweiten Hälfte des 18. Jahrhunderts die staatliche Siedlungspolitik maßgebend.[250] Infolge der Siedlungspolitik des Wiener Hofes strömten Ansiedler in drei größeren Etappen, die an einzelne Herrscher zu knüpfen sind, nach Ungarn. Die erste große, staatlich organisierte Einwanderungswelle geschah 1722–26 unter der Regierungszeit Karls VI. (als ungarischer König Karl III.), die zweite 1763–1771 unter Maria Theresia; die dritte und zugleich letzte Welle 1782–1786 ist mit dem Namen Josefs II. verbunden. [251]

Die Großgrundbesitzer beteiligten sich an der Kolonisierung, weil sie ihre Grundstücke rasch nutzen und durch die Arbeit der Bauern profitabel machen wollten, auch wurden die Herrschaftsgüter modernisiert, zum Beispiel mit Meierei und Molkerei ausgebaut.[252] Als Beispiel soll hier die Batthyány-Herrschaft stehen, welche mit der weiteren Ansiedlung von Raitzen im 18. Jahrhundert aufblühen sollte. Die extensive Viehzucht der Serben erwies sich nicht als profitabel. In einer Zeit der Getreidekonjunktur musste

---

baranyai németek viseletében. Kindstücher und Frauengeschichten. Das Kindstuch bei den Deutschen in der Baranya. Textilmúzeum, Budapest 2010, S. 38–60, hier S. 41.

244 Vgl. Seewann 2012a, S. 103.

245 Vgl. Seewann 2010, S. 40.

246 Vgl. Seewann 2012a, S. 126.

247 Vgl. Aubert, Antal: Himesháza lakói a múltban és a jelenben. Die Einwohner von Himesháza in der Vergangenheit und in der Gegenwart. Pécs 1991, S. 10.

248 Vgl. ebd.

249 Vgl. Seewann 2012a, S. 214.

250 Vgl. ebd., S. 117.

251 Vgl. ebd.

252 Vgl. ebd., S. 147.

auf intensiven Ackerbau, effektiven Getreideanbau und effektive Vermarktung umgestellt werden. 1738 wurden in Bóly Verträge mit deutschen Siedlern abgeschlossen und die serbischen Bauern zur Abwanderung veranlasst.[253] Anhand schnell wachsender Steuereinnahmen wurden 1744 in zwei weiteren Dörfern des Batthyány-Gutes serbische Einwohner ausgesiedelt und deutsche Siedler angesiedelt: In Palkonya und Rácpetre vervierfachten sich die Steuereinnahmen so in zwei Jahren.[254] 1746 wurden in sechs weiteren Dörfern der Herrschaft deutsche Bauern unter partieller Verdrängung der Raitzen angesiedelt: in Belvárdgyula, Nagybudmér, Kisbudmér, Kiskassa, Virágos und Villánykövesd.[255] In der ersten Hälfte des 18. Jahrhunderts brachten die Verdrängungsprozesse in Süd-Transdanubien oft typische Konflikte mit sich, zugleich gingen sie mit einer starken Binnenmigration einher.[256] Die gestiegenen Einnahmen der Bólyer Batthyány-Herrschaft ergaben sich aus den um 20 Prozent höheren Pachtgeldern, einem höheren Getreideertrag und den erhöhten Preisen, die der Dreifelderwirtschaft zuzurechnen sind.[257] Auch der intensive Weinanbau und die mit dem Bannrecht kombinierte Vermarktung des Weins trugen zu den höheren Einnahmen bei. Dieses erhöhte Einkommen ermöglichte, dass der Grundherr beispielsweise zwischen 1765 und 1771 jährlich 2000 Forint investieren konnte, unter anderem in den Bau von Kirchen, Wirtschaftsgebäuden, Kornspeichern, Scheunen, Gasthöfen etc., wodurch er zahlreiche Handwerker auf das Gebiet seiner Herrschaft lockte.[258]

Als dritter Akteur der Ansiedlung ist der Staat, vor allem die Bevölkerung- und Reformpolitik des Wiener Hofes, zu erwähnen. Die Habsburger formulierten ihr merkantilistisches Programm für die Bevölkerungspolitik bereits 1689 im Impopulationspatent: Steuereinnahmen sollten durch die steigende Bevölkerungszahl steigen und dadurch auf indirekte Weise zur Stärkung der Militärmacht beitragen.[259] Ziel war die möglichst schnelle Besiedlung und wirtschaftliche Nutzung der Provinzen, die von den Osmanen zurückerobert worden waren – somit unterstützte auch der Staatsapparat die Ansiedlungen der Großgrundbesitzer.[260] Für Maria Theresia (1740–1780) verdeutlichte der Österreichische Erbfolgekrieg (1740–1748), durch den die Monarchie zu zerfallen drohte, dass die Einheit ihres Reiches durch Reformen bewahrt werden konnte.[261] Die Habsburger-

---

253 Vgl. Seewann 2010, S. 45.
254 Vgl. Seewann 2012a, S. 167.
255 Vgl. ebd.
256 Vgl. ebd., S. 156, 168.
257 Vgl. Seewann 2010, S. 45 f.
258 Vgl. ebd., S. 46.
259 Vgl. Seewann 2012a, S. 168.
260 Vgl. ebd.
261 Vgl. ebd., S. 170.

Dynastie stärkte ihre Siedlungsbemühungen in Ungarn durch eine aufklärerische Reformpolitik: Nennenswert sind die Neuregelung des Bauern-Großgrundbesitz-Verhältnisses (1767, Urbarialpatent), die Schulpolitik (1777, Ratio Educationis) und die die freie Religionsausübung sichernde Religionspolitik (1781, Toleranzpatent). Zum Erreichen seiner merkantilistischen Ziele und für den Wechsel zur kumulativen Wirtschaft bedurfte der Staat fleißige und disziplinierte Untertanen.[262] Das Mittel der sozialen Disziplinierung betraf die Gebiete des Staates, der Kirche, der Wissenschaften und der Kultur. Die Erfolge der Habsburger Reformpolitik sind auf den besiedelten (Neoacquistica-)Gebieten nach der Zeit der osmanischen Besatzung markant erfassbar, zu diesen gehört auch die Untersuchungsregion, die Baranya. Die gesellschaftliche Struktur des Großteils der Neoacquistica-Gebiete entwickelte sich wirtschaftlich stärker und ausgeglichener als die anderer Gebiete Ungarns.[263] Innerhalb des Königreichs war der Anteil der Bauern mit Eigenwirtschaft größer als der der über wenig Ackerfeld verfügenden oder der besitzlosen Agrarbevölkerung.[264] Die Kirche und die Tätigkeit religiöser Einrichtungen wirkten mit integrierender Kraft auf die Siedler, die Religion war im Alltag ein Teil der Identitätsprägung. Die Großgrundbesitzer strebten danach, konfessionell einheitliche Gemeinden zu bilden, um so religiöse Konflikte innerhalb eines Dorfes zu vermeiden.[265]

5.1.4. Die Rolle der Kirche im 18. Jahrhundert

Im oben zitierten Predigt-Fragment Michael Winklers spiegelt sich die Sozialdisziplinierung in der Kindererziehung wider. Winkler, der Pfarrer aus Gödre, zieht eine Grenze zwischen dem Status der Frau und dem der Mutter, des Weiteren würdigt er die gesellschaftliche Stellung der Frau dadurch herab, indem er die angetrunkenen Frauen in Juhépuszta vor der Dorfgemeinschaft an den Pranger stellt. In einem mythosartigen Moment spielt die kollektive, helfende Kraft der Gemeinschaft durch die Rettung des verschollenen Kindes eine bedeutende Rolle. Die Priester strebten in den religiösen Gemeinschaften im 18. Jahrhundert nicht nur nach der Position des moralischen Anführers, sondern wollten auch die Gestaltung des Alltagslebens der Gemeinschaft autoritär bestimmen. Dies konnte durch Ermahnungen erzieherischen Charakters, durch Erniedrigungen oder sogar durch Handgreiflichkeit und Disziplinierung erfolgen.[266] Der Geistliche solle das Ansehen der Gemeinschaft heben, wie Winkler seinem Nachfolger schrieb,

---

262 Vgl. ebd.
263 Vgl. ebd., S. 182.
264 Vgl. ebd., S. 183.
265 Vgl. ebd., S. 225.
266 Vgl. Seewann 2012a, S. 230.

sodass die Gläubigen den Priester lieben, zugleich aber auch fürchten sollten.[267] Eine Existenz im 18. Jahrhundert, der frühen Neuzeit, war auf den Verband der Familie und der Dorfgemeinschaft angewiesen, auf sich geworfen wäre ein Individuum nicht lebensfähig gewesen.[268]

Den Alltag transzendentierende Rituale, die Riten der Lebenskrisen, vollzogen sich im konfessionell-religiösen Rahmen. Die Glaubensgemeinschaften stellten nicht nur für die Ansiedler eine Integrationskraft in der Dorfgemeinschaft dar.[269] Die Ethnografin Mária I. Lantos lenkt die Aufmerksamkeit auf die Traditionen des Marien- und Schutzheiligenkults, auf religiöse Vereine, auf die Tätigkeit von Bruderschaften in der Pécser Diözese und auf die landschaftsorganisatorischen und interethnischen Auswirkungen derselben.[270] Ab Mitte des 18. Jahrhunderts pilgerten beispielsweise Deutsche aus der Umgebung von Mohács und dörfliche Schokatzen aus dem Karasica-Tal an Marien-Feiertagen nach Máriakéménd, in großen Scharen reisten ungarische, deutsche, kroatische Pilger und Roma-Pilger nach Máriagyűd, das seit dem Mittelalter als Wallfahrtsort fungierte und im 18.–19. Jahrhundert seine Blütezeit erlebte.[271] Eine besondere Form der Wallfahrt war der Festzug zu heiligen Brunnen („Brünnli").[272] Das Aufsuchen von Wallfahrtsorten hatte gemeinschaftsbildenden, integrationsfördenden Charakter, es bot die Möglichkeit zur Kontaktpflege zwischen Dorfgemeinschaften und mit Menschen unterschiedlicher Volksgruppen.[273] Der Ausbau der religiösen Infrastruktur unterstützte die Konsolidierung der Ansiedlung. In den katholischen Dörfern entstand im 18. Jahrhundert mit der Konsolidierung jene gesellschaftliche Hierarchie, die bis zum Ende des Zweiten Weltkrieges erhalten blieb.[274]

---

267 Vgl. Winkler/Galambos 1987, S. 90. Nach Seewann 2012a, S. 229 f.

268 Vgl. ebd., S. 230.

269 Vgl. ebd.

270 Lantos, Mária I.: Interethnische Züge der Volksreligiosität in der Fünfkirchner Diözese. In: Fata, Márta (Hg.): Die Schwäbische Türkei. Lebensformen der Ethnien in Südwestungarn. Sigmaringen 1997, S. 63–72, hier S. 63.

271 Vgl. ebd., S. 66 f.

272 Vgl. Seewann 2012a, S. 230.

273 Lantos, Mária I.: Szakrális táj és kultusz a pécsi egyházmegyében I. Csodaforrások és szentkutak. [Sakrale Landschaft und Kult in der Pécser Diözese. I. Wunderquellen und heilige Brunnen]. In: A Janus Pannonius Múzeum Évkönyve [Jahrbuch des Janus Pannonius Museums] 39 (1994), S. 197–211, hier S. 209.

274 Vgl. Seewann 2012a, S. 229.

5.1.5. Ausbildung der Weberzünfte in der Baranya ab dem 18. Jahrhundert

Die demografischen Prozesse im 18. Jahrhundert, die Ansiedlungen brachten auch Veränderungen in der Entwicklung des ungarischen Zunftwesens mit sich. Die Anfänge des ungarischen Zunftsystems gehen auf das 13. Jahrhundert zurück.[275] Nach den Verlusten infolge des Tatareneinfalls im 13. Jahrhunderts betrieb König Béla IV. den Ausbau ungarischer Städte und versah diese mit dem deutschen Stadtrecht, mit dem die Einrichtung des Zunftwesens untrennbar verbunden ist.[276] Die allerersten und meisten Zünfte entstanden in den von Sachsen bewohnten Siedlungen in der Zips und in Siebenbürgen. Die Zünfte gründeten sich in den einzelnen Städten Ungarns im Wesentlichen bis Ende des 16. Jahrhunderts.[277] Im 16.–17. Jahrhundert unter osmanischen Herrschaft stagnierte die industriellen Entwicklung, das Zunftwesen entwickelte sich auf den nichtbesetzten Gebieten in West-Transdanubien und im Oberland weiter.[278] Auf einem Teil der von der Osmanischen Herrschaft befreiten Gebiete, wie auch im die Baranya umfassenden Süd- und Ost-Transdanubien und im Komitat Pest entstanden die meisten Zünfte im Zeitraum zwischen 1688–1760.[279] Nach den Forschungen des Historikers Tamás Faragó ließen sich zwischen 1680 und 1790 mindestens 50–60.000 deutsche und österreichische Handwerker in Ungarn nieder.[280] Handwerker siedelten sich in so hoher Zahl vor allem deswegen an, weil ihnen eine Verordnung im Gesetzesartikel aus dem Jahre 1723 15 Jahre

---

275 Vgl. ebd., S. 43.

276 Vgl. ebd.

277 Vgl. Faragó, Tamás: Céhek és kézművesek Magyarországon a 17–19. században a számok tükrében. Gondolatok a céhkataszter forrásértékéről és használatáról. [Zünfte und Handwerker in Ungarn im 17.–19. Jahrhundert im Spiegel der Zahlen]. In: Sasfi, Csaba (Hg.): Rendi társadalom - polgári társadalom 10. A társadalomtörténet-írás helyzete hazánkban. Ipar és társadalom a 18–20. században. A Hajnal István Kör - Társadalomtörténeti Egyesület 10. jubileumi konferenciájának előadásai. Salgótarján, 1996. augusztus 22–23. [Standesgesellschaft – bürgerliche Gesellschaft, Band 10. Situation der Sozialgeschichtsschreibung in unserer Heimat. Industrie und Gesellschaft im 18.–20. Jahrhundert. Vorträge der 10. Jubiläumskonferenz des Sozialgeschichtlichen Vereins István Hajnal Kreis. Salgótarján, 22–23.08.1966]. Salgótarján u. a. 2003, S. 79–142, hier S. 87.

278 Vgl. ebd., S. 87, 89.

279 Vgl. ebd., S. 89.

280 Vgl. Faragó, Tamás: Das ungarische Zunftwesen im 18. Jahrhundert anhand quantitativer Zeugnisse. In: Haupt, Heinz-Gerhard (Hg.): Das Ende der Zünfte: ein europäischer Vergleich. Göttingen 2002, S. 251–270, hier S. 259.

Steuerfreiheit gewährte.[281] Faragó unterscheidet drei Phasen der Entwicklung des ungarischen Zunftwesens im 18.–19. Jahrhundert.[282] Bis in die 1730er-Jahre wurde das mittelalterliche Zunftsystem wiederbelebt, das die Interessen der Meister, die die Organisationen gründeten, und die der lokalen Behörden vertrat.[283] Ab 1729 bis ins 19. Jahrhundert wurden die Zünfte nicht mehr in erster Linie von lokalen Wirtschaftsakteuren geformt, sondern vom absolutistischen Staat, der im Rahmen seiner wirtschaftspolitischen Maßnahmen der zentralen Regelungen der Erneuerung und Überprüfung (1761, 1815) eine Masse von Zunftbriefen ausgab.[284] Ab Mitte des 19. Jahrhunderts setzte der Verfall des Zunftsystem ein, 1872 wurde es endgültig aufgelöst.[285]

Faragó stellt fest, dass über die amtsgeschichtliche Chronologie des Zunftsystems hinaus zwei bedeutende Merkmale auffällig sind. Zum einen weicht die Entstehung von Zünften in den Städten von der in den Dorf-Marktflecken ab.[286] Vor 1600 entstandene Zunftbriefe zeugen davon, so konstatiert Faragó, dass die gegründeten Zünfte an eine oder mehrere königliche Städte geknüpft waren, dass jedoch die Zahl der Städte ab dem 17. Jahrhundert sank.[287] In der Zeit nach der osmanischen Herrschaft stieg die Zahl der Neugründungen um 50 Prozent und nach 1760 erlangten sie in Dörfern und Marktflecken die Mehrheit. 4/5 der Zünfte, die nach 1790 entstanden , waren ans Land und nicht an die freien, königlichen Städte gebunden.[288] Das andere sichtbare Merkmal ist laut Faragó, das sich die Zünfte in den verschiedenen Regionen zeitlich anders entwickelten. So ist gut erkennbar, dass der Höhepunkt der Herausbildung von Zünften in West-Transdanubien und im Oberland auf das 17. Jahrhundert fällt, während er in den von den Osmanen zurückeroberten Gebieten auf einen späteren Zeitpunkt zu datieren ist.[289]

---

281 Vgl. ebd., S. 258.
282 Vgl. ebd., S. 259.
283 Vgl. ebd.
284 Vgl. ebd.; Vgl. Faragó 2003, S. 88.
285 Vgl. Faragó 2002, S. 258.
286 Vgl. Faragó 2003, S. 88 f.
287 Vgl. ebd., S. 88.
288 Vgl. ebd., S. 88 f.
289 Vgl. ebd., S. 89.

In Rahmen meiner Dissertation untersuchte ich archivalische Quellen einiger Weberzünfte der Baranya aus dem 18. und 19. Jahrhundert (1752 Pécs[290], 1819 Mohács[291]) und einer gemischten Zunft, der auch Weber angehörten (1776 Siklós[292], 1822 Dárda und Németbóly[293]). Laut meiner Untersuchungen lassen die in der Region Pécs–Siklós–Mohács–Erdősmecske gefundenen vierschaftigen deutschen Kindstücher mit *Schlange*-Webermotiven [294] einen mittelalterlichen Ursprung erkennen, die lateinische Benennung des Motivs lautet *Cursum serpentinum*, zu Deutsch *Nattergang*.[295] Geschichtlich interessant

---

290 Magyar Nemzeti Levéltár Országos Levéltára, Budapest, Helytartótanácsi Levéltár, Acta Mechanica. [Landesarchiv des Ungarischen Nationalarchivs, Budapest, Statthaltereiratsarchiv, Acta Mechanica]. (MNL OL Act. Mech.) C 25, Nr.2., Pécsi takácscéh [Pécser Weberzunft]. In der Akte untersuchte ich den am 6. Oktober 1749 an den Statthalterei-Rat in Latein geschriebenen Brief Maria Theresias, die deutschsprachigen Zunftartikel der Pécser Weber, die sie in einem auf den 13. Dezember 1750 datierten Brief der Herrscherin schickten und die Schrift Considerationes (o. J.), in der der Statthalterei-Rat die Zunftartikel und die Bemerkungen des Komitats begutachtet.

291 Magyar Nemzeti Levéltár Országos Levéltára, Budapest, Magyar Kancelláriai Levéltár, Acta Generalia. [Landesarchiv des Ungarischen Nationalarchivs, Budapest, Archiv der ungarischen Kanzlei, Acta Generalia]. (MNL OL Act. Gen.) A39, Nr. 12173/1819, Mohácsi takácscéh [Mohácser Weberzunft]. Ich habe die ungarischsprachigen Mohácser Zunftartikel, auf der Außenseite gekennzeichnet mit der Jahreszahl 1819, und den Briefwechsel mit dem Komitat und mit dem Statthalterei-Rat zwischen 1814–19 untersucht.

292 Magyar Nemzeti Levéltár Országos Levéltára, Budapest, Helytartótanácsi Levéltár, Acta Mechanica. [Landesarchiv des Ungarischen Nationalarchivs, Budapest, Statthaltereiratsarchiv, Acta Mechanica]. (MNL OL Act. Mech.) C 25, Nr.17., Siklósi vegyescéh [Siklóser gemischte Zunft]. Ich habe die von Maria Theresia am 9. Dezember 1776 für die Siklóser gemischte Zunft herausgegebenen deutschsprachigen Zunftartikel, des Weiteren die Briefwechsel mit dem Statthalterei-Rat im Zeitraum von 1824–25 die Erneuerung des Privilegs betreffend untersucht.

293 Magyar Nemzeti Levéltár Országos Levéltára, Budapest, Magyar Kancelláriai Levéltár, Acta Generalia. [Landesarchiv des Ungarischen Nationalarchivs, Budapest, Archiv der ungarischen Kanzlei, Acta Generalia]. (MNL OL Act.Gen.) A39, Nr. 7591/1822, Németbólyi és dárdai vegyescéh [Gemischte Zünfte in Németbóly und Dárda]. Ich habe das von Franz I. am 14. Juni 1822 in lateinischer, teils deutscher Sprache herausgegebene Privileg an die gemischten Zünfte in Németbóly und Dárda untersucht, sowie einige Briefwechsel mit dem Statthalterei-Rat und dem Komitat im Jahre 1822.

294 Vgl. Kirschbaum, Johann Michael: Neues Weberbild- und Musterbuch. Heilbronn u. a. 1771, S. 93 f. Bezug: In: Domonkos, Ottó: A magyarországi takácsok mintakönyvei. [Die Musterbücher der ungarischen Weber]. Sopron 1998, S. 37. Die Rolle des Motivs des Nattergangs analysiere ich ausführlicher bei der Untersuchung der Materialität.

295 Vgl. Marková, Emília: Slovenské l'udové tkaniny. [Slowakische Volksgewebe]. Bratislava 1976, S. 205.

ist das Nattergang-Motiv deshalb, weil mittelalterlichen und neuzeitlichen Weber-Zunft-briefen zufolge das Weben dieses Motivs oft ein Teil des Meisterstücks war.[296] Im Pozsonyer Weberzunftbrief aus dem Jahre 1712 wird das Motiv noch aufgezählt,[297] das Weben des „Nadergangs"[298] war für die ländlichen Meister, die in der Pozsonyer Region arbeiteten und sich um Zunftzugehörigkeit bewarben, ein Muss. Im Zunftartikel der sich Mitte des 18. Jahrhunderts organisierten Pécser Weberzunft lässt sich der Ausdruck Nattergang wiederum nicht mehr finden, die Landmeister wurden nicht zur Einrichtung von Filialläden angeregt. Der Adeligenlandtag (Artikel 10 aus dem Jahre 1729) und zuvor die Hofkanzlei (Verordnung aus dem Jahre 1700) vertraten die Interessen des Adels und verbaten die Gründung von Filialzünften, weil die Hauptzünfte die Filialzünfte lenken durften und dies wiederum als Eingriff in die Gerichtsbarkeit des Großgrundbesitzers angesehen wurde.[299] Die Einschränkung der Monopolstellung der Zunftunternehmen spiegelte sich im 22. Artikel der Pécser Weberzunft und im hinzugefügten Vermerk des Statthaltereirates (Consilium Locumtenentiale) wider, wonach das Komitat die Produkt-preise regelte.[300] Die zweite Hälfte des Pécser Zunftbriefes, die 29 Artikel des Teils „Deren Gesellen Puncten"[301], zitiert die Gesellenvorschriften der Pozsonyer Weber aus dem Jahre 1724.[302] Der Pécser Zunftbrief ist aus diesen Gründen womöglich als eine Variante des Pozsonyer Weberbriefs angefertigt worden, der nach 1712 herausgegeben wurde. Die fünf Pécser Bürger, die die Weberzunft gründeten, nannten sich „Burgl. Lein-Massalan, Barchant, Damask und Zeüg-Wöber", namentlich „Petrus Ott, Mathäus Krämbser, Friderich Mirsch, Matthias Ama und Georg Palkovics".[303] Sie reichten ihre Zunftartikel 1750 bei Maria Theresia ein, um das Zunftprivileg zu erlangen. Die Benennung der Zunft deutet auf die Tätigkeit von Leinwebern, die fähig waren, auf höchstem Niveau für an-

---

296 Domonkos, Ottó: Céhes takácsok [Weberzünfte]. In: Ders. (Hg.): Magyar Néprajz III. Kézművesség [Ungarische Volkskunde III. Handwerk]. Budapest 1991, S. 369–381, hier S. 376.

297 Vgl. Marková 1976, S. 205.

298 Magyar Nemzeti Levéltár Országos Levéltára, Budapest, Magyar Kancelláriai Levéltár, Privilegia Coehalia. [Landesarchiv des Ungarischen Nationalarchivs, Budapest, Archiv der Ungarischen Kanzlei, privilegia Coehalia]. (MNL OL Priv. Coeh.) A 72, Nr. 85/1712, Pozsonyi takács céh. 8. artikulus [Pozsonyer Weberzunft, Artikel 8].

299 Dóka, Klára: A kézművesipar a török kiűzésétől a céhek megszűntetéséig (1686–1872). [Das Handwerkgewerbe von der Vertreibung der Türken bis zur Aufhebung der Zünfte]. In: Szulovszky, János (Hg.): A magyar kézművesipar története. [Geschichte des ungarischen Handwerkgewerbes]. Budapest 2005, S. 209–240, hier S. 221.

300 Vgl. MNL OL Act. Mech. C 25, Nr.2., Pécsi takácscéh [Pécser Weberzunft]. Artikel 22.

301 MNL OL Act. Mech. C 25, Nr.2., Pécsi takácscéh [Pécser Weberzunft]. Deren Gesellen Puncten, Artikel 1–29.

302 Vgl. Domonkos 1998, S. 519.

303 MNL OL Act. Mech. C 25, Nr.2., Pécsi takácscéh [Pécser Weberzunft].

spruchsvolle Kunden mit vielen Webschaften zu arbeiten (als obligatorische Meisterarbeit war für die Gesellen eine Tischdecke mit 15 Webschaften vorgeschrieben[304]).[305] Die Bemühungen um ein Zunftmonopol in den Entwürfen der Artikel offenbaren den Kampf gegen Pfuscher und um die Kontrolle der Arbeitsteilung innerhalb der Zunft.[306] Laut der Definition des Historikers Géza Eperjessy betrachteten die Gewerbetreibenden einer Zunft sämtliche Handwerker als Pfuscher, die sich ihr Fachwissen außerhalb des Zunftrahmens angeeignet, die das geltende Lehrlingsgeld nicht entrichtet und die Bedingungen für die Meisterprüfungen nicht erfüllt hatten und deshalb auch kein Meisterwerk anfertigen konnten.[307]

> „Außerdem galten auch diejenigen Gewerbetreibenden der Marktflecken und Dörfer als Pfuscher, die aus Mangel an materiellen Geräten keine Privilegien für den Hof erwerben konnten und für die das Gewerbe meistens nur ein Nebenerwerb zur Landwirtschaft war. Pfuscher fand man also hauptsächlich im Kreis der armen Leibeigenenburschen, unter den Bauern mit Bruchgrundstücken oder, wie in den meisten Fällen, unter den Zinsbauern."[308]

Im 16. Artikel wird festgehalten, dass die Arbeit von Stöhrern (der Zunft nicht beigetretenen Webern), die innerhalb von zwei Meilen Entfernung arbeiteten, sowie aller Stöhrer unmöglich gemacht werden sollte.[309] Der 20. Artikel verbietet die Weitergabe der sich in Pécs anfallenden Arbeit an andere Marktflecken, dörfliche Meister oder Stöhrer.[310] Der Statthalterei-Rat beantwortete die ihm zugesandten Artikelentwürfe samt der Begutachtung des Komitats in einem Schreiben mit dem Titel *Considerationes*[311] in Latein. Die eindeutige Streichung des 16. Artikels wurde verordnet, da sich die Artikel der Zunft nur auf die Stadt Pécs bezogen und die Meister in der Umgebung frei entscheiden durften, ob sie der Zunft beitraten oder nicht, der 20. Artikel wurde als für die Gemeinschaft als schädlich beanstandet und gestrichen, weil der Auftraggeber das Recht hatte, die Arbeit dem Weber seiner Wahl anzuvertrauen.[312] Zusammenfassend kann festgestellt werden,

---

304 Vgl. MNL OL Act. Mech. C 25, Nr.2., Pécsi takácscéh [Pécser Weberzunft]. 7. Artikel.
305 Vgl. Domonkos 1991, S. 369, 376. Vgl. auch Domonkos 1998, S. 11.
306 Vgl. Eperjessy, Géza: Mezővárosi és falusi céhek az Alföldön és a Dunántúlon (1686–1848) [Zünfte in den Marktflecken und Dörfern der Tiefebene und in Transdanubien (1686–1848)]. Budapest 1967, S. 107, 137.
307 Vgl. ebd., S. 140.
308 Ebd.
309 Vgl. MNL OL Act. Mech. C 25, Nr.2., Pécsi takácscéh [Pécser Weberzunft]. 16. Artikel.
310 Vgl. MNL OL Act. Mech. C 25, Nr.2., Pécsi takácscéh [Pécser Weberzunft]. 20. Artikel.
311 Vgl. MNL OL Act. Mech. C 25, Nr.2., Pécsi takácscéh [Pécser Weberzunft]. Considerationes.
312 Vgl. MNL OL Act. Mech. C 25, Nr.2., Pécsi takácscéh [Pécser Weberzunft]. Considerationes.

dass der Privilegentwurf der Pécser Leinenweber eine modifizierte Variante des nach 1712 herausgegebenen Privilegs des Pozsonyer Hauptzunft ist. Doch bestand keinerlei filiale Verbindung mit Pozsony, des Weiteren wurde die Zunft nach der in West-Ungarn üblichen Leinweberzunft[313] benannt. Die Gründer der Pécser Weberzunft nannten sich Bürger, und die sich Mitte des 18. Jahrhunderts herausgebildete Weberzunft ist ein Meilenstein auf dem Weg zur Verleihung des Titels *Königliche Freistadt* an die privilegierte, bischöfliche Marktstadt Pécs durch Maria Theresia1780 .[314] Die zitierten Zunftartikeln, die Modifizierungsbeschlüsse des Komitats und des Statthalterei-Rats beschränken die Monopolstellung der städtischen Zünfte, was charakteristisch war für die Zeit ab dem ersten Drittel des 18. Jahrhunderts.

Die Zunftartikel der gemischten Zunft Siklóser deutscher Schneider, Schuster, Weber und Glaser wurden 1776 von Maria Theresia bestätigt.[315] Die in der Fachliteratur angegebene Jahreszahl 1825[316] verweist nicht auf die Gründung der Siklóser gemischten Zunft, sondern auf die Einreichung des Erneuerungsantrags beim Statthalterei-Rat. Dadurch kam das Komitat Baranya in der nach Komitaten zusammengestellten Chronologie der dörflichen Weberzunft-Privilegien, die vom Historiker Lajos Szolnoky für das Gebiet des geschichtlichen Ungarns zusammengestellt wurde, nach dem Komitat Somogy und vor Pest von Platz 19 auf Platz 12.[317] Auch in der Liste der am frühesten gegründeten Weberzünften nach Komitaten geordnet gelangte das Komitat Baranya mit der Siklóser Jahreszahl 1776 von Platz 19 auf Platz 14, nach dem Komitat Tolna und vor Bács-Bodrog.[318] Die geschichtlich-statistischen Untersuchungen Szolnokys zeigen, dass die Organisierung von Weberzünften im 17.–19. Jahrhundert von Westen nach Osten verlief und einen entsprechenden Absatzmarkt voraussetzt,[319] die veränderte chronologische Position der Baranya bestätigt diese Theorie. Die Leinenweberei ist ein Aspekt der Arbeitsteilung, eine neue Stufe in der sich selbstversorgenden Bauernwirtschaft. Die Her-

---

313 Domonkos 1998, S. 11.
314 Vgl. Pécs "szabad királyi" privilégiumlevele 1780. [Die Urkunde zur Erhebung von Pécs zur königlichen Freistadt 1780]. In: Márfi, Attila (Hg.): Pécs ezer éve. Szemelvények és források a város történetéből 1009–1962. Történelmi olvasókönyv. [Tausend Jahre Pécs. Eine Auslese und Quellen aus der Stadtgeschichte von 1009 bis 1962]. Pécs 1996, S. 134.
315 MNL OL Act. Mech. C 25, Nr.17., Siklósi vegyescéh [Siklóser gemischte Zunft].
316 Vgl. Szádeczky, Lajos: Iparfejlődés és a czéhek története Magyarországon, okirattárral 1307–1848. [Gewerbeentwicklung und Geschichte der Zünfte in Ungarn samt Urkunden von 1307 bis 1848]. Bd. 2, Budapest 1913, S. 303. Vgl. Szolnoky, Lajos: Falusi takácscéhek Magyarországon. [Ländliche Weberzünfte in Ungarn]. In: Ethnographia LXXXIII (1972) 2–3, S. 250–265, hier S. 252.
317 Vgl. Szolnoky 1972, S. 255.
318 Vgl. ebd., S. 259.
319 Vgl. ebd., S. 257.

ausbildung von Weberzünften zeigt einen langsamen Prozess der Verbürgerlichung bestimmter Schichten des Bauerntums an.[320] Der 8. Artikel des Zunftbriefes der Siklóser gemischten Zunft verbot die Teilnahme von „fremden" Meistern von außerhalb der Zunft und Pfuschern am Jahrmarkt, er verbietet sei auch örtlichen Weber, die keine Zunftmitglieder waren und keine gebührenpflichtige Arbeit anboten, außer der Eigennutzung.[321] Es ist zu vermerken, dass die Hausweberei in der Baranya bis in die neueste Zeit erhalten geblieben ist.[322] Das Privileg der Siklóser gemischten Zunft ist gemäß der Erneuerungsverordnung des Statthalterei-Rats vom Jahre 1761 erteilt worden und verdeutlicht die merkantilistischen Bestrebungen des Wiener Hofs. Die Zunftrevision sollte die Monopolstellung der Zünfte aufheben, die Zahl der Handwerker vergrößern, Industrieartikelpreise senken und die Kontrolle durch die Behörden verbessern.[323]

Die Mohácser Weber wollten Anfang des 19. Jahrhunderts von der Pécser Weberzunft unabhängig werden und ein eigenes Privileg erhalten.[324] 18 Mohácser Webermeister und drei aus der Umgebung von Mohács (unter ihnen die Witwe eines Webermeisters) erlangten das Privileg 17 Jahre nach der Beantragung im Jahre 1819.[325] Die Grundlage des ungarischsprachigen Privilegs bildete das vom Statthalterei-Rat im Rahmen einer Zunftreform 1813 herausgegebene, fertige Muster des Zunftbriefes (Generalis Articuli Caehales).[326] Es wurde ergänzt durch Regelungen, die unter anderem das Verdingen von Webergesellen zu Meistern, und das leichter absatzfähige, vom Komitat und den Großgrundbesitzern festgelegte Meisterwerk ohne jegliche weitere Spezifikation umfassten.[327] Die Handwerker, die Weber- und gemischte Zünfte in den Marktflecken des 19. Jahrhunderts gegründet hatten, nannten sich nicht „Bürger". Die Németbólyer nannten sich zum Beispiel Meister, Industrielle, auch Wein anbauende Bauern, Kleinhäusler und Tagelöhner,[328] die Mohácser nannten sich Leibeigene.[329] Laut der zusammenfassenden Auswertung von Eperjessy waren die dörflichen Handwerker ihrem gesellschaftlichen Status nach Leibeigene, Tagelöhner und eventuell verarmte Adelige, die feudale

---

320 Vgl. ebd., S. 258.
321 MNL OL Act. Mech. C 25, Nr.17., Siklósi vegyescéh [Siklóser gemischte Zunft]. 8. Artikel.
322 Vgl. ebd., S. 257.
323 Vgl. Dóka 2005, S. 224.
324 MNL OL Act. Gen. A39, Nr. 12173/1819, Mohácsi takácscéh [Mohácser Weberzunft].
325 MNL OL Act. Gen. A39, Nr. 12173/1819, Mohácsi takácscéh [Mohácser Weberzunft].
326 Vgl. Faragó 2003, S. 92.
327 MNL OL Act. Gen. A39, Nr. 12173/1819, Mohácsi takácscéh [Mohácser Weberzunft].
328 MNL OL Act. Gen. A39, Nr. 7591/ 1822, Németbólyi és dárdai vegyescéh. Németbóly-i privilégiumlevél [Gemischte Zunft aus Németbóly und Dárda, Németbólyer Privilegsurkunde].
329 MNL OL Act. Gen. A39, Nr. 12173/1819, Mohácsi takácscéh [Mohácser Weberzunft]. Artikel 20.

Abgaben zu entrichten hatten.[330] Ihrer Rechtsstellung nach gehörten diese Zunftorganisationen ersten Grades in den Geltungsbereich des Grundherren, bis zur zweiten Hälfte
des 18. Jahrhunderts waren die Gutsherren sogar für die Vergabe der Zunftpatente zu-
ständig, zweitrangig hatte das Komitatsamt das Kontrollrecht.[331]

Die Untersuchung zusammenfassend kann bezüglich der Pécser Leinweberregion
festgestellt werden, dass sie sich im 18. Jahrhundert mit dem Zentrum Pécs herausgebildet hatte. Die Pécser Weberzunft fügte sich in die in West-Ungarn verbreiteten Leinwe-
bertraditionen ein.[332] In der der Kultur der Weberzunft der Baranya des 18. Jahrhunderts
lässt sich im administrativen Geschäftsgang mittels der angesiedelten deutschen Handwerker und des deutschen Sprachgebrauchs ein deutsch-österreichischer Einfluss erkennen, während dieser Einfluss bei den Zunftorganisationen, die auch Weber als Mitglieder
hatten – mit Ausnahme der Bólyer gemischten Zunft– und im 19. Jahrhundert entstanden, zweitrangig und weniger spürbar war.[333] Bei der Entstehung der Zünfte in der untersuchten Pécser Region dominierten ab Mitte des 18. Jahrhunderts nicht ausschließlich
lokale wirtschaftliche Prozesse, sondern auch die zentralen wirtschaftspolitischen Maßnahmen des absolutistischen Staates.[334]

5.1.6. Konsolidierung

Die deutschen Siedler gründeten sich dynamisch entwickelnde Produktionsstrukturen in
den zuvor auf Selbstversorgung eingestellten Gebieten. Die wirtschaftliche Konsolidierung geschah sehr schnell, oft bereits zur Zeit der zweiten Generation der Siedler.[335] Das
spezielle Erbrecht der deutschen Kolonisten, das Anerbenrecht und die Erwerbswirtschaft führten ab der zweiten Hälfte des 18. Jahrhunderts bis zum Ersten Weltkrieg zur
Vermehrung der deutschen Siedlungen durch horizontale Mobilität.[336] Im 19. Jahrhundert gesellte sich die vertikale Mobilität dazu, der gesellschaftliche Aufstieg durch Bildung. Binnenmobilität und Siedlungsmigration waren im Verlauf des 19. Jahrhunderts
bestimmende Prozesse in der Geschichte der Ungarndeutschen.[337]

---

330 Vgl. Eperjessy 1967, S. 8.
331 Ebd.
332 Vgl. Domonkos 1998, S. 11.
333 Vgl. Faragó 2003, S. 85.
334 Vgl. ebd., S. 91.
335 Vgl. Seewann 2012a, S. 152.
336 Vgl. ebd.
337 Vgl. ebd., S. 335 f.

Die Umstellung auf Erwerbswirtschaft – veranlasst von den Anführern der Ansiedlung und umgesetzt durch die deutschen Kolonisten – hatte im 18. Jahrhundert sied-
lungsgeografische und gesellschaftliche Folgen. Die deutschen Siedler siedelten in Gebieten, in denen infolge der osmanischen Besatzung und der Kriege nur mehr ein Bruch-
teil der mittelalterlichen ungarischen Bevölkerung gemeinsam mit von den Osmanen be-
günstigten Südslawen lebte.[338] Ungarn und Serben betrieben eine mittelalterliche Subsis-
tenzwirtschaft, die Selbstversorgung wurde aber nicht im Rahmen einer Familienwirt-
schaft oder im Dorf, sondern innerhalb von Kleinregionen verwirklicht.[339] Der Ethnograf Bertalan Andrásfalvy stellte fest, dass die Struktur des Dorfes mit der Wirtschafts-
form, vor allem mit der Form der Viehzucht zusammenhing.[340] Die ungarischen Dörfer
der Baranya mittelalterlichen Ursprungs waren Haufendörfer, in denen die Häuser unge-
ordnet in krummen Straßen gruppiert waren und die Tiere wurden von den Wohnhäusern gesondert in Viehhöfen gehalten.[341] Die deutschen Kolonisten richteten sich auf
Dreifelderwirtschaft und auf Viehhaltung in Ställen ein, dementsprechend gestalteten sie
die Gemarkungen neu. Die Ackerböden wurden in reguläre Fluren geteilt, der unregel-
mäßige Dorfkern aufgelöst, Häuser entlang der Achse des Straßendorfes angeordnet, das
abhängig von seiner Größe auch über mehrere parallele Straßen verfügen konnte.[342] Die
Regulierung der deutschen Dörfer hatte einen großen Einfluss auf ihre Umgebung, auch
die Grundstücke in Dörfern mit ungarischer und südslawischer Bevölkerung wurden in
Gebieten, die für den Ackerbau geeignet waren, reorganisiert.[343] Andrásfalvy konstatiert,
dass zum Beispiel im Hegyháter Landkreis mehrere ungarische Dörfer ihre Grundstücke
nur spät oder gar nicht, nicht einmal im 20. Jahrhundert, regulierten.[344] Die Neuregulie-
rung des Dorfes in Straßen und Fluren nach dem Prinzip der Dreifelderwirtschaft bedeutete nämlich das Aufgeben der extensiven Viehwirtschaft und führte zum Verschwinden großfamiliärer Lebensformen und Denkweise.[345]

Die deutschen Siedler passten sich in Ungarn an das wirtschaftliche und gesellschaftliche System der spätfeudalen Epoche an. Seewann betont, dass es das Lebensziel eines
deutschen Bauern war, als anerkanntes Mitglied der Dorfgemeinschaft zum wirtschaftlich erfolgreichsten Bauer zu werden.[346] Zur Verwirklichung dieses Ziels waren die hohe

---

338 Vgl. Andrásfalvy 2011a, S. 264.
339 Vgl. ebd., S. 265.
340 Vgl. ebd., S. 271.
341 Vgl. ebd., S. 270.
342 Vgl. Seewann 2012a, S. 152 f.
343 Vgl. ebd., S. 153.
344 Vgl. Andrásfalvy 2011a, S. 271.
345 Vgl. ebd.
346 Vgl. Seewann 2012a, S. 335.

Arbeitsmoral, die Anhäufung von Grundbesitz, die Inanspruchnahme des bäuerlichen Kulturgutes und der damit verbundenen Rituale notwendig. Die deutschen Siedlergemeinschaften waren dem politischen, gesellschaftlichen und kulturellen System gegenüber loyal, wichtigster Bezugspunkt des gemeinschaftlichen Lebens war die Dorfgemeinschaft.[347] Der Historiker Imre Solymár untersuchte die Mentalität der Deutschen in Süd-Transdanubien, sowie ihre lokale, religiöse und gesellschaftliche Endogamie.[348] Innerhalb der Dorfgemeinschaft verliefen die Grenzlinien bis ins 20. Jahrhundert zwischen den einzelnen gesellschaftlichen Schichten und Konfessionen, die Unterschiede der Nationalität spielten eine geringere Rolle.[349] Laut eines Borjáder Lehrers verwendeten im Dorf nur die ungarndeutschen Frauen römisch-katholischen Glaubens das Kindstuch, die evangelischen Ungarndeutschen hingegen nicht, obwohl die Geburt zu Hause, die Einrichtungen des Kindsbetts und der Segnung bis zum Ersten Weltkrieg alle Frauen betraf.[350] Die Lebenswelt des ungarndeutschen Bauerntums war ein Teil der kulturellen Vielfalt Süd-Transdanubiens, für die grundsätzlich die gegenseitige Toleranz zwischen unterschiedlichen Volksgruppen, die Herausbildung gemeinsamer Traditionen, der Austausch materieller und geistig-kultureller Güter – wie zum Beispiel das rituelle Kindertragen – über Jahrhunderte hindurch charakteristisch waren. Die politische Indifferenz der in Ungarn lebenden Bauern verschwand mit dem Ersten Weltkrieg und seinen Folgen, der Unfriede stieg allmählich an.[351] Dies waren Auswirkungen mehrerer historischer Prozesse, die die städtischen Bürger bereits seit Anfang des 19. Jahrhunderts, das flache Land erst später erreichten.[352] An erster Stelle steht der Nationalisierungsprozess in Ungarn, der mit dem Kampf um die Durchsetzung der ungarischen Sprache als Staatssprache verbunden war. In seiner Zusammenfassung beschreibt Seewann, dass das Einsetzen der ungarischen Sprache als allgemein gültige Amtssprache 1844 die erste Periode der ungarischen Nationalbewegung beendete. In der zweiten Periode dehnte sich die ungarische Sprache auf alle Gebiete des öffentlichen Lebens wie Verwaltung, Schule, Presse und Kultur aus.[353] Auf den Minderheiten lastete ein immer stärker werdender Assimilationsdruck. Der Historiker Pieter M. Judson hebt hervor, dass die nationalistischen Konflikte

---

347 Vgl. ebd.
348 Vgl. Solymár, Imre: A dél-dunántúli németek mentalitása. Die Mentalität der Deutschen in Südtransdanubien. Bonyhád 2003, S. 50.
349 Vgl. Seewann 2012a, S. 335.
350 Interview mit Herrn J. Borjád, 27.02.2014.
351 Vgl. Seewann 2010, S. 52.
352 Vgl. ebd., S. 53.
353 Vgl. Seewann 2012a, S. 241.

nicht die unvermeidbaren Folgen der sprachlichen Vielfalt der Österreich-Ungarischen Monarchie waren, sondern Produkte politischer Einrichtungen.[354]

5.1.7. 19.–20. Jahrhundert

Im letzten Drittel des 19. Jahrhunderts erreichten die die ganze Wirtschaft und Gesellschaft betreffenden Veränderungen wie die Urbanisierung und die Industrialisierung auch die ländliche Welt der Bauern. Der Eisenbahnbau und die Veränderungen in der Infrastruktur lösten die geschlossene Dorfgemeinschaft allmählich auf.[355] All diese Prozesse blieben nicht ohne Folgen:

> „[Diese] führten spätestens am Vorabend und während des Ersten Weltkriegs zuerst zu einer sozialen Mobilität (Land-Stadt-Wanderung), sodann zu einer politischen Mobilisierung auch der Agrarbevölkerung, die entlang ethnischer Trennlinien ablief und nach dem Zusammenbruch des Stephanreiches rasch in eine politische Radikalisierung mündete."[356]

Der Erste Weltkrieg und der Zerfall der Habsburger Monarchie bedeutete für die deutsche Minderheit eine neue Situation.[357] Die Erlebnisse des Ersten Weltkrieges, das Zusammentreffen mit deutschen und österreichischen Soldaten an der Front und auf dem Lande generierten tiefgreifende Veränderungen. Die politischen, mit dem Fall der Dynastie verbundenen Veränderungen führten zu Grenzmodifizierungen der Nachfolgestaaten, die unter anderen die von Deutschen bewohnten Gebiete der Schwäbischen Türkei, der Komitate Bácska und Bánát voneinander trennten.[358] Diese Erfahrungen leiteten den Prozess der politischen Mobilisierung, der Entfaltung eines Zusammengehörigkeitsgefühls und einer Identitätsbildung in der Geschichte der deutschen Minderheit in Ungarn ein. Dieses neue, über die Regionen hinausführende, landesweite Zusammengehörigkeitsgefühl orientierte sich zunächst an den neuen Landesgrenzen, einige Jahre später bildete sich das Bewusstsein einer grenzüberschreitenden deutschen Volksgemeinschaft.[359] Seewann schreibt über die Wandlung des Identitätsbewusstseins:

---

354 Vgl. Judson, Pieter M.: The Habsburg Empire. A New History. Cambridge u. a. 2016, S. 272.
355 Vgl. Seewann 2010, S. 53.
356 Ebd.
357 Vgl. Seewann, Gerhard: Geschichte der Deutschen in Ungarn. Bd. 2: 1860 bis 2006 (Studien zur Ostmitteleuropaforschung). Marburg 2012b, S. 167.
358 Vgl. Seewann 2010, S. 54.
359 Vgl. ebd.

„Zu dem bis zur Jahrhundertwende dominierenden Traditionstypus der deutschungarischen Identität mit seinem staatspatriotischen Hungarus-Bewusstsein und seiner Vergesellschaftsform in Gestalt der Dorfgemeinschaft trat im Verlauf der Zwischenkriegszeit nunmehr der Typus der deutsch-völkischen Identität in der Organisationsform der Volksgruppe hinzu. Die Konkurrenz beider Identitätsangebote, des traditionellen wie des radikalisierten, spaltete im Verlauf der 30er Jahre Familien und Dorfgemeinschaften, ja das ganze Ungarndeutschtum und löste heftige innerethnische Auseinandersetzungen aus."[360]

Ende der 1930er-Jahre verschwand das friedliche Zusammenleben der Nationalitäten und damit eine 300 Jahre alte Tradition. Anstelle dieser traten Segregation und Dissimilation.[361] Der 1938 unter Mitwirkung des Dritten Reiches gegründete Volksbund der Deutschen in Ungarn verfolgte genau diese Richtung.[362] Laut Béla Bellér fand der Volksbund in einigen von Deutschen bewohnten Gebieten viele Anhänger, in der Baranya waren 1941 circa. 70 Prozent der Deutschen Mitglieder des Volksbundes.[363] Die Loyalität der ungarländischen deutschen Minderheit teilte sich zwischen Horthy und Hitler auf.[364] Die Agrarproduktion der deutschen Siedler wurde in den Dienst der Kriegsziele des Dritten Reiches gestellt und die Wehrmacht und SS konnten auf Basis mehrerer mit der ungarischen Regierung geschlossener Verträge 120.000 Ungarndeutsche für ihre Einheiten rekrutieren.[365] Einheiten der Wehrmacht und der SS besetzten 1944 Ungarn, landesweit wurden in dieser Zeit auch die Juden aus Pécs und aus der Baranya in die Vernichtungslager des Dritten Reiches deportiert.[366]

Nach dem Zusammenbruch des Dritten Reiches fing mit dem Einzug der Roten Armee der Leidensweg der ungarndeutschen Minderheit an, der erste Schritt der Verfolgung war die Verschleppung zur Zwangsarbeit in die Sowjetunion (malenkij robot).[367]

---

360 Ebd.

361 Vgl. ebd., S. 55.

362 Vgl. Seewann 2012b, S. 320.

363 Vgl. Bellér, Béla: A magyarországi németek rövid története. [Kurze Geschichte der Ungarndeutschen]. Budapest 1981, S. 179.

364 Vgl. Seewann 2012b, S. 312–330.

365 Vgl. Bellér 1981, S. 180–183.

366 Vgl. „Die Juden aus Pécs wurden am 4., die aus der Umgebung am 6. Juli abgeschleppt." In: Vörös, István Károly: A pécsi zsidók tragédiája 1944-ben. [Tragödie der Pécser Juden im Jahre 1944]. In Hábel, János (Hg.): Pécsi levelek 1944-ből. Dokumentumok a "zsidókérdés" pécsi megoldásáról. [Pécser Briefe aus dem Jahre 1944. Dokumente der Pécser Lösung der „Judenfrage"]. Pécs 2014, S. 17–41, hier S. 32.

367 Vgl. Seewann 2012b, S. 354.

Aus dem Komitat Baranya wurden etwa 5000 Personen darunter zahlreiche Frauen verschleppt, das waren sieben Prozent der dort lebenden Deutschen (laut der Volkszählung aus dem Jahre 1941 lebten 73.000 Deutsche im Komitat), aus ganz Ungarn waren es etwas mehr als 30.000 Personen.[368] Ein Viertel bis zu einem Drittel der Verschleppten sind in der Sowjetunion verstorben und nie zurückgekehrt.[369] Viele der Zurückgekehrten fanden aufgrund der Aussiedlungen ihre Familien in ihren Dörfern nicht mehr vor, andere waren genötigt, in ungarischen Zwangslagern (z. B.: Tiszalök) auf ihre Ausreise zu warten.[370]

Ende Februar 1945 begannen die Internierung, Entrechtung und Enteignung der Ungarndeutschen, sowie ihre Zwangsumsiedlung innerhalb des Landes.[371] Das Ziel war, laut Grundlage der Vereinbarungen des Bevölkerungsaustausches, deportierte Ungarn aus der Tschechoslowakei, ungarische Kleinhäusler und die in die Bácska umgesiedelten Szekler in den ungarndeutschen Bauernheimen anzusiedeln.[372] Diese Maßnahmen veränderten die ethnische Zusammensetzung der Dörfer der Baranya und Tolna. Die 1941 aus fünf Dörfern der Bukowina (Istensegíts, Fogadjisten, Józseffalva, Hadikfalva, Andrásfalva) in die Bácska übergesiedelten, etwa 17.000 Sekler-Ungarn mussten die unter jugoslawische Obhut gelangten Gebiete 1944 fluchtartig verlassen.[373] Nach dem „großen Rennen" aus der Bácska und nach einem Jahr Herumirren in der Baranya wurden die Szekler 1945 in 37 deutschen Dörfern der Komitate Tolna, Baranya und Bács-Kiskun angesiedelt.[374] Im Komitat Tolna wurden im Früjahr 1945 deutsche Bauern aus dem Völgység auf brutale, gewaltsame Weise zwangsausgesiedelt, damit für die ankommenden Szekler Platz gemacht werden konnte.[375] Nach Himesháza kamen im Juli 1945 82 Szekler Familien aus Hadikfalva,[376] im Rahmen des tschechoslowakisch-ungarischen Bevölke-

---

368 Vgl. ebd., S. 356.

369 Vgl. ebd.

370 Vgl. ebd., S. 357.

371 Vgl. ebd., S. 346.

372 Vgl. ebd.

373 Vgl. Andrásfalvy, Bertalan: A bukovinai székelyek kultúrájáról. [Über die Kultur der Bukowina-Szekler]. In: Máté, Gábor (Hg.): Együtt élő népek - eltérő értékrendek: Andrásfalvy Bertalan válogatott társadalomnéprajzi tanulmányai. [Zusammenlebende Völker – verschiedene Wertordnungen: Ausgewählte ethnographische Studien von Bertalan Andrásfalvy]. Pécs u.a. 2011b, S. 369–384, hier S. 369.

374 Vgl. ebd.

375 Vgl. Seewann 2012b, S. 346.

376 Vgl. Aubert 1991, S. 37.

rungsaustausch-Abkommens wurden im Mai 1947 40 ungarische Familien aus der Slo-wakei (aus den Dörfern Kisóvár, Kiskoszmály, Kis-, und Nagykálna) angesiedelt.[377] Nach Himesháza kamen auch Angeworbene aus der Baranya, 150 Siedler aus der Umgebung von Pécs, aus Mecsekalja, aus Kárászpuszta und Szigetvár.[378] Im Sommer 1947 herrsch-ten in den Komitaten Tolna und Baranya bürgerkriegsähnliche Zustände, die Ungarn-deutschen und die örtlichen Gemeinschaften leisteten den Enteignungen Wiederstand, deren finanziellen Motivation deutlich wurde.[379] Seewann bemerkt:

> „Das Beispiel der Szekler und der aus der Slowakei vertriebenen Magyaren zeigt, dass jegliche Umsiedlungs- und Vertreibungsaktion fortwährend neuerliche nach sich zog und damit die Wirkungsspirale der gewaltsamen Entwurzelung, Enteignung und Entrechtung immer größere Bevölkerungskreise erfasste.
> Nach der Ausweisungsverordnung wurde vertrieben, wer sich 1941 zur deut-schen Nationalität und zur deutschen Muttersprache bekannt hatte, dem Volks-bund angehörte, in der Waffen-SS diente und seinen Familienname regermani-sierte. Doch in der Praxis war es anders: Als Deutscher aus Ungarn vertrieben wurde im Allgemeinen derjenige, der genügend Besitz vorzuweisen hatte, der auf Flüchtlinge und Anspruchsberechtigte der Bodenreform zu verteilen sich lohnte."[380]

Zwischen 1946–48 wurden aus Ungarn etwa 220.000 „Schwaben", circa die Hälfte des Ungarndeutschen umgesiedelt, größtenteils nach Deutschland.[381] Zehn Prozent der Aus-gesiedelten nahmen die Strapazen auf sich und kehrten in ihre Heimat zurück, die meis-ten auf das Gebiet der Schwäbischen Türkei.[382] Seewann stellt fest: „Erst mit der Auflö-sung dieses Arbeitslagers [gemeint ist Tiszalök, Anm. A. Sz.] 1953 war die Periode der Verfolgung durch Enteignung, Entrechtung, Deportation, Flucht und Vertreibung der Ungarndeutschen tatsächlich beendet."[383]

Ab 1948 wurde in Ungarn ein staatssozialistisches System nach sowjetischem Muster ausgebaut, genau wie in den anderen osteuropäischen Ländern, die von der Roten Armee

---

377 Krammné Mezei, Anikó (Hg.): Verschleppte, Kriegsgefangene und weitere Kriegsopfer. Ver-luste der Ungarndeutschen in Nimmesch (1939–1949). Erhulcoltak, hadifoglyok és további háborús áldozatok. A himeshází németség veszteségei (1939–1949). Himesháza 2017, S. 177.
378 Vgl. ebd., S. 175.
379 Vgl. Seewann 2012b, S. 350 f.
380 Ebd., S. 347.
381 Vgl. Seewann 2010, S. 56.
382 Vgl. ebd., S. 57.
383 Seewann 2012b, S. 357.

„befreit" worden waren. Die Ungarndeutschen wurden mit der Kollektivschuld des Nazi-Regimes gebrandmarkt, die auch ihre Aussiedlung begründete. Ihre Diskriminierung hielt bis in die 1980er-Jahre an.[384] Ab Anfang des Jahres 1949 erfolgte die sozialistische Umstrukturierung der Landwirtschaft mit neuer Kraft, das heißt die Verstaatlichung und Kollektivierung des Grundbesitzes und die Integration der Bauern in Genossenschaften.[385] In den 1950er- und 1960er-Jahren wurden die gesellschaftlichen und wirtschaftlichen Verhältnisse vollständig umstrukturiert.[386] Die 1961 abgeschlossene Kollektivierung der Landwirtschaft und die Anstellung der Frauen in den Produktionsgenossenschaften gestalteten die dörfliche Lebenswelt grundsätzlich um, die Dorfgemeinschaft konnte nur noch sehr stark eingeschränkt als Basis des gesellschaftlichen Lebens dienen.[387] Durch die Industrialisierung in den 1970er-Jahren zogen viele Arbeitskräfte in die Städte, und die Zahl der im Dienstleistungssektor Arbeitenden stieg an, was für die kulturelle Entwicklung der Nationalitäten große Herausforderungen mit sich brachte.[388] Nach der Wende 1989 verbesserten sich die Chancen der auf ungarischem Gebiet lebenden Minderheiten in der parlamentarischen Demokratie dahingegen, dass sie ihre Interessen in lokalen Selbstverwaltungen vertreten und diese als Interessenvertretungsorgane nutzen konnten.[389]

5.2. Ritualdynamik und Kindstücher in Himesháza

5.2.1. Das untersuchte Dorf: Himesháza

Himesháza befindet sich in einem Tal des Geresder Hügellandes, im östlichen Teil der Baranya, 40 km von Pécs, dem Komitatssitz, entfernt. Das Dorf gehört zum Mohácser Kleinraum und grenzt an die Dörfer Geresdlak, Szűr, Görcsönydoboka, Székelyszabar und Erdősmárok. Die Pécsvárad mit Mohács verbindende Hauptverkehrsstraße bildet die Hauptstraße des geplant angelegten Straßendorfes, die heutige Kossuth-Lajos-Straße (Bild I/7.). Görcsönydoboka ist vom Dorf aus über einen Feldweg zu erreichen, eine

---

384 Vgl. ebd., S. 378–382.
385 Vgl. Ö. Kovács, József: A paraszti társadalom felszámolása a kommunista diktatúrában. A vidéki Magyarország politikai társadalomtörténete 1945–1965. [Die Auflösung der Bauerngesellschaft in der kommunistischen Diktatur. Politische Sozialgeschichte des ländlichen Ungarns 1945–1965]. Budapest 2012, S. 100–104.
386 Vgl. Seewann 2012b, S. 380.
387 Vgl. ebd., S. 382–384.
388 Vgl. ebd., S. 379.
389 Vgl. ebd., S. 401.

asphaltierte Straße führt nach Szűr und Szebény, die bis zur Autobahn M6 bei Véménd führt. Die Gemeinde hat keinen Bahnhof; die nächste Bahnstation befindet sich etwa acht Kilometer entfernt. Laut einer sozialen Umfrage lebten im Jahre 1938 1802 Personen im Dorf[390], der Erhebungen des Zentralen Statistischen Amtes (Központi Statisztikai Hivatal) zufolge waren es 2001 1220 und 2007 1144 Personen, die Bevölkerungszahl ging also zurück.[391]

Das heutige Straßenbild des Dorfes wurde durch die Dorfregulierung im 18. Jahrhundert geprägt. Die ersten deutschen Siedler folgten dem Ruf des damaligen Großgrundbesitzers, des Bischofs von Pécs Wilhelm Franz von Nesselrode[392], und kamen 1722 nach Himesháza, weitere folgten bis zum Ende des 18. Jahrhunderts. Ein bedeutender Teil der Siedler kam aus dem Fuldaer Land,[393] die Deutschen in Himesháza sprechen einen dem Fuldischen ähnlichen Dialekt.[394] Das Gesamtbild des Straßendorfes ist geordnet, an der Hauptstraße wohnten beiderseitig bis zum Ende des Zweiten Weltkrieges die Großbauern.[395] Parallel zur Hauptstraße, an der westlichen Dorfseite, wurde die einstige Neugasse ausgebaut, die heutige Sándor-Petőfi-Straße, wo die Grundstücke meistens kleiner sind, mancherorts mit ganz kleinen Bauflächen, die von Kleinhäuslern erworben wurden.[396] Bis in die 1940er-Jahre war Himesháza überwiegend von katholischen Deutschen bewohnt, andere Glaubensgemeinschaften waren in der Minderheit.[397] Die katholische Kirche in Himesháza ließ der Bischof György Klimo ab 1754 bauen[398], die ähnlich den barocken Kirchen ihrer Zeit dem Vorbild der von Anton Pilgram gebauten Zisterzienserkirche in Szentgotthárd folgte.[399] Die Kirche wurde erst nach 100 Jahren mit dem Kirchenturm fertiggestellt.[400] Im 18. Jahrhundert gehörten mehrere Filialen zur

---

390 Magyar Nemzeti Levéltár Baranya Megyei Levéltára (MNL BaML). [Komitatsarchiv Baranya des Ungarischen Nationalarchivs]. Baranya vármegye alispánjának közigazgatási iratai [Verwaltungsakten des Vizegespans des Komitats Baranya]. Községek szociális felmérésének iratai [Dokumente der Sozialerhebung der Gemeinden]. IV. 410. s. Himesháza/1938.

391 Vgl. Ludescher, Gabriella: A helyi társadalmak szerepe a falvak sikerességében. Doktori értekezés. Pécsi Tudományegyetem Közgazdaságtudományi Kar. [Rolle der lokalen Gesellschaften im Erfolg der Dörfer. Dissertation. Universität Pécs, Wirtschaftswissenschaftliche Fakultät]. Pécs 2009, S. 52.
URL: https://docplayer.hu/41738502-Ludescher-gabriella-doktori-ertekezes.html (Zugriff: 08.03.2019).

392 Vgl. Aubert 1991, S. 10.

393 Vgl. ebd., S. 11.

394 Vgl. ebd., S. 6.

395 Anhand der Informationen der Himesházaer Frau R.

396 Anhand der Informationen der Himesházaer Frau R.

397 Vgl. Ludescher 2009, S. 57.

398 Vgl. Aubert 1991, S. 10.

399 Vgl. Seewann 2012a, S. 221.

400 Vgl. Aubert 1991, S. 10.

Pfarrei von Himesháza (Palotabozsok, Bár, Feked, Geresd, Szabar, Szűr),[401] später änderte sich die Zahl dieser, heute sind es Székelyszabar, Szűr und Erdősmárok. Der Pfarrer von Himesháza betreute außerdem noch die Pfarrei von Geresdlak mit deren Filialen, wie zum Beispiel Maráza.

In Himesháza lebten bis zum Zweiten Weltkrieg in erster Linie Bauern, die Landwirtschaft und Viehzucht betrieben. Ab dem 18. Jahrhundert bis 1945 war die Bevölkerung überwiegend deutsch.[402] Die Gefallenen und Verschollenen des Zweiten Weltkrieges, die Opfer der Verschleppung und der Vertreibung verringerten die Zahl der deutschen Bevölkerung, während die Vertreibung der zwei jüdischen Familien im Jahre 1944[403], die Ansiedlung von Szeklern aus der Bukowina (82 Familen) und Ungarn aus der Slowakei (31 Familien) die Zusammensetzung der Bevölkerung veränderten.[404] Die Soziologin Gabriella Ludescher untersuchte in ihrer Dissertation *Rolle der lokalen Gesellschaften im Erfolg der Dörfer* drei Dörfer in der Baranya (Himesháza, Bükkösd, Szalánta) mithilfe empirischer Forschungsmethoden, in Himesháza führte sie 2008–2009 qualitative Interviews.[405] Ludescher stellt fest, dass die Traumata des Zweiten Weltkrieges – einerseits die Vertreibung der deutschen Bevölkerung aus ihren Häusern, andererseits die Verschleppung zum Malenkij Robot – im alltäglichen Leben des Dorfes einen Bruch darstellte. Ein Zustand der Anomie setzte ein, der die Zukunft der Gemeinschaft für eine lange Zeit bestimmte.[406] Laut Ludescher haben die in der zweiten Hälfte des 20. Jahrhunderts entstandenen Mischehen und Verwandtschaftsbeziehungen diesen Bruch aufgehoben, im Dorf konnte wieder eine kulturelle Einheit entstehen.[407] Die Untersuchungen Ludeschers zeigen, dass Himesháza sämtliche Aufgaben, denen sich die Gemeinschaft gegenübersieht, im positiven Sinne überwindet: Bei den Personen der lokalen Gesellschaft herrschen Zuversicht und Hilfsbereitschaft, es besteht ein stark regulierendes Normsystem.[408] Die Soziologin konnte anhand der mentalen Karten, die sie die Himesházaer Probanden anfertigen ließ, keine Brüche entdecken (im Gegensatz zu den zwei anderen Dörfern), die öffentlichen Institutionen wurden samt der Kirche in allen drei Dörfern als Orientierungspunkte bestimmt.[409] Drei Viertel der Befragten aus

---

401 Vgl. ebd., S. 11.
402 Vgl. Ludescher 2009, S. 56.
403 Vgl. Aubert 1991, S. 16.
404 Vgl. ebd., S. 57 f.
405 Vgl. ebd., S. 34.
406 Vgl. ebd., S. 26.
407 Vgl. ebd., S. 113.
408 Vgl. ebd., S. 132.
409 Vgl. ebd., S. 74.

Himesháza markierten auch den Friedhof als wichtigen Orientierungspunkt, was einerseits dem zu verdanken ist – stellt Ludescher fest –, dass es sich um ein alterndes Dorf handelt, andererseits ist dies damit zu erklären, dass die deutsche Bevölkerung im kommunistichen System ihre eigene Identität unter Ausübung ihrer Riten, zum Beispiel der Begräbnisriten, praktizieren konnte.[410]

5.2.2. Familien-Kindstücher und die sich ändernden Ordnungssysteme. Kindstücher in der Familie von Frau R.

An das Kindstuch von Frau R. (geb. 1931 in Himesháza, gest. 2021 in Mohács) knüpft sich eine vollständige Karriere unter Berücksichtigung der gegenwärtigen Veränderungen. Das Kindstuch ist, wenn man den Stoff betrachtet, eine zweischaftige, mit Woll-Schussfaden auf handgezwirntem Hanf-Kettfaden gewebte Textilie (Anh. II/1.). Seine Farbenwelt und Streifenrhythmen gelten als durchschnittlich in der Welt der Anfang des 20. Jahrhunderts angefertigten Kindstücher. Im stark abgenutzten Gebrauchsgegenstand hinterließ das Kindertragen mehrerer Generationen einer Familie seine Spuren in Form von eingezogenen Flecken in der Textilie. Welche Spuren hinterließ die Verwendung des Kindstuchs im Leben der Frau R.? Wie beteiligte sich der Gegenstand am Prozess, an dem Frau R. definierte, wer sie ist, wie sie war und was sie zu werden beabsichtigen wollte?[411] Frau R.-s Erzählungen bringen uns über die Vorstellung der alltäglichen Funktion des Objekts hinaus näher an das Verständnis der magischen Verwendung der *Eigendynamik von Objekten*[412]. Am Anfang meiner Forschungsarbeit führten alle Wege in Himesháza zu Frau R. Ich hatte bei ihr eine Unterkunft gefunden, und auch die Frauen auf der Straße verwiesen mich an sie, weil sie alles über das Kindstuch wisse und Trägerin des kulturellen Gedächtnisses der Gemeinde sei. Frau R. war die Türöffnerfigur meiner Untersuchung, während der Feldarbeit führte sie mich zu ihren Verwandten, Nachbarn, Bekannten, die Impulse im Laufe der teilnehmenden Beobachtung konnte ich mit ihrer Hilfe deuten. Frau R. weihte mich derart in die Riten um das Gebären, den Muttersegen und das rituelle Kindertragen ein, wie sie diese auch ihrem oben erwähnten Enkelsohn Herrn G. beibrachte, der aufgrund der Traditionen der Gemeinde gemäß den kulturellen

---

410 Vgl. ebd., S. 74 f.
411 Vgl. Halton, Eugene/Csíkszentmihályi, Mihály: The Meaning of Things: Domestic Symbols and the Self. Cambridge 1981, S. 13.
412 Vgl. Boesch, Ernst E.: Das Persönliche Objekt. In: Lantermann, Ernst D. (Hg.): Wechselwirkungen. Psychologische Analysen der Mensch-Umwelt-Beziehung. Göttingen u. a. 1982, S. 29–41, hier S. 37.

Prozessen des 21. Jahrhunderts festivalisierte lokale Veranstaltungen gestaltet. Die liminalen, psychische Umstände darstellenden Schilderungen von Frau R. markieren symbolische Muster und Strukturen.

5.2.2.1. „Dann bauten wir dieses Zimmer hinzu"[413], *Tabus des Hauses.*[414] *Ritualdinge um die Geburt*

Das Kindstuch von Frau R. liegt heutzutage als Familienreliquie zwischen Bettwäsche und Bettlaken im Schrank, wo die Unterwäsche aufbewahrt wird, und zwar in dem Hausteil, den noch ihr Mann in den 1970er-Jahren gebaut hat und dessen Zimmer als unbewohnte „gute" Stube fungiert. Kern des Hauses bildet das Zwei-Raum-Gebäude mit Gang, erbaut durch die aus Máriakéménd und Somberek übergesiedelten Großeltern von Frau R. in der zweiten Hälfte des 19. Jahrhunderts. Der Großvater von Frau R. arbeitete neben neben der Lanwirtschaft als Schneider. Das Haus ist eines der einst auf die „taschentuchgroßen Bandgrundstücke"[415] erbauten Kleinhäuser in der heutigen Sándor-Petőfi-Straße (ehemals Neugasse), an der Seite zur Hauptstraße im kammartig gebauten Straßendorf, die durch die ehemaligen Kleinhäusler-Bauern errichtet wurden. Nach dem Zweiten Weltkrieg war das Grundstück bei der Umsiedlungsaktion nicht betroffen, da Baugrund und Haus zu klein waren, die Familie wurde nicht ausgesiedelt. Die Familie von Frau R. gewährte den ungarndeutschen Nachbarfamilien, die aus ihren Zwei-Zimmer-Häusern ausgewiesen wurden, in der einzigen Wohnstube ihres Hauses Unterkunft. Die Familie Frau R.-s, also drei Generationen, lebte in den 1940er- und 1950er-Jahren im einzigen beheizbaren Zimmer, in dem auch gekocht wurde. Sie schliefen in drei Doppelbetten, sowohl das zweite als auch das dritte Kind ist im Wohnraum auf die Welt gekommen, die erste Geburt erfolgte wegen Komplikationen im Krankenhaus. Sakraler Raum des Hauses war die vordere, kleine, unbeheizte Kammer, in der auch die Sonntagstracht aufbewahrt wurde. Das Haus wurde während der Jahre um neue Gebäudeteile erweitert, die frühere Funktion der Räumlichkeiten änderte sich. In der Wohnkultur Frau R.-s zeigt sich die Dichotomie der abgesonderten Bereiche das Alltägliche/Profane und

---

413 Interview 6 mit Frau R. Himesháza, 29.09.2014.

414 Vgl. Csonka-Takács, Eszter: A test és a ház tabui az átmeneti rítusokban. [Tabus des Körpers und des Hauses in den Übergangsriten.] In: Pócs, Éva: Mikrokozmosz-Makrokozmosz. Vallásetnológiai fogalmak tudományközi megközelítésben. [Mikrokosmos-Makrokosmos. Religionsethnologische Begriffe in binnenwissenschaftlicher Annäherung]. Budapest 2002, S. 412–428. Csonka-Takács untersucht die Verbote der Übergangsriten um Geburt und Tod im Zusammenhang mit dem Wohnheim und dem Körper.

415 Ludescher 2009, S. 53.

das Festliche/Sakrale betreffend bis zum heutigen Tage. Auch der jeweilige Aufbewahrungsort des Kindstuchs spiegelt diese Dichotomie wider: „*Da war dann die vordere Stube
und da waren solche Dinge untergebracht, die nicht verwendet wurden. Die waren in dem Schrank, in
welchem Dinge waren, die nicht gebraucht wurden.*"[416] In den 1960er-Jahren konnte die Familie
von Frau R. die untere Hälfte des Grundstücks um einen Garten und ein Wirtschaftsgebäude erweitern. Das Stück Feld kauften sie der Szeklerfamilie ab, die nach 1945 auf den
Grund und ins Haus der ausgesiedelten ungarndeutschen, großbäuerlichen Familie angesiedelt wurde.[417] Der Sohn der Frau R., der Maurer ist, erweiterte das Haus für seine
junge Familie und so entstand die heutige, mehrstöckige Form des Hauses mit Giebel-
dach. In den 2010er-Jahren sanierte der Sohn Frau R.-s das Haus, im ersten Geschoss
wurde eine hochtechnische Zierküche eingerichtet, gekocht und gegessen wird werktags
in der Kochküche, die im Erdgeschoss, im Souterrain ausgebaut wurde. Die ältere Frau
R. lebt in einem eigenen Bereich, im Hausteil 1970, es ist heute eine Wohnküche mit
einem Sparherd. Größere Kochaufgaben verrichtet sie in der Sommerküche, die im Ne-
bengebäudekomplex untergebracht ist. Frau R. und ihr Mann arbeiteten ab 1947 in der
staatlichen Bauerngenossenschaft, neben dieser Arbeit ergänzten sie ihre Einnahmen
durch kleinbetriebliche Wirtschaft um das Haus.

Frau R. erhielt ihr Kindstuch von ihrer Mutter 1950, als ihr erster Sohn geboren
wurde, alle drei Kinder wurden in diesem getragen. Auch ihre Mutter verwendete dieses
Kindstuch bei der Geburt von Frau R. und bei der Ankunft ihres älteren Bruders 1928.
In der Erinnerung Frau R.-s lebt noch ein weiteres stark abgenutztes, schwarz-weißes
Einpacktuch mit Streifenmuster, das noch ihrer Großmutter gehörte und in der Zimmer-
Küche-Wohnung mit gestampftem Lehmboden als Bügelunterlage diente, bis es sich
gänzlich auflöste. Das Kindstuch war ein Teil der Aussteuer der Frau, oft auch des Man-
nes, das die jungen Erwachsenen erst bei der Geburt des ersten Kindes erhielten. Die
Aussteuer, die Frau R. und ihr Bruder (der in dieselbe Familie wie Frau R. einheiratete)
von ihrer Mutter erhielten, wurde als symbolisches Modell aufgelistet, dessen Teile folgende waren: Bettzeug („*drei Kässe, eine Decke, noch ein Strohsack, das war ein aufgericht Bett*"),
Wäsche („*Früher war das so, dass solche dicken Wollsocken dazu kamen, sechs Paar.*") und Handtücher.[418] Frau R. und ihr Mann schliefen bis in die 1960er-Jahre im Strohsackbett, erst
danach konnten sie sich von ihrem Gehalt eine moderne Couch und Möbel kaufen.

---

416 Interview 6 mit Frau R. Himesháza, 29.09.2014.
417 Vgl. Aubert 1991, S. 30–41. Im Sinne der Regelungen die Aus- und Einsiedlungen betreffend
    wurden zwischen 1945–1950 genau 82 Seklerfamilien aus Hadikfalva und 31 ungarische Fami-
    lien aus der Slowakei in Himesháza in den Häusern der ausgesiedelten ungarndeutschen Fa-
    milien untergebracht.
418 Interview 6 mit Frau R. Himesháza, 29.09.2014.

Die durch die Trogmacher[419]-Roma der Region angefertigte kleine Mulde (Mulder) zählte zur ständigen Ausstattung eines Hauses und erhielt in den Geburtsriten eine neue Funktion: Sie wurde für das Reinigungsbad des Neugeborenen verwendet wurde. *„Nicht alle hatten eine neue Mulde, weil man sie von der Mutter, von der Großmutter geerbt hatte und so ging sie immer weiter. Sie hielt viele Jahre. Wenn man darauf aufpasste und sie wurde ja nur dann verwendet, wenn Nachwuchs da war."*[420] In der kleinen Mulde wurde nur das Neugeborene von der Hebamme gebadet, später erfolgte das Baden in einer emaillierten Waschschüssel. Im Interview, das mit Frauen aus Babarc, Liptód und mit Frau R. geführt wurde[421] fingen die Frauen beim Erwähnen des Badens in der Mulde zu schmunzeln an und nannten spöttisch das Wort „fateknyő [Multe]", als Ritualkritik im Zusammenhang mit einem obsolet gewordenen Ritus und Objekt. Wie die kleine Mulde, so war auch die Wiege Bestandteil des Hauszubehörs, das Kind durfte nach der Ausübung der sechswöchigen Reinigungsriten in sie hineingelegt werden, wie das symbolische Denken und die Rhetorik dokumentieren: *„[...] nach sechs Wochen wurde das Kind nicht mehr neben die Mutter ins Bett gelegt, sondern in die Wiege"*[422]. In der Praxis wurde das Kind einige Tage nach der Geburt in die Wiege gelegt, Vater und Mutter schliefen gemeinsam im Bett.

5.2.2.2. „Früher dirigierten die Alten"[423], Körpertabus. Liminalität in den Riten um die Geburt

Frau R. blickt kritisch auf die in den 1950er-Jahren abgelaufenen Prozesse, auf Handlungen und gesellschaftliche Erwartungen um Gebären und Geburt, an denen sie teilhatte.

> „Früher haben die Alten diesen Brauch sechs Wochen lang eingehalten, in unserer Zeit war das nicht mehr so. Die Alten haben es streng eingehalten, dass die Frauen in der ersten Zeit zu Hause liegen und Schweißbäder nehmen sollen. Nicht so wie heute, dass die Frauen nach dem Gebären sofort auf die Straße können." [424]

Laut der Studien von Van Gennep und Turner bedeuten Geburt und Tod ein physisch-biologisches Schwellenereignis, in dessen Verlauf das betroffene Individuum seinen

---

419 Trog bedeutet Mulde.
420 Interview 2 mit Frau R. Himesháza, 12.10.2010.
421 Gruppeninterview 1 mit Frau R., zwei Frauen aus Babarc und einer Frau aus Liptód, Babarc, 29.09.2014.
422 Interview 2 mit Frau R. Himesháza, 12.10.2010.
423 Interview 4 mit Frau R. Himesháza, 05.10.2013.
424 Interview 5 mit Frau R. Telefonisch, 01.11.2013.

neuen Status nicht sofort erlangt, sondern in eine liminale Übergangsphase gerät: Die
Gemeinschaft nimmt das Neugeborene mittels Riten auf und auch die Mutter wird durch
solche wiederaufgenommen, der tote Körper wird aber durch Riten Teil der Welt der
Toten.[425] Die Gemeinschaft hat zum unreinen, mit der überirdischen Sphäre in Verbindung geratenen, sich in eine Übergangsphase begebenden Körper ein eigenartiges, be-
sonderes Verhältnis. Die durch Verbote bekräftigte Segregation setzt sich gleichzeitig mit
der Hervorhebung durch.[426] Die Gemeinde möchte die symbolische Reinheit und die
Ordnung wiedererlangen und Unreinheit und Chaos liquidieren.[427] Frau R. bezieht sich
als Bewahrerin der Bräuche und Riten auf die „Alten", auf die ältere Generation, die
Inhaber der Max Weber'schen „Macht" und „Herrschaft"[428] waren, bis die Jüngeren
dank ihrer Arbeit in der Produktionsgenossenschaft in den 1950er-Jahren über ein eigenes Einkommen verfügten.

> „Früher dirigierten die Alten. Dass man alles so machen muss, wie sie es wollen.
> Wie sie es gemacht haben, war die Tradition und die muss so weitergegeben
> werden. Darauf achteten die Alten sehr, dass die Kinder so erzogen werden, wie
> das bei ihnen war, wie es die Tradition verlangte. Früher behielten die Alten
> alles, ließen nichts auf die Jüngeren überschreiben. Man musste ihnen gehorchen
> und wenn sie dann gestorben sind, dass man die Hinterlassenschaft erben, be-
> kommen konnte. Die Jüngeren mussten deshalb gehorchen, damit sie in der
> Zukunft etwas haben. Wenn sie widersprachen, gab es davon nur Streit."[429]

Im Wochenbett ist die Mutter vor schwerer physischer Arbeit geschützt, gleichzeitig ist
dieser Zeitraum aber durch eine Abkapselung vom gesellschaftlichen Leben, durch ein
sogenanntes *Downplaying*, geprägt, das Augenmerk wird auf die scheinbare Unwichtigkeit
der persönlichen Erfahrungen in rituellen Prozessen und auf die Winzigkeit des Einzelnen in der durch überirdische Kräfte gelenkten Welt gerichtet.[430] In den Erzählungen
von Frau R. ist zu erkennen, dass die Herrschaftsbeziehungen in Form von verkörperter

---

425 Vgl. Csonka-Takács 2002, S. 412.
426 Vgl. ebd., S. 422.
427 Vgl. Brosius, Christiane/Michaels, Axel/Schrode, Paula: Ritualforschung heute, ein Überblick.
   In: Brosius, Christiane/Michaels, Axel/Schrode, Paula (Hg.): Ritual und Ritualdynamik. Göttingen 2013, S. 9–24, hier S. 16.
428 Vgl. Büttner, Andreas/Mattheis, Marco/Sobkowiak, Kerstin: Macht uns Herrschaft. In: Brosius,
   Christiane/Michaels, Axel/Schrode, Paula (Hg.): Ritual und Ritualdynamik. Göttingen 2013, S.
   69–76, hier S. 69.
429 Interview 4 mit Frau R., Himesháza, 05.10.2013.
430 Vgl. DuBois, Fletcher/Jungaberle, Henrik: Erfahrungsdynamik. In: Brosius, Christiane/Micha-
   els, Axel/Schrode, Paula (Hg.): Ritual und Ritualdynamik. Göttingen 2013, S. 46–54, hier S. 48.

Erfahrung Machtpositionen der Gemeinschaft in der Abkapselung der Wochenbett-Periode infolge des Unreinheitstabus im Körper der Frau prägten.[431] Die symbolisch sechswöchige Wochenbettzeit konnte in den 1950er-Jahren bereits auch kürzer sein, Frau R. durfte einige Tage nach der Taufe und den darauffolgenden Aussegnungsriten, in der örtlichen Mundart *Ausken*[432] genannt, auf die Straße gehen und wurde wieder in die Gemeinschaft aufgenommen.

> „Besucher gab es in den ersten Tagen keine und der erste Weg führte entweder in die Kirche oder zu einem Kreuz. Wie das Kind den Segen erhielt [...], wie es getauft wurde, danach konnte man gehen. Aber bevor es nicht getauft war, dann nicht. Bei uns war es Tradition, sechs Wochen lang zu Hause zu bleiben, so dass die Mutter mit dem Kind nicht überall hingeht. Ja."[433]

Aus etischer Perspektive dienen die Rituale dem Aufbau der gesellschaftlichen Ordnung von Gemeinschaften, nach der Meinung von Axel Michaels festigen sie Solidarität, Kontrolle, Hierarchie und Stabilität.[434] Aus emischer Sicht haben die Übergangsriten eine schützende, abwehrende Funktion.

> „Frage: Warum war das Ausken gut für Frau und Kind?

> *Für die Kinder auch, damit sie nicht verzaubert wurden. Und dass sie gute Katholiken werden und an Gott glauben [...]. Die Hexe und für Sachet.*

> Frage: Wegen der Schwangerschaft?

> *Ja. Das Kind soll so werden und anders werden, dass es die christliche Sache kennt, christlich zu sein, nicht so in Wanderschaft leben. [...]*

> Frage: Das Ausken, war das verbindlich?

> *Ja, es war vorgeschrieben. Zumindest damals. Auch als meine Kinder geboren wurden. 1950, 1954 und 1955 habe ich meine Kinder auf die Welt gebracht.*

---

431 Vgl. Kisdi 2012/13, S. 23.
432 Ausken bedeutet in Himesháza ausgehen und bezeichnet den ersten Weg der Wöchnerin.
433 Interview 2 mit Frau R. Himesháza, 12.10.2010.
434 Vgl. Michaels, Axel: Bedeutung und Bedeutungslosigkeit. In: Brosius, Christiane/Michaels, Axel/Schrode, Paula (Hg.): Ritual und Ritualdynamik. Göttingen 2013, S. 39–45, hier S. 40.

Frage: Erwartete man im Dorf, dass die Frau dahingeht?

Es war damals nicht üblich nicht hinzugehen. Die's net ausgegangen. Die Kent die konne noch so Teufels Sachet gewachs. Sie können in Teufelsbrut geraten. Es gibt noch keinen Segen. [...]

Frage: Wozu war das Kindstuch gut?

Na, dass die Kinder es warm haben, dass sie auf gutem Platz aufgehoben sind. Man kann sie gut tragen und sie haben es warm. Sie sind geschützt vor der Kälte und im Sommer, da waren sie so halbwegs gewickelt, so dass ihr Arm herausragte. Sie hatten es warm und waren vor allem geschützt. Niemand konnte sie so verzaubern, bekost. [...]

Frage: War das Heilkissen auch so ein Abwehrmittel? Sie wurden aus gestreiftem Stoff genäht.

Ja. Das Kässje. Bekost. Dass sie nicht verzaubert werden. Bekost. Es kamen Frauen, die sagten, wie süß, wie schön das Kind ist! Und damit konnte das Kind verzaubert werden. Dann schlief das Kind in der Nacht nicht. Wir nannten das „bekost". Warum das Kind nicht schlafen konnte? Die Hexen hatten es verzaubert. Und dann beteten wir. So ist es wieder eingeschlafen. Ja.

Frage: Kommt die Frau mit Hilfe des Pfarrers Segen aus diesem Zustand der Wanderschaft heraus?

Aus dieser Wanderschaft, man könnte auch sagen aus dieser Verträumtheit. [...] Dass mit den Kindern dies und das sein wird [...]. Früher. Sie wurden verzaubert. Wandern. [...] Bis das Kind im Bauch war, bis dahin nicht, aber nachdem es geboren wurde, sagte man das. Dass es verzaubert ist [...]. Nach dem Gebären gab es diese Wanderschaft, dass man sich darin einfühlen musste. Es gibt ein Kind und dieses muss dann so erzogen werden."[435]

Frau R. fühlt sich in der liminalen Phase, nach der Geburt des Kindes innerhalb der eigenen Pforte, auch im Haus, anders als im normalen Zeit- und Raumerlebnis, in einer traumhaften Zeit und in einer außerräumlichen Wanderschaft. Für das Haus und für die alltäglichen Tätigkeiten, die im Haus verrichtet wurden, gelten in der Wochenbett-Periode Verbote. In der liminalen Phase behält der Wohnraum vorübergehend nicht seine

---

435 Interview 3 mit Frau R. Himesháza, 04.10.2013.

übliche Funktion.[436] Zur Zeit des Ritus bewegen sich die Subjekte des Rituals in einem doppeldeutigen Raum und einer doppeldeutigen Zeit.[437] In der marginalen Phase ist die Anwendung religiöser Handlungen und schützender, abwehrender Magie nach der Meinung Frau R.s durchaus wirksam. Wenn die Mutter mit dem Kind in einen Raum außerhalb des eigenen Gehöfts tritt, ist das Kind der Verzauberung ausgesetzt, es kann in eine teuflisch-dämonische Welt geraten. Das Kind wird ins Kindstuch gefasst auf den Körper genommen, so geht die Mutter auf die Straße oder zum Abschlussereignis des Wochenbett-Ritus, zur Aussegnung. Der Schwerpunkt liegt neben der Mobilität auf der Behütung des Kindes, dem Schutz vor Kälte und Verzauberung. Bei der Markierung des Schutzes, den das Kindstuch darstellt, verwendet Frau R. die Opposition *kalt/warm*, des Weiteren die Bezeichnung *guter Platz*. Die Raumbezeichnung *guter Platz* deutet darauf hin, dass dort das Kind nicht verzaubert werden kann und dies setzt auch eine Raumhälfte *schlechter Platz* voraus, wo das Kind Gefahren ausgesetzt ist. Die Grenze zwischen den Raumbezeichnungen *guter/schlechter Platz* stellt in diesem Fall das Textilobjekt Kindstuch dar, dem eine vorbeugend-abwehrende Rolle zugesagt werden kann.[438] Als notabwehrende, krankheitenheilende, dämonenfortjagende, magische Praktik kommt ein kleines, mit in der Kirche gesegneten Pflanzen gefülltes Amulett[439] (*Kässje*) um den Hals des Kindes und in die Wiege unter das Kissen. Neben den magischen Handlungen und Objekten bilden die symbolische Rhetorik und das Worttabu auch einen Teil der magischen Instrumente der Frau R. Die das Kind lobenden Worte gelten zum Beispiel als Tabu und sind somit verboten.

> „In der Kirche gab es um das Altarsakrament einen Kranz. Von allen sieben – wie die sieben Sakramente – gesegneten Blumen musste man welche pflücken […]. Und rein in ein kleines Tuch, das schön zugenäht wurde, das war ein viereckiges, kleines Kissen/Kässje und wir machten ein Band darauf fest und wenn man mit dem Säugling spazieren ging, kam das unter das Hemdchen um den Hals, dass es niemand bemerkte und dann konnte das Kind nicht verzaubert werden […]. Wenn das Kind im Tuch getragen wurde, war das Kissen auch unter dem Stoff. In der Wiege hatte es das Kind unter dem Kopf. Dann konnte der

---

436 Vgl. Csonka-Takács 2002, S. 420.

437 Vgl. Turner 2009, S. 35.

438 Vgl. Pócs, Éva: Tér és idő a néphitben. [Raum und Zeit im Volksglauben]. In: Ethnographia XCIV (2.), 1983, S. 177–206, hier S. 178 f.

439 Weihpischl hieß der geweihte Blumenstrauß in Himesháza, welcher am 15. August zu Mariä Himmelfahrt gebunden wurde und der in der Umgebung von Cikó z. B. Werzlpischl genannt wird. Vgl. Pap, Éva: Szentelt gyógyfű csokor. [Geweihter Heilkrautstrauß]. Benedictus herbae fasciculus. Würzbüschel. Werzpischl. Bonyhád 2007, S. 10.

Säugling ungestört schlafen. Wenn das Baby einmal weinerlich war. Ach, es hat das Heilkissen wieder nicht unter seinem Kopf, damit es schlafen kann.

Frage: Wie groß war dieses Kisschen?

So Handflächen groß. "[440]

Das Verzaubern ist durch zurückhaltendes Verhalten, durch Worttabu zu vermeiden. Mit den Worten einer Frau aus Szűr:

„Wenn eine Frau des Kind net' bekos' will, hot se gsogt: ‚Och, du bschissnes Ding, och, du bist so ongschisse, so ongschisse!‘ Das ist dann net bekost worn! Wenn eine dies net gsagt hot, denn hot die bekost!"[441]. [„Wenn eine Frau das Kind nicht bezaubern will, dann hat sie gesagt: ‚Ach, du beschissenes Ding, ach bist du so angeschissen, so angeschissen!‘ Das ist dann nicht bezaubert worden! Wenn eine das nicht gesagt hat, dann wurde das Kind bezaubert!"; Anm. A. Sz.]

Die *Vermeidungen*[442] durchdringen auch die Erfahrungen Frau R.s bezüglich der Körperlichkeit. Geheime Tabuthemen und Handlungen waren der Anblick von Geschlechtsorganen, die Menstruation, das Kinderzeugen, die Schwangerschaft, das Gebären und das Stillen. Das Stillen erfolgte damals niemals auf der Straße, sondern zu Hause, höchstens in der Anwesenheit von Kleinkindern. Eines der intimsten Trachtenstücke des Körpers ist die Unterwäsche, die früher bei den Frauen den kürzeren Unterrock unter der getragenen Tracht bedeutete, ein Höschen wurde bis in die 1950er-Jahren nicht getragen, ab dieser Zeit trugen dann einige schon solche unter den langen Röcken.

Frage: Und heutzutage? Ziehen die älteren Frauen, die noch eine Tracht tragen, auch keine Unterwäsche an?

Heutzutage ja, ja, im Winter. Im Sommer ist es nicht so sicher, weil sie warm ist. [...] Es wird

---

440 Interview 1 mit Frau R. Himesháza, 22.12.2009.
441 Camman, Alfred/Karasek, Alfred: Donauschwaben erzählen, Teil 4. Marburg 1979, S. 300.
442 Vgl. Freud, Sigmund: Totem und Tabu. Einige Übereinstimmungen im Seelenleben der Wilden und der Neurotiker. Leipzig u. a. 1922, S. 13 f.

einem schwül. Im Rock lüftet alles besser. Frau É.[443] *sagt, sie truge im Sommer keine Unterwäsche, so sei es viel luftiger.“*[444]

Hanf und Wolle waren die primären Grundstoffe, die zu Hause verarbeitet und vom örtlichen Weber gewoben wurden. Das Kindstuch wird mit Wollschussfaden in gezwirnter Hanffadenkette angefertigt, es gewährte dem Kind Schutz, da es warm war. Laut Frau R. ist das Hanfleinen *„luftiger, beständiger“*, die Wolle *„ölig, weich und warm“*. Hinsichtlich der Hautwahrnehmung vertritt Frau R. folgende Meinung über den Hanf: *„Das Hemd aus Hanf ist am Körper viel leichter und besser, das Lüften ist alles für den Körper“.* Frau R. schreibt dem Hanf eine Heilwirkung zu:

> *„Weil alles so selbstgemacht ist. Der Hanf wurde gewaschen, gebrochen, gesponnen. Das war gut für das Gelenk. Heutzutage gibt es Creme und Turnübungen und sowas. Alles Mögliche. Und früher war das alles. Das wurde heilkräftig gesagt. Bei den Männern wurden die Hosen daraus angefertigt, dann die Röcke, besonders die Unterröcke. Der Stoff war leicht zu waschen und weich.“*[445]

Die verkörperte Erfahrung wird als kinästhetisches Erlebnis formuliert, wie nach der *Downplaying*-Wochenbettzeit (*„bevor sie nicht zum Pfarrer ging, durfte sie alleine im Dorf nirgends hingehen, das mussten alle Frauen abwarten“*[446]) der Aussegnung folgend das Bewegen im gemeinschaftlichen Raum erneut möglich wurde. In der passiven und unreinen Zeitperiode durfte die Frau keine schwere Arbeit verrichten, auch mit den Tieren durfte sie sich zu Hause nicht beschäftigen. Frau R. listet die Wege ritueller Bewegungen bezüglich des gemeinschaftlichen Raumes und binnendörflicher Bewegungen auf:

> „Früher gab es das gar nicht. Wann ist schon jemand in ein anderes Dorf gekommen? Jährlich einmal, wo es solche Prozessionen gab, so wie in Himes. Einmal nach Máriakéménd, nach Szabar und ich glaube nach Márok. In diese drei Gemeinden konnte man gehen. Mit dem Pfarrer unter Gebet und Gesang. Und einmal im Jahr nach Máriagyűd. Und man musste zu Fuß dahin, es gab noch kein Auto.“[447]

---

443 Frau É. (geb. 1928 in Himesháza), Cousine der Frau R.
444 Interview 4 mit Frau R. Himesháza, 05.10.2013.
445 Interview 3 mit Frau R. Himesháza, 04.10.2013.
446 Interview 3 mit Frau R. Himesháza, 04.10.2013.
447 Interview 3 mit Frau R. Himesháza, 04.10.2013.

Laut Frau R. gingen die Frauen in den 1950er-Jahren noch zur Aussegnung, in den 1960–70er-Jahren nicht mehr. Sie kann sich erinnern, dass sie 1955 mit ihrem dritten Kind nicht mehr zur Aussegnung ging, weil bis dahin ihre Mutter verstorben war und auch nur ein Geistlicher in der Kirche diente, statt den früheren drei, von denen immer der Ältere die Aussegnung verrichtete. Frau R. verwendete das Kindstuch im Alltag bei allen drei Kindern, in seiner rituellen Funktion jedoch nur bei den ersten zwei. Ihre Kinder haben ihre Nachkommen nicht mehr im Kindstuch getragen.

5.2.2.3. Lichtbild mit Kindstuch aus dem Jahre 1956

Von der Familie Frau R.-s und ihres Bruders wurde ein wichtiges, gemeinsames Foto im Winter 1956 angefertigt, als ihr Onkel, der Bruder ihres Vaters, der nach dem Ersten Weltkrieg in Russland blieb und dort eine Familie gründete, in sein Heimatdorf Himesháza zu Besuch kam (Bild I/10.). Der Vater von Frau R. starb 1945 als eingezogener Soldat, ihre Mutter verstarb 1955, so verkörperte der in Migration lebende Onkel für sie die Generation der Alten. Die bäuerliche Denkweise, die eingenommene Rolle der Generationen innerhalb der großfamiliären Struktur zeigt sich in der räumlichen, proxemischen Anordnung der Familienmitglieder, wie im Foto sichtbar ist.[448] Der bejahrte Onkel ist im städtischen Anzug an einer zentralen Stelle auf dem Gruppenbild zu sehen, in der hinteren stehenden Männerreihe in der Mitte, zwischen dem Mann und dem Bruder der Frau R. In der mittleren Reihe sind die Frauen und die Kinder zu sehen, die die Kontinuität der Familie gewährleisten. Während Frau R. in einer Festtagstracht mit ihrer kleinen Tochter zu beobachten ist, erscheint ihre Schwägerin in Wintertracht, mit einem vierschaftigen Kindstuch – das sie von ihrer Mutter Schombereker Abstammung erhielt – das Kind in den Armen haltend (Anh. II/2.).[449] Das Kindstuch ist bei den früheren Generationen ein Träger des familiären Gedächtnisses und somit ein aktives, mitwirkendes Element des Erinnerungsbildes. Die von Bauern bestellten Fotos wurden zumeist bei einem wichtigen Ereignis angefertigt. Kunt stellt fest, dass ab den 1910er-Jahren viele Aufnahmen im Falle von Bauernfamilien aus nlass längerer oder kürzerer Migrationsperioden entstanden sind, da gerade diese Bilder an die familiäre Einheit erinnerten.[450] Der im Herbst 1956 aus der Sowjetunion zu Besuch anreisende Onkel musste wegen der am

---

448 Vgl. Kunt: A fénykép a parasztság életében. [Das Foto im Leben des Bauerntums]. In: Ders. (Hg.): Az antropológia keresése. Válogatott tanulmányok. [Auf der Suche nach der Anthropologie. Ausgewählte Studien]. Budapest 2003, S. 89–122, hier S. 101.

449 Der Säugling ist die 1956 geborene Frau T.

450 Vgl. Kunt 1984, S. 222 f.

23. Oktober ausgebrochenen Revolution eine längere Zeit in seinem Heimatdorf verweilen und mit der Rückfahrt bis zur Niederwerfung des Freiheitskampfes warten. Die winterliche Landschaft auf dem Bild zeigt, dass der Winter im Jahr 1956 ihn noch in seinem Heimatdorf antraf. Während zahlreiche Emigranten aus Ungarn ihren Weg gegen Westen nahmen, ging der Onkel nach seinem letzten Ungarnbesuch Richtung Osten, zurück zu seiner Familie.

5.2.2.4. Traumata, Kindstücher

Den Narrativen mehrerer Himesházaer Frauen gleich erinnert sich auch Frau R. an die Deportation der zwei jüdischen Familien, die in der Dorfgemeinschaft lebten, und an die Umstände der Verschleppung zur Zwangsarbeit in die Sowjetunion als Traumata, die Mitte des 20. Jahrhunderts geschahen. Im Frühling 1944 wurden die Familien des Großgrundbesitzers Herrn B. und des Kaufmanns Herrn W. deportiert. Ihre heute noch vorhandenen Wohn- und Wirtschaftsgebäude innerhalb der Gemeinschaft erinnern an die fehlenden Familien, die samt kleinem Gepäck auf einen offenen LKW geladen wurden. Kein Kindstuch gedenkt ihrer, als Mitglieder der israelitischen Glaubensgemeinschaft verkehrten sie in bürgerlicher Tracht und benutzten kein Kindstuch. Der Name von Herrn W. steht auch auf der Himesházaer Liste der Gefallenen des Zweiten Weltkrieges,[451] Herr B. besuchte sein Dorf noch in der Zeit nach dem Krieg.[452]

In den Narrativen Frau R.-s und ihrer Cousine Frau É. (geb. 1928 in Himesháza) erscheint die Verschleppung in die sowjetischen Arbeitslager als persönliches und das Schicksal der Gemeinschaft formendes Trauma.[453] Das Thema, das früher nicht erforschbar war, wird mithilfe von Forschungen der *Oral History* im 21. Jahrhundert zusammengefasst:

> „Um den Bedarf an Arbeitskräften der Sowjetunion zu decken, wurde ein Teil der ungarischen Bevölkerung in die Sowjetunion transportiert. [...] Der sowjetische Militärbefehl Nr. 0060 vom 22. Dezember 1944 über Organisation und Durchführung der im rückwärtigen Frontgebiet zu leistenden Wiedergutmachungsarbeiten ordnete die Mobilisierung sämtlicher arbeitsfähiger Personen deutscher Abstammung an. [...] Es war zur Zeit der Ereignisse der Öffentlichkeit

---

451 Vgl. Aubert 1991, S.93.

452 Eine Information ohne schriftliche Aufzeichnung, die von den Eltern des früheren Bürgermeisters stammt, 06.08.2019.

453 Gruppeninterview mit Frau É. und Frau R., 22.08.2017. In den Erinnerungen von Frau É. weichen einige Angaben von denen der Fachliteratur ab, ich gehe von Letzteren aus.

nicht bekannt, dass die Verwendung der deutschen Arbeitskraft eine Art Wiedergutmachung Deutschlands war. [...] Laut sowjetischem Befehl hatten sich Männer im Alter von 17–45 und Frauen von 18–30 Jahren zu melden.“[454]

Am 29. Dezember 1944 brachen 78 Frauen und 33 Männer aus Himesháza zur Zwangsarbeit in dem Glauben auf, dass sie für zwei Wochen nach Baja zum Maisbrechen gehen würden.[455] Himesháza gehörte zu denjenigen Dörfern, aus denen eine Gruppe von 100 Personen mobilisiert wurde, es gab aber Ortschaften, zum Beispiel das naheliegende Somberek, in dem keine Verschleppung stattfand, obwohl ab den 1940er-Jahren auch hier zahlreiche Volksbund-Veranstaltungen stattgefunden hatten.[456] Die Maßnahmen des örtlichen Gemeindevorstandes konnten die zentralen Regelungen beeinflussen.

Der Gegenstand meiner Untersuchung, das Kindstuch, ist das Ich-Zubehör[457], als ein aktives materielles Objekt des Erinnerungsraumes. Während meiner Feldforschung stellte sich heraus, dass im Raum der Gemeinschaft die Kindstücher der 1944 noch im Teenageralter stehenden T. P., die gemeinsam mit ihren Freundinnen und sämtlichen anderen Himesházaern Opfer der sowjetischen Zwangsarbeit wurde, bis zum heutigen Tag vorhanden sind. Eine Frau aus Himesháza konnte eines der Kindstücher, das zur Aussteuer der T. P. gehört hatte, nach dem Krieg erwerben, benutzte es bei ihrem späten vierten Kind und bewahrte es bis zu ihrem Tod auf. Heute ist das Kindstuch ein familiäres Erinnerungsstück. Das andere Kindstuch der T. P. kaufte die Schwägerin dieser Himesházaer Frau. Anhand der auf den Kindstüchern angebrachten Monogramme und der Jahreszahl 1921 (Gedächtnis der Dinge), die auf einer der Textilien zu finden ist, zeichnete sich in Frau R., die 1931, eine Generation später, geboren wurde, nach einer Konsultation mit den lebenden Verwandten (kommunikatives Gedächtnis) ab, dass die Kindstücher der Mutter T. P.-s gehörten. Durch den Matrikeleintrag stellte sich heraus, dass die Jahreszahl das Jahr der Eheschließung markierte.[458]

Wer aber war T. P. und warum ist ihre Person bedeutend? Gemäß der Erzählungen Frau É.-s war T. P. ein sehr schönes, starkes Mädchen und die einzige Tochter des Dorfrichters. Ihr eigener Vater, Herr P, begleitete sie zusammen mit den Eingesammelten zur Zwangsarbeit und übergab sie zur Einwaggonierung. Danach ging er alleine nach Hause.

---

454 Krammné Mezei 2017, S. 31 f.

455 Vgl. ebd., S. 136, 138.

456 Vgl. Márkus, Beáta: „Messze voltam én fogságban, nagy Oroszországban...“ Magyarországi németek szovjet kényszermunkán 1944/45–1949. „Malenkij robot“ interjúkötet. [„Ich war fern in der Gefangenschaft im großen Russland...“ Ungarndeutsche in sowjetischer Zwangsarbeit ab 1944/45–1949. Interviewband „Malenkij robot“]. Pécs 2013, S. 24.

457 Vgl. Assmann 2000, S. 38 ff.

458 Pécsi Egyházmegyei Levéltár [Diözesanarchiv Fünfkirchen], PEL. III. 46. Himesháza. matr.cop. 1919–1958.

Die Beurteilung Herrn P.-s ist äußerst negativ, er wird mit dem Richter des benachbarten Hercegszabar (heute Székelyszabar) verglichen, der mit den zur Zwangsarbeit eingesammelten Menschen Richtung Baja losmarschierte, unterwegs diese aber mit den Worten *„Jeder soll laufen, wo lang er sieht, aber ich habe nichts gesagt!"*[459] laufen ließ. Die Leute aus Hercegszabar wurden in alle Winde verweht, versteckten sich, trafen aber allmählich wieder im Heimatdorf ein. Nach Kenntnis der Frau É. geriet keiner von ihnen in ein Arbeitslager. Die vom Gemeindevorstand enttäuschte Bevölkerung von Himesháza empfand tiefen Schmerz über die Verschleppten und beantragte auf offiziellem Wege das Aufspüren und die Befreiung dieser.[460] Die Heimkehr der überlebenden, kranken Verschleppten begann ab dem März 1945, die letzten Heimkehrer kamen aber erst im Dezember 1949 nach Hause. Beinahe ein Drittel verstarb auf dem Weg oder im Lager.[461] Frau É. war auch selbst von dem Trauma betroffen, denn ihr Vater gehörte zu den Verschleppten, die aus der sowjetischen Zwangsarbeit nicht zurückkehrten. Herr H. arbeitete in Himesháza als Weber, er webte Hanfleinen. Er wollte eigentlich am 30. Dezember 1944 in sein Heimatdorf Véménd gehen, um die Wolle kämmen zu lassen, die seine Frau danach geflochten hätte. Doch er wagte nicht, sich dem Einzugsbefehl zur Zwangsarbeit zu entziehen, da er befürchtete, dass dann seine Familie hingerichtet werden würde. Herr H. nahm das Kindstuch seiner Familie mit ins Arbeitslager.

> „Er sagte, dass er dieses Kindstuch nimmt, da es wärmer ist als eine Decke. Und bis wir erwachsen sind, fertigt er uns ein anderes an. Er ist da gestorben und das Tuch ist auch dageblieben. Eine junge Frau K. M. erzählte sogar, dass sie das Tuch nahm und sich damit zudeckte und dass wir ihr nicht böse seien. Wie könnten wir ihr böse sein, das Tuch war dahin."[462]

5.2.3. Familien-Kindstücher und die sich ändernden Ordnungssysteme. Die Kindstücher der Frau L.

Das Kapitel über Himesháza wird von den Interviews abgerundet, die ich mit Gesprächspartnern in der unmittelbaren Umgebung und im weiteren Umfeld der Frau R. in den Jahren 2009 bis 2017 führte. Die in ihrem Haus in der Petőfi-Straße lebende Frau L. (geb. 1937 in Himesháza), deren Erzählungen über Aberglauben rund um die Wochenbett-

---

459 Interview mit Frau É. Himesháza, 16.09.2014.
460 Vgl. Krammné Mezei 2017, S. 137.
461 Vgl. ebd., S. 162.
462 Gruppeninterview mit Frau É. und Frau R. Himesháza, 22.08.2017.

und Einsegnungsriten, magische Handlungen, über psychische Ängste und deren Änderungen von sagenhaften Elementen gefärbt sind, ist eine enge Bekannte von Frau R.

5.2.3.1. „In diesem Bett schlief noch niemand"[463], *Tabus des Hauses*

Frau L. bekam ein Jahr nach ihrer Eheschließung 1955 von ihren Eltern bürgerliche Schlafzimmermöbel als Aussteuer, mit denen sie das Prunkbett ihrer Schwiegermutter im ersten Zimmer (*Vierderstuwe*) des Hauses ihrer Schwiegereltern ersetzte. Der Schrank der Schwiegermutter, der die Sonntagstracht aufbewahrte, blieb im Zimmer. Die zwei neuen Schränke Frau L.-s und ihres Mannes wurden daneben platziert. Die zur Aussteuer gehörenden Betten, die Schlafzimmermöbel, markierten die Herausbildung und Raumbesetzung einer neuen Generation.[464] Das Haus wurde 1902 auf einem kleinen Bandgrundstück der Petőfi-Sándor-Straße mit schmalem Gang, drei Räumlichkeiten und gestampftem Lehmboden erbaut. Wegen der geringen Größe des Grundstückes gab es für das Haus zur Zeit der Umsiedlungen keinen Bedarf und wie auch andere in dieser Straße hat die Familie Frau L.-s von den nach dem Krieg angesiedelten, neuen, unteren Nachbarn ein Grundstückteil dazugekauft. Von den zwei Räumen hatte das erste, auf die Straße blickende Zimmer ausschließlich eine sakrale Funktion („*In diesem Bett schlief noch niemand*"[465]). Laut der Schilderung Frau L.-s wurden hier die Toten aufgebahrt, hier hingen die Festtags- und Sonntagstrachten in den Schränken, die sie an Feiertagen auch in diesem Raum an- und auszogen. Das Alltagsleben verlief in den anderen zwei Räumen und in den später hinzugebauten Gebäudeteilen. Die Geburt und das Wochenbett knüpften an die vordere Küche (*Vierderkuchel*) an, wo das junge Paar wohnte. Das Haus und die *Vierderstuwe* sind grundsätzlich bis ins 21. Jahrhundert mit entleerter sakraler Funktion unverändert erhalten geblieben: Die Toten werden nunmehr auf dem Friedhof aufgebahrt, im Zimmer lagerten nicht verwendete Kleidungsstücke und Gegenstände. Die Erinnerungsstücke der Kindererziehung mehrerer Generationen erhielten ihren Platz auch in diesem Raum, so dass aus einem sakralen Raum eine Lagerstätte wurde: Neben der Holzwiege sind Kinderwägen, moderne Baby- und Kinderkleidung und Fotoalben zu sehen. Frau L. bewahrt hier in einem Schrank ihre gut erhaltenen Kindstücher auf, die die Jüngeren der Familie nicht beansprucht haben. Frau L. erhielt von ihrer Mutter ein altes Familienkindstuch, das sie im Alltag verwendete (Anh. II/3.). Das andere Kindstuch, das sie von ihrer Schwiegermutter bekam, erfüllte eine Festtagsfunktion

---

463 Interview 4 mit Frau L. Himesháza, 30.09.2014.
464 Vgl. Fine, Agnès: Die Aussteuer – Teil einer weiblichen Kultur? In: Corbin, Alain u. a.: Geschlecht und Geschichte. Frankfurt/Main 1989, S. 161–198, hier S. 175.
465 Interview 4 mit Frau L. Himesháza, 30.09.2014.

(Anh. II/4.). Sie benutzte auch ein drittes Kindstuch, erinnert sich aber nicht mehr, von wem es stammte, in mitgenommenem Zustand wurde es in vier Stücke geteilt, nun ziert es einen Sessel (Anh. II/5.). *„Das eine war im Schrank, das sonntags verwendet wurde, das andere war in der Lade, als wir es nicht brauchten. Es war zusammengelegt und fertig. "* [466]

5.2.3.2. „[S]ie geht rein und kommt rein"[467], Körpertabus. Veränderungen der Riten um das Wochenbett und die Aussegnung

Im Himesháza bekamen die deutschen Frauen bis 1960 ihre Kinder zu Hause, selbst dann, wenn sich die Geburt als kompliziert ankündigte. Im Falle einer Komplikation stand das zehn Kilometer entfernt liegende Krankenhaus in Mohács zur Verfügung, das aber nicht leicht zu erreichen war, man musste einen Krankenwagen anfordern. 1960 wurde in Ungarn die Institution der Hebammen offiziell aufgelöst.[468] Frau L. brachte ihr erstes Kind 1960 zu Hause in Himesháza mit Hilfe einer Hebamme auf die Welt, obwohl sie zuvor schon zwei Schwangerschaftsabbrüche erlebt hatte, wegen denen sie ins Krankenhaus zur Ausschabung musste. Bei ihrer dritten Schwangerschaft musste sie zur Injektionskur zu dem im Dorf praktizierenden Frauenarzt, der ihr gestattete zu Hause zu gebären. Das zweite Kind der Frau L. kam 1963 nicht mehr zu Hause, sondern im Krankenhaus zur Welt. Die erste Entbindung von Frau L. verlief 1960 noch im traditionellen Rahmen, 1963 aber löste der Krankenhausaufenthalt die traditionelle Wochenbett-Periode ab, nach der Heimkehr folgten die Aussegnungsriten (am Sonntag war die Taufe, am Montag darauf erfolgte die Aussegnung). Die veränderten Umstände um die Geburt bewerteten die Alten positiv und bestätigten diese, denn auf die *Verunreinigung*[469] durch Blut und sonstige Körperflüssigkeiten, die die Entbindung mit sich bringt, geht die Gemeinschaft so nicht ein und auch das Festhalten an den Tabus wird dadurch überflüssig, weil die Frau „rein geht und rein kommt"[470].

> *„Man merkt es immer nur hinterher, was besser ist [...]. Am Samstag bin ich nach Hause gekommen, am Sonntag war bereits die Taufe. Vergebens, innerhalb von acht Tagen. "*

---

466 Interview 4 mit Frau L. Himesháza, 30.09.2014.
467 Interview 2 mit Frau L. Himesháza, 04.10.2013.
468 Vgl. Solymár 2003, S. 151.
469 Vgl. Douglas, Mary: Pollution. In: Dies: Implicit Meanings. Selected Essays in Anthropology. London u. a. 2006b, S. 106–115, hier S. 112 f.
470 Interview 2 mit Frau L. Himesháza, 04.10.2013.

Frage: Sind Sie am Montag beim Ausken gewesen[471]?

Ja."[472]

Unter den kirchlichen Zeremonien um die Geburt erhielt neben der Taufe jahrhundertelang die Segnung der Frau nach der Entbindung den größten Akzent. Dieser kirchliche Ritus baute auf jüdische und christliche kultische Traditionen auf,[473] im Zusammenhang mit der Eingrenzung der Sexualität. Im Sinne der Liturgiereform des II. Vatikanischen Konzils (1962–1965) wurde die ungarische katholische Ritenordnung bezüglich der Kindertaufe 1969 erneuert, 1973 erschienen die neuen Texte bezüglich der Taufe und den damit verknüpften Zeremonien.[474] Die Aussegnung wurde einerseits in das Taufgeschehen integriert, andererseits ist sie als separate Option mit erneuertem Text erhalten geblieben.[475]

„Dann erfolgte die Taufe, eine Woche oder zwei Wochen darauf, wie es halt eingeplant wurde. Und dann einen Tag nach der Taufe, gleich am Montag, packten wir das Kind ins Tuch und gingen zur Kirche. Wir kehrten nach der Messe ein [...]. Früher gab es jeden Morgen eine Messe, weil mehrere Pfarrer da waren. Es waren drei, ein Dekan und zwei Kapläne. Damals war es dieser Tag, der Montag.

Frage: War die Segnung vor der Messe?

Immer nach der Messe. Man ging rein, als die Messe halb zu Ende war, gerade im Winter und wartete das Ende ab. Dann kam der Pfarrer in die Sakristei und legte eine Stola um sich, die man anfassen musste und so wurde man vor den Altar geführt.

Frage: Wo trafen sich Mutter und Pfarrer?

Na, in der Kirche. Man musste auf ihn in der Sakristei warten. Oder man konnte auch in der Bank sitzen und hinterher in die Sakristei gehen. Und aus der Sakristei ging man zum Altar. Da kniete sich die Mutter nieder und der Pfarrer betete für das Kind, segnete das Kind

---

471 Ausken = ausgehen, bezeichnet den ersten Gang zur Kirche oder zum Kreuz in der örtlichen, sog. fuldischen Mundart, welche im Untersuchungsgebiet verwendet wird. Diesen Ausdruck verwende ich.

472 Interview 2 mit Frau L., Himesháza, 04.10.2013. Die Kinder von Frau L. sind 1960 und 1963 geboren.

473 Lev. 12, 1–7 und Luk. 2, 22–24.

474 Vgl. Bárth 1999, S. 370. Ordo baptismi parvulorum, 1973.

475 Vgl. ebd.

und auch mich. Danach durfte man nach Hause. Das war's schon. Danach durfte man das Kind auf die Straße mitnehmen. Aber früher war es nicht so, dass ich ein Kind auf die Welt bringe und drei Stunden hinterher spaziere ich schon draußen mit dem Kinderwagen. Damals gab es noch keinen Kinderwagen. Wir nahmen sie ins Tuch.

Frage: Und trug die Mutter das Tuch zu diesem Zeitpunkt das erste Mal? Wurde das Tuch eigentlich für diesen Anlass angefertigt?

Ja, sie hatte das Tuch das erste Mal an. Das Tuch ist für den Alltag angefertigt worden. Es gab ein Sonntagstuch, als die großen Feiertage kamen, Weihnachten, Ostern, dazu gab es ein anderes und es gab ein alltägliches. Und wenn man irgendwo hinging, zu Verwandten [...], weil man von zu Hause wegging, zum Mann, um da zu wohnen, so ging man zu den Eltern, oder zu den Freunden am Sonntagnachmittag, oder werktags ins Gesundheitshaus.

Frage: Dafür war das Festtagstuch vorgesehen? Und das alltägliche Tuch?

Das war für zu Hause, wenn man in die Nachbarschaft ging.

Frage: Also wurde das Tuch nicht ausgesprochen für das Ausgehen angefertigt?

Nein, nein, weil die Kinder mussten ja so getragen werden. Kinderwägen gab es in den 60er-Jahren noch nicht, ja gut, die vornehmen Leute hatten bereits welche, aber wir Bauern hatten noch keine. [...]

Frage: Warum musste die Frau gesegnet werden? [...]

Sie wurde gesegnet, wegen des Aberglaubens, und was weiß ich, die Hexen, vor denen wurde man dank dieses Segens gerettet.

Frage: Aber hat das nicht der Pfarrer gesagt?

Nein, nein er hat vorgebetet, man musste dann alles wiederholen. Es war Brauch, dass er sie vom schlechten Leben und allen Übel befreit. Davor gab es den Fraas[476], daran sind die Kinder gestorben. Ich hatte auch einen kleineren Bruder, der an hohem Fieber starb. Und damals sagte man, das sei der Fraas. Das jemand sie verzauberte. [...]

---

476 Fraas bedeutet Kinderkrankheit.

Frage: War das Ausken ein gutes Gefühl für die Frau?

Natürlich, man freute sich, dass man eine Familie hat und dass man mit ihnen zur Kirche kann. Das Kind wurde dem Herrn gezeigt. Ja, es war ein gutes Gefühl. [...]

Frage: War das eigentlich ein Zwang, dass man mit dem Kind zu Hause bleiben musste?

Ja, aber das war ein Brauch. Da wurde nicht nachgelassen. Die waren da hartnäckig, die Alten. Das Kind durfte nicht auf die Straße gebracht werden, bevor es getauft wurde.

Frage: Wo änderte sich das, wo nahm das Ausken ein Ende? Wann? Weil später es weggeblieben ist.

Als bereits im Krankenhaus entbunden wurde, langsam. Na gut, unsere Altersklasse ist noch hingegangen, aber danach [...], die Pfarrer mussten alle alles befürchten. Es fand ein Ende, dieses ,Ausken'. Dann kam auch die Hebamme nicht mehr, auch in die Kirche nicht. Sie wurde auch krank und zog auch weg.

Frage: Und die Frauen hatten auch keinen Anspruch darauf?

Nein, die Jüngeren hatten keinen Anspruch darauf, die die ca. zehn Jahre jünger waren als wir.

Frage: Haben die Alten darauf auch nicht mehr bestanden?

Nein, es gab sie nicht mehr. Die Frauen gingen nicht mehr hin. Ein anderer Pfarrer kam hierher, der sah dafür kein Bedürfnis mehr, vielleicht war das keine Tradition da, woher er kam und so ist das weggefallen. [...]

Frage: Das Fest von Mariä Lichtmess[477] am 2. Februar?

Das ist der Blasiussegen.[478] *Jesus wurde in der Kirche dargestellt. Und dann werden zwei Kerzen quer befestigt und die Hälse gesegnet, damit die Menschen vor jeglichem Übel des Halses verschont bleiben.*"[479]

Nach der Erinnerung der älteren Generation gab es den Ritus der Aussegnung in der Baranya bis zu den 1970er-Jahren, danach löste sich der Brauch in der Taufe auf. Mutter und Kind integrieren sich aus der sakralen, strukturell für die Gesellschaft kaum sichtbaren *inneren* Welt der Wochenbettzeit in die *äußere* Gesellschaft.[480] Die Taufe des Kindes ist nach der inneren Welt der Wochenbett-Periode die erste Bewegung nach außen, in Richtung des gesellschaftlichen Raumes, wohin das Kind von den Pateneltern, gegebenenfalls von der Hebamme, begleitet wurde.[481] In den darauffolgenden Tagen (mindestens nach acht im Wochenbett verbrachten Tagen) erfolgte der erste Weg der Mutter in das gesellschaftliche Umfeld außerhalb des Hofes und dieser Weg führte zur Kirche, zur Aussegnung oder zum Gebet an einem Wegkreuz. Zu einem Wegkreuz gingen die Frauen aus Szűr[482] oder aus Székelyszabar[483], weil es in der Kirche nicht jeden Tag eine Messe gab. Der Name des rituellen Weges in Himesháza lautet in der lokalen fuldischen Mundart *Ausken* (= Ausgehen), anderenorts wird der erste Auszug der Mutter als „der erste Weg"[484] bezeichnet. Laut der Berichte konnte die Mutter sogar alleine oder in der Gesellschaft von Frauen zum Ritual gehen. Das Nicht-Befolgen des Rituals, das durch die das Ereignis beobachtende, gemeinschaftliche Kontrolle[485] wahrgenommen wurde, wird in Himesháza mit der konjugierten Form des Verbs „ausgehen" ausgedrückt: *„Die's net ausgegangen"*[486].

---

477 Mariä Lichtmess, Mariä Reinigung oder Darstellung Jesu, katholisches Fest am 2. Februar.

478 Die zwei kirchlichen Feiertage Mariä Lichtmess/Darstellung des Herrn (2. Februar) und Fest des Hl. Blasius/Blasiussegen (3. Februar) wurden oft am nächsten Sonntag nach den eigentlichen Feiertagen zusammen gefeiert, auch der Blasiussegen wurde sowohl am Blasiustag als auch am Sonntag danach erteilt (teils nach der Messe am Tag „Darstellung des Herrn").

479 Interview 2 mit Frau L. Himesháza, 04.10.2013.

480 Vgl. Csonka-Takács, Eszter: Keresztelő Gyimesközéplokon. [Taufe in Gyimesközéplok]. In: Pócs, Éva (Hg.): „Vannak csodák, csak észre kell venni." Helyi vallás, néphit és vallásos folklór Gyimesben 1. [„Es gibt Wunder, man muss sie nur bemerken." Lokaler Glaube, Volksglaube und religiöse Folklore in Gyimes 1]. Budapest 2008, S. 113–161, hier S. 114 ff.

481 Mit dem Taufgeschehen befasse ich mich in dieser Studie nicht.

482 Vgl. Interview mit Frau M. Szűr, 05.10.2013.

483 Vgl. Schreiner, Erzsébet: Der Anfang und das Ende eines Menschenlebens bei den Deutschen in Sawer. In: Karl Manherz (Hg.): Beiträge zur Volkskunde der Ungarndeutschen 15. 1999, S. 91–107, hier S. 95.

484 Vgl. ebd.

485 Vgl. Turner 2009, S. 36.

486 Interview 3 mit Frau R. Himesháza, 04.10.2013.

5.2.3.3. Frau L. über die Vorbereitung der Staffierung und über das Kindertragen in Himesháza

Frau L. begann mit zwölf Jahren ihre Aussteuer zusammenzustellen, sie bekam ein Spinnrad zum Geburtstag und fing noch in jenem Winter an, die Wolle der eigenen Schafe zu spinnen, später spann auch sie den Hanf aus der Eigenproduktion. Das Stricken der zur Volkstracht gehörenden Fußbekleidung, der Patschker und das Häkeln des Halstuchs erlernte sie zu Hause. In der Schule wurde in den 1940er-Jahren unter anderem die Kreuzstickerei unterrichtet. In Himesháza bewahrten viele ihr Mustertuch aus der Schule auf, bei Frau L. ist dieses Stück nicht erhalten geblieben. Auf das Leinzeug der Aussteuer und aufs Kindstuch kamen oft ein Monogramm und eine Jahreszahl mit roter Kreuzstickerei. Frau L. bestickte im Mädchenalter Sonntagstaschentücher mit rotem Monogramm, als junge Frau bestickte sie die Bettwäsche mit lilafarbenem Faden. Auf dem Kindstuch für Festtage, das sie von ihrer Schwiegermutter erhielt, ist ein mit blauer Farbe gesticktes Monogramm (die Monogramme von Frau L. und ihrer Schwiegermutter stimmen überein) und ein unheilabwehrendes Zickzack-Ziermuster zu finden. Die Ethnologin Agnēs Fine untersuchte die Entstehung der südfranzösischen Aussteuer bis ins 20. Jahrhundert unter dem Gesichtspunkt der Geschlechterrollen. Fine sieht in der Herstellung des Leinenzeugs der Aussteuer eine weibliche Praxis, eine sich zwischen Mutter und Tochter spannende Aufgabenreihe.[487] Denn eine der wichtigsten Aufgaben der Mutter besteht darin, dass sie ihre Töchter in der Reihenfolge ihrer Geburt mit einer Aussteuer versieht, dafür das nötige Geld aufbringt und für ihre Töchter Arbeit organisiert.[488] Im Alter der Pubertät, ca. mit zwölf Jahren, erscheint das biologische Schicksal der Frau in Form eines roten Fadens auf Leinzeug gestickt, als Bote der Ankunft der Periode.[489] Fine stellt fest: „Die Aussteuer symbolisiert die Geschichte des Körpers eines jungen Mädchens, der von ihm und seiner Mutter geformt wurde, den Beweis der Heiratsfähigkeit."[490] Frau L. 1951 mit 14 Jahren arbeitete nach der Beendigung der achten Klasse auf dem Himesházaer Staatsgut „Nemzeti Vállalat"[491]. Das verdiente Geld steuerte sie zum Lebensunterhalt ihrer Familie bei. Früher gingen die Mädchen aus Himesháza in die Städte um dort als Mägde zu dienen. Frau R. diente zum Beispiel in Pécs. Laut den Erzählungen Frau L.-s spiegelte die Anzahl des in der Aussteuer enthaltenen Leinenzeugs

---

487 Vgl. Fine 1989, S. 176 ff.
488 Vgl. ebd., S. 177 f.
489 Vgl. ebd., S. 179.
490 Ebd., S. 183.
491 Vgl. Krammné Mezei 2017, S. 177, 179. Im August 1946 wurde in Himesházá eine landwirtschaftliche Bauerngenossenschaft gegründet, ab 1949 das Staatsgut „Nemzeti Vállalat". Frau L. trat 1961 in die gegründete landwirtschaftliche Produktionsgenossenschaft ein.

(z. B. Handtuch, Brotlumpen, Laken) den gesellschaftlichen Status der Familie aufgrund ihres Grundeigentums wider. 1954, als sie heiratete, *„ging es den Menschen schon etwas besser, sie verdienten auch schon etwas"*[492]. Damals hatten alle jeweils sechs bis zehn Stück Aussteuer, sie hatte sechs. Die Familie von Frau L. hatte 3–4 Joch Land, dazu passte in den 1950er-Jahren das sechsteilige Aussteuer-Modell, die zehnteilige Aussteuer stand den Bauern mit 10–15 Joch zu.[493] Das Kindstuch, das vielleicht schon von ihrer Großmutter stammte und das sie sogleich mit in ihr neues Heim nahm, erhielt sie für die Staffierung von ihrer Mutter, denn damals nach dem Krieg wurden kaum neue Kindstücher gewebt. Deshalb wurden die älteren Stücke weiterverwendet.

Frau L. bewahrt Himesházaer Erinnerungen im Zusammenhang mit dem Kindertragen. So erzählt sie, dass die Kinder der Roma-Messerschleifer-Familie, die ins Dorf kam, barfuß liefen und die kleinsten von den Frauen wie ein Bündel in Tüchern auf dem Rücken getragen wurden, die Ränder des Leinens über der Brust verknotet. Die nach dem Zweiten Weltkrieg angesiedelten Szekler und Ungarn aus der Slowakei übernahmen die Nutzung des Kindstuchs nicht. Ein ungarndeutsches Mädchen aus Szőlőhegy (Weinberg) bei Mohács[494], das Ende der 1940er-Jahre als Braut nach Himesháza kam und das Frau L. sympathisch war, trug ihre Kinder im Kindstuch. In den 1950er-Jahren übte das Mädchen aus Szőlőhegy einen Einfluss auf Frau L. und auf die Mädchen in Himesháza aus, sie ließen im Falle des Hochzeitskleids die schwarze Jacke weg und folgten der weißen Tracht aus Szőlőhegy. Die Gemeinschaft schätzte sie als glaubhafte Person, als nachahmenswertes Vorbild ein. Vielleicht spielte dabei eine Rolle, dass während der Aussiedlungen aus Himesháza viele eine Unterkunft in Mohács/Szőlőhegy fanden. Bogatyrev schreibt über Veränderungen der Trachten, dass grundsätzlich die Unveränderlichkeit die Haupttendenz ist, dass „the collective dictates what may or may not be changed in the costume."[495] Frau L. führt mehrere grotesk-humorvolle Geschichten der Frau aus Szőlőhegy an, die sie während der gemeinsamen Arbeit in der Produktionsgenossenschaft erzählte. Eine handelt von der Verwendung des Kindstuchs. *„Sie erzählte immer, dass ihre Mutter gerne trank und dass sie einmal, als sie ihre Schwester ins Tuch fasste, das Kind mit dem Kopf nach unten und mit den Füßen nach oben befestigte."*[496] Die Mutter, die ihren Pflichten nicht nachkommt und die groteske Nutzung des Kindertrageobjekts kommen in mehreren ungarndeutschen Erzählungen vor, zu diesen kann man auch den Text der früher zitierten Predigt disziplinierenden Charakters von Michael Winkler aus dem 18. Jahrhundert zählen.

---

492 Interview 1 mit Frau L. Himesháza, 22.03.2012.

493 Im Allgemeinen spricht man über sechs- oder zwölfteilige Aussteuer-Modelle, von der Vermögenslage abhängig, siehe zum Beispiel die Aussage der Frau R. Über ein zehnteiliges Modell spricht nur Frau L.

494 Frau Sz., geb. 1925 in Szőlőhegy, gest. 2010 in Himesháza.

495 Bogatyrev 1971, S. 33.

496 Interview 3 mit Frau L. Himesháza, 16.09.2015.

5.2.4. Ritual und Verkörperung

5.2.4.1. „Wir packten das Kind in ein Tuch und gingen zum Kreuz."[497] Das Szűrer Kindstuch der Frau M.

Das Kindstuch, als rituelles und alltäglich verwendetes Objekt, dient als Vermittler von sozialen Kontakten und ist Teil des gesellschaftlichen Lebens einer Gemeinschaft.[498] Es verknüpft Familien und Generationen und ist Träger der kollektiven Erinnerung. Laut der Theorie der Verkörperung werden die rituellen Handlungen durch Habitus und Mimesis gesteuert, den Teilnehmer ist intuitiv bekannt, wie sie sich in einem für sie geläufigen Ritual zu verhalten haben.[499] Dieses Wissen wird nicht durch eine mündliche Mitteilung vermittelt, sondern beruht auf körperlichem Handeln.[500] Frau M. (geb. 1939 in Szűr) wurde wegen des frühen Todes ihrer Mutter von ihrer Großmutter väterlicherseits (geb. 1899 und gest. 1977 in Szűr) großgezogen. Sie erhielt von ihrer Großmutter das von dem Szűrer Weber Herrn W. 1918 angefertigte, mit schwarz-rot-gelbem Streifenmuster gewobene Kindstuch, in dem drei neugeborene Generationen der Familie getragen wurden: Ihr Vater wurde von der Großmutter darin getragen, deren Monogramm auf dem Tuch zu sehen ist. Frau M. wurde von ihrer Mutter im Tuch getragen und auch sie trug ihre 1968 geborene Tochter darin zum Kreuz.

> „Frage: Haben Sie im Krankenhaus entbunden?

> *Ja, wir waren eine Woche lang im Krankenhaus. […] Rausgehen durfte man nicht. Bei meinen Altersgenossen war das nicht mehr der Fall, aber davor wurde das Zimmer neun Tage lang nicht verlassen. Bei mir war das nicht mehr so. Aber zuerst, als wir das Kind zum ersten Mal hinausbrachten, gingen wir zum Kreuz. Und nur so kam es auf die Straße. Wenn das Wetter schön war, brachten wir es raus, gingen mit ihm spazieren.*

> Frage: Am welchen Tag war das Ausken?

> *Das weiß ich nicht, das war hier nicht wichtig.*

---

497 Interview mit Frau M. Szűr, 05.10.2013.
498 Vgl. Bräunlein 2014, S. 246 f.
499 Polit 2013, S. 218 f.
500 Vgl. ebd.

Frage: Wie war die Frau angezogen, als sie zum Kreuz ging?

In den 60er-Jahren spielte das keine Rolle mehr. Dann packten wir das Kind in so ein Tuch und gingen zum Kreuz. Diejenigen, die sich trauten alleine zu gehen, gingen alleine, diejenigen, die alleine nicht loskonnten, wurden von ihrer Mutter oder von einer Bekannten begleitet. […] Ich habe mehrere hier im Dorf gesehen, als das Baby auf die Welt kam und sie zum Kreuz gingen. Es gab einige, die zum Kreuz im Dorf gingen, ich ging dem Feldweg entlang, da ist ein Kreuz, direkt über uns und ich bin dahingegangen Also diejenigen, die wollten, gingen ins Dorf, dann wurden sie von mehreren gesehen, als die Mutter betete, dann wussten wir, dass das ihr erster Weg war.

Frage: Wurde das im Dorf gemerkt, ob jemand zum Kreuz ging?

Das war schon so ein Brauch, dass sie das Kind entweder mit in die Kirche nahm [...], das gab es auch, dass sie es in die Kirche brachte. [...]

Frage: Und gehört das Kindstuch zur Staffierung, zum Ausken oder zur Kinderkleidung?

Das haben die Mädchen bekommen, als sie geheiratet haben, das war die Staffierung. Es gehörte zur Staffierung. Es gab eine Bettwäsche, das sagte mir meine Großmutter, früher schlief das Ehepaar nicht getrennt, sondern in einem Bett. Es gab eine Bettwäsche, drei Kissen, eine Daunendecke, nicht so wie jetzt, ein Betttuch sicher nur, und dann bekamen die Mädchen einen Schrank oder eine Kiste, wo sie ihre Sachen reinlegen konnten. Sie erhielten ein Tischtuch, einen Bettüberwurf und dieses Kindstuch. Man dachte, dass es Kinder geben wird und dass welche sein sollen. […]

Frage: Was würden sie noch zum Ausken sagen? War es ein gutes Gefühl? Dann haben sie das erste Mal das Kindstuch umgebunden.

Es war ein gutes Gefühl. Das Tuch bekam noch mein Vater. Mein Vater lag zuerst darin, das Kindstuch gehörte noch meiner Großmutter, und damals ließ man noch kein neues machen, sondern sowohl mit meiner Schwester als auch mit mir wurde es verwendet. Meine Eltern benutzten es auch mit uns. Auch ich habe es verwendet. Heute wird es nicht mehr benutzt, aber es ist eine gute Sache. Ich habe irgendwo gelesen, dass das Kind spürt, dass es neben seiner Mutter ist. Es fühlt die Nähe der Mutter. Weil das Kind ja da gehalten wird. Nicht so wie jetzt, dass wir es in einen Kinderwagen tun.

Frage: Steht ein Monogramm im Kindstuch?

Ja, der Name meines Vaters. Es wurde 1918 angefertigt. Ich bewahre es so auf. Der Name meiner Großmutter steht drauf. G. E. erhielt es von seinen Eltern 1918. In Szűr gab es einen Webermeister, er hieß W. Die Szűrer ließen ihre Tücher alle da anfertigen.[501]

Frau M. bewahrt die Erinnerung ihrer Großmutter über den Schwellenzustand der Frau in der Wochenbett-Periode. Im Leben der Frau hat die Entbindung, besonders die erste, einen außergewöhnlichen Stellenwert. Nach dem Gebären wurde die Frau auch physisch separiert, um Mutter und Kind vor den äußeren Einflüssen zu schützen, des Weiteren um die Familie und die Gemeinschaft vor der *weiblichen Unreinheit*[502] zu schützen. Im Laufe der Abkapselung gerät das Subjekt des Ritus in eine Art heiligen Raum und heilige Zeit, außerhalb des profanen Raums und der profanen Zeit. Sie verlässt ihren früheren Status, den neuen erreicht sie aber nicht. Turner stellt fest, dass diejenigen, die in der Phase der Liminalität sind, von zahlreichen Gemeinschaften als dunkel oder nicht sichtbar empfunden werden, sie geraten in eine Art der Unsichtbarkeit.[503]

„Kennsbett sagte man, Kinderbett[504]*, das war sechs Wochen lang in den alten Sitten, bei mir aber nicht mehr. Bei der Generation meiner Großmutter war es noch so. […] Neun Tage lang durften sie nicht rausgehen, sie waren durch einen Vorhang abgesondert. […] So durften sie schon raus, aber die Grenze durfte nicht überschritten werden. Wenn sie zum Beispiel nach Himesháza rübergehen wollten, durften sie das nur nach Ablauf der sechs Wochen […], sechs Wochen lang war die Frau so, wie eine Kranke.*

Frage: War das Bett hoch gemacht?

Bei mir nicht mehr, aber früher gab es dieses hohe Bett und vorne auf dem Betttuch war noch dieses Vierhangtuch[505]. *Die vordere Stube war noch so eingerichtet, ich habe es gesehen. Bei der Kinderbettnerin gab es das auch. Meine Großmutter sagte aber, dass da auch ein Vorhang*

---

501 Interview mit Frau M. Szűr, 05.10.2013.
502 Csonka-Takács, Eszter: Női tisztátalansági tabuk a magyar néphitben. [Weibliche Unreinheitstabus im ungarischen Volksglauben]. In: Küllős, Imola (Hg.): Hagyományos női szerepek. Nők a populáris kultúrában és a folklórban. [Traditionelle weibliche Rollen. Frauen in der Popularkultur und in der Folklore]. Budapest 1999, S. 266–272, hier S. 268.
503 Vgl. Turner 2009, S. 37 ff.
504 Kinderbett bedeutet Kindbett oder Wochenbett, lateinisch Puerperium.
505 Vierhangtuch (= Vorhangtuch), in Szűr bezog sich der Begriff auf den bestickten Leinenstreifen, der an der äußeren, längeren Seite des Betttuches befestigt wurde.

war, er war zugezogen. So konnte man diese Frau gar nicht sehen, es war fast so, als ob sie versteckt bleiben sollte. Jene neun Tage vergingen so. "[506]

5.2.4.2. „[D]ann hat man sie eingemantelt und ist mit ihnen in die Kirche gegangen."[507] *Die Kindstücher der Frau A. aus Erdősmecske*

Die rituellen Handlungen motivieren individuelle und die Gemeinschaft betreffende Wandlungsprozesse, das rituelle Objekt steht diesem Prozess zur Seite und ist dessen Marker.[508] Stollber-Rilinger stellt fest, dass die rituelle Kommunikation in erster Linie nicht konkret und ganzheitlich ist. Rituale wollen anders als verbale Äußerungen nicht veränderte Inhalte ausdrücken, sondern die Beteiligten an diesen teilhaben lassen.[509] Rituelle Bewegungen wie zum Beispiel Prozessionen oder Tänze bedeuten ein kinästhetisches Erlebnis, generieren verkörperte Erinnerungen und verkörpertes Wissen.[510] Im Laufe der rituellen Bewegungen werden das kulturelle Wissen und das kollektive Gedächtnis einer Gemeinschaft wahrnehmbar und zur Weitergabe freigegeben. Frau A. (geb. 1922 in Feked, gest. 2016 in Erdősmecske), die durch eine Heirat nach Erdősmecske kam, formulierte die kinästhetische Erfahrung *des ersten Weges* kurz und bündig, als sie nach dem Wochenbett samt dem im Manteltuch gefassten Kind losging, um den Weg über das Gebiet der Gesellschaft rituell zu gehen und zur Aussegnung zu gelangen. *„Wenn man vom Kindbett ausgestiegen ist, dann hat man sie eingemantelt und ist mit ihnen in die Kirche gegangen. Das war der erste Weg."*[511]

Frau A. benutzte als junge Frau bei ihren drei Kindern zwei Kindstücher, das Manteltuch für den Alltag war schwarz-weiß gestreift, das für Feiertage bunt. *„Das andere war so schön rot drinnen, und allerhand, schön war das andere noch."*[512] Erdősmecske ist ein Dorf in der Baranya im Einzugsbereich von Pécsvárad. Bis in die 1930er-Jahren wurde die Siedlung Rácmecske genannt, nach der Türkenherrschaft war dort eine bedeutende serbische Bevölkerung sesshaft. *„1930 gab es im Dorf 116 Einwohner ungarischer, 937 deutscher und 30 serbischer Muttersprache, 1970 wohnten 292 Ungarn 432 Deutsche und elf Südslawen da."*[513] Den

---

506 Interview mit Frau M. Szűr, 05. 10. 2013.
507 Interview mit Frau A. Erdősmecske, 05. 09. 2012.
508 Vgl. Bräunlein 2014, S. 247.
509 Vgl. Stollberg-Rilinger 2013, S. 196.
510 Vgl. Polit 2013, S. 219.
511 Interview mit Frau A. Erdősmecske, 05. 09. 2012.
512 Interview mit Frau A. Erdősmecske, 05. 09. 2012.
513 Pesti, János (Hg.): Baranya megye földrajzi nevei II. Baranya monográfiai sorozat. [Geographische Namen im Komitat Baranya II. Monographische Baranya-Reihe]. Pécs 1982b, S. 27.

Erinnerungen Frau A.-s zufolge lebten in Erdősmecske sechs bis sieben serbische Familien, diese besuchten die serbisch-orthodoxe Kirche, die Ungarndeutschen die katholische. Die serbischen Frauen hatten auch gewebte Kindertragetücher, *„Sie hatten auch des …, kein so großes wie die Schwowe …, anders"[514]*. Laut Frau A. gab es im Dorf ein paar ungarische Familien, die ebenfalls ein Kindstuch gebrauchten. Frau A. erzählte detaillierter davon, wie die Manteltücher während der Enteignung in der Familie bleiben konnten. Damals lebte sie mit ihren zwei kleinen Kindern in ihrem Heimatdorf Feked zur Untermiete, ihr Mann war noch nicht aus der Armee entlassen. Sie transportierte die Manteltücher mithilfe ihres Schwiegervaters aus Erdősmecske, samt anderen Kleidern, Bettzeug und einer Milchkuh. Ihr Schwiegervater hatte zwei Pferdewagen, der eine wurde bei der Arbeit benutzt, der andere war der „schöne, grüne Wagen", mit dem er Transporte anbot. Er transportierte den Gemeinschaftsvorstand oder den Notar zur Bahnstation oder den Pfarrer nach Bonyhádvarasd. Im Geheimen beluden sie den schönen Wagen und zogen ihn nachts mit einer eingespannten Kuh nach Feked. Die Kinder von Frau A. bekamen so Milch und auch die Manteltücher blieben für das dritte, nach dem Krieg geborene Kind erhalten.

5.2.4.3. „Einmal war er drin. "[515] Die Kindstücher der Frau W. und ihre Aussteuer aus den 1950er-Jahren

Frau W. (geb. 1922 und gest. 2018 in Himesháza) lernte ich am Anfang meiner Feldforschung 2009 kennen. Sie wohnte in einem Haus mit mehreren Räumen auf einem Kleingrundstück in der Sándor-Petőfi-Straße. Ich wurde ihr von Frau R. vorgestellt. Frau W. war eine der ein Dutzend Himesházaer Frauen, die noch im 21. Jahrhundert die Tracht trugen. Die betagte Frau bewohnte zwei Zimmer im Haus, die vordere Küche und die vordere Stube, in den anderen Räumen lebte ihr einziger, geschiedener Sohn. Im Schrank in der vorderen Küche und an Kleiderhaken reihten sich die mit sorgsamer Hand selbstgenähten Alltagstrachten von Frau W. Des Weiteren lagerte sie hier das Bündel, in dem ihr Sterbehemd aufbewahrt war. Dafür legte sie die schönsten Stücke beiseite, *„ich ziehe das an, was ich will […] rein ins Betttuch, das sieht sowieso niemand. Fertig. "[516]* Im vorderen Zimmer hingen in einem Schrank die Sonntagstrachten, im anderen befand sich unter der Bettwäsche das festtäglichen Kindstuch. Um es zu schonen, war es mit der gerauten, ansehnlicheren Seite nach innen gefaltet. Frau W. sammelte und nähte all diese Kleider und das Leinzeug im Laufe vieler Jahre, weil sie 1952, als sie mit 30 Jahren heiratete, nur

---

514 Interview mit Frau A. Erdősmecske, 05. 09. 2012.
515 Interview 1 mit Frau W. Himesháza, 09. 12. 2009.
516 Interview 3 mit Frau W. Himesháza, 14. 09. 2011.

eine geringe Aussteuer bekommen hatte. Ihr Haus wurde ihnen zur Zeit der Umsiedlungen und Vertreibungen weggenommen. Frau W. gesteht: *„Wir waren rausgeschmissen, wir hatten nichts.*"[517] Das enteignete Haus kauften sie später zurück. Frau W. arbeitete in der Himesházaer Landwirtschaft, obwohl sie von Geburt an gelähmt war. Die Aussteuer Frau W.-s bestand 1952 aus einem Betttuch, einer Daunendecke, zwei Kissen und einem Strohsack.

Im Haus der Frau W. sind zwei Kindstücher erhalten geblieben. Das *schöne*, im Schrank aufbewahrte Kindstuch erhielt sie 1952 zur Hochzeit. Der nach Langenau emigrierte Onkel Frau W.-s schickte ihr das Kindstuch der Großmutter, das ihre Mutter, die dort zu Besuch gewesen war, mitgebracht hat. Das Kindstuch war beim Onkel in Deutschland überflüssig, da seine Kinder im Krieg verstorben waren: Sein Sohn starb nach der Entlassung aus der Armee, seine Tochter infolge der sowjetischen Zwangsarbeit. Das als Hochzeitsgeschenk (*„Das war ein Geschenk. Wie Geheiltum.*"[518]) erhaltene Kindstuch, so betonte Frau W., benutzte sie ein einziges Mal, bei der Aussegnung. *„Einmal war er drin. Wenn der Kirch ausgegangen. Mehrmals gar nicht.*"[519] Das rituelle Kindstuch wurde vorsorglich aufbewahrt und geschont.

> *„Ich bin einmal in die Kirche gegangen, weil ich noch eins habe. Und das ist Sachet, weil meiner Großmutter ihr Name ist drinn und ich habe immer dorthin eingepackt, und des habe ich immer aufgehoben. Das schöne Tuch. Das habe ich nicht genommen, weil selbst das andere noch schön war und das ist schon ... gefressen.*"[520]

Laut ihrer Erzählung benutzte sie noch ein anderes, gut erhaltenes Kindstuch, auf dem der Name der Großmutter gestickt war, das aber von Motten zerfressen wurde und so verlorenging. Frau W. antwortete auf meine Frage nach Alltags-Kindstüchern: *„Der Hund hat auch eins in seinem Haus.*"[521] Auf dem Dach der Hundehütte lag das dritte, in dichtem Hanf-Kettfaden fest gewobenes, schwarz-weiß gestreifte, zerrissene Kindstuch. Hofer konstatiert, dass im Falle der Objektzusammenstellung der Aussteuer die Hierarchie zwischen den alltäglich gebrauchten Gegenständen und den Objekten, die für den Gebrauch an feierlichen Anlässen geschont wurden, eindeutig bemerkbar ist.[522] Frau W.-s Beurteilung nach ist die Rangdifferenz vom Zustand und von der Funktion der Kindstücher her gesehen extrem groß. Das Phänomen wird durch Bogatyrevs Modell gedeutet,

---

517 Interview 4 mit Frau W. und ihrem Sohn. Himesháza, 30. 12. 2012.
518 Interview 1 mit Frau W. Himesháza, 12. 09. 2009.
519 Interview 1 mit Frau W. Himesháza, 12. 09. 2009.
520 Interview 1 mit Frau W. Himesháza, 12. 09. 2009.
521 Interview 2 mit Frau W. Himesháza, 12. 06. 2010.
522 Vgl. Hofer 2009, S. 244.

das sich aus den unterschiedlichen Funktionen der Trachtobjekte herausbildete. Das Modell besagt, dass unter den Funktionen die eine oder andere dominieren kann, solange die anderen Funktionen in eine untergeordnete Stellung geraten.[523] Die *rituelle Funktion* des ranghöchsten Kindstuchs Frau W.-s wurde durch ästhetische und regionalistische Funktionen verstärkt, das Objekt wurde nach seiner Verwendung zur familiären Reliquie. Die alltäglichen Kindertragetücher niedrigeren Prestigeranges erfüllten in ihrer praktischen Funktion eine Rolle, obwohl auch die einstigen ästhetischen und regionalistischen (Beziehung zu den Großeltern) Funktionen erwähnt werden. Das Schicksal der in der Alltagsfunktion verwendeten Kindstücher war durch ihre Abgenutztheit besiegelt.

5.2.5. Ritual und Übergangsphänomene.
Kindstuch als Winnicottsches Übergangsobjekt

5.2.5.1. „[E]r erkannte mich nicht, aber das Tuch brachte ihm wieder die Erinnerung zurück."[524] *Die Kindstuch-Erinnerung der Frau R. J.*

Mauss erwähnt die doppelseitigen psychosomatischen Auswirkungen des Kindertragens und des Getragen-Werdens.[525] Das Kindertragetuch verbindet den Körper des Tragenden und des Getragenen als zweite Haut und erschafft so einen multisensorischen Raum. Das Handwerksprodukt, das die Technologie und Ideologie der gegebenen Gemeinschaft in sich trägt, nimmt unter Wirkung auf die Sinne und auf den Körper direkt als Akteur an Prozessen wie dem Aufbau der gesellschaftlichen und individuellen Identität, der Repräsentation und der Sozialisation teil.[526] Das Kindertragetuch-Objekt leistet sowohl bei den seelischen als auch bei den biologischen Prozessen ritueller Handlungen Hilfe, wie auch im Falle der gesellschaftlichen Prozesse, die mit den vorigen eine enge Einheit bilden. Tilmann Habermas behandelt bei der systematischen Untersuchung der sich an persönliche Gegenstände knüpfenden Gefühle unter Heranziehung der Ergebnisse des Psychoanalytikers Winnicott die Gruppe der *Übergangsobjekte*.[527] Das Übergangsobjekt erhält das ein paar Monate alte Kind, das kann ein Plüschtier sein, ein Tuchstück, eine kleine Decke, etwas, das auf das Kind eine physiologische Auswirkung hat. Es wärmt

---

523 Vgl. Bogatyrev 1971, S. 34.
524 Eröffnungsrede von R. J. im Textilmuseum in Budapest zur Ausstellung „Hordozókendők és női sorsok. Hordozókendő a baranyai németek viseletében. Kindstücher und Frauengeschichten. Das Kindstuch bei den Deutschen in der Baranya" 29. 04. 2010. Unveröffentlicht.
525 Vgl. Mauss 1978, S. 210 f.
526 Vgl. Mentges 2005, S. 22.
527 Vgl. Habermas, Tilmann: Geliebte Objekte. Symbole und Instrumente der Identitätsbildung. Frankfurt/Main 1999, S. 350–367.

das Kind zum Beispiel oder hat eine anziehende Oberfläche, kann in Bewegung gebracht werden und erscheint dadurch als lebendig. Dieser Gegenstand gehört dem Kind und ergänzt die Bindung zur Mutter, des Weiteren hilft er bei der Herausbildung der eigenen Identität und löst die durch Separation verursachte Angst und Beklemmung.[528] Laut Winnicott wird die mentale Entwicklung des Kleinkindes grundsätzlich durch jene *Illusion*[529] beeinflusst, ob ihm derjenige *intermediäre Raum* der Sinnerfahrung mit der Mutter, der Brust der Mutter zur Verfügung steht,[530] wo die Erreichbarkeit unbedingt möglich ist und durch ihn gesteuert wird. Es ist eine andere Frage, ob es zur Hauptaufgabe der Mutter (gleich nach Sicherung der Illusion) gehört, den Illusionsverlust zu generieren.[531] Zurück zu den Baranyaer Kindertragetüchern ist festzustellen, dass sie ihrem Gebrauch nach zu den Übergangsobjekten und *Übergangsphänomenen* gezählt werden können. Die Narrative zeugen davon, dass diese Kinder im Warmen, auf einem guten Platz sind, dass sie vor allem beschützt sind: Das Baby fühlt seine Mutter. Bei einem kranken Kind ist das Kindstuch während des Heilungsprozesses besonders zu gebrauchen. Es ist relevant, dass das Wort Kindstuch ein Eigentumsverhältnis ausdrückt, es deutet auf das Tuch des Kindes hin. Das großformatige, dicke Wolltragetuch schafft rund um das Kind einen geschlossenen Zwischenraum, einen intermediären Raum[532], ähnlich dem Mutterleib, sein Kopf ruht zumeist auf der linken Brust der Mutter. Im Folgenden erinnert sich Frau R. J. (geb. 1939 in Himesháza) daran, dass ihr einjähriges Kind 1959 nach einer Trennung nicht die Mutter (laut Winnicott ist immer eher die Brust der Mutter gemeint[533]), sondern das sie symbolisierende Übergangsobjekt, das Kindstuch, erkannte.

> *„Damals hatten wir keine Kinderwagen, nur das Tuch. Die Kinder freuten sich aber sehr darüber, dass sie eingepackt waren.*
> *Damit erzähle ich euch eine Geschichte über das Tuch, das war meine eigene Erfahrung. Mein Sohn musste operiert werden, als er ein Jahr alt war. Er kam nach Pécs, in die Kinderklinik. Er war acht Tage lang im Krankenhaus, dann konnten wir ihn wieder nach Hause bringen. Ich betrat sein Zimmer und sprach zu ihm, aber er schaute nur und freute sich überhaupt nicht. Ich hatte das Gefühl, er erkennt mich nicht mehr. Acht Tage lang hat niemand zu ihm deutsch gesprochen, damit reagierte er gar nicht auf meine Worte. Ich habe ihn angezogen und holte das Tuch. Er erblickte es und auf einmal strahlten seine Augen, dann reichte er seine Hände. Ich packte ihn in das Tuch, er schaute mich an und lächelte mir zu. Mir flossen die*

---

528 Vgl. ebd., S. 351.
529 Vgl. Winnicott 2005, S. 13–19.
530 Vgl. ebd., S. 15 f.
531 Vgl. ebd., S. 17.
532 Vgl. Winnicott 2005, S. 3, 15.
533 Vgl. ebd., S. 8.

Tränen aus den Augen, es war so ein Schock für mich: Er erkannte mich nicht, aber das
Tuch brachte ihm wieder die Erinnerung zurück.
Ich denke, darum ist das Tuch so aufbewahrt worden, weil es ein Stück unseres Lebens
war. [534]

5.2.5.2. „Mama, Tuch". [535] *Das Szűrer Kindstuch der Frau D. in Himesháza*

Nach 60 Jahren in Szűr zog Frau D. (geb. 1930 in Szűr, gest. 2015 in Himesháza) nach
Himesháza in die Nähe ihrer Tochter. Ihr buntes Szűrer Kindstuch erhielt die Tochter.
Sie benutzte es im Alltag für ihre zwei Söhne in den 1980er-Jahren, und in den 2000er-
Jahren bei den Enkelkindern. Die Tochter der Frau D. erinnert sich wie folgt:

> *„Mein Enkel wohnt in Pécs und sagte immer ‚Mama, Tuch', als ich es hervorbrachte, freute*
> *er sich immer. Er musste bereits dann eingepackt werden, als er noch klein war [...]. Wahr-*
> *scheinlich ist das nahe an den Körper und warm und darin sind die Kinder leicht eingeschlafen.*
> *Weil sie in Körpernähe waren."*

Das Kindstuch gehörte zur Aussteuer der Mutter Frau D.-s. Ihre Mutter stammte aus
einer wohlhabenden 30 Joch besitzenden Bauernfamilie mit sechs Kindern. Laut Frau D.
bekam ihre Mutter drei Kindstücher, als sie 1927 heiratete: Ein schwarz-weiß gestreiftes-
für den Alltag, eines für Sonntage und eines, das *schönste*, für größere Feiertage wie Ostern
oder Pfingsten. Das letztere erhielt Frau D. Das Sonntagskindstuch war auch bunt (*„Aber*
so schön war es nicht"[536]), es gelangte nicht zu Frau D. Laut der Erinnerung der Tochter
Frau D.-s war auch das schwarz-weiße Alltagstuch bei ihnen, *„so nutzlos war, es war sehr*
abgenutzt"[537]. Der Erinnerung Frau D.-s nach fertigte der Szűrer Weber Herr W. die Kindstücher.

---

534 Eröffnungsrede der Frau R. J. auf der Ausstellung im Textilmuseum Budapest „Hordo-
     zókendők és női sorsok. Hordozókendő a baranyai németek viseletében. Kindstücher und
     Frauengeschichten. Das Kindstuch bei den Deutschen in der Baranya." 29.04.2010. Unveröf-
     fentlicht.
535 Gruppeninterview mit Frau D., ihrer Tochter und Frau R. Himesháza, 20.05.2015.
536 Gruppeninterview mit Frau D., ihrer Tochter und Frau R. Himesháza, 20.05.2015.
537 Gruppeninterview mit Frau D., ihrer Tochter und Frau R. Himesháza, 20.05.2015.

5.2.6. Aussteuer als Konvention der Ganzheit.
Hersteller und Besteller der Aussteuer und des Kindstuchs

5.2.6.1. Der Kindstuchweber Herr R. in Himesháza

Im Gebrauch des Kindstuch-Objekts ist seine rituelle Rolle ein bestimmender Faktor. Bei wohlhabenderen Familien gibt es mehrere Kindertragetücher: alltägliche, eines für den Sonntag, eines für große Feiertage wie Ostern und Weihnachten. Kindstücher ließen die Ungarndeutschen vom örtlichen Weber anfertigen, der der durch die Gemeinschaft beauftragte Experte war. Nicht alle Weber durften ein Kindstuch weben. Das Kindstuch war Bestandteil der Aussteuer. Bei den Ungarndeutschen erhielt nicht nur eine Tochter ein Tuch, sonder auch der Schwiegersohn, der sein Elternhaus verlassen und ins Haus seiner Frau gezogen war (Tochtermann). Zum ersten Mal wurde ein Festtags-Tuch bei der Aussegnung verwendet, danach an Festtagen. Es wurde zusammen mit der Festtagstracht und anderem Zubehör der Aussteuer von der Sphäre der Alltagstracht getrennt aufbewahrt. Das ältere Tuch wurde im Alltag verwendet, beim Gang in die Nachbarschaft oder zu Hause, um das quengelnde, müde Kind zu beruhigen. Eine Kindstuchtextilie wurde ganz abgenutzt, es durfte nicht gewaschen werden. Das Tuch wurde immer weitervererbt, immer das nächste Neugeborene bekam es. Unter Umständen wurde es verkauft, wenn die Familie es nicht mehr brauchte. Die abgenutzten Objekte werden als Bügelunterlage, Teppich, Wandschoner oder Couchdecke verwendet, oder sie waren im Stall und in der Hundehütte in Gebrauch.

Laut den Interviews fertigte in Himesháza ein einziger Weber Kindstücher an, Herr R. (geb. 1884 und gest. 1966 in Himesháza). Seine Tochter Frau F. (geb. 1929 und gest. 2021 in Himesháza) erzählte[538], dass der hoch geachtete Herr R. bis zum Zweiten Weltkrieg Betttücher aus Hanf für die Aussteuer auf seinem breiten Webstuhl webte, des Weiteren je nach Bedarf auch Brotlumpen und Handtücher. Letztere wurden aber von den Frauen ab den 40er- Jahren lieber als Fertigware gekauft. Er webte die Kindstücher im Dorf auf Bestellung, Säcke aus Sackzwillich und Patschkersohlen fertigte er nicht an. An Sackzwillich gab es großen Bedarf, viele webten ihn, zum Beispiel der im Haus gegenüber arbeitende Weber Herr É. (geb. 1902 in Himesháza-, gest. 1944 in der Sowjetunion).[539] Herr R. wohnte in einem Bauernhaus mit mehreren Zimmern in der Sándor-Petőfi-Straße auf einem der Großgrundstücke auf der rechten Seite bis Herr É. mit seiner Familie gegenüber in ein auf einem winzigen Bandgrundstück erbauten Kleinhäusler-Haus einzog. Die Töchter der beiden Weber kannten sich, wie ein Gruppenbild der heranwachsenden Mädchen und Jungen aus den 1940er-Jahren (Bild I/14.) beweist. Das Bild

---

538 Interview mit Frau F. Himesháza, 16.09.2014.
539 Herr É. (geb. 1902 in Himesháza, gest. 1944 in der Sowjetunion), Vater der Frau É.

wurde wahrscheinlich aufgenommen, weil die in der hinteren Reihe stehenden, Uniform tragenden Jungen bei der Musterung gewesen waren. Dieses Ereignis wurde festgehalten und damit in der bäuerlichen Tradition anerkannt, dass die Jungen zu Männern herangewachsen waren, wovon auch die in ihren Händen sichtbaren, nicht angezündeten Zigaretten zeuge, sie dienen als Zeichen.[540] In der mittleren Reihe stehen heranwachsende Mädchen, in der Hand des einen ein Blumenstrauß als ergänzendes Requisit, das andere hält ein Kleinkind, wahrscheinlich ihre Schwester, im Kindstuch.[541]

Herr R. war kein Mitglied der Gewerbekorporation, zahlte keine Steuern und galt deshalb als Pfuscher. Er verfügte über ein bis zwei Äcker und einen Weingarten. Im Sommer verrichtete er landwirtschaftliche Arbeiten, dem Weben von Kindstüchern widmete er sich eher im Winter, wenn die Arbeit auf dem Feld ruhte. Die gefärbte Wolle für die Kindstücher kaufte er in den 1940er-Jahren in Mohács. Er fertigte auch zahlreiche Kindstücher für andere Dörfer an, zum Beispiel für Nagynyárád. Nach dem Zweiten Weltkrieg wurde sein Haus enteignet, der Webstuhl ging verloren. Das Haus wurde von der Familie später zurückgekauft, doch Herr R. webte danach nicht mehr. In den 1950–60er-Jahren arbeitete er Fotos zufolge im Pfarrhaus.

5.2.6.2. Das von Herrn R. gewebte Kindstuch seiner Nachbarin Frau B.

Eine Nachbarin, Frau B. (geb. 1931 und gest. 2014 in Himesháza), eine Altersgenossin und Freundin der Töchter der Webermeister, erhielt von ihrer Mutter 1948 zwei Kindstücher zur Hochzeit. Eine Aussteuer bekam sie nicht, dafür war kein Geld da, weil das nach dem Krieg konfiszierte Haus zurückgekauft werden musste. Die Kindstücher stammten von der Großmutter mütterlicherseits, im Alltagstuch wurde bereits ihre Mutter getragen und Frau B. packte sogar ihr Enkelkind ins Tuch ein, das nun der vierten Generationen diente. Das Festtagstuch ließ die Großmutter den Nachbarn Herr R. in den 1930er-Jahren anfertigen, für jede Tochter eins. Dieses Kindstuch gelangte in neuwertigem Zustand zu Frau B., die ihre Söhne darin trug. Frau B. achtete sehr auf das Festtagstuch, sie bewahrte es in einem Plastikbeutel auf, damit die Motten es nicht zerfraßen. Ihre Schwiegertöchter brauchten die Kindstücher nicht, deshalb beschloss sie bei der Beerdigung ihres Mannes die Särge ihrer Eltern in der Familiengruft mit diesen abzudecken (sie ließ das Alltagskindstuch auf den Sarg des Vaters und das Festtagstuch auf den Sarg der Mutter legen), und auf diese sollen dann die Särge ihres Mannes und ihr eigener kommen. Im Dorf erzählten mehrere Personen, dass die Kindstücher in die Gruft kamen, als ich mich über das Fortleben der Objekte erkundigte. Frau B. formulierte die

---

540 Vgl. Kunt 1984, S. 220 f.
541 Vgl. Kunt 2003, S. 100 f.

Meinung der Gemeinschaft bezüglich des Schicksals und der Wiederverwendung der Kindstücher: *„Weil verwenden können wir sie sowieso nicht mehr, zu nichts [...] Einige verwenden sie als Couchdecke oder Wandschoner.“*[542]

5.2.6.3. Kindstuch in der Aussteuer. Das Himesházaer Aussteuer-Modell in den 1930er- und 1950er-Jahren

Als Bestätigung der geführten Interviews kann festgestellt werden, dass die ungarndeutsche Aussteuer in Himesháza und Umgebung Mitte des 20. Jahrhunderts weder zur Schau gestellt noch festlich gezeigt wurde. Mehrere Bestandteile der Staffierung, so die Schlafzimmereinrichtung, gelangte eventuell erst später zum neuen Paar, die Zierbettwäsche wurde auch erst nach der Hochzeit bestickt. In einem einzigen Véménder Interview war die Rede davon, dass dort die Aussteuer zur Schau gestellt wurde, was wahrscheinlich mit der kulturellen Diversität des Dorfes erklärt werden kann.[543] Véménd liegt im Kreis Mohács auf dem Gebiet des Geresder Hügellandes. Nach der Türkenherrschaft ließen sich um 1690 Raitzen in der einstigen mittelalterlichen ungarischen Gemeinde nieder. Dann kamen gegen 1748 Gruppen deutscher Ansiedler, in der zweiten Hälfte des 19. Jahrhunderts zogen auch Ungarn hierher.[544] Ende des 19. Jahrhunderts war die Bevölkerung Véménds durch religiöse und kulturelle Vielfalt mit serbischen, deutschen, ungarischen, jüdischen und Roma-Einwohnern geprägt. „Nach 1920 zogen die meisten hier lebenden Serben nach Jugoslawien ab. 1930 bekannten sich 243 Einwohner als Ungarn, 2130 als Deutsche, fünf als Serben, und zwei als sonstige Muttersprachler.“[545] Die Traumata des Zweiten Weltkriegs veränderten die Zusammensetzung der Bevölkerung. Die Einwohnerschaft des Dorfes wurde durch Deportierung der jüdischen und teils der Roma-Bevölkerung, der Abwanderung der Roma, der Verschleppung der Ungarndeutschen in sowjetische Arbeitslager und deren Aussiedlung, des Weiteren durch die Ansiedlung von Bukowina-Szeklern, von ungarischen Familien aus der Slowakei und ungarischen Kolonisten geprägt.[546] „1970 lebten hier 1127 Ungarn und 1195 Deutsche. An der Peripherie leben derzeit 186 Personen, davon 100 Seelen im Zigeunerlager.“[547] In Véménd fanden Hochzeiten dienstags oder donnerstags statt, die Braut zog dann am darauffolgenden Samstag zum Bräutigam, also nicht sofort. Die Staffierung, die Möbel, wurden auf einen LKW geladen. *„Ja, dann wussten die Einwohner schon, dass*

---

542 Interview mit Frau B. Himesháza, 13.06.2010.
543 Interview mit Frau S. (geb. 1942 in Véménd). Véménd, 21.03.2012.
544 Vgl. Pesti 1982b, S. 54.
545 Ebd.
546 Vgl. Vándor, Andrea: Multietnikus dimenziók. Dél-Magyarország 1916–1920. Multi-ethnic Dimensions. Southern Hungary 1916–1920. [Austellungskataloge]. Pécs 2010, S. 25.
547 Pesti 1982b, S. 54.

diese wegzieht. Diese Woche hat die geheiratet und am Samstag zieht diese junge Frau zu ihrem Ehemann und die verzierte Bettwäsche wurde auf den Wagen geladen und es gab halt so einen Brauch.[548] Die Möbel und Sachen der neue eingezogenen Frau kamen in die gute Stube, aber die Sonntagstracht der Älteren blieb in einem Schrank oder in einer Truhe aufbewahrt. Die erste Stube erhielten immer die Jungen, behauptet Frau S. Die Aussage lässt einen gutsituierten bäuerlichen Habitus erkennen und setzt ein mehrräumiges Haus voraus.

Die Zusammensetzung der Gegenstandsgruppen der Aussteuer ändert sich je nach Zeit und Ort. Hofer schreibt über die Gegenstandsgruppen: „Bei all den Gruppierungen der Gegenstände setzen sich neben praktischen Ansprüchen der Verwendung auch traditionelle, bzw. schichtspezifische Normen der ‚Vollständigkeit' und die Prestigefunktion der Menge und der Anhäufung durch."[549] Hofer führt das sechs-, zwölf- und 24-teilige Tafelgeschirr und die Tischtücher der bürgerlichen Haushalte als Beispiel dafür an, dass diese Mengen nicht die Normen der Gastfreundschaft, sondern eher die anerkannten Stufen der Vollständigkeit ausdrücken.[550] Wie die Untersuchungen bezeugen, erscheinen die Zahlenrelationen der Bürgerhaushalte der letzten Jahrhundertwende um die Mitte des 20. Jahrhunderts in den Aussteuer-Modellen der Baranya. Die Gewährspersonen sprechen im symbolischen Sinne über das Zahlenverhältnis der lokalen Normen für die Aussteuer aufgrund des jeweiligen Vermögens oder der ersehnten gesellschaftlichen Stellung. Im Rahmen eines Gruppeninterviews vergleicht Frau Tu. (geb. 1920 und gest. 2017 in Himesháza) das Aussteuer-Modell der 1930er-Jahre mit dem der 1950er-Jahre.[551] In der Knappheitsgesellschaft der 1930er-Jahre konnte das junge Ehepaar im einzig heizbaren Raum lediglich ein ausgestattetes Bett und einen Schrank für eigene Zwecke unterbringen. Später, ab den 50er-Jahren standen im vorderen Zimmer bürgerliche Schlafzimmermöbel mit zwei Betten, zwei Schränken usw. Frau Tu. fasst das Aussteuer Modell der 1950er-Jahre wie folgt zusammen:

„Aufgericht' Bett mit Kisschen, mit der Deck' und Strohsack und alles ganz Bett, und auch Koste [Kasten], und die sechs Bettücher gekriegt, zwölf Hämmer, zwölf Handticher und Salvete [Brotlumpe'], und ihr Gewand, und die Khendstuch [...]. Das war so Gebrauch, das war die Stafier [sagt die Tochter]. Und Bettsach', Bettwäsch' und Batticher [fasst Frau Tu. zusammen]."[552]

---

548 Interview mit Frau S. Véménd, 21. 03. 2012.

549 Hofer 2009, S. 243. [Eigene Übersetzung].

550 Vgl. ebd.

551 Gruppeninterview mit Frau Tu., ihrer Tochter, ihrem Schwiegersohn und Frau R. Himesháza, 22. 03. 2012.

552 Gruppeninterview mit Frau Tu., ihrer Tochter, ihrem Schwiegersohn und Frau R., Himesháza, 22. 03. 2012.

Im Gespräch hält Frau R. fest, dass sich Mitte des 20. Jahrhunderts je nach Vermögens-verhältnissen sechs oder zwölf Stück aus Leinzeug in der weiblichen Aussteuer befanden. Laut Frau Tu. waren die Bestandteile der männlichen Staffierung ein aufgerichtetes Bett, eine Truhe, eine Schublade, hohe Patschker, Schnürstiefel und Schluppen. Die Sprecher sind sich darin einig, dass das Grundstück von dem Kind geerbt wurde, das zu Hause blieb und die Eltern versorgte. Das Anerbenrecht wurde insofern modifiziert, dass der Erbe nicht nur der erstgeborene Sohn, sondern jedes Kind sein konnte. Die Tochter Frau Tu.-s meint, dass die Tochter eventuell noch ein Kuhkalb bekam. Frau R. betont die Macht der Entscheidungsfindung der Alten beim Zustandekommen von Eheschließun-gen, wie sie beim Mitgift-Handel mit einer Tierspende das Ganze mit beeinflusst haben.

5.2.6.4. Die über ein ganzes Leben gesammelte, atypische Aussteuer der Frau K. und Identitätspolitik ihres Szűrer Kindstuchs

Die bejahrte Frau K. (geb. 1931) aus Szűr lebt zurzeit bei ihren Verwandten in Himesháza. Die Gemeinde Szűr liegt zwischen den Hängen des Geresder Hügellandes entlang des Bachs Csele, von Himesháza etwa drei Kilometer entfernt. Laut einer Erhe-bung der Verwaltung im Jahre 1925 gehörte Szűr verwaltungsmäßig und in kirchlichen Angelegenheiten zu Himesháza.[553] 1925 hatte Szűr 665 Einwohner, davon sechs ungari-sche und 659 deutsche, dem Glauben nach waren alle römisch-katholisch.[554] Auch zum gegenwärtigen Zeitpunkt ist die Kirchengemeinde in Szűr eine Filiale des Pfarrbezirks Himesháza. Das Fehlen eines örtlichen Pfarrers verringert die Möglichkeit, in Szűr eine Messe zu halten. Frau K. lebte im von ihren Großeltern Anfang des 20. Jahrhunderts auf dem Hügelhang erbauten Haus, das vier Räume und einen schmalen Gang hat. Im Haus wurden keine Umbauten vorgenommen, in einigen Räumlichkeiten wurden die ge-stampften Lehmböden Ende der 1950er-Jahre mit Fliesen bedeckt. Der in der Nähe der Ställe eingerichtete Küchenraum erinnert auch heute an die 1930er-Jahre, ein Badezim-mer wurde nicht eingerichtet. Im Haus blieb ihre Mutter, sie war unter den vier Schwes-tern die älteste, und deren Mann, der als Tochtermann oder Schwiegersohn ins Haus kam. Die auf die Straße, auf das Tal und auf den Friedhof blickende vordere Stube (*Vier-derstuwe*) war laut Erinnerungen der Frau K. nicht bewohnt. Sehr selten übernachtete ein Gast in ihr, meine Nachfragen wurden aber durch einen Schlag auf den Tisch unterbun-den, und es wurde mit symbolischer Betonung festgestellt, dass dort niemand übernach-tet hat. Das Zimmer diente als sakraler Ort des Hauses, heute ist es hauptsächlich ein Lagerraum. Der auch Bettwäsche enthaltende Schrank in der ersten Stube bewahrt das

---

553 MNL BaML IV. 410. s. Szűr/1925.
554 MNL BaML IV. 410. s. Szűr/1925.

Kindstuch ihrer Mutter, in welchem diese Frau K. und ihren Bruder getragen hatte. Das Leben der Geschwister ist von den Traumata des Krieges gekennzeichnet, ihr Vater starb im Zweiten Weltkrieg, die arbeitsunfähige Mutter musste unterstützen werden. Die Aussiedlung ließ die Familie auch nicht unberührt, denn die Geschwister konnten das leere Haus von den Siedlern nach zehn Jahren zurückkaufen. Gleichzeitig erwarb Frau K. aus ihrem letzten Geld die Lade ihres Vaters zurück, die zu seiner Aussteuer gehört hatte, bei den entfernteren Tagelöhner-Arbeiten benutzt wurde und bis zum heutigen Tage zur Einrichtung der Vierderstuwe gehört. Frau K. und ihr Bruder gründeten keine Familien, sie lebten mit der kränklichen Mutter zu dritt. Frau K. hatte als junges Mädchen wie viele andere nach dem Zweiten Weltkrieg keine Aussteuer, das ist für sie auch der Grund, warum sie nicht heiraten konnte. *„Ich sage, da war nichts. Wir hatten kein Handtuch, was ich an meinem Leib hatte, andere Kleider hatte ich nicht. So habe ich auch geschlafen. [...] Alles wurde uns genommen.“*[555] Frau K. arbeitete gemeinsam mit ihrem Bruder in der Szűrer Produktionsgenossenschaft, im Sommer neben dem Teich mit Gänsen, im Winter auf der Entenfarm. Von ihrem Lohn richteten sie die Vierderstuwe mit bemalter Schlafzimmereinrichtung und goldgerahmten Heiligenbildern ein. Frau K. bestickte jahrzehntelang die Zierbettwäsche, und auf dem Markt in Himesháza kaufte sie Stück für Stück all das, was ein Teil der Aussteuer hätte sein können. Sie trug die Kleider ihrer Mutter und trägt bis zum heutigen Tag die Tracht. Sie trug auch als bejahrte Frau Trachten mit Blumenmustern, in Farben, die für junge, heiratsfähige Mädchen gedacht waren. Neben der Arbeit in der Produktionsgenossenschaft und der häuslichen Wirtschaft fertigte sie als Näherin auf Bestellung Trachtenstücke für Frauen an. Auf meine Frage bezüglich der Verwendung des Kindstuchs suchte Frau K. einen illustrierten, kirchlichen Katechismus hervor und berief sich darin auf die Verbildlichung der Darstellung Jesu im Tempel. Frau K. betonte, dass der Tag Mariä Lichtmess der Feiertag der Darstellung Jesu im Tempel ist, die Frauen ahmten diese Handlung Marias anlässlich der Aussegnung nach. *„Deshalb wurde das Kind in die Kirche genommen, so wie Maria das mit dem Jesuskind machte. Aber heutzutage ist das nicht mehr Mode.“*[556]

Das aufbewahrte Kindstuch der Mutter der Frau K. wurde Anfang des 20. Jahrhunderts angefertigt und war in den Jahren um 1930, als die Geschwister geboren wurden, sicherlich noch in Gebrauch (Bild I/11., Anh. II/6.). Der Hersteller des zweischaftigen, auf rohem Grund mit schwarz-rot-gelbem Streifenrhythmus gewobenen Szűrer Kindstuchs ist nicht bekannt, ich habe aber eine Vermutung. Im Laufe meiner Feldforschung in Szűr traf ich nämlich auf mehrere Kindstücher derselben Farbgebung und ähnlichen Alters. Mehrere meiner Gewehrspersonen kannten den Szűrer Weber Herrn W. (geb. ca. 1860

---

555 Interview 1 mit Frau K. Szűr, 29. 09. 2014.
556 Interview 2 mit Frau K. Szűr, 30. 09. 2014.

und gest. 1940 in Szűr), der diese Kindstücher anfertigte. Kindstücher, die mit schwarz-rot-gelbem Streifenrhythmus gewoben wurden, fand ich zum Beispiel auch in Himesháza, Nagynyárád und in einer Privatsammlung.[557] In Szűr erscheint diese Farbkombination bei den in den ersten Jahrzehnten nach 1900 angefertigten Kindstüchern häufiger. Das politikfreie ländliche Leben, das bis zur Jahrhundertwende bestehende doppelte ungarisch-deutsche Identitätsbewusstsein und die Sicherheit der Gemeinschaftszugehörigkeit veränderten sich damals allmählich durch politische Prozesse. Die auf dem Kindstuch erscheinenden schwarz-rot-gelben Streifen, die die Farben der deutschen Fahne schwarz-rot-gold in Erinnerung rufen und auf die Vergangenheit Anfang des 19. Jahrhunderts zurückverweisen, spiegeln das gestärkte deutsche Identitätsbewusstsein gegenüber dem Assimilationsdruck und nationalistisch-ethnische Konflikte wider.[558] Die Historikerin Judit Pál stellt bei ihrer Untersuchung der symbolischen Verwendung von Farben der Fahne fest: „[W]ithin ethnically divided societies the nationalization of objects, places, and symbols by one ethnicity triggers a similar response from the other. Rival historicizing discourses and national rites become part of the nationbuilding process."[559]

Ingeborg Weber-Kellermann konstatiert, dass die ungarndeutschen Frauen aus Mözs im Komitat Tolna ihre gestickten Schultertücher aus Seide in der ersten Hälfte des 20. Jahrhunderts mit den ungarischen Nationalfarben rot-weiß-grün anfertigten. Denn sie meinten: „Das sind unsere ungarischen Farben."[560] So konnten sie den in den Vorkriegsjahrzehnten ausgebrochenen nationalistischen Bestrebungen begegnen und ihre Loyalität Ungarn gegenüber ausdrücken.[561]

Die Farben der ungarischen Fahne erscheinen auf jenem Aquarellgemälde, das das Kindstuch von 1910 als einen Teil der alltäglichen Tracht einer jungen Himeshrázaer Frau zeigt (Bild I/12.).[562] Die Malerin malte neben den Streifen, die auf weißem Grund die

---

557 Aus der Privatsammlung des Herrn M. O., Weber- und Töpfermeister aus Kárász, 2009.

558 Der Privatsammler, Weber- und Töpfermeister Herr M. O. aus Kárász richtete die Aufmerksamkeit zuerst auf die Farbenwelt der ungarischen und deutschen Fahnen bezüglich mancher Kindstücher im Jahre 2009.

559 Pál, Judit: ‚The Struggle of Colours: Flags as National Symbols in Transylvania in 1848. In: Blomqvist, Anders E. B./Iordachi, Constantin/Trencsényi, Balázs (Hg.): Hungary and Romania beyond National Narratives. Comparisons and Entanglements. Oxford u.a. 2013, S. 93–123, hier S. 122.

560 Weber-Kellermann, Ingeborg: Zur Interethnik. Donauschwaben, Siebenbürger Sachsen und ihre Nachbarn. Frankfurt/Main 1978, S. 316. Auf diese Information verweist Röder, Annemarie: Zur Funktionalität der donauschwäbischen Trachten. In: Jahrbuch für Deutsche und Osteuropäische Volkskunde Band 39, 1996, S. 256–281, hier S. 273.

561 Vgl. ebd.

562 Vgl. Manherz, Karl/ Boross, Marietta: Volkstrachten der Ungarndeutschen. Budapest 2000, S. 111. Originalquelle: NM, EA 9938 S. 20, Taf. III.

rot-weiß-grünen Farben der ungarischen Fahne zeigen, einen blauen Streifen, der in Farbenharmonie zur Blaufärberschürze und dem blau karierten Kopftuch der dargestellten Figur steht und auf die beliebte blaue Farbtönung der Tracht bei den Ungarndeutschen verweist. Über die Tracht der Ungarndeutschen fertigte Emília Grynaeus-Papp zwischen 1956–1962 als Mitarbeiterin des Museums für Volkskunde [Néprajzi Múzeum Budapest] anhand gesammelter, alter Fotos Aquarelldarstellungen an.[563] Die stilisierte Streifenmusterung und Färbung des gemalten Kindstuchs anhand der aus dem Jahre 1910 stammenden, schwarz-weißen Aufnahme spiegelt sicherlich die Konzeption der Malerin wider, und es handelt sich dabei auch nicht um eine realistische Objektdarstellung. Die Trageweise des Kindstuchs ist ebenso stilisiert und unrealistisch gezeichnet, weil das Kind im Kindstuch so eingepackt ist, dass dieses über beide Schultern der Mutter gezogen ist. Die Textilie sollte aber unter einem Arm der Mutter fixiert sein, also nicht so, wie es das Gemälde zeigt. Bei der Darstellung hebt die Malerin die Farbenwelt des Streifenrhythmus hervor, die auf die Doppelidentität des im Kindstuch getragenen ungarndeutschen Kindes und der tragenden Mutter verweist.

5.2.7. Kommunikation. Wollgewebe in Himesháza

5.2.7.1. Das Heimatmuseum in Himesháza als wildes Museum[564]

Der Raum spielt im Inventar der kollektiven und kulturellen Erinnerungstechniken eine hervorgehobene Rolle.[565] Einerseits ist das 1997 in Himesháza eingerichtete ungarndeutsche Heimatmuseum Schauplatz des kollektiven Geschichtsbewusstseins, Ort der kulturellen Erinnerung (lieux de mémoire), andererseits wird darin der Aufbau lokaler Identitäten, das Beziehungsgeflecht innerhalb der Volksgruppen dargestellt.[566] Das Museum wurde in einem auf einer großen Parzelle in der Sándor-Petőfi-Straße stehenden, sogenannten „Langhaus" mit bäuerlicher Pforte eingerichtet.[567] Die Einrichtung zweier Wohnräume

---

563 Vgl. ebd., S. 141.

564 Vgl. Jannelli. Angela: Wilde Museen. Zur Museologie des Amateurmuseums. Bielefeld 2012, S. 21 ff.

565 Vgl. Assmann 2000, S. 59 f.

566 1993 wurde die gesetzliche Grundlage für die Gründung von Minderheitenselbstverwaltungen in Ungarn geschaffen: Gesetz Nr. LXXVII im Jahre 1993 über die Rechte der nationalen und ethnischen Minderheiten. In Himesháza wurde die deutsche Minderheitenselbstverwaltung 1998 gegründet.

567 Vgl. Jaszmann, Gabriella (Hg.): Mesélő házak. Magyarországi német tájházak és tájszobák. Häuser, die uns erzählen. Ungrandeutsche Heimatmuseen und Heimatstuben. Budaörs 2011, S. 84 f.

(vorderes Zimmer, Küche) zeigt die Einrichtungsgegenstände der Ungarndeutschen, in einem dritten Raum bilden die alltäglichen Gebrauchsgegenstände der nach dem Zweiten Weltkrieg angesiedelten, kohärente Volksbräuche bewahrenden Szekler-Volksgruppe das Interieur. Von den aus der Slowakei und aus der Umgebung von Pécs nach Himesháza umgesiedelten Ungarn ist kein Überlieferungsmaterial in der Ausstellung vertreten. In weiteren Räumlichkeiten werden wirtschaftliche Objektkonstellationen gezeigt. Im Beschäftigungsraum, der in der ehemaligen Scheune eingerichtet wurde, bekamen die zwölf Tableaus der Ausstellung mit dem Titel *Kindstücher und Frauengeschichten*, veranstaltet im Jahre 2010 im Textilmuseum zu Budapest, im Rahmen einer ständigen Ausstellung einen festen Platz. Auf den zwölf Tafeln sind familiäre Tragetücher von zwölf Baranyaer Frauen und ihre visualisierte und vertextete Lebensgeschichte dargestellt: Es handelt sich dabei um die Kindstücher von zehn Himesházaer und einer Palotabozsoker Frau und der Šarenica einer Kroatin aus Kátoly.

Die Anthropologin und Museologin Angela Jannelli analysiert in ihrem Buch *Wilde Museen* die Rolle von *Amateurmuseen*, zum Beispiel von Heimatmuseen in der Spätmoderne. Der Begriff *wildes Museum* bezieht sich auf die Theorie des *wilden Denkens* von Lévi-Strauss, wonach zwischen den Erkenntnissen, die sich aus dem magischen und dem wissenschaftlichen Denken ergeben, weder zeitlich noch qualitativ betrachtet eine Hierarchie aufzustellen sei.[568] Jannelli stellt fest, dass die *wilden Museen* abweichend von den wissenschaftlichen Museen, die als Orte der Bildung gelten, „Orte des Erzählens über Dinge", Orte der Wahrnehmung sind.[569] Die Amateurmuseen, die Heimatmuseen, verfügen über eine einzigartige Sammel- und Ausstellungpraxis, die Gemeinschaft baut bezüglich ihrer eigenen Objektkultur mittels Analogien und (freiwilliger) Gruppenarbeit konkrete Realitätsmodelle auf.[570] Die Einrichtung des Heimatmuseums in Himesháza dient dem Sammeln der eigenen Kultur (*Sich selbst Sammeln*[571]) und ist eine Stufe der Repräsentation der eigenen Identität im Leben der lokalen Gemeinschaft. Die Sammlung erstreckt sich auch auf die Darstellung der Traditionen anderer, lokal zusammenlebender Volksgruppen. Janelli misst den Amateurmuseen, so auch den Sammlungen von Heimatmuseen eine hochgradige gesellschaftliche Bedeutung zu, weil die örtliche Gemeinschaft aktiv an der Errichtung des Museums Teil hat und dadurch dem Publikum die verbale Vermittlung und kooperative Partizipation zugesichert ist.[572] Am Anfang meiner Forschungsarbeit im Herbst 2008 konnte ich im Heimatmuseum in Himesháza, das mir von

---

568 Vgl. Jannelli 2012, S. 25.
569 Vgl. ebd., S. 313 ff.
570 Vgl. ebd., S. 23–28.
571 Clifford, James: Sich selbst sammeln. In: Korff, Gottfried/ Roth, Martin (Hg.): Das historische Museum. Labor, Schaubühne, Identitätsfabrik. Frankfurt/Main, New York 1990, S. 87–106.
572 Vgl. Jannelli 2012, S. 321 ff.

einem Mitarbeiter der Selbstverwaltung gezeigt wurde, die Tragetechnik des Kindstuchs kennelernen. Wir packten eine Puppe ins Kindstuch, das aus der ersten Stube des Heimatmuseums auf den Gang gebracht wurde, und so konnte ich die Technik samt den Handgriffen und Gesten, mit denen man das Kindstuch auf den Körper faltet, nachvollziehen. Auf der Straße diskutierte eine Gruppe von Frauen mein Interesse an dem bereits unmodischen Kindstuch. Mein Interesse erweckte ihre Neugierde. Einige von ihnen legten die übliche Behutsamkeit und das Misstrauen beiseite und brachten das eine oder andere guterhalten gebliebene, aufbewahrte Kindstuch herbei, um es zu zeigen. Das Heimatmuseum wurde somit zum Schauplatz der Feldforschung, es kam zu einem regen Gespräch, und ein spielerisches Kennenlernen der alltäglichen und sakralen Verwendung des Kindstuchs als Objekt begann. Im Raum des Heimatmuseums, in dem die Szekler-Volksgruppe vorgestellt wird, konnte ich zum ersten Mal in Himesháza die *Bukowinaer Szekler Teppich* (die sogenannten *Farbigen*)[573], die Welt der repräsentativen hausgewebten Stoffe in der Baranya erleben. Die im Heimatmuseum ausgestellten repräsentativen Wolltextilien, das Kindstuch und die Szekler Teppiche, die Farbigen, generieren durch ihre non-verbalen Mittel einen Dialog.

5.2.7.2. Bukowinaer Szekler in Himesháza

Andrásfalvy untersucht in seiner Studie die in fremder Umgebung weiterlebende Kultur der Bukowina-Szekler, die während des Zweiten Weltkrieges 1941 in die Bácska, dann nach einem Jahr des Herumirrens 1945 in Süd-Transdanubien angesiedelt wurden.[574] Die annähernd 17 000 Szekler aus der Bukowina wurden in 37 Dörfern der Komitate Tolna, Baranya und Bács-Kiskun angesiedelt, auf den Bauernhofstellen der nach dem Krieg zwangsweise ausgesiedelten Ungarndeutschen.[575] Andrásfalvy stellt fest, dass die Bukowina-Szekler auch in fremder Lebenswelt ihre herausragend reichhaltigen Folklore- und gegenständlich-volkskundlichen Stoffe mit Ausdauer bewahrten und dass die Volksgruppe in ihren Traditionen ihr eigenes Geschichtsbewusstsein formuliert.[576] Die 1945 nach Himesháza gesiedelten Bukowina-Szekler (82 Familien) und die 1947 aus der Slowakei eingetroffenen (40 Familien) wurden in die Häuser wohlhabender Bauern in der Hauptgasse (heute Lajos-Kossuth-Straße) untergebracht, die ungarischen Siedler aus der

---

573 Lackner, Mónika: A bukovinai székely festékes szőnyegek. [Die Farbigen Teppiche der Szekler aus der Bukowina]. In: Fülöp, Hajnalka/Lackner, Mónika: Nők, szőnyegek, háziipar. [Frauen, Teppiche, Hausindustrie]. Ausstellung im Museum für Volkskunde zw. dem 24. Juni 2011 und dem 26. August 2012. Budapest 2012, S. 168–179.
574 Vgl. Andrásfalvy 2011b, S. 369.
575 Vgl. ebd.
576 Vgl. ebd., S. 380.

Umgebung von Pécs erhielten in der neuen Gasse (heute Sándor-Petőfi-Straße) Klein-
häusler-Bauernwirtschaften.[577] Die Ansiedlung der Szekler zog große Spannungen nach
sich, doch die Ungarn aus der Slowakei „suchten keinen Streit mit der Dorfbevölkerung".[578] Lange herrschten Gegensätze zwischen den angesiedelten Ungarn und den örtlichen Ungarndeutschen, später regelte sich das Zusammenleben dank Integrierungspro-
zessen wie zum Beispiel dem Erlernen der gemeinsamen Sprachen, durch Mischehen,
dank gemeinsamer Arbeit in den Produktionsgenossenschaften und bewusster, konflikt-
vermeidender Strategien. Laut Frau L. ließen sich die internierten deutschen Familien
dort nieder, wohin sie geraten waren, einige kauften ihre ursprünglichen Häuser zurück
als die Eingesiedelten diese verkauften. Sie meint, dass heute nur noch wenige solcher
ungarischen Familien im Dorf leben, die damals eingesiedelt worden sind.[579]

> *„Wir sind zusammen. Uns geht es gut. Wir verstehen uns. Es gibt keinen Streit. Gar nichts.*
> *Früher war viel los, als sie hergekommen sind. Aber so friedlich. Die Kinder gingen schon*
> *Mischehen ein, sie wissen gar nichts darüber, es wird ihnen auch nichts erzählt, wie alles*
> *gewesen ist."[580]*

In der Begleitung Frau R.-s suchte ich zwei Frauen in Himesháza auf, die Ungarn aus der
Slowakei sind und 1947 aus Kiskoszmály eingetroffen waren.[581] Die aus der Slowakei
Stammenden sind Reformierte, besuchen jedoch die katholischen Messen in Himesháza.
Die Ungarn aus der Slowakei wie auch die ungarischen Siedler bewahren in Himesháza
keine Volkstraditionen, haben die Verwendung des Kindstuchs nicht übernommen und
erscheinen nicht als gesonderte Gruppe. Frau Di. ist in der Tschechoslowakei geboren,
das Trauma des tschechoslowakisch-ungarischen Bevölkerungsaustausches 1947 fasst sie
aus der Perspektive der älteren Generation als „Wir" und „Sie" zusammen, die durch ihre
Ansiedlung in Himesháza gezwungen, waren ihre ursprünglichen Heime, ihre aufgebaute
Existenz zu verlassen.

> *„Für alle, sicherlich auch für sie [die Ungarndeutschen]. Diese Großmutter war schon älter*
> *und sprach kein Ungarisch. Meine Oma sprach kein Deutsch. Sie umarmten sich, weinten*
> *und jede sagte das Ihre, warum sie aus ihrem Haus gehen müssen, warum wir aus unserem*
> *Haus geholt wurden. Sie sagten es der anderen, die eine ungarisch, die andere deutsch, aber*

---

577 Vgl. Krammné Mezei 2017, S. 176.
578 Ebd., S. 177.
579 Interview 4 mit Frau L. Himesháza, 30. 09. 2014.
580 Interview 4 mit Frau L. Himesháza, 30. 09. 2014.
581 Interview mit Frau G. (geb. 1928 in Kiskoszmály, gest. 2015 in Himesháza). Himesháza,
    30. 09. 2014. Interview mit Frau Di. (geb. 1939 in Kiskoszmály). Himesháza, 30. 09. 2014.

beide weinten. Es war für keine gut. Jetzt aus dem eigenen Haus zu gehen. Weil sie hier
wohnten [...]. Weil es zuerst so war, dass die Deutschen nach Deutschland gesiedelt werden.
Und das war das Schreckliche, dass wir hier waren in ihrem Haus und sie hier im Dorf und
wir waren in ihrem Haus. Das war sehr schlecht. Weil sie, die Tirpaken[582], zogen in unsere
Häuser, aber wir waren nicht da, was weiß ich wie viele Familien im Haus waren [...], die
Ziege hielten sie im Zimmer. [...] Deshalb ist der slowakische Staat aufs Gesicht gefallen, wie
dachten sie, dass sie was weiß ich wen bekommen. Sie hatten nichts. Es gingen nur diejenigen,
die nichts hatten. '[583]

5.2.7.3. Die gewebten Bukowinaer Szekler Teppiche,
die Farbigen in Himesháza und Bonyhádvarasd

Der Teppich aus Siebenbürgen, der Farbige, mit anderem Namen *Szekler Kelim,* ist in der
Ethnografie ein ausführlich aufgearbeitetes Thema. Es gibt auch Studien zu den Bukowina-Szekler Teppichen, die als eine eigenartige Untergruppe der Farbigen entstanden
und infolge der Ansiedlung der Bukowina-Szekler nach 1945 in den Komitaten Tolna,
Baranya und Bács-Kiskun zu finden sind. Monika Lackner konstatiert zur ungarländischen Geschichte des Bukowina-Teppichs, dass dieser „zum emblematischen Objekt der
Bukowinaer Erbschaft und des Zusammenhaltes geworden ist"[584]. Der Farbige Teppich
war in der Bukowina ein wichtiger Bestandteil der Aussteuer, meistens waren es vier, im
Falle von wohlhabenderen Familien sogar acht bis zehn Teppiche. Unter diesen waren
auch ältere Familienstücke.[585] In der Familie entschied die rangälteste Frau, wann und
was für ein Teppich angefertigt werden sollte.[586] Im Rahmen der Selbstversorgungswirt-
schaft webten die Frauen die verwendeten Textilien selbst, zugleich wurden die Farbigen
Teppiche auch als Tauschprodukt auf den Markt gebracht.[587] Die Teppiche wurden in
erster Linie auf dem Bett, auf eine Stange oder an der Wand angebracht, sie konnten aber
auch auf das Pferd oder auf die Sitzfläche des Pferdewagens gelegt werden.[588] Neben
seiner Alltagsverwendung wurde der Teppich auch an Festtagen benutzt. Im Falle einer
Hochzeit wurde hinter dem jungen Brautpaar ein Farbiger Teppich befestigt, auf Fotos
dient er auch als Hintergrund bei der Visualisierung wichtiger Ereignisse wie zum Beispiel

---

582 Bedeutung von „tirpák" im pejorativen Sinne: ungarländische Slowaken.
583 Interview mit Frau Di. Himesháza, 30. 09. 2014.
584 Lackner 2012, S. 168.
585 Vgl. ebd.
586 Vgl. ebd.
587 Vgl. ebd.
588 Vgl. Bakay, Erzsébet: Festékes szőnyegek műhelytitkai. [Werkstattgeheimnisse der Farbigen
    Teppiche]. Budapest 1996, S. 4.

der Erstkommunion oder bei Familienporträts.[589] Im symbolischen und sakralen Raum der Gemeinschaft, in der Kirche, erschien der Teppich auch als praktisches und Zierelement.[590] Die Farbigen Teppiche wurden an Bauernwebstühlen in einer Breite von 60–70 cm angefertigt, deshalb wurden sie aus zwei Hälften zusammengenäht, so dass die geometrischen Muster aneinanderpassten. Aber es kam auch vor, dass sie aus einem Teil bestanden. In der Bukowina wurde der Farbige Teppich mit gezwirntem Hanffaden in Kette angefertigt, der Schussfaden war aus hausgefärbter Zackelschafwolle. Die Farbigen wurden oft in dunkler Grundfarbe gewebt, zum Beispiel in bordeauxrot.[591] Die Fachliteratur kennt drei Typen für das Muster: kleine wie große Blumen-, sowie Schlangen- oder Wasserlaufmuster. Alle oder einige Teppiche diesen Musters waren bei allen Familien auffindbar.[592] Die mit großformatigen Blumenmustern wurden auf den Märkten verkauft.[593] Charakteristisch ist für die Farbigen Teppiche, die in der zweiten Hälfte des 20. Jahrhunderts in Ungarn von Bukowinaer-Szekler Frauen gewebt wurden, dass sie eine bedeutende Verfärbung erfuhren und Kunstfaserstoffe verwendet wurden.[594]

Frau R. hatten eine Vermutung, welche Bukowina-Szekler Familie im Dorf einen Farbigen Teppich aufbewahren könnte, so suchten wir Frau E. (geb. 1916 in Hadikfalva, gest. 2017 in Himesháza) und ihre Tochter (geb. 1942)[595] in Himesháza auf, die in einem Haus an der Hauptstraße (Lajos-Kossuth-Straße) wohnen. Frau E. heiratete in Hadikfalva (in der Bukowina), dort ist ihre erste Tochter auf die Welt gekommen, die zweite im Komitat Bácska, später bekam sie noch einen Sohn. Frau E. brachte aus der Bukowina unter allen Widrigkeiten des Umzugs ihren Webstuhl und ihren, als Teil der Aussteuer für das Prunkbett erhaltenen bordeaux-grundfarbenen, sogenannten großblumigen[596] Farbigen Teppich mit, der mit Hanffaden in Kette und eigens gefärbtem Wollschussfaden gewebt wurde. Der Teppich wurde zur Zeit des Interviews im Haus nicht gefunden. Frau E. erzählte, dass sie in Himesháza für ihre Tochter, ihren Sohn und auch für den Enkel einen Farbigen Teppich gewoben habe. Die Enkelin heiratete nach Pécs und hatte keinen Bedarf für einen Farbigen Teppich (Bild I/16.). Frau E. betonte, dass in der Familie die Alten entschieden, welche Braut einen Teppich erhielt, welche ihn auf das gemachte Bett legen durfte und welche diesen verdiente. Über die frühere Macht der Alten

---

589 Vgl. Lackner 2012, S. 169.
590 Vgl. Bakay 1996, S. 4
591 Vgl. ebd.
592 Vgl. Lackner 2012, S. 169.
593 Vgl. ebd.
594 Vgl. Lőrincz, Etel: Bukovinai székelyek festékes szőnyegei. Hagyományos és új szőnyegek mintakincse, szövésmódja. [Farbige Teppiche der Szekler aus der Bukowina. Mustermotive und Webart der traditionellen und neuen Teppiche]. Budapest 2005, S. 36.
595 Gruppeninterview mit Frau E., ihrer Tochter und Frau R. Himesháza, 30. 09. 2014.
596 Vgl. Lackner 2012, S. 174.

waren sich Frau E. und Frau R. einig. Über die Aussteuer wurde symbolisch gesprochen, Frau E. hob hervor, dass die Mädchen in ihren jungen Jahren in Hadikfalva ein bis zwei Daunendecken für die Aussteuer erhielten, ihre Tochter bekam in Himesháza bereits drei davon. In Hadikfalva wurden die Aussteuer und die übrigen Hochzeitsgeschenke, auch die Tiere auf einem Pferdewagen oder hinter dem Pferdewagen gebunden und im Dorf vorgefahren. Dieser Brauch wurde in Himesháza nicht mehr ausgeübt. Während des Interviews wurde der Farbige Teppich der Tochter Frau E.-s gezeigt, der in Himesháza gewebt wurde und dessen Kett- und Schussfaden nicht aus Hanf und Schafswolle, sondern aus Kunststofffasern bestehen. Dieser Teppich wurde mit fünf Farben, mit einer orangefarbenen Grundfarbe, weiterhin mit blau, grün, gelb und weiß angefertigt und mit einem großblumigen Muster versehen in einem Stück gewebt, die kürzeren Enden werden durch mehrfarbige Fransen geschmückt. Er ähnelt dem Farbigen Teppich sehr, den ich während meiner Feldforschung in Bonyhádvarasd im Komitat Tolna[597] bei Frau I. entdecken durfte (Bild I/15.). Im Komitat Tolna habe ich keine Spuren von Kindstuchbenutzung entdecken können. Das Heimatmuseum in Bonyhádvarasd, zusammengestellt Anfang des 21. Jahrhunderts aus den Sammlungen der örtlichen Gemeinschaft, stellt den materiellen und visuellen Überlieferungsstoff lokaler Volksgruppen (Deutsche, Ungarn aus der Slowakei, Szekler, Roma) aus. Hinter dem gemachten Szekler-Bett ist ein einteiliger, aus Zackelschafswolle gewebter, altertümlicher Farbiger Teppich in bordeauxroter Grundfarbe und mit großblumigem Muster als Wandschoner zu sehen. Der Farbige Teppich der Frau I. (geb. 1931 in Hadikfalva) wurde 1980 von ihrer Mutter in Bonyhádvarasd gewebt.[598] Die Mutter von Frau I. war Näherin, sie webte Textilien für die Aussteuer Anderer, aber auch für den eigenen Bedarf in Hadikfalva, in Szőreg in der Bácska und in Bonyhádvarasd. Auf meine Frage, ob sie den Farbigen Teppich aus Hadikfalva bei der Aussiedlung mitgenommen hätte, antwortete Frau I., dass sie diesen immer von Neuem angefertigt habe.

„Was wir mitgebracht haben, haben wir mitgebracht, was nicht, hat meine Mutter in der Bácska angefertigt und auch hier. So dass der Teppich nicht aus unserem Leben verschwunden ist. Der musste sein [...]. Na ja, laut unserer Traditionen, na [...]. Es gab welche, die einen hatten, andere hatten keinen. Aber grundsätzlich bemühte sich ein jeder, dass er einen hatte. Der Krieg richtete viel an. Sowohl Hass als auch Gutes [...]. Man kann sich vorstellen, als wir hierher gesiedelt worden sind, wie schlecht es für die Deutschen war, dass sie noch da waren und man uns herbrachte. Und da entstand natürlich Hass. Aber danach heilte die Zeit, die

---

597 Bonyhádvarasd liegt im transdanubischen Hügelland, im Bezirk Bonyhád des Tolnaer Komitats, von Bonyhád etwa zehn Kilometer entfernt.
598 Interview mit Frau I. Bonyhádvarasd, 14. 09. 2011.

Wunde verschwindet, aber die Narbe bleibt. Wir können aber leider nichts dafür. Wir hatten immer Vorgesetzte." [599]

Frau I. hatte früher einen abgenutzten Farbigen Teppich, als Ersatz webte ihre Mutter ihr und jedem ihrer Kinder (fünf Töchter, ein Sohn) in den 1980er-Jahren in Bonyhádvarasd einen Teppich aus den Fasern, die sie zur Verfügung hatte. Der Teppich aus Bonyhádvarasd wurde mit Kettfaden aus Kunstraffia und Schussfaden aus Kunststofffasern angefertigt, in seiner Musterung und Farbenwelt ähnelt er dem in Himesháza angefertigten Farbigen Teppich früherer Datierung.

Die repräsentativen hausgewebten Stoffe aus Himesháza (Kindstuch, Bukowina-Szekler Gewebtes) im symbolischen Raum des Heimatmuseums kommunizieren ähnlich wie andere ausgestellte Objekte lokale Identitäten. Die Anthropologin Boglárka Bakó konstatierte die Ergebnisse der interethnischen Forschungen zusammenfassend, dass die Änderung des lokalen und regionalen Identitätsbewusstseins der Gemeinschaften mit den Veränderungen, die in politischen, wirtschaftlichen und kulturellen Systemen eintreten, korreliert.[600] Das 1993 verabschiedete Gesetz zur Gründung lokaler Minderheitenselbstverwaltungen, die Proklamation des Rechts auf nationale und ethnische Selbstbestimmung leitete sowohl im Komitat Baranya als auch in Tolna Prozesse der Interaktion in die Wege. Im Rahmen der Änderungsprozesse war es für den Ausbau der gesellschaftlichen und kulturellen Machtpositionen wichtig[601], dass die Identitätssymbole der örtlichen Volksgruppen in den symbolischen Räumen der Gemeinschaft gut sichtbar gemacht wurden. 1994 wurde im Dorfraum in der Organisation der Selbstverwaltung von Himesháza ein großformatiges, eine Information tragendes, holzgeschnitztes Szekler-Tor errichtet, eine Heldensäule aufgestellt, ähnlich wie in anderen Dörfern mit Einwohnern aus der Bukowina. 1997 wurde das Heimatmuseum in Himesháza mit ungarndeutschem und Bukowina-Szekler Interieur eröffnet, 1998 wurde die deutsche Nationalitätenselbstverwaltung in Himesháza gegründet.

5.2.8. Fazit

Die Objektbiografien der in Himesháza und Umgebung verwendeten Kindstücher erläutern, wie der jeweilige untersuchte Gegenstand unmittelbar auf den Körper einwirkt, wie

---

599 Interview mit Frau I. Bonyhádvarasd, 14. 09. 2011.

600 Vgl. Bakó, Boglárka: Az interetnikus kutatásokról. [Über interethnische Forschungen]. In: Árendás, Zsuzsa/Bakó, Boglárka u.a. (Hg.): Lokális Világok. Együttélés a Kárpát-medencében. [Lokale Welten. Zusammenleben im Karpatenbecken]. Budapest 2003, S. 11.

601 Vgl. Kaschuba, Wolfgang: Einführung in die Europäische Ethnologie. München 2012, S. 145.

er als Akteur am Prozess der Statusveränderung, der den Einzelnen und die Gemeinschaft betrifft, teilnimmt, und wie dieser Prozess nach der Geburt bei den seelischen, biologischen und gesellschaftlichen Prozessen der rituellen Handlungen behilflich sein kann. Bei der Geburt und beim Tod, den zwei grundlegenden Zäsuren des menschlichen Lebens, erfährt der Einzelne grundsätzliche physische und biologische Veränderungen und die Gemeinschaft gestaltet ihn zum Individuum und zum Körper des Individuums. Das verändert seinen Existenzzustand und bewirkt ein vom Alltäglichen abweichendes Relationssystem, wie Csonka-Takács feststellt.[602] Das Relationssystem der Gemeinschaft wirkt auf den Körper – der sich in einer Übergangsphase befindet – in Form von Verboten, Tabusystemen und verschiedenen Vorschriften ein, die wiederum den Raum der Handlungen und Bewegungen bestimmen.[603] In meinen Interviews untersuchte ich die Verhältnisrelation zwischen den Individuen, die in die Liminalitätsphase geraten sind und dem sie aufnehmenden Haus und Gemeinschaft. In den Gesprächen erscheint die erste rituelle Verwendung des Kindstuchs während der Regungslosigkeit der Liminalität, der *Downplaying*-Abkapselung, des Ausgehverbotes aus dem Haus, des Ausken, oder des ersten Kirchgangs am Ende der Wochenbett-Periode. Die Objektbiografien schematisieren, wie sich die Prestigefunktion des von Experten gewebten Kindstuchs parallel zur Abgenutztheit in ritueller, festtäglicher, sonntäglicher und alltäglicher Funktion ändert und welche „letzte" Verwertbarkeit des Objekts möglich ist (familiäre Reliquie, Bügelunterlage, Wandschoner oder Couchdecke, zerstückelt als Lehnsesselzierde, als Decke, Hundehüttenschutz, im Grab auf den Sarg, es wird verkauft oder kommt ins Museum). Das Kindstuch erscheint als alltäglicher Gegenstand der Mobilität weiterhin als Akteur der rituellen Bewegungen (Ausken, erster Kirchgang). Das kinästhetische Erlebnis verankert das kulturelle Wissen der Gemeinschaft bei den Teilnehmenden in Form von verkörperter Erfahrung. Das Kindstuch, das als Winnicottsches Übergangsobjekt betrachtet werden kann, erschafft einen Zwischenraum, eine psychodynamische Verknüpfung[604] zwischen Tragenden und Getragenen, ist somit ein Mittel der Identitätsbildung. Die Farbmanipulation in den Streifenrhythmen des Kindstuchs, das Erscheinen der repräsentativen Wollgewebe (in Himesháza das Kindstuch und die Farbigen Teppiche der Bukowina-Szekler) im symbolischen Raum der Gemeinschaft bezeugen die identitätspolitische Rolle[605] dieser Gebrauchsgegenstände. In den 1950–1960er-Jahren blieb das Kindstuch in Himesháza, in der Baranya, in ritueller Verwendung, der Kinderwagen galt lange als Prestigegegenstand.

---

602 Vgl. Csonka-Takács 2002, S. 412.
603 Vgl. ebd.
604 Vgl. Woodward, Ian: Understanding Material Culture. Los Angeles u. a. 2014, S. 133, 139 f.
605 Vgl. Berta 2008, S. 47 f.

5.3. Ritual und Kommunikation. Kindertragetücher in Kátoly

5.3.1. Das untersuchte Dorf: Kátoly

Am Fuße des östlichen Mecsek Gebirges entlang des Flusses Karasica,14 Kilometer südöstlich von Pécsvárad erstreckt sich das Dorf Kátoly. Kátoly ist ein Straßendorf bestehend aus einer einzigen Straße, die sich an beiden Uferseiten des Baches, der in die Karasica mündet, zwei Kilometer entlangzieht. Die Gemeinde wird von den Dörfern Berkesd, Szilágy, Erzsébet, Szellő und Máriakéménd umgeben. Himesháza liegt östlich von Kátoly, etwa zehn Kilometer Luftlinie entfernt.

Kátoly war Anfang des 17. Jahrhunderts eine der wenigen Siedlungen in der Baranya, in der es während der Türkenherrschaft eine katholische Kirche gab. In der Kirche des winzigen Dorfes, das im Mittelalter gegründet wurde, versah eine Jesuitengemeinschaft die Seelsorge unter den verstreuten Ungarn der Gegend. 1630 wurde die Synode der Pécser Diözese hierher einberufen.[606] In den ersten Jahrzehnten des 18. Jahrhunderts gehörten die umliegenden Dörfer wie Erzsébet, Kékesd und Szellő zur Pfarrei Kátoly, bis 1720 gehörten Kéménd, Szederkény, Ellend und bis 1740 Olasz und Umgebung dazu.[607] Die mittelalterliche Kirche, die auf dem Friedhofhügel stand, ist im 20. Jahrhundert in den Boden gesunken, die Steine wurden 1911 zum Bau einer neuen Kirche im Dorfzentrum verwendet.[608]

Nach dem Ende der türkischen Besetzung siedelten katholische, südslawische Schokatzenfamilien im Dorf. Ende des 17. Jahrhunderts, gehörte Kátoly wie auch im Mittelalter zu den Dörfern der Pécsvárader Benediktinerabtei, die Dienstleistungen erbrachten, 1702 wurde es zum bischöflichen Dorf, weil der Bischof von Pécs, Wilhelm Franz von Nesselrode, die Gemeinde in einem Prozess von dem Abt von Pécsvárad zurückerlangte.[609] Laut den Konskriptionen der Jahre 1741–52 betrug die Bevölkerungszahl von Kátoly um die 200 Personen. Hier lebten überwiegend südslawische Familien, die

---

606 Vgl. Balatinácz, Jeromos: Kátoly és környéke. Kátoly, Erzsébet, Kékesd, Szellő és a kátolyi „Új Élet" Termelőszövetkezet története. [Kátoly und seine Umgebung. Die Geschichte von Kátoly, Erzsébet, Szellő und der Kátolyer landwirtschaftlichen Produktionsgenossenschaft „Neues Leben"]. Pécs 1974, S. 28.

607 Vgl. ebd., S. 30.

608 Vgl. ebd. und vgl. Pesti 1982b, S. 271.

609 Vgl. Balatinácz 1974, S. 29.

einzige Ausnahme bildete eine deutsche Familie, die Familie des Müllers.[610] Deutsche Kolonisten siedelten sich um 1780 in Kátoly an.[611] 1828 wird das Dorf als römisch-katholische Gemeinde erwähnt, die Conscriptio Regnicolaris berichtet in jenem Jahr von 99 Familienoberhäuptern, von denen 86 Leibeigene, acht Kleinhäusler und vier Handwerker waren, unter den Handwerkern gab es drei Müller.[612] Insgesamt gab es 16 deutsche Familien im Dorf, was einem Anteil von 1:6 gegenüber den südslawischen Familien entspricht (230 Deutsche und 470 Südslawen). Die Südslawen lebten in Großfamilien, in denen mehrere erwachsene Geschwister und Familien zusammenwohnten.[613] Die meisten Häuser der Deutschen standen bis zur Mitte des 20. Jahrhunderts in einer Reihe im nördlichen Teil des Dorfes. Für den Getreideanbau waren die natürlichen Gegebenheiten ungünstig. Regenfälle und Überschwemmungen schädigten den Boden ständig. Wie aus dem Resümee des 1828er Conscriptio Regnicolaris hervorgeht „hat das Dorf oft nicht mal genügend Getreide- und sonstiges Saatgut, geschweige denn eine ausreichende Menge an Nahrungsmitteln zur Versorgung der Familien."[614] Für die Wirtschaft der südslawischen Familien allgemein war die Haltung von zwei Rindern oder zwei Pferden charakteristisch, die deutschen Familien hatten meistens zwei Pferde und ein bis zwei Kühe, des Weiteren erwähnt der Statistiker Elek Fényes 1831 in Bezug auf Kátoly die Schweinehaltung.[615] Laut der Konskription war der Viehbestand im Dorf im Jahre 1828 wie folgt: 92 Ochsen, 28 Kühe, 60 Pferde, darüber hinaus 87 einjährige Schafe und 72 einjährige Schweine.[616] Nach der Grundablöse 1848 konnten auch die Bauern in Kátoly ihre Grundstücke erwerben. Gemäß der Grundbuchaufzeichnung von 1894 war das Verhältnis der südslawischen und deutschen Grundbesitzer-Familien 94:96, was eine ganz andere Proportion darstellt, als die Relation der Aufzeichnung von 1828.[617] Das dynamische wirtschaftliche Vordringen der deutschen Landwirte ist erkennbar, das neben ihrer Arbeitsmoral und Sparsamkeit auch durch das gängige Erbfolgerecht (Anerbenrecht) begünstigt wurde. Spuren der Großfamilien der Südslawen waren noch in den ersten Jahrzehnten des 20. Jahrhunderts sichtbar.

Ende des 19. und Anfang des 20. Jahrhunderts trugen die Nationalisierungsbestrebungen auch in Kátoly dazu bei, dass sich die Spannungen zwischen den Nationalitäten verstärkten. Die wirtschaftliche Expansion zeigte sich bei den Deutschen, besonders im

---

610 Vgl. ebd., S. 30 f.
611 Vgl. ebd., S. 33 ff.
612 Vgl. ebd., S. 33.
613 Vgl. ebd., S. 35.
614 Ebd., S. 34.
615 Vgl. ebd., S. 35 f.
616 Vgl. ebd., S. 34.
617 Vgl. ebd., S. 38

Fall der Mühlen und der zeitgemäßen Viehzucht und der Vermehrung ihrer Felder, währenddessen versuchten die Südslawen ihren Status durch den Erwerb von gesellschaftlichen Positionen und die Aneignung von wirtschaftlichen Methoden zu sichern.[618] In den Jahren nach dem Ersten Weltkrieg entfaltete sich in Kátoly eine bescheidene wirtschaftliche Konjunktur, 1928 traten 90 Landwirte in die Molkereigenossenschaft ein, denn die Milchproduktion bedeutete eine sichere Erwerbsquelle.[619] Nach dem Zweiten Weltkrieg änderte sich infolge der Aus- und Ansiedlungen das ethnische Gesamtbild des Dorfes. Die enteigneten Immobilien der ungarländischen Familien deutscher Nationalität wurden von Familien aus der Umgebung, aus der Tschechoslowakei und aus Siebenbürgen besetzt.[620] Die Grundlage für die sozialistischen landwirtschaftlichen Großbetriebe, deren Organisierung 1949–1950 begann, bildeten jene Landgebiete, deren Besitzer enteignet worden waren, des Weiteren Teile der einstigen Grundherrschaften.[621] 1959 startete eine neue Etappe der Produktionsgemeinschaften: Im Grunde schloss sich das ganze Dorf der Kátolyer „Neues Leben Produktionsgemeinschaft" an, der sich zwischen 1961 und 1964 auch die Produktionsgenossenschaften von Szellő, Erzsébet und Kékesd angeschlossen.[622] Der Zweite Weltkrieg und der politisch-gesellschaftliche Wandel nach 1945 veränderten die sozioökonomische Struktur des Dorfes grundsätzlich. 1939 lebten 817 Seelen in Kátoly, der Muttersprache nach 28 Ungarn, 397 Deutsche, 392 Kroaten, der Religion nach 807 Katholiken und zehn Reformierte.[623] 1947 hatte Kátoly nach den Aus- und Ansiedlungen 741 Einwohner, anschließend verminderte sich durch Abwanderung die Bevölkerung, so betrug die Zahl der Einwohner 1949 678 und 1970 544.[624] Ab den 1950er-Jahren boten die Pécser Industrie und die Bergwerkindustrie in Komló den Facharbeitern, die sich zum Pendeln entschlossen hatten, einen Lebensunterhalt, der zusammen mit der Hauswirtschaft und mit den ergänzenden Arbeiten ein höheres Einkommen bedeutete als der Durchschnittslohn in der *LPG* (Landwirtschaftliche Produktionsgenossenschaft).[625] Ab den 1960er-Jahren kehrte ein Teil der Industriearbeiter in der Hoffnung auf eine steigende Rente und eine Krankenversicherung in die Produktionsgenossenschaften zurück.[626] Die 1970er-Jahre waren im Dorfleben durch die Modernisierung alter Häuser und dem Bau zeitgemäßer Gebäude geprägt.

---

618 Vgl. ebd., S. 52.
619 Vgl. ebd., S. 54.
620 Vgl. Pesti 1982b, S. 270.
621 Vgl. ebd., S. 163 ff.
622 Vgl. ebd., S. 173.
623 MNL BaML IV. 410. s. Kátoly/1939.
624 Balatinácz 1974, S. 68 f.
625 Vgl. ebd., S. 69 f.
626 Vgl. ebd., S. 69.

5.3.2. Ritual und Raum

5.3.2.1. „Gibt's halt nicht, ich hab' alles verkauft."[627]
Das Šarenica Tragetuch der Frau H.

In der Lebensgeschichte der Frau H. (geb. 1938 und gest. 2018 in Kátoly) und in der Kindstuchverwendung ihrer Familie wird die Familiengeschichte in Kátoly lebendig. Frau H. erhielt 1960 bei der Geburt ihres ersten Kindes die Šarenica ihrer Schwiegermutter (Bild I/20., Anh. II/7.). Die dörflichen, schokatzischen Traditionen und die finanzielle Lage der Familie spiegelte sich in der großformatigen, aus Wolle guter Qualität angefertigten Šarenica, die zu Frau H. kam, weil die Schwester ihres Mannes keine Kinder bekommen hatte, wider. Frau H. hielt die Šarenica, die ihre Mutter und ihre Großmutter bei ihrem acht Jahre jüngeren Bruder verwendeten, im Vergleich zu der Kindertrage-Šarenica ihrer Schwiegermutter als für zu klein und abgenutzt. Die Eltern von Frau H. hatten bis zur kommunistischen Verstaatlichung sechs, die Familie ihres Mannes 21 Joch Feld. Die Šarenica wurde von den Schokatzinnen – ähnlich wie andere Textilien – selbst gewebt, sofern sie einen Webstuhl und Faden zur Verfügung hatten. Die Šarenica der Schokatzen wurden aus zwei Teilen der Länge nach zusammengenäht und bei der Verwendung entlang der Naht gefaltet. Die äußere Zierseite wurde oft im unregelmäßigen Streifenrhythmus gewebt, die Innenseite wurde mit naturfarbener Wolle und einigen bunten Streifen verziert, um farbige Wolle zu sparen. Der Streifenrhythmus der rechten Seite der Šarenica ähnelt dem Streifenmuster der dazugehörigen Schürze (Bilder I/2., I/21.). Die Qualität der verwendeten Wolle zur Anfertigung der Šarenica verweist auf die Vermögenslage der Familie.

> „Bloß waren die Deutschen reicher und hatten deshalb mehr, nicht wahr? Sie hatten zumeist mehr Schafe, mehr Wolle. Und die Schokatzen, wenn sie dieses 1–2 Joch Feld hatten, konnten sie selbst dann, wie auch mein Stiefvater den Schafen keinen Häcksel geben. Und der Schäfer fragte, wie denn Miska, dass deine Schafe immer die schönste Wolle haben? Ja klar, er nahm Häcksel, wie für das Vieh. Und die anderen schmissen den Tieren Stängel oder Bohnenstroh rein, davon wurde die Wolle nicht mehr so schön. Das Schaf musste auch gut gefüttert werden.'"[628]

---

627 Interview 2 mit Frau H. Kátoly, 27. 10. 2014.
628 Interview 2 mit Frau H. Kátoly, 27. 10. 2014.

Die Šarenica ist bei den ländlichen Schokatzen in Kátoly ein Prestige-Gegenstand. Die Qualität der verwendeten Wolle, das Vorhandensein des Objekts und seine Anzahl weisen sowohl gesellschaftliche als auch wirtschaftliche Unterschiede auf. Die Wohlhabenderen besaßen ähnlich den Ungarndeutschen mehrere Šarenicas. *„Es gab reiche, die hatten eine für den Alltag, die war etwas abgenutzter und auch eine nagelneue. Diejenigen, die ein bisschen reicher waren, konnten sich das leisten."*[629]

1960, als der erste Sohn der Frau H. auf die Welt kam, war der Ritus der Aussegnung, der noch bis in die 1950er-Jahre lebendig war, in Kátoly bereits veraltet. Die Aussegnung unterlag den politischen und wirtschaftlichen Veränderungen und den Modernisierungsprozessen, die sich ab Ende der 1940er-Jahre in Ungarn vollzogen hatten, in Himesháza zeigte sich dies in den 1970er-, in Kátoly bereits früher, aber spätestens in den 1960er-Jahren. Die Ethnografin Annemarie Röder hebt hervor, dass der Verzicht auf Rituale auf die neuen Machtverhältnisse zurückzuführen ist.[630] In der kommunistischen Diktatur änderten sich infolge der Verstaatlichung des Privateigentums und der Kollektivierung der Felder überall die Besitzverhältnisse, die tradierte Bauerngesellschaft wurde dadurch aufgelöst. Nach der Hochzeit der Frau H. 1958 lebte das Ehepaar ein Jahr lang im Haus der Eltern des Ehemannes zusammen mit diesen in einem Haushalt. 1959 nahmen sie beide eine Stelle in der Produktionsgenossenschaft an, verfügten ab dann über eigenen Lohn, bauten sich ein Zimmer und eine Küche an das Haus an und begannen einen eigenen Haushalt zu führen.

> *„Als ich sie gekauft habe, diese bunten Teller, im ersten Jahr in der Produktionsgenossenschaft, veranstaltete meine Schwiegermutter zwei Tage lang einen Zirkus. Dass sie neun Jahre lang bei der Richterin diente und selbst sie hatte nicht so schöne Teller. Echtes Porzellan mit großen Rosen. Sie war neidisch, weil ich als einfache Braut gekommen war und bereits selbstständig wurde [...]. Weil ich eine Bezahlung aus der LPG erhielt."* [631]

Aufgrund der Besitzveränderungen ging die Vormachtstellung der Alten zu Ende, mit der Emanzipation der Frauen galt der Ritus der Aussegnung als veraltet. Neben der Arbeit in den Produktionsgenossenschaften ermöglichte die Hauswirtschaft existenzielles Wachstum. Frau H. züchtete mit ihrem Mann Stiere zum Verkauf. Nach dem Tod ihres Mannes, der Alkoholiker war (*„nur der Alkohol war sein Unheil, das ihn mitnahm"*[632]), hielt Frau H. noch zwei Färsen, vom Verkaufspreis ließ sie in ihrem Haus ein Badezimmer,

---

629 Interview 1 mit Frau H. Kátoly, 22. 12. 2009.
630 Vgl. Röder, Annemarie: Deutsche, Schwaben, Donauschwaben. Ethnisierungsprozesse einer deutschen Minderheit in Südosteuropa. Marburg 1998, S. 136.
631 Interview 2 mit Frau H. Kátoly, 27. 10. 2014.
632 Interview 2 mit Frau H. Kátoly, 27. 10. 2014.

ein WC und eine Speisekammer einrichten. Frau H. gebrauchte die Šarenica bei ihren 1960 und 1970 geborenen Söhnen in alltäglicher Funktion. 1970 nahm sie ihren kleineren Sohn in der Šarenica zur Kinderklinik in Pécs mit, weil es in dieser leichter als mit einem Kinderwagen war, das Kind im Bus zu befördern. Bereits 1970 kaufte sich Frau H. einen Kinderwagen und badete ihr Kind in einer Plastik-Badewanne, nicht in einer Holzmulde, wie sie das bei dem ersten Sohn getan hatte. Frau H. ging 1960 nicht zur Aussegnung, aber sah noch in ihrer Kindheit, wie ihre Familienangehörigen ausgesegnet wurden.

„Frage: Waren die Taufe und der Tag, an dem die Mutter das Kind in der Kirche vorgestellt hat, zeitlich voneinander getrennt?

Ja, das waren zwei Anlässe [...]. Die Taufe fand immer während der Messe statt. Und diese Vorstellung des Kindes, das war nach einer Woche. Die Frau war ganz in schwarz gekleidet, so war die Tradition. Die Alten habe ich dazu nicht mehr gefragt. Bei meiner Generation, 1960 war das nicht mehr üblich. Aber ich kann mich noch erinnern, dass meine Mutter, meine Patin und Firmpatin ganz in schwarz gekleidet waren, als das Kind vorgestellt wurde [...]. Als meine Firmpatin, Anfang der fünfziger Jahre, um 1950 ein Kind bekam, damals gab es das noch vor dem Altar, vor der Messe. Darin [in der Šarenica] war das Kind, außerdem gab es [nur noch] ein Wickelkissen. "[633]

Jedes Detail im Leben der Frau H. schrieb die Geschichte von Kátoly. Der profane und sakrale Schauplatz ihres familiären Lebens ist Kátoly. Die 1911 der Heiligen Katharina geweihte Kirche, die etwa 100 Meter vom Familienhaus entfernt auf einem Hügel steht, war in ihrem Leben als eine *axis mundi* präsent. Ihre Ahnen nahmen am Bau der neuen Kirche teil, die die eingesunkene Kirche aus der Arpadenzeit[634] ersetzte, die Steine der mittelalterlichen Kirche wurden für das neue Gebäude verwendet. Das Erlebnis des sakralen Raumes der Kátolyer Aussegnung erscheint in den Erzählungen der Frau H. Der Ritus der Aussegnung verlief sowohl bei den dörflichen Schokatzinnen als auch bei den ungarndeutschen Frauen genau so, als Teil der gemeinsamen Messe. Die kulturelle Erinnerung von Kátoly wird in der detaillierte Einzelheiten bewahrenden, persönlichen Erinnerung von Frau H. verkörpert. Assmann erläutert, dass die schriftlosen Gesellschaften die Einheit der Gruppe, die Kontinuität ihres kulturellen Wissens mithilfe von wiederkehrenden Feiertagen und Riten ausdrücken, des Weiteren wird der Blickhorizont der Alltagswelt in kosmische Weiten gedehnt.[635] In ihrer Studie zeigt Lantos in der Pécser

---

633 Interview 1 mit Frau H. Kátoly, 22. 12. 2009.
634 Vgl. Balatinácz 1974, S. 30.
635 Vgl. Assmann 2000, S. 57 f.

Diözese, das heißt in den Komitaten Tolna und Baranya, die sakrale Landschaft, die sich nach Ende der Türkenkriege ausgebildet hatte (z. B.: Wallfahrtsorte, heilige Brunnen und Quellen), sie hebt die ständig wachsende interethnische Rolle des Schutzheiligenkults ab dem 18. Jahrhundert hervor.[636] Die gemeinsame religiöse Verbundenheit ermöglichte eine Überschreitung der Grenzen zwischen Kátolyer Schokatzen und Ungarndeutschen. In der Sitzordnung der Kirche, die sowohl als symbolisches als auch mentales Zentrum galt, spiegelte sich das in den 1940–50er-Jahren in erster Linie in der Separation nach Altersgruppen wider,[637] aber es zeigte sich dabei auch die Differenzierung nach Geschlecht und Volksgruppe, in einem Fall nach finanziellem Status. Laut der Erinnerung von Frau H. saßen in den 1940er-Jahren um den Altar links die weiblichen, rechts die männlichen Kinder. Auf der Treppe, die zum Altartisch führte, knieten oder saßen die Mädchen im heiratsfähigen Alter jeweils zu zweit einander gegenüber, auf der linken Seite knieten die Schokatzen-Mädchen auf einem Kelim-Teppich, auf der rechten Seite die ungarndeutschen. Frau H. konnte sich nicht erinnern, ob die ungarndeutschen Mädchen beim Knien Textilien verwendeten oder nicht. Es ist bekannt, dass die Schokatzinnen entlang der Drau, aus Hercegszántó und die Bosniakinnen aus der Umgebung von Pécs einen aus Wolle gewebte Tuch (Regendecke) mit sich in die Kirche nahmen, die die prachtvolle Festtagskleidung gegen Regen und starke Sonnenstrahlen schützte, des Weiteren benutzte man sie im Winter zum Knien beim Beten.[638] Auf der linken Seite, hinter den Mädchen, standen vor den Bänken die jüngeren Schokatzen-Frauen, auf der rechten Seite die jungen ungarndeutschen Frauen. In den zwei Bankreihen saßen Ältere gemischt, auf der rechten Seite wählten eher ältere Männer ihren Platz. Vor den Bänken auf der linken Seite ließ sich ein wohlhabender örtlicher Mühlenbesitzer eine private Bank für fünf Personen, für sich und seine Familie anfertigen. Die jungen Männer standen hinter den Bänken, beim Eingang oder um die Orgel oben auf dem Chor. Es kamen auch aus anderen benachbarten Dörfern Gläubige zur Messe, beispielsweise aus Szellő, denn dort gab es keine Kirche. Die Abkapselung der Volksgruppen war auch im Raumgefüge des Dorfes bis zur Aussiedlung präsent: Von der Kirche in Richtung Máriakéménd entlang der Hauptstraße lebten eher die Schokatzen-Familien, in Richtung Szellő die Ungarndeutschen.

Csáky empfiehlt, die für ihn richtungsweisenden Kulturtheorien zusammenfassend, die Kultur als ein Repertoire der Verhaltensformen aufzufassen, zu dessen Abschrift er

---

636 Vgl. Lantos 1997, S. 63–68.

637 Vgl. Röder 1998, S. 145.

638 Vgl. Šarošac, Đuro: Narodna umjetnost Hrvata u Madarskoj. Magyarországi horvát népművészet. [Kroatische Volkskunst in Ungarn]. Mohács 2001, S. 233.

die kommunikative Perspektive für das Beste hält.[639] Im Kapitel „Theoretische Grundlage" erwähnte ich bereits die für Csáky wichtigen Kulturtheorien von Malinowski, Geertz und Frith. Die Kulturauffassung des durch Csáky hervorgehobenen Literaten Stephen Greenblatt ist für die Auslegung meiner Erfahrungen in Kátoly bedeutend.

> „A culture is a particular network of negotiations for the exchange of material goods, ideas, and – through institutions like enslavement, adoption, or marriage – people ... In any culture there is a general symbolic economy made up of the myriad signs that excite human desire, fear, and aggression."[640]

In den Erzählungen Frau H.-s erscheinen Kátolyer gesellschaftliche Interaktionen, verbale und nonverbale kommunikative Elemente. Die Šarenica war bei den Schokatzen ein Prestige-Gegenstand, nicht alle Frauen hatten eine, nur diejenigen, die es sich leisten konnten. Zu der am Oberkörper getragenen Šarenica mit Streifenmuster gehörte noch eine ähnlich gewebte Schürze mit Streifenmuster. Frau J. (geb. 1926 und gest. 2016 in Kátoly), die Nachbarin von Frau H., bewahrte ihre eigens gewebte Schürze und die Šarenica mit Streifenmuster bis ans Lebensende auf, nach ihrem Tod erhielt ein Kind aus der Verwandtschaft, ein Mitglied einer Volkstanzgruppe, die handgewebten Stücke. Auch in der Familie Frau H.-s gab es gestreifte Schürzen, als ich mich bei ihr erkundigte, ob sie diese noch hätte, erhielt ich die Antwort: *„[h]alt nicht, ich hab' alles verkauft"*[641]. Frau H. verkaufte alle verwertbare handgewebte Textilien rechtzeitig zu gutem Preis, beispielsweise ihre Šarenica der Autorin dieser Studie.[642] In der infolge der politischen und wirtschaftlichen Prozesse aufgelösten ungarischen Agrargesellschaft wurden die Requisiten des traditionellen Lebens in den 1960er-Jahren überflüssig. In Kátoly fiel die Zeit des Ablegens der Tracht auf die Jahre 1964–65. 1970 verwendete Frau H. keine Holzmulde mehr zum Waschen ihres Babys, sondern eine Plastikwanne. Ab den 1970er-Jahren wurde der Besuch des monatlichen Pécser Flohmarkts bei der ungarischen städtischen Bevölkerung besonders populär, auf dem die überflüssig gewordenen bäuerlichen Handwerkwaren der Baranya verkauft wurden.

---

639 Vgl. Csáky 2014, S. 195.

640 Greenblatt, Stephen: Culture. In: Lentricchia, Frank/McLaughlin: Critical Terms for Literary Study. Chicago 1995, S. 229–30. Zitiert nach Csáky 2014, S. 195.

641 Interview 2 mit Frau H. Kátoly, 27. 10. 2014.

642 Im Laufe meiner Feldforschung bekam ich einige Kindstücher und eine Šarenica geschenkt oder habe sie gekauft. Diese Textilien bildeten die Grundlage für die Ausstellungen „Kindstücher und Frauengeschichten", die im Budapester Textilmuseum im Jahre 2010, im Pécser Lenau-Haus 2011 und im Budaörser Jakob-Bleyer-Heimatmuseum 2012 gezeigt wurden.

Als *Bricolage-Objekt* würde ich die aus einem Kindstuchstück angefertigte Schokatzen-schürze bezeichnen, die ich in einer Sammlung in Nagypall gesehen habe (Bild I/18.).[643] Das auf einem größeren Webstuhl angefertigte, verblasste, archaisch-breite Streifenmus-ter aufweisende ungarndeutsche Kindstuch wurde zu einer Schokatzenschürze umgestal-tet und mit Fransen sowie mit einem roten Bindeband versehen. Ian Woodward unter-sucht zur Deutung der symbolischen Signalrolle der materiellen Kultur unter anderem die Kontextänderung, das Bricolage-Phänomen, basierend auf den strukturellen Theo-rien von Lévi-Strauss und auf den semiotischen Theorien von Dick Hebdige.[644] Woodward stellt fest, dass die semiotische Ordnung kippt, wenn ein Objekt aus seinem Kontext gerät, oft lenkt gerade das Umkippen die Aufmerksamkeit auf den originalen Kontext der Objekte.[645] Das Bricolage erzeugende *Bricoleur* bringt aus bereits existieren-den kulturell-kommunikativen Strukturen auf kreativer Weise neue Strukturen zustande.

> „[T]he ‚bricoleur' also, and indeed principally, derives his poetry from the fact that he does not confine himself to to accomplishment and execution: he ‚speaks' not only *with* things, as we have already seen, but also through the me-dium of things: giving an account of his personality and life by the choices he makes between the limited possibilities. The ‚bricoleur' may not ever complete his purpose but he always puts something of himself to it. Mythical thought appears to be an intellectual form of ‚bricolage' in this sense also."[646]

Woodward konstatiert, dass Levi-Strauss die Bricoleur-Theorie für den Prozess des my-thischen Denkens und der Entwicklung der Rituale ausarbeitete, die aber bei der Deutung von menschlichen Interaktionen auf eine breite Palette materieller Kultur angewandt werden.[647] Hebdige legt aufgrund seiner im Kreise der Punk-Szene angestellten Untersu-chungen fest, dass die zu Subkulturen gehörenden Bricoleure mit der Veränderung des Kontexts von Objekten deren Bedeutung umwandeln.[648] In den Interviews sehen die Schokatzinnen keine grundlegenden Unterschiede zwischen dem Kindstuch und den Šarenica-Textilien, abgesehen von den technischen Unterschieden in der Anfertigungs-weise, wie zum Beispiel im Falle der unterschiedlichen Breite der von den Webern ge-webten und der Schokatzer hausgewebten Stoffe, oder angesichts der Qualität der Wolle.

---

643 Sammlung der Inhaber der Keller Galerie in Nagypall.
644 Vgl. Woodward 2014, S. 57–80.
645 Vgl. ebd., S. 77.
646 Lévi-Strauss, Claude: The Savage Mind. London 1966, S. 21.
647 Vgl. Woodward 2014, S. 66.
648 Vgl. ebd., S. 78.

„Frage: Konnte man deutsche Kindstücher an Kroatinnen umgebunden sehen?

Und ob! Gerade nach dem Krieg. Was angeeignet werden konnte, nahm man. [649]

Nach dem Zweiten Weltkrieg wollten sich viele in Kátoly alles von den vertriebenen Ungarndeutschen aneignen, was als Mobilie oder Immobilie zu bekommen war, so auch die Kindstücher. Laut den Interviews kauften die vor Ort verbliebenen Ungarndeutschen die Kindstücher der Auszusiedelnden. Die Ungarn in der Umgebung verwendeten nach Aussage der Interviewpartner keine Kindertragetextilien, die dörflichen Schokatzen gebrauchten in Szemely, Versend, Nagykozár und Sarlós ihre Šarenica. Die Berkesder Roma, die ihre selbstgefertigten Simperl gegen Lebensmittel tauschten, trugen ihre Babys in großen Tüchern auf den Rücken gebunden. In der Umgestaltung des ungarndeutschen Kindstuchs zu einer schokatzischen Schürze ist die Geste der Wiederverwertung spürbar, des Weiteren, dass das Bricoleur die materiellen Bedeutungen des Kindstuchs zur schokatzischen Schürze als passend empfand. Im Bricolage-Objekt haben die zusätzlichen Fransen – die ein apotropäisches Element der südslawischen, schokatzischen Trachtenstücke, eine Sicherung der Fruchtbarkeit und der Reproduktion sind – eine Schlüsselrolle.[650] Frau J. hob hervor, dass sie, während sie die Šarenica und die Schürze aus gekaufter Wolle webte, sie die Fransen der Schürze aus eigens gewebter und gefärbter Wolle herstellte. *„Aber die Fransen sind schon vom eigenen Schaf! Die haben wir gefärbt. Alleine.*"[651] Die Mutter von Frau H. webte ihrer Tochter keine mit Streifenmuster gezierte Schürze, sondern „viel mehr" als das, die Fransen sind ein wichtiges Element der ästhetisch-apotropäischen Funktion (Bild I/19.).

„Aber meine Freundin hatte so etwas noch, weil ihre Großmutter eins noch webte. Mir wollte man auch eins machen, aber meines wurde von meiner Mutter schwarz gemacht, mit so großen, blauen Rosen und grünen Blättern. Meine Mutter war sehr geschickt und sagte dann, dass sie so etwas nicht macht, sie macht mir mehrere. Das hatte die Fransen am Ende, du weißt [...] rundherum. Die Fransen gingen bis zum dreiviertel [der Schürze], bis dahin war sie [sie zeigt es]."[652]

649 Gruppeninterview 2 mit Frau J., ihrer Tochter und Frau H. Kátoly, 04. 05. 2015.
650 Vgl. Mladenovic, Vesna: Threads of Life: Red Fringes in Macedonian Dress. In: Welters, Linda (Hg.): Folk Dress in Europe and Anatolia. Beliefs about Protection and Fertility. Oxford u. a. 1999, S. 97–110, hier S. 103.
651 Gruppeninterview 1 mit Frau J., ihrer Tochter und Frau H., Kátoly, 27. 10. 2014.
652 Interview 2 mit Frau H. Kátoly, 27. 10. 2014.

Csáky konstatiert: „Culture as a space of communication is dynamic, performative, not ‚authentic'; it is hybrid and polyvalent."[653] In den Darlegungen Frau H.-s zeichnet sich ein friedliches Zusammenleben der Volksgruppen ab, Spannungen wurden jedoch durch politische Veränderungen geschürt. *„Wie gesagt, vor dem Krieg waren sie sogar Gevätter. Deutsche und Kroaten sprachen sich auch mit „Gevatter" an. Es gab keine Verfeindung [...]. Während des Krieges gab es sowas, aber danach beruhigten sich alle und das gab es nicht mehr."*[654] Nachdem die Gründung von Minderheitenselbstverwaltungen ein rechtliches Fundament erhielt, entstand in den 2010er-Jahren in Kátoly erneut ein Wetteifern um die Machtpositionen in der Selbstverwaltung. In der Generation der Frau H. existierten drei Sprachen in der verbalen Kommunikation (Kroatisch, Deutsch, Ungarisch), die von den meisten Kátolyern gesprochen wurden, es gab eine tagtägliche Interaktion zwischen den Gruppen, so beispielsweise auch die Übernahme von Speisen der anderen.

> *„Wie gesagt, die Schwaben haben sehr viel von den Schokatzen gelernt, sogar das Kochen wurde gemeinsam verrichtet. Die eine Nachbarin war eine Schwäbin, die andere eine Kroatin, du machst es so, ich anders und dann tauschten sie sich aus [...], weil als ich meiner Großmutter sagte, sie soll Hefeknödel machen, [sagte sie] die Schokatzen machen so etwas nicht. Als ich dann weggezogen war, machte ich sowas, weil ich es sah, wie es die deutsche alte Frau machte, als ich zu meiner Freundin ging. [...] Ja und die Schwaben machten keinen Strudel, gefülltes Kraut, auch bei Hochzeiten nicht. Aber die Schokatzen machten diese Speisen und so übernahmen es die Schwaben und als sie dann eine Hochzeit machten, dann machten sie es genauso und was anders war jene Tradition übernahmen wir dann, einer von dem anderen."*[655]

Die Gesellschaft der Spätmoderne ist in der Region durch verschwommene Grenzen zwischen den verschiedenen kulturellen Formen und durch ineinander verflochtene, diverse kulturelle Identitäten gekennzeichnet. Es kann als Erscheinung kultureller Kreolisations- und Hybridisationvorgänge gedeutet werden, dass in der Familie von Frau H. außer der schokatzischen Šarenica ab den 1990er-Jahren auch ein Kindstuch aufzufinden war. Die Schwiegertochter von Frau H., Frau Z. (geb. 1955 in Püspöklak [heute Geresdlak]), die ungarndeutschen Ursprungs ist, brachte das Kindstuch in die Familie.[656] Frau Z. musste ihr Kind aus ihrer vorigen Kátolyer Ehe 1974 wegen einer Hüftverrenkung zur Pécser Kinderklinik bringen, sie brachte es mit ihrer damaligen Schwiegermutter im Kindstuch dorthin. Ihre Schwiegermutter band das Kind im Kindstuch um sich. Frau Z.

---

653 Csáky 2014, S. 196.
654 Interview 2 mit Frau H. Kátoly, 27. 10. 2014.
655 Interview 2 mit Frau H. Kátoly, 27. 10. 2014.
656 Gruppeninterview mit Frau H. und ihrer Schwiegertochter, Frau Z. Kátoly, 27. 10. 2014.

bewahrt das als großmütterliches Erbstück erhaltene Kindstuch als familiäres Relikt auf. Bei ihrem zweiten, vom Sohn Frau H.-s, geborenen Kind benutzte sie in den 1990er-Jahren kein Kindstuch mehr. Das erste Kind der Frau Z., das sie im Jahre 1974 im Kindstuch trug, war mit ihrem eigenen Kind in den 2000er-Jahren im städtischen Umfeld mit einem nach Schnittmustern aus dem Internet selbst genähten Tragetuch unterwegs.

5.3.2.2. „[W]eil auch Maria ihr Kind vorgestellt hatte."[657]
Frau J.-s Kátolyer Šarenica in ritueller Verwendung

Der Mann von Frau J. war Wagner in Kátoly. 1946 fertigte er seiner Frau einen Webstuhl an. Frau J. konnte sich so Teile der Aussteuer selbst weben, die Šarenica und die dazu gehörende Schürze fertigte sie an, bis 1947 ihr erstes Kind auf die Welt kam (Bild I/21.).

> „Frage: Wohin wurden die Kinder in der Šarenica gebracht? Auch in die Kirche?

> *Ja auch in die Kirche. So im Dorf zur Verwandtschaft. Als das Kind aus dem Wickelkissen kam, konnte es ja nicht mehr dahin zurück. Dann haben wir das genommen, es eingewickelt und sind losgegangen [...] Vorstellen. Als acht Tage verstrichen sind, dann wurde es in der Kirche vorgestellt, weil auch Maria ihr Kind vorgestellt hatte. Dann gingen wir zum Pfarrer und haben das Kind hingebracht und er hat mit so einem Ding, er legte ein Band auf das Kind, zum Altar und betete dann für uns. Für das Kind und für die Mutter.*

> Frage: Und hatten sie dann diese Šarenica dabei?

> *Natürlich, darin wurde das Kind getragen.*"[658]

Dem Kind wird mit der Taufe eines der wichtigsten Sakramente der Kirche zuteil, durch sie wird es in die kirchliche Gemeinschaft aufgenommen und kann das christliche Seelenheil erlangen.[659] Die Mutter tritt mit der Aussegnung durch den Rundgang um den Altar, durch den Ritus mit Purifikations- oder Danksagecharakter wieder in den Gnadenkreis des Altarsakraments ein.[660] Die Taufe und die Aussegnung beteiligten das Kind und

---

657 Gruppeninterview 1 mit Frau J., ihrer Tochter und Frau H. Kátoly, 27. 10. 2014.
658 Gruppeninterview 1 mit Frau J., ihrer Tochter und Frau H. Kátoly, 27. 10. 2014.
659 Vgl. Bárth 1999, S. 145.
660 Vgl. Székely, Tibor: „Oltáriszentség". [„Altarsakrament."] In: Diós, István (Hg.): Magyar Katolikus Lexikon I-XVII.[Ungarisches katholisches Lexikon I-XVI.] Bd. X. Budapest 1995, S. 45.

die Mutter an den kirchlichen Sakramenten, „die für die Gläubigen einerseits ein Heil-
mittel gegen Ängste bedeuteten, andererseits boten sie eine Griffmöglichkeit bezüglich
der unerlässlich wichtigen Übergänge des menschlichen Lebens."[661] Meine Gewährspersonen, die ihr Kind nach örtlichem Brauch im Kindstuch oder Šarenica zur Aussegnung
brachten, sind von den Taten der Heiligen Mutter Maria, dem Marien-Bild durchdrungen.
Lantos hebt die interethnischen Wechselwirkungen der sakralen Traditionen hervor.[662]
In den Interviews werden die Wallfahrten zu den Wallfahrtsorten Máriakéménd und
Máriagyűd, zum Marázaer Maria-Brunnen erwähnt. Ab Mitte des 18. Jahrhunderts pilgerten beispielsweise Ungarndeutsche aus der Umgebung von Mohács und dörfliche
Schokatzen aus dem Karasica-Tal nach Máriakéménd,[663] wobei sich bis zum heutigen
Tage Ungarn, Ungarndeutsche, Kroaten, Roma, nach den Einsiedlungen auch Szekler-
gruppen nach Máriagyűd zur Wallfahrt begeben. In der subjektiven Kátolyer Erfahrun-
gen Frau J.-s und ihrer Tochter gingen die Ungarndeutschen nicht nach Máriagyűd (*„Die
haben es nicht gehalten."*), nur nach Máriakéménd (*„Sie sind nach Kéménd gegangen, weil es da eine
Tscharda gab. Und sie waren große Kegler."*), solange die Kroaten nach Máriakéménd und
Máriagyűd pilgerten.[664]. Laut der „Wir"-Gruppen-Autostereotypisierung ist bei den
Schokatzen die stärkste Religiösität aufzufinden, während sich bei der Gruppen der „an-
deren" Heterostereotypisierung die Ungarndeutschen für Unterhaltung und nicht für
Volksfrömmigkeit interessierten.[665] Feischmidt beruft sich auf die Theorie von Henri
Tajfel, wonach die Kommunikation von Stereotypen einerseits eine mentale Orientierung
in einer Sphäre bieten möchte, in der mehrere Volksgruppen anwesend sind, andererseits
will sie die Legitimierung der gesellschaftlichen Position und die Kontinuität bestimmter
Volksgruppen sichern.[666] Für Frau J. und ihre Tochter ist die aktive Beteiligung am religiösen Leben in Kátoly von maßgeblicher Bedeutung, ihre Interaktionen erfolgen in der
örtlichen Gesellschaft unter Berücksichtiging der Prozesse in der Region. Die Verwendung der rituellen Kindertragetextilien steht in den von mir untersuchten Baranyaer Dörfern in Zusammenhang mit der interkulturellen Kommunikation, die sich in den einzelnen Dörfern ausgebildet hat und in der auch die für Meso- und Makroregionen charak-
teristischen Vorgänge eine Rolle von großem Einfluss spielen. Seewann fasst die Rolle
der Kirche im Leben der Dorfgemeinschaft aus geschichtlicher Perspektive zusammen.

---

661 Bárth 1999, S. 221.
662 Vgl. Lantos 1994, S. 197.
663 Vgl. Lantos 1997, S. 66 f.
664 Gruppeninterview 1 mit Frau J., ihrer Tochter und Frau H. Kátoly, 27.10.2014.
665 Vgl. Feischmidt, Margit: Ethnizität als Konstruktion und Erfahrung. Symbolstreit und Alltags-
    kultur im siebenbürgischen Cluj. Münster u. a. 2003, S. 185 ff.
666 Vgl. ebd., S. 186.

„Frühneuzeitliches Leben spielte sich – im Gegensatz zu heute – in Gruppen und Verbänden, also kollektiv ab, weil eine ausschließlich auf sich gestellte Existenz praktisch nicht realisierbar war. Kirchlich-religiöse Gemeinschaften boten den geeigneten Rahmen für das Gruppenerlebnis, sie wirkten also nicht nur bei den Kolonisten integrativ. Fast alle Vorstellungen, Hoffnungen und Träume, die sich im 18. Jahrhundert mit dem menschlichen Leben und seinen wichtigsten Stationen wie Taufe, Ehe und Tod verbanden, waren religiös fundiert und integraler Bestandteil der Volksfrömmigkeit."[667]

5.3.3. Kindertragen und Kommunikation

Das traditionelle Kindertragen und die Kindertragetücher manifestieren die alltägliche Lebenswelt und das kulturelle Profil der Region. Assmann stellt fest, dass die Vererbung der kulturellen Erinnerung nicht auf biologischem Weg erfolgt, stattdessen erschaffen aufeinanderfolgende Generationen ihre Selbst- und Gruppenidentität durch „kulturellen Mnemotechniken" neu.[668] „[...] Kultur: ein Komplex identitätssichernden Wissens, der in Gestalt symbolischer Formen wie Mythen, Liedern, Tänzen, Sprichwörtern, Gesetzen, heiligen Texten, Bildern, Ornamenten, Malen, Wegen, ja – wie im Falle der Australier – ganzer Landschaften objektiviert ist."[669] Die Überlieferung der kulturellen Erinnerung wurde in den schriftlosen Gesellschaften durch die zyklische Wiederholung der Feiertage und Riten gesichert.[670] Mittels des Mediums des rituellen Kindertrageobjekts werden individuelle, gesellschaftliche und kulturelle Identitäten artikuliert und kommuniziert. In den untenstehenden Interviews in und um Kátoly untersuche ich, wie bei dem traditionellen Kindertragen Prozesse im Kontakt und in Abgrenzung zwischen Gruppen sichtbar werden, ferner welche wirtschaftlichen und sozialen Unterschiede die Verwendung des Objekts innerhalb der Gruppe kennzeichnen.

5.3.3.1. Kontakte und Abgrenzung zwischen Gruppen –
Kindstücher und Šarenica, repräsentatives Gewebe

Die am Körper getragene Kleidung verfügt über ihre praktische Verwendungsfunktion hinaus über einen Zeichencharakter.[671] Der Zeichencharakter der Objekte setzt sich in

---

667 Seewann 2012a, S. 230.
668 Vgl. Assmann 2000, S. 89.
669 Ebd.
670 Vgl. ebd.
671 Vgl. Bogatyrev 1971, S. 80 ff.

der non-verbalen Kommunikation durch, in den getragenen Trachten formulieren sich individuelle und Gruppenidentitäten und diese werden für die Außenwelt wahrnehmbar.[672] Bogatyrev stellt fest, dass die Zeichencharaktere der Trachten Informationen über die Vermögensverhältnisse, über Unterschiede bezüglich der Religion, der Nationalität, des Lebensalters und regionale Differenzen beinhalten. Die Deutung der Codes bedarf aber eines Lernprozesses, wie auch im Falle einer unbekannten Sprache.[673] Röder konstatiert die Funktionalität der donauschwäbischen Trachten:

> „Tracht ist also ein sichtbares Zeichen einer bestimmten Gemeinschaft, im Falle einer multiethnischen Gesellschaft ist sie ein Zeichen der Zugehörigkeit zu einer ethnischen Gruppe und der Abgrenzung gegenüber anderen ethnischen Gruppen. Für die Gruppenangehörigkeit ist sie ein Identifikationssymbol, wenn ein Gruppenbewusstsein vorhanden ist und die Gruppe sich im Kontakt mit einer komplexen Gesellschaft befindet."[674]

Die traditionellen Kindertragetücher funktionieren in der jeweiligen Gemeinschaft als „Kommunikationsträger"[675]. In Kátoly vermitteln die Kindstücher und die Šarenica das Beziehungssystem des Zusammenlebens, das durch beidseitige Regeln zwischen den Ungarndeutschen und der dörflichen, schokatzischen Volksgruppe ausgebildet wurde. Der Kulturwissenschaftler Reinhard Johler gebraucht in seiner Studie „„Hibridismus'. Istrien, die Volkskunde und die Kulturtheorie" die in postkolonialer Relation entstandene kulturelle Hybridisierungs-Theorie im europäischen Kontext. Die Studie untersucht im Zeitabschnitt des 19.–20. Jahrhunderts die multikulturelle Gesellschaft der zur Österreich-Ungarischen Monarchie gehörenden Istrischen Halbinsel.[676] Johler stellt fest: „Kulturelle Hybridisierungsprozesse waren in Istrien und in der Habsburgermonarchie nicht die Ausnahme, sondern der Regelfall."[677]

Der Mohácser Ethnograf und Museologe Herr F. (geb. 1955 in Mohács) erinnert sich in dem mit ihm geführten Interview an die familiäre Šarenica und an die kulturelle Diversität in der Gemeinschaft seines Heimatdorfes Versend.[678] Versend liegt in Luftlinie circa neun Kilometer südöstlich von Kátoly entfernt. Gegen Ende der Türkenherrschaft

---

672 Vgl. Kienlin/Widura 2014, S. 31.
673 Vgl. Bogatyrev 1971, S. 83.
674 Röder 1996, S. 260.
675 Mentges 1989, S. 38.
676 Vgl. Johler, Reinhard: „Hibridismus". Istrien, die Volkskunde und die Kulturtheorie. In: Zeitschrift für Volkskunde (2012/1) 108, S. 1–21.
677 Ebd., S. 13.
678 Interview mit Herrn F. Mohács, 30. 07. 2014.

siedelten sich katholische Südslawen, Schokatzen, im Dorf an, im letzten Drittel des
18. Jahrhunderts kamen deutsche Siedler hinzu.[679] Ab dem Anfang des 19. Jahrhunderts
ließen sich Ungarn im Dorf nieder und in der zweiten Hälfte des Jahrhunderts bildete
sich eine Roma-Kolonie in Versend aus.[680] Nach dem Ersten Weltkrieg optierte ein Teil
der südslawischen Bevölkerung nach Jugoslawien, 1930 hatte das Dorf seiner Muttersprache nach „61 Ungarn, 603 Deutsche, 2 Slowaken, 3 Kroaten, 362 Schokatzen und
252 Zigeuner.“[681] 1970 lebten in Versend unter den 1172 Einwohnern 321 Personen
deutscher und 355 südslawischer Muttersprache.[682] Herr F. repräsentiert seine eigene
Kultur im Bericht über seine dörfliche, schokatzische Šarenica.

> *„Ich war Versender. Ich bin in Mohács geboren, aber wir wohnten in Versend und ich habe
> ein Foto, wo meine Großmutter, ich und meine Schwester abgebildet sind. Ich stehe und meine
> Großmutter hat diese Šarenica an, dieses Kindertragetuch und meine Schwester befindet sich
> darin. Das wurde in den sechziger Jahren angefertigt, meine Schwester ist 1960 geboren und
> 63 gestorben, also muss es in jener Zeitperiode gewesen sein. Ein schwarz-weißes [Foto], wenn
> ich mich richtig erinnere wurde es von einem Bólyer Fotografen angefertigt. Na jetzt kann ich
> mich nicht erinnern, ob meine Schwester auch ansonsten darin getragen wurde, ich vermute
> aber, dass sie nur für das Foto eingewickelt wurde [...] Mir wurde auch nicht gesagt, dass ich
> je in so einem Tuch getragen worden wäre. Das [die Šarenica] habe ich zu Hause noch immer
> [...]. [Die Šarenica] gehört zum Gewebe mit Farbenvielfalt. Bei den Schokatzen entlang der
> Drau existiert die Tracht bis heute[683], da sind die Schürzen geblieben, die wurden auch Šare-
> nica genannt, da sie sehr farbig waren, sehr bunt [...]. „Sarat“ bedeutet „malen“, „šarenica“
> heißt „angemalt“, malerisch es kann mehrfach gedeutet werden.“[684]*

Während meiner Feldforschung in der Baranya fand ich mehrere Genrefotografien, die
auf die Zeit ab den 1930er-Jahren zu datieren sind, Porträts und wichtige Lebensereignisse festhalten und größtenteils Amateur-Fotoaufnahmen sind, auf denen Mütter, Großmütter, Urgroßmütter das Kleinkind in Kindertragetücher gehüllt in ihren Armen halten.
In den Interviews wird die Erinnerung an die Entstehung der Fotoaufnahmen, die die
Kindstuch- und Šarenica-Objekte zeigen, durch Narrative angesprochen. Zum Beispiel
erklärt die Mutter, Frau T., deren Tochter aus Österreich einen Besuch in ihr Heimatdorf

679 Vgl. Pesti 1982b, S. 383.
680 Vgl. ebd.
681 Ebd., S. 383 f.
682 Vgl. ebd., S. 384.
683 Die ungarischen Schokatzen entlang der Drau verwendeten keine Kindertrage-Šarenica, son-
    dern nur eine Schürzen-Šarenica.
684 Interview mit Herrn F. Mohács, 30. 07. 2014.

Himesháza machte, dass, obwohl die Verwendung des Kindstuchs in der Wahlheimat in den 2000er-Jahren stigmatisierend gewesen wäre, im Heimatdorf das kleinste Kind der Familie trotzdem im Kindertragtuch verewigt wurde. Ähnlich erscheint die Versender Šarenica als Träger des kulturellen Gedächtnisses in den Erzählungen des Herrn F. Kunt untersucht die Atelierfotografie und stellt fest, dass sich bedeutende Ereignisse zeigende Fotografien in der Bauerngesellschaft in Ungarn zwischen den beiden Weltkriegen verbreitete.[685] Die Fotografie bildete sich den Erwartungen der bürgerlichen gesellschaftlichen Schicht entsprechend heraus, die Bauerngesellschaft adaptierte das Foto in ihre Kultur im Prozess der Auflockerung der traditionell geschlossenen Gemeinschaften.[686] Die visuellen Zeichen der bäuerlichen Kultur betonten vor allem den Gemeinschaftscharakter, die für eine Gruppe allgemein gültigen Merkmale, sie betonen keine individuellen Besonderheiten, wie sie für Fotografien, die eine persönliche Identität hervorheben sollten, charakteristisch gewesen wäre.[687] Kunt hält die Untersuchung des Fotos im Kontext der Profilierung seiner Rolle in der bäuerlichen Kultur für wichtig, weil die Fotografierten oder ihre Familienmitglieder die ergänzenden Informationen aus der Erinnerung heraus erzählen und die Gründe für die Anfertigung des Fotos auch ans Tageslicht kommen. So kann sich herausstellen, welche Beziehung zwischen den dargestellten Personen besteht.[688] Er konstatiert anhand der durch die Fotos inspirierten Erzählungen, dass das Foto mittels der allgemeine und gemeinschaftliche Inhalte betonenden Decodierung funktionell wirkt und sich in die Symbolik-Struktur der bäuerlichen Kultur eingliedert.[689] Es ist feststellbar, dass auf dem erwähnten Foto im Narrativ des Herrn F. die Šarenica als familiäres Erbstück zugegen ist, das Generationen verbindet, das Andenken der Versender Ahnen und der Toten bewahrt, ferner eine regionale Funktion übernimmt, nämlich als einstiges charakteristisches Objekt die lokale Kultur versinnbildlicht. Das traditionelle Kindertrageobjekt erscheint auf zahlreichen Amateur-Fotoaufnahmen in der Baranya. Die Kleidertracht der Fotografierten und ihre Körperhaltung kann an die Palette der sich dynamisch verändernden und sich auflösenden Gebrauchsfunktionen (rituell-festlich-alltäglich-regional) die Stationen des kulturellen Wechsels verdeutlichen.[690] Atypisch erscheint das Kindstuch als ein Staffage-Element auf einer Himesházaer Amateuraufnahme aus dem Jahre 1958, auf dem es als Draperie einen symbolischen Raum im Hintergrund eines in einer emaillierten Waschschüssel badenden Babys bildet (Bild I/27.). Das eine regionale Funktion einnehmende familiäre Kindstuch steht für die

---

685 Vgl. Kunt 1984, S. 220.
686 Vgl. Kunt 2003, S. 92.
687 Vgl. ebd., S. 93.
688 Vgl. ebd., S. 102.
689 Vgl. ebd.
690 Vgl. ebd., S. 98.

Identität des Kindes. Das Erscheinen des Kindertrageobjekts als Staffage-Element bedeutet einen Gebrauchswandel und verweist auch auf die lokale Nutzung des Gewebes in der Fotografie. Die Darstellung repräsentativer Textilien als Draperie ist ein althergebrachtes Zierelement der Fotoatelierumgebung, sowohl in der bürgerlichen als auch in der bäuerlichen Verwendung lassen sich dafür die Wurzeln finden. Während meiner Feldforschung bei den Baranyaer Ungarndeutschen sammelte ich mehrere solche Portraitfotos, auf denen der Hintergrund aus lokal verwendeten Bettdecken mit Druckmustern bestand. Es ist auch eine Erscheinung der Baranyaer Hybridkultur, dass auf einem Erstkommunions-Portraitfoto, das 1937 auf Himesházaer Bestellung hin angefertigt wurde, ein südslawisches Kelim-Gewebe als Hintergrunddraperie hinter den Kindern und ihrer Mutter, die ungarndeutsche Tracht tragen, zu sehen ist (Bild I/28.). Die im heutigen Somberek[691] lebende, einzige serbische Familie bewahrt traditionelles, rituelles Kelimgewebe auf (Bild I/17.). Die Sombereker Serbin Frau U. (geb. 1962 in Somberek) erwähnt die rituellen, regionalen und ästhetischen Funktionen der bewahrten Textilien.[692] Die Textilien waren bis in die jüngste Vergangenheit bei Anlässen wie der familiären Ikoneneinsegnung, Hochzeiten und Beerdigungen in Verwendung. Frau U. erklärt, wie sie die Tradition ihrer eigenen Volksgruppe, wonach bei einer Hochzeit der Hintergrund hinter Braut und Bräutigam mit serbischem Gewebe verziert wird, einer in Somberek lebenden Bukowinaer-Szeklerin empfiehlt. (Anhand der Fachliteratur wurden bei den Szeklern in der Bukowina bei Hochzeiten die Wände hinter dem jungen Brautpaar mit Farbigen Teppichen verziert und diese Textilien dienten auch als Hintergrund für Fotografien.[693])

„Frage: Sie haben erzählt, dass der Kelim-Tischtuch auch aus dem Anlass von Hochzeiten benutzt wurde.

So ist es. Bei der Hochzeit wurde er zum Beispiel an die Wand hinter der Braut und dem Bräutigam angebracht und dann wurde er mit so einem schönen, kleinen Handtuch und mit

---

691 Vgl. Pesti 1982b, S. 178. Somberek: Zu Ende der Türkenherrschaft ließen sich hier Serben nieder, gegen 1740 kamen deutsche Siedler. Ende des 18. Jahrhunderts war das Dorf überwiegend von Deutschen bewohnt. Ab dem Ende des 19. Jahrhunderts gab es auch eine ungarische Bevölkerung. Der größte Teil der serbischen Einwohner optierte nach dem Ersten Weltkrieg nach Jugoslawien. 1930 hatte das Dorf samt Umgebung der Muttersprache nach 164 ungarische, 1613 deutsche, 79 serbische, 8 schokatzische und 3 sonstige (Sprachen sprechende) Einwohner. Davon lebten in der Umgebung 210. 1970 wohnten 958 Ungarn, 1058 Deutsche und 9 Südslawen im Dorf und 99 Menschen in der Umgebung des Dorfes.

692 Interview mit Frau U. Somberek, 13. 09. 2011.

693 Vgl. Lackner 2012, S. 169.

einem Band aufgebunden. Und dann wurde das dadurch symbolisiert. Und dann haben meh-
rere bemerkt, ach wie schön dieses Tischtuch ist, weil das ja ein serbisches Tischtuch ist. Aber
das ist ja bei jeder Nation so, ich weiß nicht, ob es so etwas auch bei den Ungarn gibt, und
eben bei den Deutschen, ich weiß nicht, aber es gibt sie [...] Ich selber war ja auch bei einer
ungarischen Hochzeit hier, ist mir gerade eingefallen. Und diese Frau ist Szeklerin, denke ich,
eine Szeklerin. Und dann sagte ich zu ihr, Oma Zeno haben sie nicht vielleicht so ein altes
Tischtuch? Weil ich bei der Dekoration geholfen habe. Und da sagte sie, doch meine Tochter
ich habe eins, warum? So sage ich, wie schön wäre es, wenn es an die Wand käme. Und dann
hat es wirklich so gut ausgesehen und dann haben wir es hinter der Braut und dem Bräutigam
angebracht."[694]

In der Baranyaer plurikulturellen Region richtet sich die Aufmerksamkeit bei der Untersuchung des traditionellen Kindertragens – unter Anwendung der als kommunikativen
Raum verstandenen Kulturtheorie – auf die Übergangsprozesse, auf die Zwischenräume
und die Phänomene hybrider Grenzbereiche. Die parallele Verwendung von Kindstuch
und Šarenica bezeugen das lang bestehende Zusammenleben und die Unterschiede
zweier Volksgruppen einer ähnlich rituell-religiösen Gemeinschaft. Die Umgestaltung
des Kindstuchs zu einer schokatzischen Schürze (Bricolage-Objekt) und die Tatsache,
dass ein Kindstuch – der Aussage Frau H.-s nach – ohne Weiteres in der Kátolyer
Schokatzen-Tracht als Kindertrage-Šarenica verwendet werden konnte, verweist mittels
der analytischen Kategorien von Gerndt auf *soziale Vermittlungsprozesse,* auf die *Kommuni-*
kation zwischen Volksgruppen und auf die Erscheinungen der *Kulturübernahme und Kultur-*
anpassung[695]. Die Verwendung des Kindstuch-Objekts als Hintergrund-Draperie, sein
Vorkommen als Staffage-Element auf Amateuraufnahmen und die damit zusammenhän-
gende Betonung der Identität markieren strukturelle Veränderungen, *kulturale Wandlungs-*
prozesse[696]. Über das Fenster der Kultur des Kindertragens bekommt man einen Einblick
in die geschichtlichen Prozesse der Gesellschaft der Baranya, der Habsburg-Ungarischen
Monarchie, der ganzen mitteleuropäischen Region. Csáky konstatiert:

---

694 Interview mit Frau U. Somberek, 13. 09. 2011.
695 Vgl. Gerndt 1974, S. 89.
696 Vgl. ebd., S. 88 f.

„Our proposed concept enables us to percieve the cultural heterogeneity of Central Europe as a plurality of coexisting and intersecting, overlapping and antagonistic spaces of communication, as a series of dynamic processes of interaction and dislocation."[697]

Die wahrnehmbare Präsenz der repräsentativen Wollgewebe-Kultur und der traditionellen Kindertragetücher in der plurikulturellen Region der Baranya bis ins 21. Jahrhundert sind unter anderem der Funktion der nonverbalen Kommunikation zu verdanken. Neben den lokalen, repräsentativen Wollgeweben kommunizieren die Trachten, die Bau- und Esskultur und die Sprachverwendung verbale und nonverbale Informationen zum Beziehungssystem des Zusammenlebens. Csáky definiert die Heterogenität der mitteleuropäischen Region in zwei seiner Projektionen, deren Merkmale auch auf die Baranya übertragbar sind.[698] Er hebt die *endogene Pluralität* hervor, die eine sprachlich-kulturell-religiös-verwaltungsmäßige Vielfalt beinhaltet, und ferner eine *exogene Pluralität*, die die von außerhalb der Region kommenden sprachlich-kulturellen Einflüsse umfasst, wie zum Beispiel in dem durch die Habsburger geprägten Mitteleuropa der Einfluss der Spanier, der Jesuiten oder die kulturellen Überreste der türkischen Besetzung in der Textilkultur, im Bauwesen, in der Musik oder in der Esskultur (als Beispiele dienen hier das gefüllte Kraut und der Strudel).[699] Herr F. deutet bezüglich der in drei Sprachen (Ungarisch, Kroatisch, Deutsch) verlaufenden Kommunikation und der örtlichen Kultur auf die aphorismatische Feststellung Johann Csaplovics's aus dem Jahre 1820 hin, wonach Ungarn das Europa im Kleinen ist.[700]

„Das galt nicht nur für die Kleidungsstücke, sondern auch für die Gastronomie und für die Wörter zum Beispiel. Überall auf solchen gemischten Gebieten, wo Schwaben, Schokatzen und Ungarn zusammenlebten, da konnte ein jeder die Sprache der anderen. Und als sie sich trafen, führten sie das Gespräch in der Sprache fort, in der sie es begonnen hatten. Zum Beispiel wurden unsere Nachbarn, die Deutsche waren vertrieben. Die Frau N. – ich kannte sie natürlich nicht – aber so lange sie lebten, korrespondierten sie und meine Großmutter regelmäßig. Die Tochter, der Schwiegersohn und die Enkelkinder Frau N.-s kamen sogar oft zu uns, jedes Jahr, manchmal sogar zweimal. Und ein Teil dieser Briefe, die Frau N. an meine Großmutter geschrieben hat, habe ich noch heute. Wenn diese von jemandem jetzt gelesen werden und er/ sie nicht dahingehört, der/ die kann sich gar nicht vorstellen in welcher Sprache das

---

697 Csáky 2014, S. 204.
698 Vgl. ebd., S. 189.
699 Vgl. ebd., S. 189 f.
700 Csáky bezieht sich auf Johann Csaplovics 2014, S. 191.

Ganze geschrieben ist. Es vermischt sich Kroatisch, Deutsch, Ungarisch, aber nicht nur Wör-
ter, sondern auch die Konjugation, unglaublich. Das ist ein kleines Europa. So viel kurz
gesagt."[701]

5.3.3.2. Kindstücher und „Einblick in die Binnengliederung einer Gruppe"[702]

Röder konstatiert als Ergebnis seiner Untersuchung der donauschwäbischen Tracht, dass
die Bekleidung mit Symbolfunktion als nonverbales Kommunikationsmedium Informationen über die innere Struktur einer Gruppe vermittelt.[703] Die Symbolfunktion der
Tracht erlischt dann, wenn die Mehrheit der Trachtträger die Symbole nicht mehr deco-
dieren kann.[704] Welche Informationen über die inneren wirtschaftlichen und sozialen
Strukturen der Gruppe der Baranyaer Ungarndeutschen trägt das Kindstuch in sich und
welche identitäts- und prestigebildende Funktion hat es? Frau C. (geb. 1922 in Kátoly
und gest. 2017 in Bóly) ist als jüngstes Kind einer wohlhabenden, 30 Joch Feld besitzenden Kátolyer Bauernfamilie auf die Welt gekommen.[705] Ihre Eltern bereiteten ihre Aussteuer vor, als sie noch ein Kleinkind war und starben bereits zehn Jahre vor der Heirat
von Frau C. im Jahre 1941. Bei der Vererbung des familiären Besitzes wurde nicht mehr
das frühere, bei den Ungarndeutschen allgemein übliche Anerbenrecht, sondern eine Art
gemischte Lösung durchgesetzt, die Erbschaft gemäß der Realteilung unter den vier Kindern aufgeteilt. Dies wurde entweder durch eine Auszahlung oder durch Überschreibung
eines Grundbesitzes realisiert. Die Wirtschaft ging mit einem Viertel des Grundbesitzes
an den einzigen Sohn über. Frau C. erhielt zur Aussteuer sieben Joch Feld, aus jedem
Aussteuerbestandteil zwölf Stück, des Weiteren bürgerliche Wohnzimmer- und Küchenmöbel.

„Damals war es so, dass es von allem zwölf war. Wohnzimmer- und Küchenmöbel, und dann
noch Bettwäsche für zwei Betten. Und damals war es so, dass es zwölf Bettlaken und Hand-
tücher und Servietten und auch Säcke gab. Solche gewebten Säcke. Alles, was man
brauchte."[706]

---

701 Interview mit Herrn F. Mohács, 30. 07. 2014.
702 Röder 1996, S. 262.
703 Vgl. ebd. und Röder 1998, S. 155.
704 Vgl. Röder 1998, S. 155.
705 Interview mit Frau C. Bóly, 29. 09. 2014.
706 Interview mit Frau C. Bóly, 29. 09. 2014.

Als Bestandteil der Aussteuer erhielten alle drei Mädchen jeweils zwei Kindstücher. Was der Bruder bekam, daran konnte sich Frau C. nicht mehr erinnern, *„seine Frau erhielt sicher welche"*, sagte sie und wies darauf hin, dass Mädchen in der Familie meist ein Kindstuch bekamen.[707] Frau C. erhielt von ihrer Mutter zum einen ein schlicht gestreiftes, zweischaftiges und zum anderen ein vierschaftiges, mit Schlangenmuster versehenes Kindstuch als Aussteuer, die sie aufbewahrte, solange ihre Geschwister noch lebten. In das vierschaftige Kindstuch stickte die Mutter ihrer Tochter das Monogramm ihres Geburtsnamens (Anh. II/8.). Für das Einzugsgebiet von Mohács und für den nordöstlichen Teil der Baranya, der durch die Landstraßen Nr. 6 und Nr. 57 abgegrenzt wird, waren eher zweischaftige Kindstücher charakteristisch, aber ich habe des Öfteren gesehen, dass einige Familien auch ein vierschaftiges Kindstuch hatten. Südlich der Landstraße 57 im Umkreis von Siklós und Pécs waren die Kindstücher mit vier Webschaften verbreitet, in dieser Region kommen die zweischaftigen, mit einfachem Streifenrhythmen gewebte Typen kaum vor. Die Webetechnik des Materials (Verwendung von zwei oder vier Webschaften) verändert die Nutzung grundsätzlich nicht, der Prozess ist mit den Phänomenen der analytischen Kategorien *Oszillation* und *Variation*[708] zu kennzeichnen. Die Dörfer entlang der Landstraße Nr. 57, wie zum Beispiel Kátoly oder Liptód gelten als Zwischenräume, wo beide Typen vorkommen und sich daran im kommunikativen Gedächtnis zur webtechnischen Variation auch Bedeutungen knüpfen. Frau C. spendete ihre beiden Kindstücher für meine Forschung, zuerst das Kindstuch mit zwei Webschaften, nach dem Tod ihrer letzten Schwester ebenso das vierschaftige.

„Frage: Hatten nicht alle vierwebschaftige Kindstücher?

Nein, nicht alle. Nur solche, wie das von letztens, das ich Ihnen gegeben habe, das ist ein einfaches Gewebtes, aber dies galt schon als teurer."[709]

Es ist festzustellen, dass die Anzahl der Textilien und Kindstücher, die für eine Aussteuer angefertigt wurden, der verwendete Stoff, in unserem Fall in erster Linie die Qualität und Quantität der Wolle und ferner die komplexere Webtechnik auf die wirtschaftlichen Unterschiede hindeuten. In einem Gespräch in Babarc (wo ich in der Begleitung von Frau R. war), einem Dorf nahe Kátoly, stellte sich heraus, dass sich auch in der älteren Generation

---

707 Interview mit Frau C. Bóly, 29. 09. 2014.
708 Vgl. Gerndt 1974, S. 88.
709 Interview mit Frau C. Bóly, 29. 09. 2014.

nicht alle an die gemusterten, mit vier Webschaften angefertigten Kindstücher erinnern.[710] Obwohl sich die 1924 geborene Babarcer Frau nur an ein zweischaftiges, einfach gestreiftes Kindstuch erinnern konnte, das auch sie verwahrte (*„Nein. Andere gab es nicht. Es gab keine anderen, als diese gestreiften."*), entsann sich die ebenfalls am Gespräch teilnehmende, 1928 geborene Frau aus Liptód ganz genau an die Kindstücher mit vier Webschaften, auch wenn sie selbst nur ein zweischaftiges hatte (*„Ja, war so Zick-Zack. Kannst Du dich nicht daran erinnern? Kariert."*).[711] Die Frau aus Liptód knüpfte den Besitz eines vierschaftigen Kindstuchs an Vermögensverhältnisse.

> „Frage: Haben Sie nur so einfache, gestreifte machen lassen, oder gab es auch solche, die mit einem Muster gewebt waren?
>
> *Wie gesagt, die Reicheren hatten auch solche.*
>
> Frage: Hatten die Reicheren auch Gemusterte?
>
> *Gemusterte auch. Damit der Unterschied sichtbar ist [...] Sie wollten immer etwas Besseres, Schöneres, gell."*[712]

Frau C. war mit ihrem 1943 in Kátoly geborenen jüngeren Sohn nach Kátolyer Brauch auch bei der Aussegnung. Die Familie ihres Mannes betrieb eine Meierei in Kátoly und eine Molkerei in Bóly, sie arbeitete in diesen Unternehmen. Irh Sohn war 18 Monate alt, als sie zu Weihnachten 1944 zur Zwangsarbeit in die Bergwerkregion des Donezbeckens verschleppt wurde. Ihr Sohn blieb bei der Schwiegermutter, auch die Kindstücher blieben dort. 1947, als sie aus der Zwangsarbeit nach Hause kam, ging Frau C. sofort nach Bóly, da die Familie in Kátoly ihr ganzes Vermögen verloren hatte. Frau C. gebrauchte bei ihrem ersten Kind das Kindstuch in der dörflichen Sphäre in Kátoly, bei ihrem zweiten Sohn, der nach der Zwangsarbeit in Bóly geboren wurde, benutzte sie es nicht mehr. Im damaligen Marktflecken und in der späteren Stadt war das Kindstuch bereits nicht mehr in Verwendung.

Die mit vierschaftigen Mustern gewebten Kindstücher, die einer komplexen Webtechnik bedurften, wurden in der Baranya südlich von der Landstraße 57 im Umfeld von Pécs, Siklós und Bóly angefertigt. Die Webermeister schlossen sich in Pécs ab Mitte des

---

710 Gruppeninterview 1 mit Frau R., zwei Frauen aus Babarc, einer Frau aus Liptód. Babarc, 29. 09. 2014.

711 Gruppeninterview 1 mit Frau R., zwei Frauen aus Babarc, einer Frau aus Liptód. Babarc, 29. 09. 2014.

712 Gruppeninterview 2 mit Frau R. und einer Frau aus Liptód. Liptód, 29. 09. 2014.

18. Jahrhunderts zu einer selbstständigen Weberzunft zusammen, wobei diejenigen aus Siklós in der zweiten Hälfte des 18. Jahrhunderts dazu kamen. Die Webermeister in Dárda und Németbóly gründeten in der ersten Hälfte des 19. Jahrhunderts eine gemischte Zunft. In Mohács entstand Anfang des 19. Jahrhunderts eine selbstständige Weberzunft, in den umliegenden Dörfern wurden Kindstücher mit zwei Webschaften angefertigt. Die territoriale und kulturelle Abkapselung einer Dorfgemeinschaft drückte sich in Palotabozsok und im Einzugsbereich von Mohács dadurch aus, dass die zweischaftigen Kindstücher in schwarz-weiß angefertigt und bis in die Mitte des 20. Jahrhunderts getragen wurden (Bild I/22.).[713] Eine religiöse Abgrenzung innerhalb der Gruppe geschah in Borjád in der Nachbarschaft zu Bóly, indem dort nur katholische ungarndeutsche Familien ein Kindstuch verwendeten, ungarndeutsche Familien evangelischer Konfession, die die Mehrheit bildeten, übernahmen diese Tradition nicht. Ihre Mundart und auch ihre Tracht waren unterschiedlich.[714] Borjád wurde nach 1712 von Serben bevölkert, gegen 1750 kamen die ersten deutschen Siedler römisch-katholischen Glaubens.[715] Ab Mitte des 19. Jahrhunderts siedelten sich aus den umliegenden Dörfern evangelische Deutsche in der Gemeinde an.[716]

5.3.4. Fazit

Die aus der Mikroperspektive durchgeführte empirische Untersuchung der Verwendung des Kindstuchs und der Šarenica in Kátoly und in Umgebung konzentriert sich auf die kulturellen Prozesse der vielfältigen Gesellschaft des Gebietes. Die in der Kátolyer Region auffindbaren Textilien des Kindertragens können formellen und webtechnischen Aspekten entsprechend in drei Gruppen unterteilt werden. Die Materialität und die Symbolfunktion der Šarenica und der zwei- und vierschaftigen Kindstücher lassen ihre interaktive Rollenfunktion in der Kommunikation zwischen und innerhalb von Gruppen zur Geltung kommen. Berta hebt hervor, dass die moderne Gesellschaftswissenschaft in der Definition der Handlungsfähigkeit mit der subjektorientierten Auffassung bricht und bekennt, dass nicht nur die Subjekte die in ihrem Umfeld vorkommenden Objekte formen,

---

713 Während meiner Feldforschung zwischen 2009–2017 sah ich aus schwarz-weißer Wolle angefertigte, zweischaftige, mit Streifenrhythmen gewebte Kindstücher in Palotabozsok.

714 Interview mit Herrn J. Borjád, 27. 02. 2014.

715 Vgl. Pesti 1982b, S. 559.

716 Vgl. ebd.: „Nach dem 1. Weltkrieg optierten ca. 150 Serben nach Jugoslawien. 1930 gab es im Dorf 57 Ungarn, 487 evangelische und 125 römisch-katholische Deutsche, 14 Kroaten, 50 Serben und 25 Personen sonstiger Muttersprache. 1970 lebten hier 223 Ungarn, 338 Deutsche und 29 Südslawen." [Eigene Übersetzung].

sondern vom Kontext abhängig auch Dinge die Subjekte gestalten können.[717] In der modernen, materiellen Kulturforschung wird vor allem untersucht, inwiefern und in welcher Form Gegenstände Subjekte prägen.

> „Genauer gesagt darauf, wie wir im Kontext unserer mit den Objekten herausgebildeten Interaktionen, mithilfe des interaktiven Mediums der Objektnutzung uns selber erschaffen und definieren, wie wir Identitäten, gesellschaftliche Grenzen und Relationen konstruieren und darstellen (materialisieren), respektive manipulieren."[718]

Die Objektnutzung der Kindstücher und der Šarenica spiegelt die gemeinsamen rituell-religiösen Handlungen der ungarndeutschen und schokatzischen Volksgruppen wider. Sie gewährt einen Einblick in den Baranyaer Marienkult, in die sakrale, landschaftsorganisierende Rolle des Heiligenkultes aufgrund der Forschungen von Lantos und in die interethnischen Wechselbeziehungen sakraler Traditionen.[719] Laut der Objektifikationstheorie gestalten Menschen gerade durch die Erschaffung von Sachen, durch ständige Interaktion und durch Zusammenleben mit den Nachbarn ihre eigene Identität.[720] Innerhalb einer Gruppe kann die Anzahl der Kindertragetücher, die Qualität der verwendeten Wolle, die Verschiedenheit der Webetechnik und die Verwendung von Farben auf finanzielle und territoriale Differenzen, die Benutzung oder Nichtbenutzung des Objekts auf religiöse Zugehörigkeit hinweisen. Die atypischen Varianten der Interaktionen von Subjekten und Dingen verdeutlichen die Verbindungen innerhalb von Gruppen und deren Verwandlungsprozesse. Das erwähnte Foto aus dem Jahre 1937, das eine Erstkommunion festhält, zeugt von der parallelen Koexistenz unterschiedlicher kultureller Formen, da hinter den Personen in ungarndeutscher Tracht ein südslawisches, repräsentatives Kelim-Gewebe hängt (Bild I/28.). Die aus einem Stück Kindstuch angefertigte schokatzische Schürze (Bricolage-Objekt), die Aufbewahrung von Šarenica- und Kindstuch-Objekten innerhalb einer Familie können als kulturelle und Hybridisationsprozesse gedeutet werden. Sie kennzeichnen die Auflösung der Grenzen zwischen unterschiedlichen kulturellen Formen und der Gesellschaft der Spätmoderne in der Region (Bild I/18.).

---

717 Vgl. Berta 2008, S. 36.
718 Ebd. [Eigener Übersetzung.].
719 Vgl. Lantos 1997, S. 63 ff.
720 Vgl. Berta 2008, S. 37.

5.4. Materialität. Kindstücher in Újpetre

5.4.1. Das untersuchte Dorf: Újpetre

In dem sich südlich des Mecsek-Gebirges und nördlich des Villányer Gebirges erstre-ckenden Hügelland liegt Újpetre. Im Osten wird die Region vom Donautal, im Westen von den Tälern des Pécser Gewässers eingegrenzt.[721] Von Pécs ist Újpetre 22 Kilometer in südöstlicher Richtung entfernt. Die Gemeinde ist von den Dörfern Kisherend, Peterd, Pécsdevecser, Kiskassa, Palkonya und Vokány umgeben. Für die Landwirtschaft sind die geografischen und landschaftlichen Gegebenheiten dieses Hügellandes besonders güns-tig.

Die heutige Siedlungsstruktur von Újpetre spiegelt das Systematisierungsprinzip der deutschen Straßendörfer in der Baranya. Die längste Straße (ehemals: Gasse, heute: Lajos-Kossuth-Straße)[722] bildet die Achse des Dorfes, an die sich die Seitengassen zu-meist rechtwinklig oder parallel anschließen. Die entlang der Straßen erbauten Häuser und Wirtschaftsgebäude auf den Hausgrundstücken deuten auf die einstige Stalltierhal-tung hin. Das Straßenbild in Richtung Palkonya weicht davon ab, entlang der von der Hauptstraße abzweigenden, heutigen Sándor-Petőfi-Straße, im Dorfviertel Raizgipfel.[723] Nicht nur die Benennung, sondern auch die kurvenreichen Wege, die Grundstücke un-terschiedlicher Größe, zumeist mit kleineren Häusern, und die Gestaltung der südlich ausgerichteten Gärten an den Hängen weisen auf die einstige Lebens- und Wirtschafts-weise der Serben (Raizen/Raitzen) hin. Auch der Name der Gemeinde bewahrt die Na-tionalität der einstigen Dorfbewohner, denn früher hieß das Dorf Rácpetre, 1933 erfolgte die Namensänderung zu Újpetre.[724] Das Dorf war zur Zeit der türkischen Besetzung wahrscheinlich bewohnt, die letzten ungarischen Einwohner verließen das Dorf während der Befreiungskriege im letzten Drittel des 17. Jahrhunderts.[725] In den letzten Jahren der türkischen Besetzung begann die Einwanderung der Serben. Anfang des 18. Jahrhunderts war Újpetre ein serbisches Dorf.[726] Rácpetre gelangte samt anderen umliegenden Dör-fern, wie zum Beispiel die aus der Sicht der Untersuchung wichtigen Dörfer Nagybudmér und Kisjakabfalva, im Jahr 1700 in den Besitz des Grafen Ádám Batthyány, der sie von

---

721 Vgl. Erdődy, Gyula: Újpetre község története. Geschichte der Gemeinde Újpetre. Újpetre 1996, S. 5 f.

722 Vgl. Pesti, János (Hg.): Baranya megye földrajzi nevei I. Baranya monográfiai sorozat. [Geogra-fische Namen im Komitat Baranya I. Monografische Baranya-Reihe]. Pécs 1982a, S. 1039.

723 Vgl. Erdődy 1996, S. 54.

724 Vgl. Pesti 1982a, S. 1039.

725 Vgl. ebd.

726 Vgl. ebd.

Kaiser Leopold I. für seine Dienste als Schenkung erhielt.[727] Anfang des 18. Jahrhunderts wurden die Serben von der Grundherrschaft noch willkommen geheißen, doch in den 1740er-Jahren kristallisierte sich für die Großgrundbesitzer der Familie Batthány heraus, dass die Stallwirtschaft und der Ackerbau der Deutschen gegenüber der serbischen Weidewirtschaft viel günstigere wirtschaftliche Ergebnisse für sie brachten.[728] „Als in der Batthyány-Herrschaft in der Mitte der 1730er-Jahre die große Welle der Ansiedlung der Deutschen begann, war Petre immer noch ein rein raizisches Dorf. 1740 wurden in der Gemeinde 38 raizische Familienoberhäupter als Steuerzahler registriert.“[729] 1744 wurden die serbischen Einwohner sowohl aus Rácpetre als auch aus Palkonya vertrieben, und die eingezogenen Steuergelder vervierfachten sich in beiden Gemeinden innerhalb von zwei Jahren.[730] Das Pachtgeldverzeichnis des Bólyer Gutes aus dem Jahre 1751 dokumentiert, dass in Rácpetre 106 deutsche Familien wohnten, 71 Familienoberhäupter zahlten Steuern.[731] In Rácpetre wurde 1745 eine Pfarrei aus Stein erbaut und manche Gemeinden der umliegenden Dörfer gehörten als Filialen zur Pfarre von Rácpetre.[732] Der Bischof von Pécs, György Klimo, besuchte Rácpetre 1757 und stellte fest, dass 86 römisch-katholische Ehepaare und 296 Beichtfähige im Dorf lebten, der Pfarrer deutsch und kroatisch sprach und das Kirchgebäude in einem schlechten Zustand war.[733] Auf Initiative des Grafen Károly Batthyány wurde die heutige Kirche des Dorfes 1762[734] dank der Beiträge der Gläubigen in Form von Geld und Arbeit aufgebaut: Die Hauptfassade erinnert nur andeutungsweise an die Fassade der Zisterzienserkirche in Szentgotthárd, ein Werk von Anton Pilgram. Laut einer landesweiten Konskription aus dem Jahre 1828 hatte Rácpetre zwei funktionierende Mühlen.[735]

> „Bei der oben erwähnten Zusammenschreibung wurden im Dorf 139 Häuser, 962 Bewohner, 135 Familienhäupter, davon 2 Ungarn, 133 Deutsche, 105 Leibeigene, 11 Kleinhäusler, 19 Einlieger (ohne Hausbesitz), 2 Tischler, 3 Schmiede,

---

727 Vgl. Erdődy 1996, S. 19.
728 Vgl. Seewann 2012a, S. 166 f. Seewann bezieht sich auf die Untersuchungen von Krauss: Krauss, Karl Peter: Deutsche Auswanderer in Ungarn. Ansiedlung in der Herrschaft Bóly im 18. Jahrhundert. (Schriftenreihe des Instituts für Donauschwäbische Geschichte und Landeskunde, 11). Stuttgart 2003, S. 83–162, 201–206.
729 Erdődy 1996, S. 72.
730 Vgl. Seewann 2012a, S. 167.
731 Vgl. Erdődy 1996, S. 22.
732 Vgl. ebd.
733 Vgl. ebd., S. 24.
734 Vgl. ebd., S. 25.
735 Vgl. ebd., S. 27.

2 Müller, 1 Weber, 1 Schuster, 1 Hebamme registriert. Man zählte noch 35 Kühe, 78 Geltkühe, 1 zweijähriges Kalb, 252 Pferde, 267 Schafe, 231 Schweine."[736]

Rácpetre war das einzige Dorf in der Baranya, in dem in den 1830er-Jahren mit Pferden statt mit Ochsen geackert wurde.[737] 1835 war es im Dorf ein Problem, dass kein örtlicher Arzt vorhanden war, die Heilung oblag einem „nichtswürdigen Pfuscher".[738] Elek Fényes, Statistiker und Geograf, schrieb 1851 über Rácpetre:

„Deutsches Dorf im Komitat Baranya, auf hügeligem Gebiet, letzte (nächste) Post Pécs. Es gibt hier 68 6/8 Urbarialgrundstücke. Die Siedlung kann sich mit hübschen Wohnhäusern und Wirtschaftsgebäuden rühmen. Und alles weist auf Fleiß und gute Ordnung hin. Ihr Boden ist fruchtbar, es wächst Weizen, Roggen, Mischkorn, Gerste, Hanf, Mais, Kartoffel. Weinberge gibt es auf dem Villányer-Berg, der sich von Villány bis Szentmárton erstreckt. In der Umgebung nennt man ihn Greczer Berg, da gedeiht ein sehr berühmter Rotwein. Ein unterhalb des Dorfes fließender Bach treibt eine Mühle. Bewohnt von 972 röm. kath. und 8 Juden. Obwohl die Bewohner Bauern und Weingärtner sind, versteht sich jeder auf irgendein Handwerk. Ihre Häuser sind mit Dachziegeln gedeckt."[739]

Rácpetre war ab Mitte des 19. Jahrhunderts ein Notariatszentrum, manche benachbarten Dörfer gehörten in seinen Einzugsbereich. 1862 hieß der Notar József Klobucharich, er arbeitete dreisprachig, nämlich ungarisch, deutsch und kroatisch.[740] Laut einer Umfrage aus dem Jahr 1891 verrichtete Rácpetre nicht nur Aufgaben der Verwaltung in den benachbarten Dörfern, wie Nagybudmér, sondern im Dorf gab es auch einen Kreisarzt.[741] In den die Wirtschaft und die Gesellschaft der Gemeinde dokumentierenden Erhebungen wurde zwischen 1828 und 1880 unter den Handwerkern ein Weber erwähnt, 1925 und 1926 waren es zwei.[742] Aus einer sozialen Umfrage von 1938 geht hervor, dass

---

736 Ebd., S. 79.
737 Vgl. ebd., S. 28.
738 Ebd., S. 80.
739 Fényes, Elek zitiert nach Erdődy 1996, S. 81.
740 Vgl. Erdődy 1996, S. 30.
741 MNL BaML IV. 410. q. Baranya Vármegye Alispánjának közigazgatási iratai. Községvizsgálati jegyzőkönyvek. [Verwaltungsakten des Vizegespans des Komitats Baranya. Untersuchungsprotokolle der Gemeinde]. Nagybudmér/1891.
742 Vgl. Erdődy 1996, S. 27, 30, 34 f. Auf das Jahr 1925 bezogen erwähnt Erdődy solch eine Quelle, in der ein Webermeister aufgeführt wird. Laut meiner eigenen Forschung führt eine Erhebung aus dem Jahre 1925 zwei Weber-Handwerker an: MNL BaML IV. 410. r. Baranya

Újpetre eine wohlhabende Gemeinde war, die Einwohner beschäftigten sich vor allem mit Schweinemast, die Gemeindekasse war gut gefüllt und ab den 1930er-Jahren wurden jährlich zwei Jahrmärkte abgehalten.[743] Die Bewohner mehrten ihren Grundbesitz, pflegten ihr Eigentum und beließen es oft bei einem Kind pro Familie, damit das Besitztum in einer Hand blieb.[744] An die Verluste des Ersten und Zweiten Weltkrieges gedachte die Gemeinde mit einem Denkmal. Zu Weihnachten 1944 wurden etwa zehn Personen aus Újpetre in den Kaukasus, nach Grosny zur Zwangsarbeit gebracht.[745] Nach dem Zweiten Weltkrieg änderten sich die Besitzverhältnisse grundsätzlich. Laut den Akten des Katasteramts des Komitats Baranya wurden die wirtschaftlichen Immobilien in Újpetre von 246 Personen, die Volksbund-Mitglieder waren oder bei dessen Aktionen beteiligt waren, enteignet.[746] 1947 wurden 369 Personen zwangsausgesiedelt.[747] Im Jahre 1945 kamen aus den Komitaten Hajdú-Bihar und Szabolcs-Szatmár, 1947 aus dem Oberland ungarische Siedler nach Újpetre.[748] 1946 wurde im Dorf eine Bauerngenossenschaft gegründet, als Ergebnis der landwirtschaftlichen Kollektivierung entstand ab 1949 eine landwirtschaftliche Produktionsgenossenschaft mit 200 Mitgliedern.[749] Ab dem Ende der 1960er-Jahre gestalteten Modernisierungsprozesse das heutige Erscheinungsbild von Újpetre.

5.4.2. Kindstücher, Raum-Zeit-Ordnung

In einer gewissen Phase der Materialitätsforschung der untersuchten Objekte wurde es deutlich, dass ich im Forschungsgebiet um Himesháza–Mohács der Frage der Anfertigung der vierwebschaftigen Kindstücher nicht näherkommen würde. Es gab eine Distanz zu den gewonnenen Erfahrungen und den emotionalen Beziehungen mit den Interviewpartnern, eine *Verfremdung*.[750] Deshalb musste ich das ethnografische Feld erweitern.

Vármegye Alispánjának közigazgatási iratai. Községi közigazgatási tájékoztatók. [Verwaltungsakten des Vizegespans des Komitats Baranya. Informationsmaterialien zur Gemeindeverwaltung]. Rácpetre/1925.

743 MNL BaML IV. 410. s. Baranya Vármegye Alispánjának közigazgatási iratai. Községek szociális felmérésének iratai. [Verwaltungsakten des Vizegespans des Komitats Baranya. Dokumente der Sozialerhebung der Gemeinden]. Újpetre/1938.

744 MNL BaML IV. 410. s. Újpetre/1938.

745 Márkus 2013, S. 119.

746 Vgl. Erdődy 1996, S. 42.

747 Vgl. ebd., S. 43.

748 Pesti 1982a, S. 1039.

749 Vgl. Erdődy 1996, S. 43 f.

750 Vgl. Mohr/Vetter 2014, S. 111 f.

Frühere Berichte wiesen darauf hin, dass die Forschung südlich der Baranyaer Verkehrs-route Nummer 57 auf dem Gebiet um Bóly–Villány–Siklós weitergeführt werden sollte. Diese bewusst vorgenommene Intervention führte zum Erfolg, denn ich fand sowohl in Heimatmuseen als auch bei Familien vierschaftige Kindstücher. Auf meine Nachfrage bezüglich Anfertigung und Verwendung der untersuchten Objekte wies mich der Beauf-tragte für das Heimatmuseum in Újpetre an die alte Frau Ö., die als Vermittlerin der lebendigen Geschichte des Dorfes angesehen wurde. Frau Ö. (geb. 1922 in Rácpetre und gest. 2018 in Újpetre) wurde zur Türöffner-Figur für ein neues Kapitel meiner Feldfor-schung.

5.4.2.1. „Ein neues [Kindstuch] hatte nur ich."[751]
Objektivierung: Aspiration einer gesellschaftlichen Statusgruppe.
Die Kindstücher der Frau Ö. aus Újpetre

Woodward stellt fest, dass Personen ihre gesellschaftliche und subjektive Identität oft mithilfe eines Mediums der Objektverwendung herausbildeten und darstellten.[752] „Ob-jects, then, can assist in forming or negating interpersonal and group attachments, medi-ating the formation of selfidentity and esteem, and integrating and differentiating social groups, classes or tribes."[753] Woodward betont, dass das Besitzen oder Nicht-Besitzen eines solchen Objekts die Grenzlinie bilde, die Qualität der Materie sei zweitrangig.[754] „[W]e touch the things and the things simultaneously touch us"[755] – sagt Tilley zur Rolle der Interaktionen mit den Objekten.

Die über 90 Jahre alte Frau Ö. breitete zwei Kindstücher ihrer Familie vor mir aus, damit wir uns über diese unterhalten konnten. Das im Alltag verwendete Kindstuch er-hielt sie als Teil der Staffierung von ihrer Mutter (geb. 1901 in Rácpetre und gest. 1990 in Újpetre). *„Ich denke sie hat es bereits auch von ihrer Mutter bekommen [...] Ja, ja, so dass sie das Kleine darin tun kann, wie es bei uns üblich ist."*[756] (Bild I/24., Anh. II/9.). Das Festtagskind-stuch wurde von ihrem Mann, der von Beruf Weber war, im Jahr ihrer Hochzeit und der Geburt ihres Kindes 1940 angefertigt, bevor er zum Militär einberufen wurde (Bild I/25., Anh. II/10.). Frau Ö. antwortete auf die im Interview gestellten Fragen zumeist präzise und lapidar. Ihre Erzählungen wandelten sich an bestimmten Stellen in moralisierende

---

751 Interview 1. mit Frau Ö. Újpetre, 18. 02. 2014.
752 Vgl. Woodward 2014, S. 135.
753 Ebd.
754 Vgl. ebd.
755 Tilley 2013, S. 61.
756 Interview 1. mit Frau Ö. Újpetre, 18. 02. 2014.

Geschichten und Märchen um, sie entfalteten sich im magischen Realismus und vervollständigten sich mit mythischen Elementen. Die mit ihrer Tochter und ihren Nachbarn geführten Interviews brachten mich der Deutung der Materie und kompositionellen Elemente der untersuchten vierschaftigen Kindstücher in Újpetre und seiner Umgebung näher. Die Karriere der Kindstücher ist mit dem Lebensweg der Frau Ö. verbunden. Die Eltern von Frau Ö. arbeiteten als Tagelöhner. In der Hauptstraße hatten sie ein kleineres Haus, sie zählte ihre Familie zu den Kleinhäuslern. Zwischen den ärmeren und reicheren Schichten gab es im Dorf eine solidarische Wirtschaftsführung, mit deren Hilfe man alltägliche Katastrophen verhinderten. Die Solidarität innerhalb der Gemeinschaft hatte in der Welt der deutschen Siedler Tradition, wie Johann Eimann aus Erfahrungen der Ansiedlungszeit im 18. Jahrhundert berichtet, stellt Seewann fest.[757] Frau Ö. stellte die Solidarität zwischen den einzelnen gesellschaftlichen Schichten anhand einer Anekdote dar, die Geschichte des Zugpferds, das beim Ackern eingespannt wurde und das sie als Teil der Mitgift erhielt. 1934 mussten innerhalb eines Monats die zehnjährige Frau Ö. als auch ihr älterer Bruder operiert werden, eines ihrer Pferde verendete, die finanzielle Lage der Familie und die Arbeitsfähigkeit des Vaters gerieten ins Wanken.

„Und dann war dieser dritte Nachbar von oben im Dorf. Dieser erbaute mit seinem Bruder unten quer eine Scheune im Hof, sodass sie alle trocken mit dem Wagen reinfahren konnten, und dann konnte alles ohne nass zu werden vom Wagen runtergepackt werden. Und die ließen immer so, mit der Verwandtschaft die Ziegelsteine nach Hause bringen, gell. Die Verwandtschaft schloss sich zusammen und jeder kam mit einem Pferdewagen und half mit. Oft wurden die Ziegelsteine für den ganzen Bau innerhalb eines Tages oder binnen zwei Tage herbeigeschafft. Aber da das bei uns passierte, dass beide Kinder – man kann sagen innerhalb eines Monats – operiert wurden und auch noch ein Pferd verreckte, da kam dieser Mann und teilte uns mit, dass in Kiskassa ein Zigeuner ein Pferd vermieten würde, so solle Onkel J. versuchen das Pferd zu nehmen. Ich glaube eine Tagesmiete musste bezahlt werden. Es mussten fünf Pengő täglich bezahlt werden, so bekamen wir ein Pferd. Versuchen Sie es und dann lasse ich Sie die Ziegelsteine nach Hause liefern, so dass Sie wieder ein Pferd dazukaufen können. Na und dann ging mein Vater rüber nach Kiskassa und schaute sich jenes Pferd an, er brachte es auch mit und bezahlte fünf Pengő täglich. Na und dann musste ich gehen, weil die Pferde aneinander nicht gewohnt waren und deshalb traten sie aufeinander zu. Aber so, als sie in Fahrt waren, da gab es keine Probleme, nur anhalten durfte man nicht. Dann musste ich die zwei Pferde so lange auseinanderhalten, dass ihre Köpfe nicht zu nah aneinander kommen bis mein Vater den Wagen mit Ziegelsteinen belud. Deshalb musste ich immer mit ihm gehen.

---

[757] Vgl. Seewann 2012b, S. 107.

Vormittags war er einmal hier in Kövesd, da brachte er die Ziegelsteine aus der Ziegelstein-
fabrik und wir waren nachmittags einmal da. Und auf dem Hügel in Palkonya sagte mein
Vater bergauf, meine Tochter, hier hast du die Zügel [...] Er legte die zwei Stränge ab.
Wenn dieses Pferd diesen Wagen voll Ziegelsteine den Hügel hinaufzieht, dann kaufen wir es,
denn dann ist es ein gutes Pferd. Na und dann gab mir mein Vater die Zügel und stieg vom
Wagen. Unterwegs blieben wir gar nicht stehen, bis wir zum Hügel gelangten [...] ich wies sie
zurecht. Der Name des Pferdes war Csödrös. Ich sagte, Csödrös zieh jetzt und lass uns nicht
im Stich! Es hat sich so reingesteigert, mein Vater konnte uns kaum nachlaufen, so zog das
Pferd den Wagen den Hügel hoch. Und dann blieb ich mit dem Wagen oben angekommen
stehen, als mein Vater ankam, legte er die zwei Stränge wieder auf unsere Pferde. Und so
fuhren wir nach Hause. Damals sagte man, dass das Pferd krank ist, das es keine Luft
bekommt [...] aber es hustete nicht, verschnaufte sich und ging schön weiter. Dann kauften wir
das Pferd. Und dieses Pferd erhielt ich, als Hochzeitsgeschenk."[758]

Als Frau Ö. im Januar 1940 heiratete, entsprach ihre Staffierung dem sechsteiligen Aussteuer-Modell der „ärmeren" Mädchen aus Újpetre: zwei vollständige Bettzeuge (zwei
Decken, sechs Kissen, zwei Strohsäcke), sechs Betttücher, sechs Handtücher, sechs Servietten, sechs Bauernsäcke. Darüber hinaus erhielt sie eine Schlafzimmereinrichtung und
ein Pferd. Laut der Mitteilung Frau Ö.-s erhielt auch ihr Mann von jedem Teil sechs Stück
zur Aussteuer, des Weiteren eine Kuh, die kurz darauf Kuhkälber gebar. Frau Ö. meinte,
dass sie alles hatten, was sie brauchten. Die einzelnen Teile der Staffierung wurden durch
niemanden inspiziert (*„Das war nicht in Mode"*).[759] Wenn die Rede auf die Aussteuer kam,
erwähnte sie diese im symbolischen Modell gemäß der damaligen gesellschaftlichen Statusgruppen.

„Die reicheren Mädchen, die erhielten zwölf, die ärmer waren, nur sechs. [...] Die meisten
erhielten nur sechs. [...] Aber diese gingen ja auch nur dahin, wo wir hingingen und wir gingen
auch dahin, wo sie hingelangten. Hier konnte man nicht erkennen, dass die jetzt reicher waren,
oder dass auf uns herabgesehen hätten. Wir waren gleich und mochten einander auch gleicher-
maßen. Sowohl in der Schule als auch bei einer Tanzunterhaltung waren wir gleich.

Frage: Und konnte man zum Beispiel am Kindstuch sehen, ob man reicher oder
ärmer war?

Nein, die hatten auch nur solche, wie wir. [...] Die hatten auch nur die alten [Kindstücher],

---

758 Interview 1. mit Frau Ö. Újpetre, 18. 02. 2014
759 Interview 2. mit Frau Ö. Újpetre, 16. 07. 2014

weil sie gar keine neuen hatten. Ein neues [Kindstuch] hatte nur ich. [760]

Die Soziologin Aida Bosch beschäftigt sich in ihrer zusammenfassenden Studie mit der Rolle der Objektnutzung, die die individuelle und gesellschaftliche Identität bestimmt. [761] Bosch betont die in der frühen Sozialisation wirksame Funktion der Übergangsobjekte und die Rolle der auf die Sinne wirkenden Artefakte und Kulturgegenstände für die Konstruktion der sozialen Identität. [762] Objekte objektifizieren einen gesellschaftlichen Status, markieren die individuelle Identität prägenden Lebensereignisse, können Akteure von gesellschaftlichen Aspirationen sein oder die Rolle von „Identitätsprothesen" einnehmen, konstatiert Bosch. [763] Frau Ö. erhielt das im Alltag verwendete, alte Kindstuch von ihrer Mutter, die dieses bei der Geburt ihrer Kinder (1919 und 1922) gebrauchte. Mit großer Wahrscheinlichkeit ist die Textilie auf eine frühere Entstehungszeit, auf das Ende des 19. Jahrhunderts zu datieren. Dieses Kindstuch aus Újpetre hat die Eigenschaft, dass es vor einem bescheideneren webtechnischen Hintergrund und Wissen mit zwei Webschaften angefertigt wurde, aber es imitiert sowohl im Stoff als auch in den Maßen und in der Komposition die Form der vierschaftigen Tücher. Das Jahr 1940 war im Schatten des Zweiten Weltkrieges von entscheidender Bedeutung im Leben der Frau Ö. Nach der Hochzeit im Januar zog sie aus dem Haus und der Wirtschaft ihrer eigenen Familie in der Hauptstraße in den Újpetrer Ortsteil Ráckipli/Raizgipfel zur Familie ihres Mannes. Das Haus ihrer Eltern wäre aufgrund des Anerbenrechts der Deutschen an ihren Bruder gegangen, wäre die Aussiedlung nicht gewesen. Im Raizgipfel wohnten im 20. Jahrhundert keine Serben mehr, vor allem arbeiteten dort laut Frau Ö. ungarndeutsche Handwerker. Im Laufe des 19. Jahrhunderts waren die vertikale und horizontale Mobilität und die Binnenkolonisation der deutschen Siedler dynamische Gestaltungsfaktoren der Siedlungsgebiete, stellt Seewann fest. [764] Der Vater des Mannes von Frau Ö. kam aus Nagybudmér nach Újpetre, er war ein Weber, der in den Raizgipfel einheiratete, und auch sein Sohn erlernte den Beruf des Webers. Frau Ö. wurde Anfang des Jahres 1940 schwanger und bestellte bei ihrem Mann ein neues Kindstuch, in dem sie das Kind sonntags zur Kirche tragen konnte. Dies war das einzige Kindstuch, das von ihrem Mann angefertigt wurde. Er betrieb das Weber-Gewerbe neben den landwirtschaftlichen Arbeiten, wie die

---

760 Interview 1. mit Frau Ö. Újpetre, 18. 02. 2014.

761 Bosch, Aida: Identität und Dinge. In: Samida, Stefanie/Eggert, Manfred K.H./Hahn, Hans Peter (Hg.): Handbuch Materielle Kultur. Bedeutungen, Konzepte, Disziplinen. Stuttgart 2014, S. 70–77, hier S. 76.

762 Vgl. ebd., S. 71 ff., 74 ff.

763 Vgl. ebd., S. 76.

764 Vgl. Seewann 2012a, S. 335 ff.

meisten dörflichen Handwerker. Er fertigte auf Bestellung Sackzwillich für Patschkersohlen und Säcken an und stellte Leinenzeug für die Staffierung her. Die Anfertigung des
Kindstuchs nahm eine Woche in Anspruch, Frau Ö. erinnert sich dunkel, dass ihr Mann
die Motive anhand eines Musterbuchs abzählte. Die Textilie wurde bis zum Herbst fertig,
ihr Mann wurde dann zum Militär einberufen. Mit kürzeren Unterbrechungen war er bis
1945 an der Front. Bei der Geburt der Tochter von Frau Ö. im Jahre 1940 war ihr Mann
schon eingerückt. *„Es hat auch lange gedauert, bis es fertig wurde, es ist schön geworden, es wurde
oben bewundert."*[765] Das neue Kindstuch wurde von ihrem Mann *unten* im Raizgipfel gewebt
und laut ihres Berichts bewunderten es die Menschen *oben* in der Gasse und fanden es
schön. In der Hauptstraße von Újpetre, von der Kirche aus in Richtung Pécs, also *auf-
wärts*, wohnten zumeist die Großbauern und *abwärts* in Richtung Raizgipfel und Palkonya
die Kleinhäusler. Die Tochter Frau Ö.-s bemerkt: *„Diejenigen, die dort unten im Raizgipfel
wohnten hatten nicht viel Feld. Vielleicht zwei-drei Joch."*[766] In den 1940er-Jahren bekam Frau
Ö. bewusst nur ein Kind. In Süd-Transdanubien verbreitete sich das Phänomen, dass
sich die Familien ab dem 19. Jahrhundert nur für ein Kind entschieden. Die Gründe dafür
lagen in der Angst vor einer Grundstückzerstückelung und in der Auswirkung der bürgerlichen Wertvorstellung zu suchen.[767] Die Tochter der Frau Ö. merkte zur Denkweise
der Generation ihrer Eltern an: *„Meisterorts gab es nur ein Kind. Diejenigen, die als Tagelöhner
arbeiteten, meinten, dass sie keinen Tagelöhner für die Reichen aufziehen. In solchen Familien ist zumeist
nur ein Kind auf die Welt gekommen."*[768] Ihre Tochter nahm im Jahre 1958 eine zwölfteilige
Aussteuer, eine Schlafzimmer- und Küchengarnitur mit sich und zog in das Haus der
Familie ihres Mannes, das gegenüber der Kirche in der Hauptstraße stand. Ihr Vater
webte die zwölf Säcke, die zwei Strohsäcke und die Hälfte anderer Posten (Handtuch,
Brottuch, Betttuch). Zur Anfertigung der anderen Hälfte des Gewebes und der Bettwäsche kauften sie einen feineren, industriell gewebten Stoff im Geschäft. Die hausgefer-
tigten, groben Leinwandtextilien waren leichter zu waschen und waren stabiler als die
Stücke aus industrieller Leinwand. Hofer stellt als Ergebnis der Átányer Untersuchung
fest, dass in Ungarn auch während des Zweiten Weltkrieges die Hälfte der bäuerlichen

---

765 Gruppeninterview 1 mit Frau Ö. und ihrer Tochter. Újpetre, 20. 02. 2014.
766 Interview mit Frau Ro. (Tochter der Frau Ö.). Újpetre, 30. 07. 2014.
767 Vgl. Andrásfalvy, Bertalan: Falusi műveltségi csoportok Baranyában, 1975. Az agglomerációs
   és urbanizációs folyamatok mikéntje a mai falu társadalmi rétegei és műveltségi csoportjai
   szerint. [Dörfliche Bildungsgruppen in der Baranya, 1975. Das Wie der Agglomerations- und
   Urbanisationsprozesse nach den gesellschaftlichen Schichten und Bildungsgruppen der heutigen Dörfer.] In: Máté, Gábor (Hg.): Együtt élő népek - eltérő értékrendek: Andrásfalvy Bertalan
   válogatott társadalomnéprajzi tanulmányai. [Zusammenlebende Völker – verschiedene Wertordnungen: Ausgewählte ethnographische Studien von Bertalan Andrásfalvy]. Pécs u. a.
   2011c, S. 222–261, hier S. 228.
768 Interview mit Frau Ro. (Tochter der Frau Ö.). Újpetre, 30. 07. 2014.

wirtschaftlichen Ausstattung handwerklich oder hauswirtschaftlich hergestellt wurde, vor einem gut abgrenzbaren Hintergrund, vor dem die neuen Teile produziert wurden.[769] Auch wenn die Átányer Bauern industrielle Produkte konsumierten, so beschäftigten sie genauso die Handwerker und Heimarbeiter im Umkreis.[770] Auch meine Untersuchungen in der Baranya untermauern diese Feststellung.

Das neu gewebte Kindstuch erhielt Frau Ö.-s Tochter 1959, als ihr erstes Kind zur Welt kam. Am Anfang der 1960er-Jahre, im Zeitalter der medikalisierten Geburt, war es eine Seltenheit in Újpetre, dass Frau Ö.-s Tochter alle drei Kinder zu Hause gebar (1959, 1961, 1963) und das Kindstuch bei allen drei Kindern auch rituell benutzte. Für Frau Ö. und ihren Mann, die früher als Tagelöhner gearbeitet und nicht über Grundeigentum verfügt hatten, das sich zum Wirtschaften eignete, schufen die veränderten Besitzverhältnisse und die durch die Produktionsgenossenschaften gesicherte Existenz nach dem Zweiten Weltkrieg eine horizontale gesellschaftliche Mobilitätsmöglichkeit. Sie strebten danach, aus dem Raizgipfel, wo die Handwerker und die arme Schicht des Dorfes in kleinen Häusern wohnten, in Richtung Dorfmitte zu gelangen und dort einen zum Verkauf angebotenen Bauernhof zu erwerben. 1971 gelang es ihnen, in der Hauptgasse ein Haus samt Grundstück zu kaufen, nachdem es von der nach 1945 dorthin gesiedelten ungarischen Familie (einst ungarndeutsches Eigentum) verkauft worden war. Zusätzlich zu dem gekauften Haus bauten sie Richtung Gasse ein L-förmiges Würfelhaus mit zwei Fenstern und Zeltdach, einen sogenannten Kádár-Würfel, der im kommunistischen Ungarn des 20. Jahrhunderts eine verbreitete Form des Einfamilienhauses auf dem Lande und in den Vororten von Budapest war. In den 1970er-Jahren hatte der Raizgipfel überwiegend eine ungarische Bevölkerung, die im Dorf verbliebenen Ungarndeutschen zogen in die Hauptstraße. Frau Ö. äußert sich zum Kauf des einst „schwäbischen" Hauses folgendermaßen:

„Frage: Und wer hat da gewohnt?

Schwaben [...] Ja. Die wurden ausgesiedelt und man brachte Ungarn an ihre Stelle. Siedler. [...] Ja. Diese Siedler verkauften das Haus anderer. Und wir kauften es vom Siedler. [...] Es lebt doch keiner mehr aus dem Haus [auf die ausgesiedelten Ungarndeutschen deutend]. Die Kinder, die leben noch [...] Sie sind in Deutschland. Wenn sie im Dorf wären, hätten wir's nicht gekauft. Wenn die Kinder hier gewesen wären. Aber es war niemand da und der Siedler verkaufte es. [...] Schon wegen der großen Hofstelle, dass man wieder ein Stück mehr Grund hatte. Man bestand nur darauf, dass man ein bisschen mehr Grundbesitz hat, dann kann

---

769 Vgl. Hofer 2009, S. 246 f.
770 Vgl. ebd.

man auch mehr Vieh halten. Und die Arbeit war auch mehr. Wir waren es gewohnt, dass es
Arbeit gibt, dann gab es auch einen Lebensunterhalt. Aber ohne Arbeit gibt es auch keinen
Lebensunterhalt. Ein jeder klammerte sich an den Lebensunterhalt. Die weniger hatten, ver-
dienten etwas als Tagelöhner hinzu. Sie hatten nicht so viel Feld. Und verdienten etwas dazu.
Und nach dem Krieg, als man von jedem alles wegnahm, dann hatte niemand etwas, dann
gingen wir zur LPG. Und verdienten da unser Brot. Und von da erhielten wir auch unsere
Rente. Jeden lieben Tag von morgens sechs bis abends fünf. Wir gingen zu Fuß hin und kamen
auch so zurück. Und wir standen den ganzen Tag und arbeiteten."[771]

Die ökonomiezentrische Auffassung von Frau Ö., ihr fleißiges Streben nach Grundbesitz
spiegelt die Mentalität und die Wertordnung der deutschen Siedler wider. Seewann hebt
aus den im Kreise der Ungarndeutschen in Süd-Transdanubien durchgeführten Mentali-
tätsforschungen Solymárs hervor, dass die alltägliche Lebenswelt der Ungarndeutschen
durch praktische Nutzung der Zeit, sinnvollen Lebensmittelkonsum und finanziell fun-
dierte Eheschließungen gekennzeichnet war.[772] Die Arbeitsaufteilung war nicht nach Geschlechtern differenziert, wie zum Beispiel bei den ungarischen Bauern, die Frauen verrichteten dieselbe physische Arbeit wie die Männer. Im Winter wandten sich die Frauen
dem Spinnen zu, die Männer beschäftigten sich mit dem Weben. Die Kinderbekleidung
unterschied bis zum fünften oder sechsten Lebensjahr nicht nach Geschlechtern, auch
die Jungen trugen eine Rocktracht. Für Politik interessierte man sich, wenn man dadurch
zu wirtschaftlichen Vorteilen gelangen konnte, fasst Seewann zusammen.

Hofer stellt in seiner Untersuchung der Zusammenhänge zwischen Objektpopulation und Lebensweise fest, dass der Objektbestand einer Gesellschaft die Verhaltensmuster und die über das „gute Leben" herausgebildeten Gedanken der Gemeinschaft ausdrückt.[773] Hofer erläutert, indem er sich auf Max Weber und Pierre Bourdieu bezieht,
dass innerhalb einer gesellschaftlichen Struktur eine Klasse und ein Stand nicht zwangs-
läufig zusammenfallen. Im symbolischen Beziehungssystem werden Anerkennung und
Prestige nicht ausschließlich durch den vermögenswirtschaftlichen Aspekt bedingt, sondern auch durch die Theorie und den Stil der Nutzung bestimmter Güter. Einerseits
können zu einer Klasse unterschiedliche Statusgruppen gehören, andererseits können
sich zu derselben Statusgruppe Personen unterschiedlicher gesellschaftlicher Klassen
verbinden. Hofer weist nach, dass man aus Objektgruppen und ihrer Umgebung auf die
Struktur der Gesellschaft und deren sich ändernden Bewegungen, zum Beispiel auf Prozesse der Umstrukturierung schließen kann. Dies ist bei zahlenmäßig abnehmenden

---

771 Interview 2 mit Frau Ö. Újpetre, 16. 07. 2014.
772 Vgl. Seewann 2012b, S. 110 ff.
773 Hofer 2009, S. 255.

Gruppen, die den Anschein ihres alten Prestiges noch wahren, oder bei solchen zunehmenden Gruppen, die die Zugehörigkeit zur gewünschten Statusgruppe durch die Erschaffung neuer materieller Güter erzielen, der Fall. Hofer erwähnt im historischen Ausblick auf Europa, dass Ende des 16. Jahrhunderts und im 17. Jahrhundert beispielsweise in Norddeutschland (bezogen auf die Untersuchungen Günther Wiegelmanns), aber auch in England im Verhältnis zu den früheren Wohngebäuden nun niveauvollere Wohnhäuser und neue Prestigegegenstände möglicherweise unter gesellschaftlichen Veränderungen und im Zusammenhang mit Umstrukturierungsprozessen entstanden sind.

> „Die geräumigen, prunkvoll eingerichteten deutschen dörflichen Häuser brachten die wohlhabenden Bauernschichten näher an die bürgerlichen und adeligen Schichten, andererseits entfernten sie diese von den armen Bauernschichten (Kleinhäusler ohne Grund, Tagelöhner) – im Gegensatz zu einer früheren, für alle charakteristischen, dörflichen Einfachheit. Diese markante kulturelle Differenzierung der dörflichen Bevölkerung mit oder ohne Besitz ist von Ungarn aus gesehen besonders auffallend (die deutschen Kleinhäusler und Tagelöhner wohnten oft in separaten Siedlungen). Für Ostmitteleuropa ist nämlich eine bestimmte ‚Übergangsmöglichkeit' zwischen Schichten mit und ohne Grundbesitz und eine, die Schichten mehr oder weniger zusammenhaltende, ähnliche dörfliche Lebensform bzw. die Illusion dieser charakteristisch."[774]

Frau Ö. ist mit der Anfertigung des neuen festlichen Kindstuches 1940 symbolisch aus der unterbäuerlichen Schicht ausgetreten. Das Kindstuch mit rein festlicher Funktion war ein Prestige-Gegenstand, es drückte die gesellschaftliche Aspiration der Familie aus. Es ist zu erwähnen, dass das alte, von ihrer Mutter erhaltene, eine Alltagsfunktion einnehmende Kindstuch der Frau Ö. mit einer zweischaftigen Webetechnik die Webemuster und Kompositionsform der vierschaftigen Kindstücher imitiert. Die Entsprechung der Normen und das Streben nach oben ist auch an diesem „Pseudo"-Kindstuch aus Újpetre, angefertigt gegen Ende des 19. Jahrhunderts, zu spüren. Hofer fasst die Ergebnisse sozialer Untersuchungen zusammen und legt dar, in welchem bedeutenden Maße die Aspirationen der vorangehenden Generationen in einer Familie die Essgewohnheiten, den Wohnbedarf und die Bemühungen um die Aneignung von Gegenständen beeinflussen.[775] Während der Mobilität werden in einer neuen Lage im Rahmen der zeitgenössischen, gesellschaftlichen Möglichkeiten solche Aspirationen verwirklicht, die sich in den jungen Jahren des Individuums und im Leben seiner Eltern herausgebildet hatten und

---

774 Ebd., S. 256 [Eigene Übersetzung].
775 Vgl. Hofer 2009, S. 257 f.

sich den Zugang zu den höheren Schichten zum Ziel setzten. Hofer stellt anhand einer Untersuchung in Szekszárd im Komitat Tolna fest, dass zu unterschiedlichen sachlichen Umfeldern gesellschaftliche Schichten verschiedener Mentalität gehören.[776] Die in der zweiten Hälfte des 20. Jahrhunderts überall im Land in großer Zahl errichteten Würfel-häuser verkörperten im Gegensatz zu den traditionellen Bauernhäusern eine urbanisierte Entwicklung. In Szekszárd erbauten solche Familien, die eine ziemlich ähnliche Lebens-strategie verfolgten, Würfelhäuser.

> „[S]olche Menschen bäuerlichen Ursprungs [...], die selbst – oder bereits früher ihre Eltern – mithilfe von zusätzlichen, urbanen, Handwerker- und Gewerbebe-rufen versuchten, die traditionellen Rahmen der bäuerlichen Lebensform zu überschreiten und die auch heute noch, eine über den Durchschnitt hinausge-hende, nach oben gerichtete Mobilität vorweisen, schicken ihre Kinder z. B. in großer Zahl in höhere Schulen."[777]

Die Kindstücher der Frau Ö. sowie andere Elemente der materiellen Umgebung, zum Beispiel der selbst gestaltete Wohnort, bildeten nicht einfach vorhandene gesellschaftli-che Hierarchien ab. Durch das Medium der materiellen Kultur bildete sich als ein meh-rere Generationen betreffender Prozess eine ersehnte Identität, ein ersehntes Lebensfüh-rungsmodell heraus. Tilley stellt über die Objektivierungsprozesse, die in Relation der Kultur und der Objektkultur verlaufen, fest: „Culture and material culture are the two sides of the same coin. They are related dialectically, in a constant process of being and becoming: processual in nature, rather than static or fixed entities."[778]

Laut den befragten Gewährspersonen wurden in den 1940er-Jahren in Újpetre keine Kindstücher mehr angefertigt. Sie wurden weder in ritueller noch in alltäglicher Funktion verwendet. Die alten, familiären Kindstücher wurden noch von der älteren Generation benutzt oder sie wurden zu Erinnerungsstücken. *„Meine Schwiegermutter verwendete das Tuch noch, als mein Sohn klein war. Er ist 59er. Sie ist mit ihm immer in den Garten gegangen [...] Das grüne war das Festtagstuch. Das andere* [das bunte] *war das Alltagstuch."*[779] In Újpetre arbeiteten vier Weber als Handwerker auf Bestellung. Drei hatten Lehrlinge, der Mann von Frau Ö. war der einzige Weber ohne einen Lehrling. Der Vater des Mannes von Frau Ö.[780] hei-ratete in den 1910er-Jahren aus Nagybudmér nach Rácpetre und brachte seinen Webstuhl

---

776 Vgl. Ebd.
777 Ebd. [Eigene Übersetzung].
778 Tilley 2013, S. 61.
779 Gruppeninterview 3 mit Frau Ö. und Nachbarinnen. Újpetre, 30. 07. 2014.
780 Geb. 1890 in Nagybudmér und gest. 1942 in Újpetre.

und sein Handwerkerwissen mit. In Nagybudmér, das östlich per Luftlinie etwa 6,5 Kilometer entfernt von Újpetre liegt und 450 Einwohner (1938: 420 Deutsche, 22 Ungarn und acht Serben) hatte,[781] arbeiteten den Berichten zufolge in den 1930–40er-Jahren drei Personen als Weber. Einer von ihnen war ein Gewerbekorporationssteuer entrichtender Webermeister, bei dem zwischen 1939–1942 Herr Hu.,[782] der bereits während seiner Lehrlingsjahre ein anerkannter Kindstuchweber war, als Lehrling arbeitete. Es sind viele Fäden, die zu den von ihm angefertigten Textilien führen, im Späteren wird seine Tätigkeit noch ausführlicher behandelt. Der Mann von Frau Ö. arbeitete noch zu seiner Burschenzeit, als er Handwerker-Saisonarbeit verrichtete, vom Herbst bis zum Frühling als Weber, im Sommer als Tagelöhner. Nach dem Zweiten Weltkrieg nahmen Frau und Herr Ö. Stellen bei der LPG an und arbeiteten dort bis zur Rente. Frau Ö.-s Mann nahm Weberbestellungen als Zusatzeinnahme entgegen, aus den umliegenden Dörfern brachte man ihm geflochtenen Hanf für Patschkersohlen. Für die Weberarbeiten bezahlte man mit Geld, aber manchmal auch mit Produkten (z. B. mit Mais oder geflochtenem Hanf). Er brachte keine Produkte auf den Markt, er bezahlte auch keine Steuern für seine Tätigkeit. 1971 nahm er den Webstuhl aus dem Raizgipfel nicht in das neue Kádár-Würfelhaus mit, die Aufträge entfielen, das Webegerät wurde verbrannt. Der gut situierte Schwiegervater der Tochter Frau Ö.-s beschäftigte sich auch in seiner Freizeit als *Handwerkerspezialist* mit dem Weben, jedoch ausschließlich für den familiären Bedarf. Sein Webstuhl befand sich bis zu seinem Tod 1942 in der Schlacht am Donbogen im Abstellraum. Der Arzt und Ortsgeschichtsschreiber Miksa Hölbling schreibt über Baranyaer deutschstämmigen Handwerker 1845:

> „Obwohl sie ausgelernte und geschickte Handwerker sind, wie Schmied, Schlosser, Tischler, Drechsler, Zimmermann, Maurer, Fassbinder, Küfer, Schuster, Schneider, Weber (fast in jedem Haus), gibt es viele unter ihnen, die sich trotzdem hauptsächlich mit Landwirtschaft beschäftigen. Viele verzichten gänzlich auf ihr ursprüngliches Handwerk und werden ganz zu Bauern; es ist aus der Sicht der Handwerker erdrückend, dass ihr Frondienst durch Geld laut des Grundherrn nicht abgelöst werden darf."[783]

---

781 MNL BaML IV. 410. s. Baranya Vármegye Alispánjának közigazgatási iratai. Községek szociális felmérésének iratai. [Verwaltungsakten des Vizegespans des Komitats Baranya. Dokumente der Sozialerhebung der Gemeinden]. Nagybudmér/1938.

782 MNL BaML IX. 262. Pécsváradi közalapítványi kerület levéltára. [Archiv des Pécsvárader Stiftungsbezirkes]. Villányi Ipartestület iratai. [Dokumente der Villányer Gewerbekorporation]. Tanonc lajstrom [Lehrlingsregister]. 1897–1949.

783 Hölbling, Miksa: Baranya vármegyének orvosi helyirata. [Medizinischer Lagebericht über das Komitat Baranya]. Pécs 1845. S. 83. [Eigene Übersetzung].

Die Beispiele von Újpetre und Nagybudmér zeigen, dass das Weben bei den Ungarn-deutschen eine traditionelle Männerarbeit war, abweichend von der Regel verrichteten jedoch etwa im ersten Drittel des 20. Jahrhunderts in Kisjakabfalva auch Frauen Weber-arbeit. Der Bischof Mihály Haas erwähnt in seinem Bericht über die Baranya aus dem Jahre 1845, dass die deutschen Frauen die Webkunst der ungarischen Frauen aus dem-selben Dorf nicht übernommen haben.[784] „Es ist in der Tat interessant, dass sie im We-ben nicht einmal von den deutschen Frauen, die unter ihnen leben, nachgeahmt werden, ganz zu schweigen von denen, die von ihnen abgesondert in rein deutschen Dörfern wohnen."[785] Haas deutet auch darauf hin, dass bei den ungarndeutschen Bauern die ty-pischen Männer- und Frauenrollen nicht scharf getrennt waren. „Die deutschen Frauen und Mädchen mähten mit den Männern um die Wette, sie ackerten auch. [...]."[786] Von Újpetre aus liegt Kisjakabfalva südöstlich, in Luftlinie sieben Kilometer entfernt, es hatte 1938 475 Einwohner (468 Personen deutscher und sieben ungarischer Muttersprache).[787] Kisjakabfalva war Anfang des 20. Jahrhunderts eine äußerst wohlhabende Siedlung, zwei Drittel der Bewohner waren wohlhabende Landwirte, ab 1920 gab es im Dorf eine Kä-serei.[788] Die in der ersten Hälfte des 20. Jahrhunderts in U-Form auf großen Grundstü-cken erbauten geräumigen Häuser und Wirtschaftsgebäude zeugen bis zum heutigen Tage vom einstigen Wohlstand, vom bürgerlichen Geschmack und Lebenswelt des klei-nen Sackdorfs. Ich habe mit drei, um 1930 geborenen Frauen aus Kisjakabfalva ein In-terview geführt, die alle gemeinsam mit der weiter unten im Text zitierten Ortsgeschichts-schreiberin Erika Pausz-Palotai dieselbe Schulklasse besucht haben. Laut der Erzählung Frau Ha.-s (geb. 1930 und gest. 2019 in Kisjakabfalva) webte eine ihrer Großmütter für Säcke und Patschkersohlen verwendbaren Sackzwillich zu Hause für den eigenen Be-darf.[789] In den 1930–40er-Jahren arbeitete auch ein Haushandwerker-Weber im Dorf, auch er fertigte Sackzwillich an. Frau Ha. heiratete 1948 einen ungarischen Mann, der sich im Dorf niedergelassen hatte und brach damit die Endogamie in der Familienge-schichte. Sie verwendete bei allen drei Kinder ihr Kindstuch in alltäglicher Funktion, die Aussegnung galt in Kisjakabfalva in den 1950er-Jahren bereits als veraltet. Frau Ha. ver-wendete ihr Kindstuch später als Wandschoner, schließlich schenkte sie es einer ihrer

---

784 Vgl. Haas, Mihály: Baranya. Emlékirat. [Baranya-Denkschrift]. Pécs 1845. S. 51.

785 Ebd. [Eigene Übersetzung].

786 Ebd. [Eigene Übersetzung].

787 MNL BaML IV. 410. s. Baranya Vármegye Alispánjának közigazgatási iratai. Községek szociális felmérésének iratai. [Verwaltungsakten des Vizegespans des Komitats Baranya. Dokumente der Sozialerhebung der Gemeinden]. Kisjakabfalva/1939.

788 Pausz-Palotai, Erika: Egy falu Baranyában: Kisjakabfalva. II. kötet. A millennium emlékére jelent meg 2000-ben. Ein Dorf in der Baranya: Kisjakabfalva. Band 2. Dieses Buch erschien im Jahre 2000 zur Erinnerung an das Millennium. Kisjakabfalva 2000. S. 44, 139.

789 Interview mit Frau Ha. Kisjakabfalva, 17. 02. 2014.

Töchter. Frau Ha. erachtete die Frage nach dem Aussteuermodell nicht für wichtig. Ihre Mutter hat sie 1930 mithilfe der Kisjakabfalvaer Hebamme Frau Kr., die neben ihrer anerkannten Hebammen-Tätigkeit Eigentümerin des örtlichen Greißlerladens und Weberin der lokalen Kindstücher war, auf die Welt gebracht. Frau Bo. und Frau Szi. (beide geb. 1930 Kisjakabfalva) hielten es beide für wichtig, ihre Aussteuer-Modelle zu erwähnen, obwohl ihre Familien zur Zeit ihrer Hochzeiten infolge der kommunistischen Verstaatlichung über keinen Grundbesitz mehr verfügten. Frau Bo., die aus einer 50-Joch-Bauernfamilie stammte, bestimmte ihre Mitgift nach dem symbolischen 24-Stück-Aussteuer-Modell[790], Frau Szi. erwähnte vor ihrem Hintergrund einer 40-Joch-Bauernfamilie ein 12-Stück-Aussteuer-Modell, und beide wiesen auf die von den Eltern erhaltene, bürgerliche Möbeleinrichtung hin. In beiden Fällen erhielt auch der Mann eine kleinere Aussteuer samt Kindstuch. Frau Bo. bekam von ihrer Schwiegermutter ein schwarz-weiß-grünes vierschaftiges Kindstuch, das sie nach ihrer Scheidung an ihren Mann zurückgab, er hatte Alkoholprobleme. Frau Bo. zog nach der Scheidung zu einem ihrer Kinder nach Villány, dort bewahrt sie das von ihren Eltern erhaltene Kindstuch zusammen mit anderen Textilien auf. Sowohl zum bunten, vierschaftigen Kindstuch von Frau Bo., als auch zu dem von Frau Szi. kann nach stilanalytischen Untersuchungen festgestellt werden, dass diese von demselben Weber Anfang des 20. Jahrhunderts gewebt wurden, womöglich von Frau Kr.[791] Pausz-Palotai fasst in ihrem ortsgeschichtlichen Schreiben ihre Erinnerungen an die Kindstuchverwendung wie folgt zusammen:

„Wenn die Mutter mit ihrem Kind zum ersten Mal nach der Geburt in die Kirche ging, wurde sie in der Sakristei vom Pfarrer gesegnet. Zu dieser Zeit war das ein schöner Brauch.
In diesem Falle benutzte die Mutter das Kindstuch, das ein schönes, gestreiftes, 70 cm breites, 2,5 m langes gewebtes Tuch war. Das Kind wurde darin eingewickelt. Das Tuch wurde dann über den Rücken an den Körper gebunden. Es gab auch ein feierliches Tuch mit blauen, grünen, schwarzen und gestreiften Mustern auf einem weißen Grund. Es gab auch ein weißes, das mit bunten, gelben und rosa Streifen verziert war. Die Wolle dazu hatten sie vom Fell der Schafe. Diese schönen Kindstücher webte eine Frau, Frau Kr [...], die auch ein kleines Geschäft im Dorf hatte. Wenn man es wünschte, webte sie auch den Namen des Bestellers ein.

---

790 Interview mit Frau Bo. Villány, 17. 02. 2014.
791 In der Sammlung des Donauschwäbischen Zentralmuseums Ulm weist ein vierschaftiges, aus Jakabfalva stammendes Kindstuch (DZM 12590–02) ähnliche Stilmerkmale auf. Das andere, aus Kisjakabfalva stammende vierwebschaftige Kindstuch wurde den Stilmerkmalen zufolge (DZM 12590–01) von einem anderen Weber angefertigt.

Ein jedes Mädchen bekam ein Tuch, wenn es heiratete. In diesem Tuch brachte die Mutter das Kind zum Arzt, in die Kirche, am Sonntagnachmittag auf die Straße. Kinderwagen gab es noch wenig, die Wiege war das Bett der Kleinen."[792]

Tilley konstatiert, dass ein Handwerksprodukt die Persönlichkeit seines Herstellers und seines Benutzers objektifiziert.[793] Er lenkt die Aufmerksamkeit aufgrund MacKenzie's Studie auf ein Mittel zum Lastentransport der in Papua-Neuguinea lebenden Telefol-Volksgruppe, auf das sogenannte *bilum* [Netzbeutel], in dem unter anderen auch Kinder befördert werden.[794] Das Objekt verkörpert die webtechnische Kapazität seines Herstellers, ist ein Mittel des Selbstwertgefühls und hat einen Einfluss auf fremde Beobachter, fasst Tilly zusammen. Er hebt aufgrund einer einschlägigen Studie ebenfalls hervor, dass beim venezolanischen Yekuana-Volk die gewebten Materien höchster Qualität durch den rituell am meisten bewanderten Menschen angefertigt werden.[795] Mit der Herstellung von Objekten kann eine gesellschaftliche Identität erschaffen werden und das Verschwinden von Gegenständen kann zum Verlust von gesellschaftlichen Identitäten führen. Tilley stellt fest, dass Dinge auch am Konstrukt gesellschaftlicher Geschlechterrollen teilhaben, manche Objekte betonen ausdrücklich die männliche oder weibliche Rolle. Die Substanz und das Weben der *bilum*-Trageobjekte aus Papua-Neuguinea birgt Frauenarbeit, sie sind Objekte der weiblichen Geschlechterrollen, zum Beispiel Objekte des Kindertragens, aber bestimmte Objektgruppen vermitteln androgene oder zweifache Geschlechtsnormen dadurch, dass die Männer diese durch Verzierungen umgestalten und sie dann benutzen.[796] Das Baranyaer Kindstuch ist als Bestandteil der weiblichen bis zur Mitte des 20. Jahrhunderts oft aber auch der männlichen Aussteuer ein Akteur der Gemeinschaftsbestand sichernden Reproduktion. Die Herstellung der Grundstoffe erfolgte hauptsächlich durch weibliche Arbeit, bis das Weben des Artefakts von männlichen Webern und Spezialisten, von einigen Ausnahmen abgesehen, ausgeführt wurde. Das Tuch ist infolge seiner sinnlich-materiellen Anwesenheit im rituellen Prozess handelnder Akteur von physiologisch-psychologischen Prozessen. Aus emischer Perspektive sichert es im innersten Kreis den Schutz von Mutter und Kind, es hat eine unheilabweisende und -vorbeugende Funktion und ist ein Mittel der Mobilität. Aus etischer Sicht ist es ein gestaltender Faktor von Machthierarchien sowie individueller und gesellschaftlicher Identität. Das Kindstuch markiert im breiteren, sich an die Gemeinschaft gerichteten Kreis den liminalen Prozess

---

792 Pausz-Palotai 2000, S. 287 f.
793 Tilley 2013, S. 62.
794 Vgl. ebd., S. 62 f.
795 Vgl. ebd., S. 63.
796 Vgl. ebd.

als Medium der nonverbalen Kommunikation. Das Kindstuch vertritt die sozialen Kontakte zwischen Familien und Dorf. König legt bezüglich der vestimentären Kultur fest: „Die Oberflächengestaltung und die Nähe der Kleidung zum Körper als eine zweite Haut verknüpfen sich unmittelbar mit Fragen der Geschlechteridentität, der Selbstdarstellung und dem öffentlichen Erscheinungsbild."[797] Der weiter oben zitierte Auszug einer Predigt aus dem 18. Jahrhundert, in der eine betrunkene Frau ihr Kind aus dem Kindstuch verlor und andere weibliche Mitglieder der Gemeinschaft den Fehler korrigierten, lässt darauf schließen, dass die Betonung der „normalen" Verwendung des Kindstuchs im Sinne der Kirche ein Mittel der Sozialdisziplinierung und der Artikulation lokaler Geschlechtsnormen war. Das Kindstuch blieb in den untersuchten Baranyaer Dörfern spätestens bis in die 1960er-Jahre ein rituelles Zubehör des kirchlichen Aussegnungsritus. Als Objekt, das auf die Sinne wirkt, kodierte es im kinästhetisch-rituellem Prozess (Ausken und Segnung) sowohl die durch die kirchlich-religiöse als auch die durch die örtliche Gemeinschaft erwartete gesellschaftliche Geschlechterrolle und das Verhaltensmuster durch den Körper der Frau.

Im Winter 1940, als Frau Ö. das frisch gewebte Kindstuch aus Újpetre in Verwendung nahm und ihr Neugeborenes sonntags in die Kirche trug, kämpfte ihr Mann schon an der Front, von der er nach einer kleinen Unterbrechung 1945 endgültig zurückkam. Während der Kriegszeit leistete die ältere Generation Hilfe bei der Kindererziehung. Manchmal ließ Frau Ö. ihr Kleinkind über Nacht bei ihren Eltern, es gab aber auch Nächte, in denen das Kleine unruhig war und zur Mutter wollte, dann band der Vater der Frau Ö. das Kindstuch um sich und brachte das Kind unter dem Mantel der Nacht nach Hause. Die Tochter der Frau Ö. sagte, als sie diese Geschichte hörte, aus ihren Erfahrungen der zweiten Hälfte des 20. Jahrhunderts, dass *„Männer das Kind so im Kindstuch nicht getragen hätten".*[798] Am zweiten Weihnachtstag 1944, als Frau Ö. mit anderen aus Újpetre zur Zwangsarbeit aufbrach, ließ sie ihr vier Jahre altes Kind und das im Alltag verwendete Kindstuch bei ihrer Schwiegermutter in ihrem Haus mit Wohnzimmer-Küche in Raizgipfel zurück. Das neu gewebte Festtags-Kindstuch brachte sie in das Haus ihrer Eltern in der Hauptstraße, damit ihre Mutter das Kind sonntags darin zur Kirche bringen konnte, solange sie fort war. Zu Weihnachten 1944 machte sich Frau Ö. in der Tracht, in sechs Röcken, auf den Weg. Als sie genau ein Jahr darauf, durch Hunger und Typhus auf 35 Kilogramm abgemagert, mit anderen Kranken und schwangeren Frauen aus Grosny nach Hause geschickt wurde, kehrte sie in einem einzigen Rock zurück.

---

797 König /Papierz 2013, S. 297.
798 Interview mit Frau Ro. (Tochter der Frau Ö.). Újpetre, 30. 07. 2014.

„Ich hatte da meine schwäbische Tracht an. Ich hatte fünf Unterröcke und einen Oberrock,
sechs Röcke. Und ich bin mit einem nach Hause gekommen. Fünf habe ich verkauft, damit
ich nicht verhungere! Aus dem Preis eines verkauften Rocks, mit den Rubeln kaufte ich nur
Knoblauch und aß ihn auf einmal auf. Ich sagte, jetzt kommt, was kommt. Entweder sterbe
ich, oder ich werde gesund. Und ich sage immer, dass dieser Knoblauch mich wieder auf die
Beine brachte. [...] Aber wenn ich nicht so viele Röcke gehabt hätte, weiß ich nicht was passiert
wäre. [...] Na ja, ich hatte nicht alle Kleider bei der Arbeit an. Nur ein-zwei Unterröcke und
den Oberrock. Aber ich habe alle verkauft und bin mit einem nach Hause gekommen, das
war der Oberrock. Aber ein Höschen gab es nicht, gerade so, damit ich unten nicht nackt war
[Gelächter]. So viel habe ich übriggelassen!"[799]

Sie verrichteten in einer Kolchose bei Grosny in der Kaukasus-Region landwirtschaftliche Zwangsarbeit. Frau Ö. erzählt von ihren Erfahrungen als Leitfigur der Arbeits-
gruppe. Sie erwähnt Kraut- und Kartoffelanpflanzungen, vor allem aber spricht sie von
den Tätigkeiten, die sich auf das Überleben konzentrierten. Die Arbeitsgruppen wurden
vor Ort untergebracht, sie wohnten in mit Schilf bedeckten Erdhütten und schliefen auf
Pritschen. In der Hütte schliefen einige junge Frauen und Mädchen. Mehrere kamen bereits als Schwangere zur Zwangsarbeit in die Sowjetunion, was sich erst vor Ort heraus-
stellte. So wurden diese Frauen zurück nach Ungarn gebracht. Ein Kindstuch hatte keine
dabei. Die Erinnerungen an die Zwangsarbeit in Grosny unter Hungersnot, Ängsten und
Krankheiten werden durch Frau Ö. mittels visueller Fantasiebilder, die reich an archety-
pischen Symbolen sind, in Form von Märchen geschildert. Der Literaturwissenschaftler
und Volkskundler Simon Sahm konstatiert in seiner Studie, dass in der Analyse der Sagen
nicht der Wahrheitsgehalt der Erzählung geprüft werden muss, sondern seine Bedeutung
und seine gemeinschaftsbildende Rolle.[800]

> „Das Erzählen einer seelischen/psychischen Erfahrung etwa objektiviert das
> Erlebte bereits und der Erzähler tritt zu seiner Erfahrungswelt auf Distanz, um
> seine Erfahrungen narrativ (und in Form der Sage auch traditionsgebunden) be-
> wältigen zu können. [...] Das Erzählen belehrt die Zuhörer über die Aktualität

---

799 Interview 1 mit Frau Ö., Újpetre, 18. 02. 2014.
800 Vgl. Sahm, Simon: Donauschwäbische Sagenbildung in der Vojvodina (1944–1952). Psychologische Aspekte eines narrativen Marienkults. In: Jahrbuch für deutsche und osteuropäische
Volkskunde. Band 51. Münster u. a. 2010, S. 75–109, hier S. 88 f.

der Tradition und bestärkt den Erzähler in seinem Deutungsangebot; die Affirmation der Wahrheit der Tradition kommt auf diesem Weg einer versichernden und rückbindenden Bestätigung der Gemeinschaft gleich."[801]

Entstehungsort der Sagen ist die Angst, stellt Sahm fest.[802] Das Märchen knüpft sich an die individuelle Lebensgeschichte der Frau Ö., sie erzählte es in Anwesenheit ihrer Tochter.

„Ja, bei uns waren so überhaupt keine Russen, nur diejenigen die die Wächter bei uns waren, die auf uns aufgepasst haben. [...] Gleich waren wir ganz draußen an der Grenze. Mit der Schlange schliefen wir. [...] Ja, ein Mädchen. Das war noch ein Mädchen und ich hatte Streichhölzer und Kerze immer bei mir. Und da sagte sie immer, Annuschka, zünde mal die Kerze an, etwas ist, so kaltes an meinem Oberschenkel. Ich habe es schon weggeworfen, genommen und weggeworfen, aber wie ich es weggeworfen habe, ist es schon wieder da. Sie sagt, das ist so kalt, dass wir nachschauen sollen, was es ist. Ich sage ihr, Anna, wir dürfen kein Streichholz umsonst anzünden, du weißt, dass wir sparsam sein müssen. Aber ich halte das nicht mehr aus, sagt sie, was soll ich machen, ich kann nicht schlafen, so kalt ist es. Na gut, ich habe die Kerze angezündet. Schauen wir. Über ihrem Kopf waren sechs kleine Schlangen und die alte, die alte kroch umher, suchte was zu fressen. Ich denke deshalb ist sie hergekrochen, weil sie an der Seite gelegen ist und deshalb schlich die Schlange immer zu ihrem Oberschenkel. [...] In jener Nacht schliefen wir überhaupt nicht, wir standen in einer Ecke und passten auf, in welche Richtung die Schlange kroch. [...] Sie war ziemlich lang. Ich weiß gar nicht mehr, ich glaube sie war drei Meter lang. Sie war so lang und war bei den kleinen zusammengerollt. [...] Als mehrere Kerzen brannten, zog sie sich zusammen, als wir sie auspusteten, kam sie wieder hervor. [...] Ein bisschen ließ ich diese eine Kerze dahinten brennen, damit wir sehen, wo lang sie geht. Natürlich suchte sie nur nach Nahrung, aber wir hatten ja auch nichts zu essen, bei uns fand sie nichts. [...] Und am Morgen kam der Natschalnik und dann rief ich ihn dahin und zeigte ihm, dass er schaut, dass wir so schlafen müssen. Und in der Nacht machten wir kein Auge zu, weil die Schlange andauernd kam. Und er freute sich so, an dem Tag mussten wir nur Stroh zusammentragen von ganz fern. Und dann nahm er [die Schlange], so ist er mit der Heugabel unten drunter und holte sie raus, legte sie ins Stroh und deckte sie zu, zündete den Stroh an. [...] Und jetzt bekommt er sehr viel Rubel dafür [für die Schlangenhaut]. Ich sagte, wir hätten die Schlange gefunden, uns müsse auch etwas zufallen. Wir kriegen auch etwas. [...] Er schlug mir auf die Schulter. Ancsika, Sie kriegen auch was. Na, sagte ich, ich will das sehen. Aber ich habe davon keinen Rubel gesehen, nichts. [...] Na deshalb

---

801 Ebd.
802 Vgl. ebd., S. 89.

wollte diese, dass ich immer die Kerze anzünde, damit sie weiß, was da ist, weil sie es wegge-
schmissen hat, es war aber so kalt, wenn es sich an ihren Oberschenkel kam, ein Höschen
hatte sie nicht, weil sie noch eine ungarndeutsche Tracht hatte.[803]

Der Strukturalist Levi-Strauss stellt anhand seiner ethnografischen Erfahrungen fest, dass
in den Märchen und Mythen einer bestimmten Gesellschaft dieselbe Charaktere und Motive zurückkehren, gegebenenfalls in gewissen Transformationen.[804] „Die Märchen sind
Miniatur-Mythen. [...]"[805] Die Hungersnot einer Gemeinschaft kann laut der Untersuchung von Levi-Strauss ein Thema von Mythen sein.[806] Nach der morphologischen Ein-
ordnung des Folkloreforschers Vladimir J. Propp geht es hierbei um ein einläufiges Märchen, das auf das Motivpaar „Kampf-Sieg" baut.[807] Im Märchen von Frau Ö. ist sie selbst
die Protagonistin, die Verantwortung gegenüber den Gruppenmitgliedern fühlt und die
die herumschleichenden Gefahren abwehrt. Im Märchen ist die erwachsene Schlange der
potentielle „Schadenstifler"[808], der die Nahrung aufessen und die Reinheit des Mädchens
gefährden könnte. In der ungarndeutschen Sagenwelt ist das Schlangenmotiv in mehreren Formen zu finden, zum Beispiel das Motiv der glückbringenden Hausschlange[809], die
im Haus nach Nahrung suchende Schlange[810] oder die nachts erscheinende, anthropomorphe Schlange, die in Wahrheit ein in Schlangenhaut verzauberter Mensch ist.[811]
Wenn das visuelle, halluzinative Märchen aus psychologischer Perspektive untersucht
wird, ist festzustellen, dass darin Elemente sexueller Erfahrungen und deren Unterdrü-
ckung aus dem individuellen Unterbewusstsein heraus (z. B. die Schlange am Oberschenkel, die Erwähnung der Unterwäsche) und sich an die kollektive Unterbewusstseinsthe-

---

803 Gruppeninterview 1 mit Frau Ö. und ihrer Tochter, Újpetre, 20. 02. 2014.
804 Vgl. Lévi-Strauss, Claude: Die Struktur und die Form. Reflexionen über ein Werk von Wladimir
     Propp. In: Ders.: Strukturale Anthropologie II. 1999a Frankfurt am Main, S. 135–168, hier S.
     149.
805 Ebd., S. 152.
806 Vgl. Lévi-Strauss, Claude: Die Geschichte von Asdiwal. In Ders.: Strukturale Anthropologie II.
     1999b Frankfurt am Main, S. 169–224, hier S. 170.
807 Propp, Vladimir J.: Morphologie des Märchens. Frankfurt 1975, S. 126.
808 Vgl. ebd., S. 79.
809 Vgl. Camman, Alfred/Karasek, Alfred: Donauschwaben erzählen Teil 2. Marburg 1977,
     S. 310 f.; Camman/Karasek 1979, S. 314.
810 Vgl. Camman/Karasek,1977, S. 77.; Camman/ Karasek 1979, S. 325.
811 Vgl. Camman/Karasek 1977, S. 450–453.; Camman, Alfred/Karasek, Alfred: Ungarndeutsche
     Volkserzählung. Aus deutscher Siedlung im altungarischen Raum Teil 2. Marburg 1982, S. 134–
     137.

orie des Psychiaters Carl Gustav Jung knüpfende archetypische Elemente (z. B. der Mutter-und-Kind-Archetyp)[812] erscheinen. Aus der Sicht meiner Studie ist die Erscheinung der Schlange als phallisches Symbol, seine Verknüpfung zum Mutter-und-Kind-Archetyp und zur liminalen Krisensituation relevant. Zu Weihnachten 1945 kehrte Frau Ö. in einem einzigen, weiten Rock aus der Zwangsarbeit nach einer widrigen Reise nach Hause zurück. Nachdem sie sich zu Hause erholt hatte, trug sie keine Tracht mehr, aus dem Stoff der Röcke wurden Kleider bürgerlichen Schnitts angefertigt. Der Mann von Frau Ö. nahm nach dem Krieg noch Webaufträge an, aber 1971 nahm er den Webstuhl ins neue Haus in der Hauptstraße aus dem Raizgipfel nicht mit, er verbrannte ihn. Das neue Kindstuch erhielt die Tochter von Frau Ö. bei der Geburt ihres ersten Kindes 1959 und sie benutzte es bei all ihren drei Kindern. Frau Ö. bewahrte das von ihrer Mutter erhaltene Alltagskindstuch bis zu ihrem Tod auf. Ein Enkel der Frau Ö., mit dem sie einen besonders engen Kontakt pflegte, gründete 2020 als Mitarbeiter der Vókányer Selbstverwaltung ein Heimatmuseum und hat sich vorgenommen die zwei Kindstücher der Familie auszustellen, sie partiell zu musealisieren.

5.4.2.2. „Sie sind verrückt geworden. Ich weiß nicht, was los ist, dass es so schön ist."[813] *Wandel der materiellen und mentalen Ordnungen.*[814] *Das Kindstuch der Frau Fi., das vom Weberlehrling Herr Hu. aus Nagybudmér gewebt wurde*

Hofer hebt in Zusammenhang mit der Bedeutung die Signalfunktion eines Objekts hervor und stellt fest, dass neben der sich in der Gestalt des Gegenstandes objektifizierenden Grundbedeutung auch zweitrangige Codes, ästhetische und emotionale Aufladungen eine Rolle spielen.[815] Das Verhältnis zwischen Mensch und Gegenstand ist im Falle von Knappheitsgesellschaften anders als bei der Verbraucherkultur der industriellen Gesellschaften, stellt Korff fest.[816]

---

812 Jung, Carl-Gustav: Archetyp und Unbewußtes. In: Barz, Helmut u. a. (Hg.): Jung in neuen Bänden. Bd. 2. Zürich u. a. 1996, S. 143–151 und 190–194.

813 Interview mit Frau Fi. Újpetre, 30. 07. 2014.

814 Korff, Gottfried: Holz und Hand. Überlegungen zu einer „deutschen" Werkstoffkunde der Zwischenkriegzeit. In: Ders.: Simplizität und Sinnfälligkeit. Volkskundliche Studien zu Ritual und Symbol. Tübingen 2013b, S. 295-313, hier S. 300.

815 Hofer 2009, S. 250.

816 Vgl. Korff 1995, S. 33.

„In Knappheitsgesellschaften, so scheint es, gründet die symbolische Aufladung im Mangel. Die Zwangslage schärft den Kombinationssinn und fordert die Imagination heraus: Die Dinge werden geradezu ‚beseelt‘, sie werden als Teile des eigenen Organismus interpretiert, sie gelten als Teil des Selbst, als affektiv besetzte Organverlängerung."[817]

Tilley ermittelt für die Mensch-Objekt-Beziehung traditioneller Gesellschaften anhand des erwähnten Tragemittels, der *bilum*-Netztasche aus Neuguinea, dass der Prozess, im Laufe dessen „the self becomes part of the thing and vice versa"[818], leicht erkennbar ist. Das Mensch-Objekt-Verhältnis wird durch geschichtliche Prozesse modifiziert, es ändert sich (*Temporalität*).[819] Die untersuchten Wollgewebe, Kindertragen und die Kindstücher[820] aus der Baranya bildeten einen Teil der Aussteuer der Frauen und auch der Männer. In der Ausstaffier erhielt das Paar diejenigen materiellen Requisiten, die zur Besetzung der traditionellen Rollen notwendig waren.[821] Das Kindstuch war eines der wichtigsten Bestandteile der weiblichen, oft ebenso der männlichen Aussteuer, seiner Funktion nach wurde es der Gruppe der Betttücher zugeordnet. In der Fachliteratur findet man die Formulierung eines Webers aus Kiskassa (ein Nachbardorf von Újpetre): „Der Wewer macht die Leinticher, die Bettticher, Tischticher, Kinnsticher (Kindertücher), wu me (wir) die Kinne drin getroche (getragen) hann."[822] Das Kindstuch ist aus ergologischer Annäherung ein Mittel des Lasttragens und der Kinderbeförderung. Wie auch andere Traghilfen[823] verteilte das über die eine Schulter geworfene und um die Taille gewickelte Kindstuch das Gewicht des zu tragenden Kindes auf den Oberkörper, es ermöglichte die freie Nutzung der Hände. Das Baranyaer Kindstuch war ein Mittel der Mobilität und der Repräsentation der Kinder, für die Verrichtung landwirtschaftlicher Arbeit war

---

817 Korff, Gottfried: Dinge: unsäglich kultiviert. Notizen zur volkskundlichen Sachkulturforschung. In: Ders.: Simplizität und Sinnfälligkeit. Volkskundliche Studien zu Ritual und Symbol. Tübingen 2013a, S. 276–294, hier S. 291.

818 Tilley 2013, S. 68.

819 Korff 2013a, S. 291.

820 Auch Leinenkindstücher gab es in der Baranya. Siehe: W. Sáfrány 1979, S. 260. Des Weiteren: „Das sommerliche Kindstuch war ein dünnes Leinenwebtuch. Als man zur Arbeit ging, wurde das Kind darin gewickelt, die Hände blieben so frei, man konnte noch etwas tragen." In: Lőrincz-Zsolt, Piroska: Hásságyi emlékeim 1928–1949. Amiért örökre szívembe zártam szülőfalumat [Meine Erinnerungen an Hásságy 1928–1949. Warum ich mein Heimatdorf für immer ins Herz schloss]. Hásságy 2008. S. 88.

821 Fél/Hofer 1969, S. 371.

822 Gehl, Hans: Wörterbuch der donauschwäbischen Bekleidungsgewerbe. Sigmaringen 1997, S. 118 f.

823 Feest, Christian F./Janata, Alfred: Technologie und Ergologie in der Völkerkunde. Band 2. Berlin 1989, S. 26 ff.

diese Trageweise nicht angemessen. Das Tuch wurde bei kleineren häuslichen Arbeiten, zum Beispiel beim Kochen verwendet, um das Kind zu beruhigen oder in den Schlaf zu wiegen. Die kindstuchartigen Kindertragen hätten mit ihrer Gestalt und ihren Tragemöglichkeiten auch als Hilfsmittel beim Stillen fungieren können, für diese letztere Funktion gibt es in der Baranya allerdings kein Beispiel.[824] Die untersuchten Interviews ergeben ein Bild davon, wie sich mittels des interaktiven Mediums der Kindstuchnutzung individuelle Identitätsaspirationen herausbildeten, wie zwischen Gruppenidentitäten gesellschaftliche Grenzen kommuniziert wurden. Darüber hinaus, wie das eine dem Mutterleib ähnliche Sphäre sichernde Objekt zwischen Mutter und Kind einen Winnicottschen intermediären Raum schuf, wie es eine psychodynamische Verbindung ermöglichte und wie es Teil an der frühen Sozialisation hatte. Korff ermittelt, dass das gesellschaftliche System, das den Alltag bestimmt, nicht grundsätzlich in kleinen Lebenswelten entsteht, aber dort seine Wirkung entfaltet und Gestalt annimmt, wobei solche Gestalten allerdings nicht konstant sind und infolge von geschichtlichen Ereignissen eine ständige Veränderung erfahren.[825]

Die Interviews, die ich in der Umgebung des Würfelhauses von Frau Ö. in der Hauptstraße von Újpetre geführt habe und die Stofflichkeit sowie Objektbiografien der untersuchten vierwebschaftigen Kindstücher aus dem 19.–20. Jahrhundert bringen mich näher an das Verständnis der kulturellen Bedeutung der Kindstücher.

Die gebürtige Nagybudmérer Frau Fi. (1925–2017) kam 1946 per Heirat zu ihrem Mann nach Újpetre. Den gesellschaftlichen Status ihrer Familie in Újpetre bestimmte sie zurzeit des Interviews 2014 anhand ihres gesellschaftlichen Stands vor dem Zweiten Weltkrieg, beziehungsweise in den 1940er-Jahren, im Vergleich mit der benachbarten Familie der Frau Ö. *„Sie wohnten im Raizgipfel* [Frau Ö. und ihre Familie] *in einem kleinen Haus. Sie waren arm. Da war die Familie meines Schwiegervaters sehr reich. Ihr Bruder* [der Frau Ö] *war da ein Knecht."*[826] Frau Fi. stufte die Familie ihrer Eltern aus Nagybudmér als wohlhabende Bauernfamilie ein. Die Újpetrer Familie ihres Mannes bezeichnete sie als *„sehr reich"*, sie gehörten zur sogenannten bürgerbäuerlichen Schicht, da sie Dreschmaschinen verpach-

---

824 Die von den Dobrudschadeutschen als Hilfsmittel beim Stillen verwendete Plachta, die ein kindstuchartiges Kindertragemittel war. „Die Kinder wurden in eine Placht geschlagen. Sie wurden auch so am Sonntag mit in die Kirche genommen und bekamen auch die Brust während des Gottesdienstes." In: Niermann, M. Monika: Deutsche Kindheit in der Dobrudscha. Marburg 1996, S. 201. Ein Stich aus dem 19. Jahrhunderts stellt eine ein Kind tragende und stillende Bettlerin mit einem kindstuchähnlichen Tuch dar. In: Kloek, E. M.: Europe. For beggars, musicians, gypsies and hippies. In: Hout, I. C. van (Hg.): Beloved Burden. Baby-wearing around the World. Amsterdam 2011, S. 58–68, hier S. 62.

825 Korff 2013b, S. 300.

826 Interview mit Frau Fi. Újpetre, 30. 07. 2014.

ten konnten. Außer 15 Joch Feld, einem Weingarten und einem geräumigen Gehöft verfügten sie bis zur Verstaatlichung nach dem Zweiten Weltkrieg über ein Haus in Pécs. Die Familie ihrer Großmutter mütterlicherseits kam aus dem Baranyaer Köblény nach Nagybudmér, wo in der zweiten Hälfte des 19. Jahrhunderts die Anzahl der Ungarndeutschen rasant anstieg und die der serbischen Bevölkerung zurückging.[827] Ihre Großmutter sorgte gemäß des Nagybudmérer Bauernstatuses Ende der 1930er-Jahre dafür, dass ein Kindstuch Teil der Aussteuer ihrer drei Enkelinnen war, der Enkelsohn erhielt keins. Für zwei der Enkeltöchter ließ sie circa ab 1939 bei dem damals 16 Jahre alten Nagybudmérer Weberlehrling Herrn Hu. neue Kindstücher anfertigen. Die Wolle spann sie selbst (im Besitz befanden sich auch elf Schafe) und ließ diese in Villány färben. Die dritte, jüngste Enkelin erhielt jenes zweischaftige Kindstuch in ihre Aussteuer, das ihre Mutter verwendet hatte und dessen Ursprung nicht bekannt ist. Eines der neu angefertigten Kindstücher, für das im Winter 1938 oder 1939 beim Weberlehrling Herrn Hu. aus einem seitdem verschollenen Mustersammelheft Muster ausgewählt werden mussten, erhielt Frau Fi. Die jugendliche Frau Fi. und der zwei Jahre ältere Herr Hu. nahmen im kleinen Dorf an denselben Unterhaltungen teil, sie waren Mitglieder derselben Gesellschaft. Über die Vergnügungen berichtet eine Sozialerhebung aus dem Jahre 1938 wie folgt:

> „Die Jugendlichen gehen in den Wintermonaten täglich in die Spinnstube, wo
> sie ohne elterliche Aufsicht sind, auch sonn- und feiertags halten sie sich das
> ganze Jahr über bis in die späte Abendstunden in einer Gesellschaft auf, welches
> Beisammensein einen schädlichen Einfluss auf sie hat."[828]

Frau Fi. und ihr Verehrer aus dem Ort vermählten sich 1942. Das Ereignis wurde auf dem Kindstuch festgehalten, weil ihre Mutter die Jahreszahl und den Namen ihrer Tochter mit Kreuzstickerei auf das Kindstuch ihrer Tochter stickte (Bild I/26., Anh. II/12.). Eine Hochzeit folgte der Vermählung nicht, weil 1944 einmarschierende russische Soldaten in der Gemarkung des Dorfes drei Deserteure aus Nagybudmér, darunter den Verlobten Frau Fi.-s, erschossen. Die Dorfbewohner holten die Toten aus der Grube heraus, die diese selbst hatten graben müssen. Bei der Beerdigung begleiteten Frau Fi. und drei Mädchen die Toten aus Nagybudmér in Brautkleider gekleidet. 1946 verließ Frau Fi. ihr Heimatdorf und fand in Újpetre einen Mann. Bei den Ende der 1940er-Jahre geborenen Kindern wurde das Kindstuch aus Nagybudmér nicht verwendet, da ihr ihre Schwiegermutter durch die Aspiration der Verbürgerlichung einen Kinderwagen kaufte und sie die-

---

827 „Nach 1920 optierten circa 180 Personen für Jugoslawien." In: Pesti 1982b, S. 555.
828 MNL BaML IV. 410. s. Nagybudmér/1938.

sen benutzte. Als Hilfsmittel der Mobilität wurde das Kindstuch erstmals 1973 verwendet, als Frau Fi. ihren Enkel mit dem Bus in die Klinik nach Pécs fahren musste. Schilderungen von Busfahrten mit einem kranken Kind zur Kinderklinik in Pécs und die Reaktionen der fremden Umgebung auf das Kindstuch kommen in zahlreichen Interviews in umliegenden Dörfern als wiederkehrendes Element vor. Zuvor wurde die Feststellung Bogatyrevs über die erkennbare Hierarchie in der Funktionalität der Trachtenstücke schon ausgeführt, wonach die Betonung des ästhetischen Elements durch eine erotische Schattierung den regional-nationalistischen Bedeutungsgehalt des Trachtenstücks untermauert.[829] Der Bericht bezeugt, dass sich die ästhetisch-regionale Funktion nach der Verminderung der rituellen, später der Alltagsfunktion, verstärkte. Im Gespräch mit Frau Fi. erscheinen die ästhetische Funktion und der Akzent der Gruppengrenzen als aufrechterhaltenden Symbolrolle.

> *„Weil sie krank war, mit der Nase, sie hatte so Schnupfen, oder so etwas, und dann musste sie lange zum Arzt nach Pécs gebracht werden. [...]Und das gab ich auch nicht hin. Ich sage doch, das hätte man hier gekauft. Jess-Maria, die Ärzte, als ich das Mädchen, die D. zuerst reingebracht habe. Sie drehten durch. Na, ich weiß nicht was los ist, dass sie so schön ist. [...] Und so habe ich sie eingepackt. Stellen Sie sich vor, ich hätte es einer Schokatzin verkaufen können. Eine Schokatzin, ich vergesse das nie. Ich wusste, dass sie eine Schokatzin war, weil diese Strumpfhosen, die waren so anders, kurz. Sie sagte, Tante, kann man dieses Tuch nicht kaufen, das sie haben? Ich sagte, warum, gefällt es Ihnen so sehr? Das würde ich kaufen. Wie viel würden Sie verlangen? Ich sage, das wird nicht verkauft, überhaupt nicht. Ich würde viel Geld dafür geben. Ich brauche es nicht. Ich sage doch, ich verkaufe es nicht. Ich hätte es sicher nicht verkauft. Und die D. [Enkelin] sagt jetzt, ob sie es haben darf? Gut, es wird dir gehören. Das ist deins. M. braucht es nicht und I. braucht es auch nicht [ihre Töchter], so kann es dir gehören.“*[830]

Zusammenfassend ist festzustellen, dass die Objektbiografien der Kindstücher von Frau Ö. und Frau Fi. die Aufmerksamkeit auf die Aspekte des gesellschaftlichen Lebens dieser Objekte richten („commodities, like persons, have social life"[831]). Eine charakteristische Form von Objektifikationsprozessen ist, dass bestimmte Objekte mit persönlichen, biografischen Elementen aufgeladen werden, so dass sie Individuen repräsentieren.[832] Tilley stellt dazu fest: „The thing is the person and the person is the thing."[833] Hofer konstatiert,

---

829 Bogatyrev 1971, S. 99 f.
830 Interview mit Frau Fi. Újpetre, 30. 07. 2014.
831 Appaduraj 2011, S. 3.
832 Vgl. Tilley 2013, S. 63.
833 Ebd.

dass die Aufgeladenheit der Objekte durch persönliche Erinnerungen und Lebensweisen
in Form von im persönlichen Lebensweg erlebten individuellen Varianten dokumentiert
werden kann.[834] Hofer sagt aus, dass im Falle von bäuerlichen Gebrauchsgegenständen
einige Stücke für die Anwendung durch mehrere Generationen angefertigt worden seien,
das Objekt funktioniere wie eine Botschaft für spätere Generationen. Darauf weist hin,
dass gegebenenfalls Jahreszahlen, Aufschriften oder Monogramme auf ihnen angebracht
wurden.[835] Mit der Weitergabe der individuell wollgewebten Kindstücher, die zur Aussteuer gehörten, wurden die Normen, der Imperativ und der Gedanke der die Gemein-
schaftserhaltung sichernden Reproduktion der gegebenen Gemeinschaft den neuen Generationen unterstrichen und erkenntlich gemacht. *Man dachte, dass es Kinder geben wird
und dass welche sein sollen.*[836] Eine der wichtigsten Vertreter der symbolischen Anthropologie, Mary Douglas, ist bei der Untersuchung des Fruchtbarkeitskults der zentralafrika-
nischen Lele zu der Kenntnis gelangt, dass das kulturelle Wissen des Stammes implizit in
Form von verborgener Kommunikation zum Ausdruck kommt.[837] In den pragmatischen
Einschränkungen der Hygiene, der Verhaltensregeln, der Sexualität und des Verzehrs bestimmter Dinge offenbaren sich kosmologische Vorstellungen. Douglas bezieht sich auf
die Arbeit von Durkheim, wonach das Verhältnis zwischen Individuum und Gesellschaft
in der Dichotomie des Heiligen und Profanen gedeutet werden kann.[838] Das Heilige ist
nichts anderes als die Gesamtheit der moralischen Gesetze, die vom Individuum für die
eigene Person anerkannt werden, es ist darum bemüht, die Regeln einzuhalten. Das Bre-
chen der Regeln kann Gefahren beinhalten. „Belief in these dangers acts as a deterrent.
It defends society in its work of self-creation and self-maintenance."[839] In der Deutung
von Douglas übt das eine Individuum während der Stammesriten über das andere eine
Macht aus, das heißt die Kontrolle der gesamten Gemeinschaft setzt sich durch, weil eine
Art gemeinsames Gemeinschaftsbild zum Ausdruck kommt.[840] Die Objekte nehmen an
Handlungen, die an Personen und Gruppen geknüpft werden können, interaktiv teil.
Berta stellt fest, dass Objekte über solch eine Motivationskraft verfügen können, dass sie

---

834 Vgl. Hofer 2009, S. 252.

835 Vgl. ebd., S. 248.

836 Interview mit Frau M. Szűr, 05. 10. 2013.

837 Vgl. Douglas, Mary: Preface, 1975. In: Dies: Implicit Meanings. Selected Essays in Anthropol-
    ogy. London u. a. 2006a, S. XI–XX, hier S. XI.

838 Vgl. ebd., S. XIV.

839 Ebd.

840 Vgl. Douglas, Mary: Couvade and menstruation. In: Dies: Implicit Meanings. Selected Essays
    in Anthropology. London u. a. 2006c, S. 170–179, hier S. 178.

auf Individuen und Gruppen eine Wirkung ausüben und zur „Quelle der Dynamik gesellschaftlicher Prozesse" werden können.[841] Die Subjekte können ihre Identitäten mittels des Mediums der Objektnutzung aufbauen.[842] Für Frau Ö. und für ihre Tochter war
das neu gewebte Kindstuch in Újpetre ein Prestigeobjekt des ersehnten, bäuerlichen Status. Bis in die 1960er-Jahre verwendeten sie das Kindstuch in seiner vollen Funktion, in
den 1980er-Jahren in der Alltagsfunktion, was beispiellos im Dorf war, denn die jungen
Frauen behandelten das familiäre Kindstuch ab den 1940er-Jahren überwiegend als Erinnerungsstück. Für Frau Fi. ließ die Großmutter Ende der 1930er-Jahre als Ausdruck
des bäuerlichen Status in Nagybudmér ein Kindstuch anfertigten. Aber als die Kinder der
Frau Fi. Ende der 1940er-Jahre in Újpetre auf die Welt kamen, erachtete die Familie das
Kindstuch als altmodisch, die für die bürger-bäuerliche Status-Aspiration entsprechende
Prestigefunktion wurde vom Kinderwagen eingenommen. Unter den sich veränderten
politischen Verhältnissen ist die eventuell stigmatisierende Rolle der Tracht- und Kindstuchnutzung nach 1945 zu erwähnen.

5.4.2.3. Unsichtbarkeit des Kindstuchs. Kindstuchweben in „Schwarzarbeit"[843] Anfang der 1950er-Jahre

Die biografische Annäherung der Objekte ermöglicht in der materiellen Kulturforschung
das tiefgehende Verständnis der Interaktionen zwischen Mensch und Objekt. Kopytoff
untersucht Kommodifizierungs- und Singularisationsprozesse von Objekten und stellt
fest, dass es die Kultur ermöglicht, dass bestimmte Dinge in der Gesellschaft einzigartig
bleiben, sakral werden, das heißt, sie begrenzt und lenkt das Vordringen der Kommodifikation.[844] Die rituellen Objekte sind zum Beispiel symbolische Monopole einer Gesellschaft, die die Grenzlinien sakraler Mächte visualisieren und verbreiten.[845] Appaduraj
konstatiert unter Anführung des Essays von William Davenport, in dem der Autor für
den rituellen Gebrauch vorgesehene Objekte auf den Ost-Salomonen untersucht, dass
die ästhetisch am besten ausgearbeiteten rituellen Objekte sowohl in Bezug auf Zeit als
auch gesellschaftlich gesehen in zahlreichen Gemeinschaften für eine längere Zeit aus der
Kategorie „Waren" herausgenommen werden.[846] Appaduraj hebt aus der Studie von Pat-
rick Geary über den mittelalterlichen europäischen Reliquienhandel hervor, dass sich im

---

841 Berta 2008, S. 47.
842 Vgl. ebd.
843 Interview mit der Tochter des Herrn Hu. Bóly, 14. 07. 2014.
844 Kopytoff 2011, S. 73 f.
845 Vgl. ebd., S. 73.
846 Vgl. Appaduraj 2011, S. 23.

Umlauf der Reliquien bedeutende Züge der Gemeinschaftsidentität, der Prestigebildung und der zeitgenössischen kirchlichen Steuerung widerspiegeln.[847] Die Kindstuch-Objektbiografien enthüllen Singularisationsprozesse bezüglich der Tauschsphäre des Objekts. Einerseits kann man über den Fall der finalen Kommodifikation (*terminal commoditization*[848]) sprechen, bei dem der weitere Umtausch der gewebten Ware ausgeschlossen war, ihr Weg war durch das Verschenken innerhalb der Familie oder durch das Vererben bestimmt. Andererseits können wir den Fall der teilhaften Kommodifikation (*restricted commoditization*[849]) antreffen, zum Beispiel, als die Kindstücher der T. P., der in der Zwangsarbeit verstorbenen Tochter des Himesházaer Dorfrichters, nach deren Tod verkauft wurden, in einer Krisensituation nach dem Krieg, als das Objekt in einer engeren Tauschsphäre rotierend den Besitzer wechselte. Obwohl die ausgeprägten ästhetischen Wert repräsentierenden, großformatigen zwei- und vierwebschaftigen, wollgewebten Kindstücher in der Baranyaer Region bei Familien und in Heimatmuseen anwesend sind,[850] waren sie bis ins 21. Jahrhundert weniger sichtbar, fachliche Publikationen waren gering.[851] Die Erklärung ist in der gesellschaftlichen Singularisation des sakralen, in kleineren Gemeinschaften verwendeten Objekts, in der Unsichtbarkeit der weiblichen Lebenswelt, des Weiteren in der negativen politischen Beurteilung der ungarndeutschen Volksgruppe zu suchen, „[d]ie mit dem Zusammenbruch von 1918 begann und mit dem Zusammen-

---

847 Vgl. ebd.

848 Ebd., S. 75.

849 Ebd., S. 74.

850 Teil der ständigen Ausstellung im Kanizsai Dorottya Múzeum Mohács ist eine Šarenica (Ltsz. 75.6.1.), zur Sammlung gehören vier Kindstücher (Ltsz. 69.1.10., 69.2.20., 69.3.1., 90.3.4.). In der Sammlung des Janus Pannonius Múzeum Pécs befinden sich außer 15 Kindstüchern (Ltsz. 52.3017.1., 52.3024.1., 72.12.1., 72.16.18.1., 75.3.1., 75.3.2., 75.11.16., 75.11.17., 75.19.1., 75.19.2., 75.23.5., 79.2.1., 2001.5.3., 2001.5.4., 2006.21.21.) zwei in Bogád, bzw. in Egerág angefertigte, bestickte Kindstücher aus Leinwandgewebe (Ltsz. 84.5.4., 84.19.1.). Im Janus Pannonius Múzeum in Pécs ist unter der Nummer (Ltsz.) 84.5.12 ein Kindertragetuch eingetragen, anhand der Webarbeit ist dieses Objekt ein Schokatzer Tischtuch, das aus zwei Teilen besteht und ein Kelim-Muster aufweist. In der Sammlung des Néprajzi Múzeum Budapest ist nach Mitteilung von Zsuzsa W. Sáfrány ein Kindertrage-Wollgewebe aufzufinden, das 1967 in Egerág eingesammelt wurde, siehe W. Sáfrány 1979, S. 260. In der Sammlung des Donauschwäbisches Zentralmuseum Ulm stammen zwei von den insgesamt elf Kindstüchern (DZM L 4709., 08481., 08482., 11175., 11176., 11177., 11178., 12590–01., 12590–02.) aus dem Dorf Franzfeld/Kačarevo unweit von Belgrad (DZM 4552., 4553.). Kindstücher sind auch z. B. in den Heimatmuseen von Himesháza, Somberek, Geresdlak und Palkonya zu sehen.

851 Es ist nicht nur für Ungarn charakteristisch, dass sich mit der Kindertragekultur bis zum 21. Jahrhundert nur wenige wissenschaftliche Arbeiten beschäftigt haben. „Bereits die wissenschaftliche Beschäftigung bzw. Nichtbeschäftigung ist symbolisch aufgeladen." In: Redlin 2010, S. 163.

bruch von 1945 keineswegs zu Ende war, sondern, wenn auch unter friedlicheren Bedingungen, als Zeit der Verfolgung (bis 1949) und der Diskriminierung bis 1989 andauerte",[852] stellt Seewann dazu fest.

Bezüglich der letzten Epoche der Anfertigung der vierschaftigen Kindstücher, also der 1930–40er-Jahre, ist in der Region um Rácpetre/Újpetre–Kisjakabfalva–Nagybudmér ein erweiterter empirischer Stoff zusammengekommen, der durch zugehöriges Archivmaterial ergänzt wird. Während die häusliche und gewerbliche Kindstuch-Anfertigung in sozialen und hauswirtschaftlichen Umfragen aus der Zeit unsichtbar blieb, hinterließ sie im kommunikativen und kulturellen Gedächtnis Spuren. Vor dem Ausbruch des Zweiten Weltkrieges wurde in den sozialen Erhebungen aus den Jahren 1938 und 1939 in der Baranya auch die Hausindustrie erfasst. Laut der Konskriptionen 1938 in Kisjakabfalva[853] und 1939 in Újpetre[854] übten die Dorfbewohner Tätigkeiten der Heimarbeit ausschließlich zur Selbstversorgung aus. Einer sozialen Untersuchung aus dem Jahre 1939 in Nagybudmér zufolge gab es im Dorf überhaupt keine Hausindustrie: „Außer dem Weben gibt es keine Hausindustrie, aber nach den Erfahrungen der Vergangenheit kann das gar nicht eingebürgert werden."[855] Im Gegensatz dazu informieren die empirischen Stoffe darüber, dass das Kindstuch der Frau Fi. in diesem Jahr durch den Weberlehrling Herr Hu. in Nagybudmér angefertigt wurde. Der Handwerkermeister, bei dem Herr Hu. arbeitete und der jährlich drei Gulden Gewerbesteuer entrichten musste,[856] wirkte auch im Dorf, des Weiteren bezeugen die Interviews noch einen älteren Nagybudmérer Weber. Laut einer statistischen Erhebung aus dem Jahre 1939 verzeichnete die Gewerbekorporation im Kreis Villány–Baranyavár, zu dem die untersuchten Dörfer und noch weitere 21 Nachbargemeinden gehörten, insgesamt acht steuerzahlende Webermeister und zwei Lehrlinge.[857] In der Region war der eine Weberlehrling Herr Hu., der andere war laut eines gerichtlichen Dokuments ein Lehrling aus Lippó, dessen Vater im Jahre 1940, im letzten Jahr der dreijährigen Ausbildung, eine Klage gegen den für die

---

852 Seewann 2010., S. 56.

853 MNL Ba ML IV. 410. s. Kisjakabfalva/1938.

854 MNL BaML IV. 410. b. Baranya Vármegye Alispánjának közigazgatási iratai. [Verwaltungsakten des Vizegespans des Komitats Baranya]. Adat szolgáltatás a Háziiparról. [Datenerhebung über die Hausindustrie]. Újpetre/ 1939.

855 MNL BaML IV. 410. s. Baranya Vármegye Alispánjának közigazgatási iratai. Községek szociális felmérésének iratai. [Verwaltungsakten des Vizegespans des Komitats Baranya. Dokumente der Sozialerhebung der Gemeinden]. Nagybudmér/1939.

856 MNL BaML IX. 262. Pécsváradi közalapítványi kerület levéltára. [Archiv des Pécsvárader Stiftungsbezirkes]. Villányi Ipartestület iratai. [Dokumente der Villányer Gewerbekorporation]. Beszedési Lajstrom [Einnahmeregister]. 1940.

857 MNL BaML IX. 262. Pécsváradi közalapítványi kerület levéltára. [Archiv des Pécsvárader Stiftungsbezirkes]. Villányi Ipartestület iratai. [Dokumente der Villányer Gewerbekorporation]. Statisztikai kérdőív [Statistischer Fragebogen]. 1939.

Ausbildung seines Sohnes verantwortlichen Meister bei der Gewerbekammer ein-
reichte.[858] Der Notar der Gewerbekammer forderte daraufhin den Webermeister aus
Lippó dazu auf, dem Lehrling nicht nur Arbeiten wie Sackstoff und zu Patschkern benö-
tigten Sackzwillig anfertigen zu lassen, sondern ihm auch das Herstellen von Handtü-
chern, Tischdecken und Betttüchern beizubringen, mit dem Lehrling menschlich umzu-
gehen und mit ihm zu reden.

Herr Hu. erledigte bereits mit 16 Jahren, im ersten Jahr seiner Lehrlingszeit, im Gegensatz zum Weberlehrling aus Lippó, ausgefeilte Weberarbeit in Nagybudmér; um diese
Zeit fing er mit dem Weben des vierschaftigen Tuchs für Frau Fi. an. Herr Hu. war das
Kind einer armen Familie mit sieben Kindern. Nach Beendigung der dreijährigen Lehr-
lingsschule (1939–1942)[859] arbeitete Herr Hu. zwei Jahre als Webergeselle, schließlich
erwarb er 1948 bei der Pécser Handels- und Gewerbekammer seinen Meisterbrief.[860]
Nach dem Erwerb des Meisterbriefs beantragte Herr Hu. sofort einen Gewerbeschein,
der ihm die Befugnis zur Ausübung des Webergewerbes erteilte. Der Obernotar des Villányer Bezirks leitete den Antrag an den Minister für Gewerbe mit der Begründung weiter, dass in Nagybudmér kein Webergewerbe vorhanden war und er den Antrag für das
Gemeindewohl als wohlbegründet erachtete.[861] Der Antrag wurde vom Minister für Gewerbe sofort ohne Einspruchsrecht abgewiesen, weil er die Vergabe des Gewerbescheins
nicht für gerechtfertigt fand.[862] In der ersten Hälfte des 20. Jahrhunderts hielt man die
kleingewerbliche Weberarbeit im Schatten der Textilfabriken und in Konkurrenz zu den
Weber-Handwerkern, die im Rahmen von Hausarbeit wirkten, nicht mehr für lebensfähig.[863] Da Herr Hu. im kleingewerblichen Rahmen nicht arbeiten konnte, nahm er die
lokalen und aus der Umgebung stammenden Bestellungen in Schwarzarbeit an. Er arbeitete mit Hilfe seiner Frau, ferner hatte er zwischen 1948–1956 auch einen Lehrling.[864] In

---

858 MNL BaML IX. 262. Pécsváradi közalapítványi kerület levéltára. [Archiv des Pécsvárader Stif-
    tungsbezirkes]. Villányi Ipartestület iratai. [Dokumente der Villányer Gewerbekorporation].
    Gutpelet Antal, Lippó.
859 MNL BaML IX. 262.Tanonclajstrom. 1897–1949.
860 MNL Ba ML IV. 419. b. Pécsváradi közalapítványi kerület levéltára. [Archiv des Pécsvárader
    Stiftungbezirkes]. Villányi járás főjegyzőjének közigazgatási iratai. [Verwaltungsakten des
    Obernotars des Villányer Bezirks]. 1338/1948. Huber József, Nagybudmér.
861 MNL Ba ML IV. 419. b. 1338/1948. Huber József, Nagybudmér.
862 MNL Ba ML IV. 419. b. 1338/1948. Huber József, Nagybudmér.
863 Szulovszky, János: A kézművesipar helyzetének változásai a céhek megszüntetésétől az
    államosítás küszöbéig. [Veränderungen der Lage des Handwerkergewerbes ab Aufhebung der
    Zünfte bis zur Schwelle der Verstaatlichung]. (1872–1945). In: Szulovszky, János (Hg.): A magyar
    kézművesipar története. [Geschichte des ungarischen Handwerkergewerbes]. Budapest 2005,
    S. 243–285, hier S. 267.
864 Interview mit der Tochter des Herrn Hu. Bóly, 14.07.2014 und Interview mit der Frau des
    Lehrlings von Herrn Hu. Villány, 14. 07. 2014.

den 1960er-Jahren blieb die Nachfrage nach gewebten Produkten allmählich aus, daher nahm er nach der Gründung der Produktionsgenossenschaft eine Stelle als Traktorist an (*„als mein Vater das Weben unterließ, weil da ja die Verstaatlichung kam, ab da verrichtete er keine Schwarzarbeit mehr.*"[865]). Das Andenken des Kindstuchwebers Herr Hu. lebt in der Region weiter. Das Kindstuch einer meiner Gewährspersonen, Frau Ra., die einst in Nagybudmér lebte, hatte deren Mutter Anfang der 1950er-Jahre bei Herrn Hu. anfertigen lassen. *„Dieser Mann hat sehr viel gewebt. [...] Von überall sind sie hergekommen [...] er hat Kinds-tücher angefertigt [...] eine ganze Menge und in vielen Farben. [...] Ich hatte nur eins, wochentags war es so und sonntags wurde es umgekehrt.*"[866] Wer nur ein Kindstuch hatte, der wendete die neu-wertigere, schönere Seite des Kindstuchs wochentags nach Innen, nur im Falle des fest-lichen Gebrauchs wurde es nach Außen gewendet. Bezüglich der Farben stellte Frau Ra. Unterschiede fest, bezüglich der Musterung jedoch Gemeinsamkeiten: *„Die sind alle [...] ähnlich [...] wohin man auch gegangen ist, um zu schauen, überall Ähnlichkeiten.*"[867] Der Aussage der Tochter Herrn Hu.-s zufolge fertigte ihr Vater Kindstücher aus mitgebrachtem Stoff an, der nicht benötigte Rest wurde dem Kunden zurückgegeben. Der acht Jahre jüngere Bruder kann sich daran erinnern, dass Herr Hu. nicht Sackzwillich zu Säcken und Patsch-kern webte und den Stoff auf dem Markt in Villány und Mohács zum Kauf anbot, son-dern feinere Textilien anfertigte. Die Tochter Herrn Hu.-s betont, dass es auch solche Kindstücher gab, die in einer Farbkombination grün-schwarz-weiß angefertigt wurden. *„Es gab auch solche, dass sie grün und schwarz und weiß waren. Und aus diesen webte er. Diese zwei Farben wurden gebracht. Die Kettfäden waren aus Hanf. Diese haben das graue Muster gegeben. Und grün und schwarz. Und das war auch so eine Modefarbe.*"[868] Bei einem Gruppengespräch in Újpetre waren sich alle einig, dass früher die bunten vierschaftigen Kindstücher für den Alltag gemacht waren, die grün-schwarz-weißen waren die Festtagstücher (*„Und das war das Irgendwohin.*")[869]. Im Gedächtnis des Sohnes des Herrn Hu. lebt ein handgezeichnetes Musterheft, aus dem die Kunden sich die Muster aussuchen konnten.

5.4.2.4. Weber-Codes der vierschaftigen Kindstücher

Ich habe versucht, bei meinen Interviews mit den Benutzern der Kindertragetextilien in der Baranya, mit dem Kindstuch im Fokus der Untersuchung und mit der Behandlung des Themas aus objektbiografischer Wahrnehmung neben den bewussten Inhalten auch

---

865 Interview mit der Tochter des Herrn Hu. Bóly, 14. 07. 2014.
866 Interview mit Frau Ra. und ihrer Schwägerin. Palkonya, 19. 02. 2014.
867 Interview mit Frau Ra. und ihrer Schwägerin. Palkonya, 19. 02. 2014.
868 Interview mit der Tochter des Herrn Hu. Bóly, 14. 07. 2014.
869 Gruppeninterview 2 mit Frau Ö. und Nachbarinnen. Újpetre, 16. 07. 2014.

Konstruktionselemente aus dem Unterbewusstsein zu erfassen. Mit dem Ziel, den Objektgebrauch in seinen dynamisch-verändernden oder archaisch-mythischen Elemente bewahrenden Zusammenhängen die Funktionen, die Kommunikationsrolle innerhalb und zwischen den Gruppen, also die Produktion kontextualisierend sichtbar zu machen. Lévi-Strauss schreibt über die Eigenarten der historischen und anthropologischen Erkenntnisse:

> „Und auf einem Wege, den sie in derselben Richtung zurücklegen, ist allein ihre Orientierung verschieden: der Ethnologe geht vorwärts, indem er durch ein Bewußtes, das er niemals aus dem Auge verliert, immer mehr Unbewußtes anzutreffen sucht, dem er sich zuwendet; der Historiker dagegen geht sozusagen rückwärtsgehend vorwärts, indem er die Augen starr auf die konkreten und besonderen Handlungen gerichtet hält, von denen er sich nur entfernt, um sie unter einer reicheren und vollständigeren Perspektive betrachten zu können. Als wahrer Januskopf mit zwei Gesichtern gestattet die Zusammenarbeit der beiden Disziplinen, und sie allein, das Ganze des Weges im Auge zu behalten. [...] Der Ethnologe interessiert sich besonders für das, was nicht geschrieben ist, nicht so sehr, weil die von ihm untersuchten Völker nicht schreiben können, sondern weil das, wofür er sich interessiert, sich von allem unterscheidet, was die Menschen gewöhnlich auf Stein oder auf Papier zu fixieren lieben."[870]

In Kenntnis der einzelnen Bestandteil-Momente können die Kindstuch-Objektverwendung und manche Bedeutungen der kulturellen Objekt-Codes erschlossen werden.

Für die Kindstuch-Nutzer ist in der Wahrnehmung des Objekts seine Neuartigkeit oder sein Abnutzungsgrad der wichtigste Aspekt, ob es sich um ein festtags-rituell oder in alltäglicher Funktion verwendetes Objekt handelt. Die Kindstuch-Farben können laut der Untersuchungen die territoriale Zugehörigkeit, eine politische Orientierung, Funktion, die Objektverwendung, selbst die religiöse und ethnische Zugehörigkeit ausdrücken. Den Untersuchungen zufolge haben die Objekte mit einem vierwebschaftigen Webmuster im Allgemeinen einen höheren Prestigewert, besonders in jenen Dörfern, in denen beide Typen zu finden sind. Bezüglich der Streifenrhythmik und Komposition der zweischaftigen Tücher konnte ich keine Besonderheiten wahrnehmen. Im Falle der Musterung der vierschaftigen Kindstücher wurde gesagt, dass ihre Anfertigung eine übergenaue

---

870 Lévi-Strauss, Claude: Einleitung. Geschichte und Ethnologie. In: Ders.: Strukturale Anthropologie I. 1991 Frankfurt am Main, S. 11–40, hier S. 39 f.

„*Tüftelarbeit*"[871] war und dass sie eine geometrisierte „*Zick-Zack* [...] *Quadrat*"[872] Musterung haben. Ihre Benutzer empfinden die vierwebschaftigen Tücher meistens als „*ähnlich*"[873] oder unterschiedlich „*Solche Muster, sie waren nicht immer ganz gleich.*"[874]

Im Kapitel, in dem die Geschichte der Ausbildung der Baranyaer Weberzünfte im 18. Jahrhundert geschildert wurde, stellte ich fest, dass die charakteristische Musterung der vierwebschaftigen Kindstücher die Variationen der Motive Natter-gang/Schlange/cursum serpentinum war. Das Weben des Motivs des Nattergangs kommt seit Anfang des 16. Jahrhunderts in Ungarn in den Zunftbriefen vor, nämlich als eine Aufgabe der Meisterprüfung neben der erneuten Zusammenstellung des Web-stuhls.[875] Die Meisterstück-Vorschriften aus dem 16.–18. Jahrhundert legten auf die Städte bezogen oft einen doppelten Nattergang fest (zum Beispiel Eger, 1733[876]), bis für die Dörfer ein einfacher Nattergang als Anforderung festgesetzt wurde.[877] In den von mir untersuchten Baranyaer Weberzunft-Artikeln aus dem 18.–19. Jahrhundert kommt das Motiv des Nattergangs nicht vor. In den Anforderungen der am frühesten, 1752 in Pécs gegründeten Weberzunft, die auf die Traditionen der in Westungarn entwickelten Leinweberei zurückgeht, ist darüber auch nichts zu finden. Im handgewebten Textilstoff aus der Baranya verblieb das Nattergang-Motiv nicht nur im Falle der vierwebschaftigen Kindstücher der Leinweber bei den Ungarndeutschen bis ins 20. Jahrhundert erhalten, sondern auch zum Beispiel auf den rot gemusterten Hausgeweben bei den Ungarn in der Region Ormánság (örtliche Benennung „rependli"[878]). Bei diesen wurden die einzelnen Musterstreifen durch einreihige oder sich ineinander schlingende Nattergang-Motive ein-gefasst. Der Form nach ist das einreihige Nattergang-Motiv eine Zickzack-Linie mit je einer Punkt-Verzierung in den dreieckförmigen Wellentälern. Diese geometrische Mus-terreihe bildet im Falle der einfachsten Leinwandbindung sowohl die Querschnittszeich-nung in der Ketten- als auch in der Schussfadendirektion ab[879], und vielleicht wurde unter anderem das Weben des emblematischen Nattergangs gerade deshalb für die Muster-Anforderung der Weberzünfte ausgewählt. Anhand der Forschungen von Domonkos

---

871 Gruppeninterview 1 mit Frau Ö. und ihrer Tochter. Újpetre, 20. 02. 2014.

872 Gruppeninterview 1 mit Frau R., zwei Frauen aus Babarc, einer Frau aus Liptód. Babarc, 29. 09. 2014.

873 Interview mit Frau Ra. und ihrer Schwägerin. Palkonya, 19. 02. 2014.

874 Interview mit Frau Szi. Kisjakabfalva, 17. 02. 2014.

875 Domonkos 1998, S. 90.

876 Vgl. ebd., S. 491.

877 Domonkos 1991, S. 376.

878 Kodolányi, János: Baranyai szőttesek. [Baranyaer Gewebtes]. Pécs 1957. S. 16 ff.

879 Die Querschnittszeichnungen siehe in: Landgráf, Katalin/Penkala, Éva/Szittner, Andrea: Nagy szövéskönyv. [Großes Buch des Webens]. Band 1. Budapest 2001, S. 38.

war ab dem Anfang des 19. Jahrhunderts das 1771 erschienene Webmusterbuch von Johann Michael Kirschbaum eine Quelle für die von Hand gezeichneten Musterbücher der ungarischen Stadtweber.[880] Domonkos stellt fest, dass das Nattergang-Muster im Musterbuch von Kirschbaum zu finden ist.[881] Auf den vierwebschaftigen Kindstüchern erscheinen geometrische Grundmotive, die in Kirschbaums Musterbuch zu finden sind, mit deren Variationen.[882] Ständige Webmotiv-Bestandteile der Kindstücher sind mit der Benennung von Kirschbaum das „Ringlein-Motiv"[883], der Zickzack-linige Nattergang, das heißt „Schlänglein" („einfache Schlange" und „doppelte Schlange")[884] ferner das dem Zahnmuster ähnliche „Zacken-Motiv"[885], sowie das „Blümlein-Motiv"[886]. Der Nattergang („Schlänglein") und die kreisförmigen Muster („Ringlein") kommen auch im Musterbuch von Johann Michael Frickinger vor, das in der Zeit von 1740 bis 1783 vier Auflagen erlebte.[887] In der gegenwärtigen Arbeit wird die Geschichte dieser Webmuster nicht erforscht, sondern der Kontext ihrer Erscheinung auf den Baranyaer Kindstüchern untersucht. Marková formuliert in ihrem 1976 erschienen Buch über die traditionellen handgewebten Textilien aus der Slowakei – der sozialistisch-politischen Rhetorik gemäß in diskriminierendem Unterton –, dass das emblematische Nattergangmotiv bis zum 20. Jahrhundert in Gebrauch blieb. Dieses Motiv stammt von den im einstigen Ungarn arbeitenden deutschen Webern.[888]

> „Die Kunstweberei war in der Slowakei tief verwurzelt. Zu Beginn des 15. Jahrhunderts kamen fremde Kunstweber in die Slowakei und in andere Gebiete des damaligen Ungarns. Geschützt durch verschiedene Zunftvorrechte erzeugten sie dekorative Textilien, sog. Barchente (barchan-bakačin), d. h. unsere heutigen gewirkten Gewebe. In der Westslowakei wurde lange Zeit gefordert, daß der Webergeselle bei seinem Meisterstück eine gemusterte Verzierung in der Form einer Schlange (Nattergang, cursum serpentinum) zu weben und auf diese Weise im Gewebe einen Zierstreifen anzufertigen verstehe. In den Satzungen der We-

---

880 Domonkos 1998, S. 37.
881 Vgl. ebd.
882 Vgl. Kirschbaum, Johann Michael: Neues Weberbild- und Musterbuch. Heilbronn u.a. 1771. Kupfertafel Nro. 71, 1-3.
883 Kirschbaum 1771, S. 9 und Kupfertafel Nro. 71, 2.
884 Kirschbaum 1771, S. 8 f und Kupfertafel Nro. 71, 1-3.
885 Kirschbaum 1771, S. 8 f. und Kupfertafel Nro. 71, 1.
886 Kirschbaum 1771, S. 8 f. und Kupfertafel Nro. 71, 1.
887 Frickinger, Johann Michael: Nützliches [...] Weber-Bild-Buch [...]. Neustadt/Leipzig 1783. S. 95, 97. Auf das Musterbuch bezieht sich Ottó Domonkos, vgl. Domonkos 1998, S. 37.
888 Vgl. Marková 1976, S. 205.

berzunft von Bratislava wird noch im Jahre 1712 angeführt, daß auch die Gesellen vom Lande bei der Meisterprüfung diese alte Probe ihrer Kunstfertigkeit abzulegen haben [...].
An den Textilien der zünftigen Weber ist zu ersehen, wie die Zunftvorschriften die Entwicklung hemmten und zum Verfall der Webkunst beitrugen. Bis zum Untergang ihres Handwerks arbeiteten die Weber mit den gleichen Bindungen und benützten stets dieselben traditionellen Motive, die allmählich vereinfacht und schließlich sogar entstellt wurden."[889]

Die Musterstreifen der Baranyaer vierschaftigen Kindstücher, angefertigt in der ersten Hälfte des 20. Jahrhunderts, wurden breiter, gestreckter, als die, die auf den Ende des 19. Jahrhunderts angefertigten Stücken zu sehen sind. Der Grund liegt darin, dass im 20. Jahrhundert ein dickerer, lockerer geflochtener, oft fertig gekaufter, farbiger Wollschussfaden zur Anfertigung der Musterstreifen verwendet wurde. Meine gegenwärtige Studie beschäftigt sich nicht mit einer umfassenden webtechnischen und textilgeschichtlichen Untersuchung der Kindstuch-Objekte, denn im Fokus meiner empirischen Forschung steht die Erfassung der zwischen Objekt und Subjekt bestehenden Interaktivität. Herr Hu. webte als 16-jähriger Nagybudmérer Weberlehrling um 1939 für Frau Fi. eine Textilie, die webtechnisch und der Musterkomposition nach dem Kanon der vierschaftigen Kindstücher entsprach. Für die Kindstücher sind die weiße Grundfarbe und die halbbordürartige Komposition, die die zwei kürzeren Seiten aufführen beziehungsweise abschließen, charakteristisch. Das Muster der zweischaftigen Kindstücher mit einer Bordüre besteht oft nur aus einigen schmalen Streifen, häufig fallen sie ganz weg, oder sie befinden sich nur auf einem Ende der Komposition. Den mittleren Hauptteil der Komposition bildet der sich wiederholende Streifenrhythmus, welcher, wenn es ihn gibt, von einer Bordüre abgegrenzt wird. Auf vierschaftigen Kindstüchern ist immer ein Teil mit Bordüre zu finden. Eine breite Bordüre umsäumt das mittlere Feld, in dem in Widerspiegelung der Grundmotive des erwähnten Musterbuchs solche Musterstreifen erscheinen, die ein geometrisches Schlangenhautmuster, oder manchmal anthropomorphe Gestalten darstellen, oft durch Streifenmuster getrennt.
Die widergespiegelten Muster sind aus den Möglichkeiten der vier Webschaften und des Spitzeinzugs der Fantasie des Webers nach variierend zustandegekommen. Auf dem Kindstuch der Frau Fi. findet man abweichend von der oberen Bordüre in der sich unten befindenden Bordüre, wo die Komposition beginnt, sogar drei Musterstreifen. Die kleine Säulen formende schwarze Musterreihe und die aus den Musterbüchern stammenden,

---

bordeauxfarbenen Schlänglein- und rosafarbenen Ringlein-Motive erscheinen in den bordürehaften Teilen als phallische und vaginale Symbole. Auch auf vierschaftigen Kindstüchern aus dem 19. Jahrhundert ist die Anwendung der phallische und vaginale Andeu-
tungen enthaltenden Musterreihen, in manchen Fällen sogar in beiden Bordüreteilen, zu
finden (Bild I/26., Anh. II/10., 11., 12.). Auf Frau Ö.-s Kindstuch, das von ihrem Mann
1940 gewebt wurde, befindet sich in zwei bordürehaften Teilen eine phallische Säulen
formende schwarze Musterreihe, die von einem dreireihigen schwarzen Nattergangstrei-
fen begleitet wird. Die in der ersten Hälfte des 20. Jahrhunderts in Kisjakabfalva Kindstücher webende Hebamme, Frau Kr., webte in die breiten bordürehaften Teile keine
phallischen und vaginalen Symbole sondern nur Streifenrhythmen[890], auch für diese Variante finden sich Beispiele aus dem 19. Jahrhundert. Einzigartige vierschaftige Kindstücher, die von einem Spezialisten angefertigt wurden, tragen in ihrer Musterwelt Botschaf-
ten in sich, die von Spezialisten entziffert werden können. Auf dem Kindstuch der Frau
Fi. ist eine Nachricht des dörflichen Weberlehrlings Herrn Hu. zu lesen, indem der Handwerker den lokal kanonisierten, Zunfttraditionen enthaltenden Musterschatz in eigener
Variante verwendete. („Frage: Und Herr Hu. wollte Ihnen den Hof machen?"/„*Aber in
dem Augenblick verzichtete ich. Und danach stellte es sich heraus, dass er sich noch Gedanken machte,
dass er es versuchte. Aber das Leben war auch früher so, trotzdem war er eifersüchtig, oder was weiß
ich.*"[891]) Die Botschaft der Ahnen, die Sicherung der Kontinuität der Generationen, die
Anregung zur Sicherung der Nachfolge offenbart sich in der Tatsache, dass die Großmutter das Kindstuch für Frau Fi. anfertigen ließ, auch bestimmte Grundstoffe (Hanf,
Wolle) hatte sie selbst produziert. Einige Jahre später stickte die Mutter Frau Fi.-s bei der
Vermählung auf die Vorderseite der Kindstuch-Komposition den Namen ihrer Tochter
und die Jahreszahl der Vermählung.

Die kosmologischen Inhalte und Bedeutungen in der Reproduktionsthematik im
Falle der vierschaftigen Kindstuch-Kompositionen bieten den Schlüssel für die Erschließung der Streifenrhythmen-Dynamik der zweischaftigen Kindstücher. Auch die zweischaftigen Kindstücher wurden überwiegend in einer halbbordürehaften Komposition
angefertigt, einige dünnere und dickere Bordürestreifen führen die ein dynamisches
Wachstum andeutende Streifenrhythmus-Komposition an und schließen sie auch ab. Die
apotropäische Rolle von Bordüren ist in der Ethnologie bekannt. Williams stellt in Verbindung mit der slowakischen, zur Abschirmung des Wochenbetts und zum Kindertragen verwendete *Plachta* fest, dass in der Folklore die bordürartige Musterung der Ränder
und der Effekt der sich abwechselnden Farben deshalb so angefertigt wurden, damit sie

---

890 Zu dieser Gruppe gehört das vierwebschaftige Kindstuch der Sammlung des Ulmer DZM: DZM
     12590–02 (Kisjakabfalva, 1938).
891 Interview mit Frau Fi. Újpetre, 30. 07. 2014.

böse Blicken fernhalten, gegen sie schützen sollten.[892] Pastoreau schreibt in seinem Werk „The Devil's Cloth. A History of Stripes" über gestreifte Oberflächen: „[...] a rhythmic, dynamic, narrative surface that indicates action, the passage from one state to another."[893] Die Kindstücher sind ähnlich den Teppichkompositionen (diese sind zumeist mit voller Bordüre eingerahmt) geplante, abstrakte Textilkompositionen mit geometrischer Musterung im halbbordürhaftigen Rahmen. In ihrem Buch, in dem sie die traditionellen handgewebten Aserbaidschaner-Teppiche analysiert, hebt die Kunsthistorikerin Roja Tagijeva die apotropäische Rolle der Bordüren, ferner die symbolische Bedeutung der Struktur der Muster im Mittelfeld, sowie der Relation von Feld und Bordüre hervor.[894] Tagijeva schreibt über die zu Lebenswenden gewebten sakralen Teppiche aus emischer Perspektive, dass die apotropäische Rolle der Bordüren und die visuellen „Symbole es den Göttern ermöglichen, dass sie sich zeigen und dadurch die gesetzten Ziele erfüllt werden können."[895] Der Textilanthropologe Van Hout schreibt über Kindertragemittel und symbolische Zierelemente gewisser Gesellschaften außerhalb Europas, dass jene die Fruchtbarkeit der Mutter, den Schutz des Kindes vor physischen und überirdischen, schädlichen Kräften und gute Wünsche (Gesundheit, Glück, Wachstum) zu vermitteln berufen waren.[896] Auf einem im 20. Jahrhundert in Himesháza verwendeten, dann 1956 durch Erwerb nach Somberek gelangten, zweischaftigen Kindstuch erscheint eine reiche Kreuzstickerei: An einem Ende der Komposition wurden ein Monogramm, religiöse Symbole (Glaube-Hoffnung-Liebe), eine apotropäische Musterreihe als Abschluss angenäht und an beiden Enden wurden in je einer Ecke an die Fruchtbarkeit verweisende Kaninchenfiguren angebracht (Bild I/29.).

5.4.2.5. Schnappschussfotografie mit Kindstuch aus dem Jahr 1961 in Újpetre. Gesten und Bedeutungen

„Die Oberflächengestaltung und die Nähe der Kleidung zum Körper als eine zweite Haut verknüpfen sich unmittelbar mit Fragen der Geschlechteridentität, der Selbstdarstellung und dem öffentlichen Erscheinungsbild" – konstatiert König.[897] Die kulturelle Bedeutung der Tracht wird durch die im gesellschaftlichen Kontext ausgegriffenen Situationen

---

892 Williams 1999, S. 142.

893 Pastoureau, Michel: The Devil's Cloth. A History of Stripes. New York u. a. 2001, S. 21 f.

894 Vgl. Tagijeva, Röja: Az azerbajdzsáni szőnyeg. [Der Aserbaidschanische Teppich]. Budapest 2011, S. 57.

895 Ebd., S. 58.

896 Hout, I. C. van: The meaning of symbolic ornamentation. In: Ders. (Hg.): Beloved Burden. How children are carried. Amsterdam 2011, S. 14–21, hier S. 14 ff.

897 König/Papierz 2013, S. 297.

und Handlungen hervorgehoben, da die Tracht „Objekt der Performativität" ist, betont König.[898] Die Objektbiografie des Festtagskindstuchs der Frau Ö. wird in meiner Studie ab der Anfertigung 1940 bis zur geplanten Ausstellung 2020 im Heimatmuseum von Vókány dargestellt. Auf einem 1961 angefertigten Familienfoto, einer Amateur-Aufnahme, erscheint das Kindstuch auf einem Höhepunkt seiner Karriere (Bild I/25.). Im Hintergrund der Aufnahme sieht man die geschlossene Eingangstür der Kirche von Újpetre, auf die sich die Sicht aus dem Hof des prestigehaften Hauses der Tochter der Frau Ö. in der Hauptstraße bietet, in dem die Figuren des winterlichen Stilllebens stehen. Im Hof steht Frau Ö. mit ihrem ersten Enkelkind, im Vordergrund ihre Tochter mit dem Zweitgeborenen, das im Kindstuch eingepackt gehalten wird. Der rechte Arm des Kindes schaut aus dem Tuch. Meine Erfahrung während meiner Feldforschung war, das die Frauen diesen in Form einer automatischen Geste – in den meisten Fällen – aus der Abgeschnürtheit durch die Textilie befreiten (Bild I/13., I/20., I/23.). Ich nehme an, dass die Handhaltung des Kindes im ikonischen Zusammenhang mit der segenspendenden Handbewegung des Jesuskindes auf Maria-Darstellungen steht. In dem von den Ungarn-deutschen besuchten Wallfahrtsort Máriagyűd zeigt sich die Gnadenstatue der Madonna im Strahlenkranz als ikonografischer Typ mit dem segnenden Jesuskind.[899] Die Statue stammt aus dem 18. Jahrhundert. Auf der Fotoaufnahme haben die Frauen festliche, städtische lange Mäntel, schwarze Halbschuhe und Kopftücher an. Frau Ö. legte die auf ihre Identität hinweisende Tracht nach dem Zweiten Weltkrieg zur Zeit der Vertreibung und der Diskriminierung der Ungarndeutschen ab. In der Kopftuchtracht der Frauen und im Tragen der Kinder in Kindstüchern spiegelt sich die Bindung an die Geschlech-terrollennormen der patriarchalen Agrargesellschaft wider.[900] Die Reminiszenz der Bau-erntracht der ungarndeutschen Frauen war das ständige Tragen der Kopftücher in gesell-schaftlichen Räumen, was den verehelichten Status der Frau kennzeichnen sollte.[901] Das 1940 im Raizgipfel im Sinne und im Gedanken der Aspiration des bäuerlichen Status angefertigte vierschaftige Kindstuch wurde von der Tochter Frau Ö.-s ab der Geburt ihres ersten Kindes (1959) im Bauernhof, der auf dem Bild zu sehen ist, benutzt. Sie verwendete das Tuch in seiner praktischen und rituellen Funktion bei all ihren drei Kin-dern. Ein Vierteljahrhundert später wurde das Tuch ausschließlich in praktischer Funk-tion gebraucht, als Frau Ö. ihren Enkel im Kindstuch zum Arzt nach Pécs brachte.

---

898 Ebd.

899 Eine ähnliche „segenspendende" Rechte-Hand-Geste eines in einem Thüringer Kindertrage-mantel getragenen Kindes erscheint auf einer Gothaer Ansichtkarte aus dem Jahre 1915. In: Redlin 2010, S. 170.

900 Vgl. Röder 1998, S. 178.

901 Vgl. ebd.

„Na 85 ist mein älteres Enkelkind auf die Welt gekommen und es musste zur Hüftenuntersuchung und dann habe ich das Fräulein hingebracht, weil ich meine Enkelin sehr oft alleine gebracht habe, weil sie Asthma hatte und so oft zum Arzt musste. Aber wenn man alleine unterwegs ist braucht man etwas zu Essen, Windeln, etwas zu Trinken, das Fläschchen. Also alles und das Kind im Arm zu tragen ist schwer. Dann packte ich sie immer so ein und wir gingen zu dieser Hüftenuntersuchung zur Kinderklinik und so ging ich mit dem Fräulein. Dann sagte ich, weißt du was! Ich werde sie darin einwickeln. Die haben sich so gewundert, als sie mich sahen. Beide meiner Hände waren frei, weil wenn man das Tuch unten gut festmacht, dann kann es auch nicht runterrutschen. Und man merkt es auch wenn es lose wird."[902]

Auf dem Foto erscheint in den Gesten des den Konventionen entsprechenden Kindertragens die durch lokale, gesellschaftlich-kirchliche Erwartungen geprägte, in kulturellen Prozessen ausgebildete Mutter-Identität. Das *nicht angemessene* Kindertragen und Mutterbild kommt im weiter oben zitierten Predigt-Fragment des Pfarrers Michael Winkler vom Ende des 18. Jahrhunderts vor, in dem die Geschichte des Kindertragens im Kindstuch als Mittel der kirchlichen Sozialdisziplinierung im Gebiet der Schwäbischen Türkei verwendet wurde. Die den gesellschaftlichen Anforderungen nicht entsprechende Objektnutzung und das an den Pranger gestellte Mutterimage wird auch aus der grotesken Geschichte der Frau L. deutlich. Das Idealbild der Frau setzte die katholische Kirche in der Gestalt von Maria fest, ermittelt Religionshistoriker Robert A. Orsi.[903] Das von menschlichen Zügen und Gefühlen durchwobene Leben der Maria ist für die Gläubigen trotz der mystischen Elemente um die Geburt Jesu glaubwürdig und nachvollziehbar.[904]

„Religion is the practice of making the invisible visible, of concretizing the order of the universe, the nature of human life and its destiny, and the various dimensions and possibilities of human interiority itself, as these are understood in various cultures at different times, in order to render them visible and tangible, present to the senses in the circumstances of everyday life. Once made material,

---

902 Interview mit Frau Ro. (Tochter der Frau Ö.). Újpetre, 30. 07. 2014.
903 Vgl. Orsi, Robert A.: The Many Names of the Mother of God. In: Ders. (Hg.): Between Heaven and Earth. The Religious Worlds People Make and the Scholars Who Study Them. Princeton/Oxford 2005a, S. 48–72, hier S. 50.
904 Vgl. ebd. S. 68 ff.

the invisible can be negotiated and bargain with, touched and kissed, made to
bear human ager and disappointment [...]."[905]

Elemente des Glaubens werden im Laufe von Objektifikationen tast- und fühlbar.[906] Das
Göttliche und das Heilige werden mittels materiellen Objektifikationen während der in
den Ritualen aufgehenden Verkörperungen und der religiösen Sozialisation des Kindes
sicht- und wahrnehmbar.[907] Die Kindstuch- und Šarenica-Objekte waren durch die in
ihrer rituellen und alltäglichen Nutzung kodierten Inhalte und Gesten Träger des Marienpräsenz in der alltäglichen Lebenswelt der Baranya. Der Pfarrer aus Palotabozsok,
Márton Bezedeki, ließ 1943–44 zur Bewahrung der Ungestörtheit der kirchlichen Riten
und Funktionen einen Film anfertigen, in dem es eine spektakuläre Szene gibt, in der die
jungen Frauen, die ihre Kinder in Kindstüchern tragen, in langer Reihe aus der festlichen
Messe hinausgehen.[908] Der sich in der Pécser Diözese herausgebildete Marienkult, der
Besuch von Maria-Wallfahrtsorten, die Abfolge der kirchlichen Maria-Feste, samt den
Säkularisations-Wandlungsprozessen des 20.–21. Jahrhunderts werden in den über das
Baranyaer Kindertragen angefertigten Interviews thematisiert. Über die interaktive Rolle
der Baranyaer Kindertragetücher, der Kindstücher, kann ausgesagt werden, dass sie Akteure von gesellschaftlichen und rituellen Prozessen, der Herausbildung gemeinschaftli-
cher und individueller Identität und Medium der Kommunikation zwischen Gemeinschaften sind.

5.4.3. Fazit

In der Kindertragekultur der Ungarndeutschen kommuniziert die in der Umgebung von
Pécs–Siklós–Bóly verwendete vierschaftige Kindstuch-Variante im Verhältnis zu dem
in der Region Himesháza–Mohács verbreiteten zweischaftigen Kindstuch einen Unterschied. Die Verschiedenheit, die sich in den Kindstuchtypen äußert, ermöglicht ähnlich
wie die Trachten einen Einblick in die Differenzierung innerhalb der Volksgruppe[909]. Die

---

905 Orsi, Robert A.: Material Children. Making God's Presence Real for Catholic Boys and Girls
     and for the Adults in Relation to Them. In: Ders. (Hg.): Between Heaven and Earth. The Reli-
     gious Worlds People Make and the Scholars Who Study Them. Princeton/Oxford 2005b, S. 73–
     109, hier S. 73 f.
906 Vgl. ebd. S. 74.
907 Vgl. ebd., S. 74 ff.
908 Vgl. Bezedeki, Martin: „Palotabozsok. Boschok unvergessene Heimat." Palotabozsok: Filmauf-
     nahmen vom Pfarrer Martin Bezedeki, 1943-1944.
909 Röder 1998, S. 176.

Untersuchung der vierschaftigen Kindstücher, die in Újpetre, Nagybudmér und Kisjakabfalva angefertigt wurden, lässt den gesellschaftlichen Aspekt der Unterschiede erkennen, die in der Materialität erscheinen. Die Nattergang-Grundmusterung der vierschaftigen Kindstücher, deren Weben einst die Anforderung für ein Meisterstück war,
öffnet ein Fenster auf eine europäische Weberzunfttradition. Das Nachleben dieser
Zunftreliquie bis in die Mitte des 20. Jahrhunderts verfügt in der ab Mitte des 18. Jahrhunderts durch Traditionen der Weberzunft geprägten Region um Pécs–Siklós–Bóly
über eine emblematische Bedeutung. Mentges hebt die in der Konstruktion von Identität
eingenommene Rolle des Trachten-Textilobjekts hervor, da es durch taktile, haptische,
olfaktorische und visuelle Sinnfälligkeit am unmittelbarsten auf den Körper einwirkt.[910]
Das Kindstuch ist ein Winnicottsches Übergangsobjekt, das einen Zwischenraum um
Mutter und Kind erschafft, es spielt eine Rolle in der extrauterinen Entwicklung und in
der frühen Sozialisation des Kindes. Es ist ein Mauss'sches Körper-Technisches-Mittel,
das neben der Mobilität die physische, psychische und soziale Entwicklung und Einglie-
derung des Kindes sichert.[911] Das auf der Aufnahme aus dem Jahr 1961 in Újpetre (Bild
I/25) erscheinende Kindstuch ist als Zubehör des Aussegnung-Ritus ein ritueller Gegenstand, ein Element des von der Kirche geprägten Marienbildes und der christlichen Ikonografie sowie eine semiotische Einheit des idealen christlichen Mutterimages und der
gesellschaftlichen Geschlechterrolle. Dazu stellt Mentges fest: „Als bereits technologisch
ausgefeiltes Artefakt wird das Kleid zum zentralen Gegenstand von kultureller und sozialer Identitätskonstruktion, von sozialer Repräsentation und von Egokonstruktionen."[912]
Die Musterwelt der vierschaftigen Kindstücher deutet auf eine wirtschaftliche und kulturelle Tradition, auf die Vergangenheit der Weberzunft hin. Die vierschaftige Variante
der Kindstücher signalisiert den einstigen Wohlstand der untersuchten Region. Der Pres-
tigecharakter der vierschaftigen Kindstücher war vor allem in den abgelegenen Gebieten
entlang der Hauptstraße 57 (Kátoly, Liptód) sichtbar. Die untersuchte Karriere des
Nagybudmérer Kindstuchwebers Herr Hu. zeigt, dass die dörflichen Handwerker wegen
des Prestigewerts und den damit verbundenen Vorrechten noch Mitte des 20. Jahrhunderts motiviert waren, die Meisterprüfung abzulegen und im Rahmen einer Interessen-
vertretungsorganisation zu arbeiten. Dennoch wurden die Kindstücher außerhalb von
Interessenvertretungsorganisationen angefertigt, solange eine Nachfrage da war, zum
Beispiel Mitte des 20. Jahrhunderts in der Werkstatt von Herrn Hu. in Schwarzarbeit.

---

910 Vgl. Mentges 2005, S. 21.
911 Mauss 1978, S. 205.
912 Mentges 2005, S. 21 f.

Während im Falle Frau Ö.-s die Kindstücher interaktive Medien und Akteure der Ego-konstruktion und der gesellschaftlichen Repräsentation waren, markierte bei Frau Fi. die Ablehnung der Verwendung des Kindstuchs ihre gesellschaftliche, vertikale Mobilität.

6. Analyse A: Ritualdynamische Prozesse bei der Verwendung der traditionellen Branauer Kindertragetücher im 20.–21. Jahrhundert

6.1. Die sich verändernden Riten um die Wöchnerin, die Liminalität

Laut Turner löst eine gegebene Gemeinschaft Krisensituationen und Veränderungen mittels ritueller Prozesse auf und gliedert diese so in die eigene Lebenswelt ein.[913] Die Riten um die Schwangerschaft und um die Wöchnerin, die zu den Lebenszyklus-Ritualen gehören, werden von van Gennep als eine Einheit angesehen: Dem Modell des Übergangsritus nach tritt die Schwangere aus ihrem früheren Status heraus und nach der Übergangs- oder Liminalitätsphase der Schwangerschaft und des Gebärens vollzieht sich dann dank der Wochenbett-Riten die *soziale Rückkehr vom Wochenbett*.[914] Zur Zeit der Schwangerschafts-Geburts-Wochenbett-Periode befindet sich die Frau in einer physischen Verfassung, die vom Üblichen abweicht und die von der Gesellschaft aus betrachtet ein unreiner und gefährlicher Zustand ist, weshalb die Frau abgesondert und als krank behandelt wurde, stellt van Gennep fest.[915] Der Aussegnung-Ritus reintegriert die Frau nach der Entbindung in ihre eigene Geschlechtsgruppe, familiäre und gesellschaftliche Rolle.[916] Einerseits sind die Frauen im Kindsbett vor schwerer, physischer Arbeit geschützt, andererseits geraten sie, isoliert vom gesellschaftlichen Leben, in eine *Downplaying*-Lage. Turner schreibt: „Initiationen demütigen die Initianden, bevor sie ihnen für immer einen höheren Status verleihen".[917] In der Liminalitätsphase des Übergangritus werden die rituellen Subjekte strukturell unsichtbar, sie durchqueren einen zweideutigen

---

913 Turner 2009, S. 30.
914 Gennep 2005, S. 52.
915 Vgl. ebd., S. 48.
916 Vgl. ebd., S. 52.
917 Turner 2009, S. 36.

Raum und eine zweideutige Zeit.[918] Die Gefühlswelt der Liminalität erscheint auch in den Interviews: *„in Wanderschaft leben"*[919], *„sechs Wochen lang war die Frau wie eine Kranke, "*[920] *„So konnte man diese Frau gar nicht sehen, es war fast so, als ob sie versteckt bleiben sollte"*[921]. Das rituale Subjekt kommt mit der Welt des mythischen Raumes und der mythischen Zeit in Berührung.[922] In den Reportagen über die Kindsbett-Periode gaben die Frauen zuerst die symbolische Zeitordnung des Ritus bekannt, die von den vorangehenden Generationen auf „entsprechende" Weise befolgt wurde und erst danach kam zur Rede, wie sich das Ganze zu ihrer Zeit, in ihrem Fall veränderte. *„Früher haben die Alten diesen Brauch sechs Wochen lang eingehalten, in unserer Zeit war das nicht mehr so."*[923] Bárth konstatiert, dass das durch die 40-tägigen jüdischen Reinigungsgesetze gezeichnete Muster von der Praxis der westlichen christlichen Kirche nicht strikt befolgt wurde. Im Falle einzelner Gemeinschaften und Individuen konnte der Zeitraum zwischen der Entbindung und der Aussegnung unterschiedlich sein.[924] Nach der Praxis im 19.–20. Jahrhundert wurde das Zeitintervall der Wochenbett-Periode bis zur Aussegnung durch die Notwendigkeit der Arbeitskraft der Frau sowie durch ihre Arbeitsfähigkeit beeinflusst.[925] Laut van Gennep endet die liminale Phase nicht mit dem Kindsbett, die Dauer ändert sich auch je nach entsprechender Volksgruppe.[926] Das Kindstuch ist ein aktiver Akteur der sich verzögernden Übergangsphase. Es ist ein Mittel der Mobilität und schützt vor den Widrigkeiten des Wetters, bewahrt aber auch janusköpfig das Kind und gleichzeitig die Gemeinschaft vor schädlichen Einflüssen und markiert den rituellen Prozess. Nach Douglas leben die Menschen in ihrer eigens gestalteten Kosmologie, aber sie manipulieren die sich ausgebildeten Normen hinsichtlich ihres eigenen Lebens zu dem Zweck, ihren Willen anderen gegenüber durchzusetzen.[927] Hinter den Verunreinigungsregelungen verbirgt sich eigentlich das Verbot des körperlichen Kontakts, konstatiert Douglas.[928] Es ist je nach Kultur abweichend, ob die menschlichen physiologischen Produkte (wie z. B. Auswurf, Blut) Verunreinigungsgedanken und Tabus auslösen oder nicht.

---

918 Vgl. ebd., S. 35.
919 Interview 3 mit Frau R. Himesháza, 04. 10. 2013.
920 Interview mit Frau M. Szűr, 05. 10. 2013.
921 Interview mit Frau M. Szűr, 05. 10. 2013.
922 Pócs 1983, S. 199.
923 Interview 5 mit Frau R. Telefonisch, 01. 11. 2013.
924 Bárth 2005, S. 213.
925 Ebd.
926 Gennep 2005, S. 49, 59.
927 Vgl. Douglas 2006c, S. 170.
928 Vgl. Douglas 2006b, S. 112.

„It seems that physiological pollutions become important as symbolic expressions of other undesirable contacts which would have repercussions on the structure of social or cosmological ideas. In some societies the social definition of the sexes is more important than in others. In some societies social units are more rigorously defined than in others. Then we find that physical contact between sexes or between social units is restricted even at second or third remove."[929]

Van Gennep hebt hervor, dass die Schwangerschafts- und Wochenbett-Riten einen Einfluss auf die Konstruktion von Geschlechtern und auf das Leben des Individuums und der Gesellschaft haben.[930] Nadig verglich die Erfahrungen südamerikanischer Kulturen aus dem 20. Jahrhundert und der Hebammen bezüglich der Heimgeburten in Deutschland. Seine Forschungen zum Thema der Geburtsrituale untermauern die These, wonach in der Konstruktion der gesellschaftlichen Geschlechterrollen die auf den Körper wirkenden physischen und psychischen Erfahrungen, die kulturell und lokal bedingt sind, eine bedeutende Rolle spielen.[931]

Mitte des 20. Jahrhunderts spiegeln die Veränderung der Baranyaer Wochenbett-Riten und das Erlöschen der rituellen Funktion des Kindertragens die Änderung der Lebenswelt wider und die Interviews zeigen „die in persönlichen Schicksalen erlebten, individuellen Varianten"[932] dieses Prozesses. Das veränderte Körperbild und die umgewandelte Logik körperlicher Handlungen gestalten und heben sodann den Wochenbett-Ritus auf („how the body shapes the ritual"[933]). Die Veränderung der Körperanschauung kommt durch die Thematisierung des Tragens von Unterwäsche in den Interviews zur Geltung. In der traditionellen Kleidung besteht diese aus einem kürzeren und mehreren längeren Unterröcken. Die Röcke nahmen die Blutung während der Periode jedoch nicht auf, das Blut bedeutete für die Gemeinschaft eine Verunreinigung, eine Gefahr. Frau R. aus Himesháza sagt dazu, dass sie sich eine Textileinlage („Pinden") aufgebunden hatten, die das Blut aufnahm.[934] „Frage: Durfte man während der Menstruation in die Kirche gehen? *Man durfte, aber man musste es geheim halten. Es gab einige, die eine stärkere Blutung hatten und dass man das Blut nicht sehen sollte. Dass das nicht gezeigt wird und es sollte niemand wissen, dass*

---

929 Ebd.
930 Gennep 2005, S. 47, 54.
931 Nadig 2011, S. 40 f.
932 Hofer 2009, S. 252.
933 Bell 2006, S. 538.
934 Interview 4 mit Frau R. Himesháza, 05. 10. 2013.

man seine Tage hat."[935] In den 1950er-Jahren trugen in Himesháza schon einige Unterwäsche unter der Tracht, darauf folgte in den 1960er-Jahre das Ablegen der Trachten zugleich mit dem Erlöschen der Riten um die Geburt. Frau Ö. aus Újpetre deutete im
Rückblick auf die Tracht mehrmals auf das Fehlen der Unterwäsche hin. An dieser Kör-
per-Wahrnehmung knüpft sich ein sexueller Gedankenkreis. *„Na deshalb wollte diese, dass
ich immer die Kerze anzünde, damit sie weiß, was da ist, weil sie sie* [die Schlange] *weggeschmissen
hat, sie war aber so kalt, wenn sie an ihren Oberschenkel kam, ein Höschen hatte sie nicht, weil sie noch
eine ungarndeutsche Tracht hatte.*"[936] Frau Ö. wie auch andere Frauen aus Újpetre legte die
Tracht nach 1945 ab. Die Tochter Frau Ö.-s befolgte noch Anfang der 1960er-Jahre die
traditionellen Geburtsriten in Újpetre. In Ungarn kann man ab den 1940er-Jahren vom
Prozess der Medikalisierung des Gebärens sprechen, von da an wurde in den Kranken-
häusern entbunden.[937] Die Aufrechterhaltung der Riten um die Schwangerschaft und um
die Wöchnerin sowie der Vorstellung der weiblichen Unreinheit waren laut der Probanden in der Baranya so lange wichtig, bis sich infolge der gesellschaftlich-strukturellen
Modernisierungsprozesse Mitte des 20. Jahrhunderts die gesellschaftliche Rolle der Frau
änderte. Douglas stellt fest, dass das Interesse einer Gemeinschaft an einer gemeinsamen
Kultur darauf ausgerichtet ist, ihre Mitglieder zur Normkonformität zu bewegen.[938] In
den Berichten zeichnet sich der Veränderungsprozess ab, der sich spätestens in den
1960er-Jahren vollzog und der das Ende der Rituale um das Gebären bedeutete, dann in
den 1970er-Jahren die Veränderung der Aussegnung und des traditionellen Kindertragens widerspiegelte. Die mit der Himesházaer Frau R. geführten Interviews bezeugen,
dass die Wahrung der Wochenbett-Riten und des Tabus der Unreinheit mit der jeweiligen, das Eigentum und die Macht besitzenden, älteren Generation verknüpft war. *„Die
Alten haben es streng eingehalten, dass die Frauen in der ersten Zeit zu Hause liegen und Schweißbäder
nehmen sollen.*"[939] In der Isolierung der Wöchnerin, in einer *Downplaying*-Situation, mani-
festierten sich die Herrschafts- und Machtverhältnisse der Gemeinschaft am Körper der
Frau. *„Die Jüngeren müssten deshalb gehorchen, damit sie in der Zukunft etwas haben.*"[940] Nach
1945 änderten sich im sozialistischen System die Eigentums- und Grundbesitzverhält-
nisse in Ungarn. In Himesháza arbeiteten viele junge Erwachsene, so auch Frau R. und
ihr Mann nach der Zwangskollektivierung der Landwirtschaft ab 1947 in der örtlichen
Bauerngenossenschaft. Das junge Paar verfügte über ein eigenes Einkommen: Frau R.
befolgte 1955, bei der Geburt ihres dritten Kindes, die Riten um die Geburt nicht mehr

---

935 Interview 4 mit Frau R. Himesháza, 05. 10. 2013.
936 Gruppeninterview 1 mit Frau Ö. und ihrer Tochter. Újpetre, 20. 02. 2014.
937 Kisdi 2013, S. 49.
938 Douglas 2006b, S. 111.
939 Interview 5 mit Frau R. Telefonisch, 01. 11. 2013.
940 Interview 4 mit Frau R. Himesháza, 05. 10. 2013.

genau, auch weil ihre Mutter, die die Aussegnung für wichtig gehalten hätte, nicht mehr lebte. Für den Prozess der Medikalisierung des Gebärens war es ein bedeutender Einschnitt, als 1960 die Hebammenschaft in Ungarn aufgehoben wurde.[941] Die Himesházaer Frau L. gebar 1960 noch zu Hause, befolgte den Traditionen gemäß alle Riten, 1963 kam ihr zweites Kind schon im Krankenhaus auf die Welt, der Wochenbett-Ritus entfiel, sie ging nach ihrer Heimkehr alsbald zur Aussegnung. Die Wandlung des Machtstatus der Alten zeigte sich auch darin, dass 1963 in der Familie der Frau L. die Alten die Umstände um die Geburt im Krankenhaus mit positiver Kritik werteten, das Festhalten an den Tabus der Unreinheit war nicht mehr begründet: „*sie geht rein und kommt rein.*"[942] Ein Beispiel für die Erscheinung *Gleichzeitigkeit des Ungleichzeitigen* ist, dass 1960, als der erste Sohn der Frau H. in Kátoly zur Welt kam, die Riten um die Geburt und um die Aussegnung, im Gegensatz zu anderen Dörfern in der Baranya bereits als überholt galten, die Šarenica fungierte in alltäglicher Verwendung. Die in der LPG arbeitende, über einen eigenen Lohn verfügende Frau H. betont das veränderte Machtverhältnis, die Emanzipation der Frauen. „*Sie war neidisch, weil ich als einfache Braut gekommen war und bereits selbständig wurde [...]. Weil ich eine Bezahlung aus der LPG erhielt.*"[943] Die finanzielle Unabhängigkeit und das Selbstbestimmungsrecht der Jüngeren, die Berufstätigkeit der Frauen beendete die Machtposition der Alten.

Zum weiteren Verständnis der Erscheinung sei ein Gegenbeispiel angeführt. Csonka-Takács untersuchte während seiner Forschungsarbeit über die Riten um die Geburt in Gyimesközéplok, warum die Einrichtung des Kindsbetts bis ins 21. Jahrhundert aufrechterhalten blieb. Ein möglicher Grund für das Bestehen der Tradition wurzelt im Gevatter-Beziehungssystem, dessen Ausbildung in die Periode der Wochenbettzeit fällt. In dieser Gesellschaft, die von der Außenwelt abgeschlossen in den Bergen und von Alpinschäferei und Holzwirtschaft lebte, waren die Gevattersleute in den schwierigen Zeiten ein Hilfesystem. Das Ziel war, so viele Personen wie möglich zu Pateneltern und Gevattern zu machen. Die Zahl der Pateneltern durfte 36 Paare, das heißt 72 Personen umfassen. Deshalb verkürzte sich die Wochenbett-Periode nicht, sondern ganz im Gegenteil, sie dauert mindestens sechs Wochen lang.[944] Der Aberglaube und in Verbindung dazu die Riten wurden durch ein dieses stets in Wandlung haltendes, zusammengesetztes Netz von individuellen, gemeinschaftlichen und externen Faktoren geformt, stellt Csonka-Takács fest.

---

941 Solymár 2003, S. 151.
942 Interview 2 mit Frau L. Himesháza, 04. 10. 2013.
943 Interview 2 mit Frau H. Kátoly, 27. 10. 2014.
944 Csonka-Takács 2008, S. 145.

6.2. Die Veränderung der Aussegnung in der Baranya im Spiegel der internationalen Muttersegenforschung

In der Baranya markierte nach der traditionellen Wochenbett-Periode der erste Weg der Mutter, der rituelle Gang durch das Gebiet der Gemeinschaft, die gesellschaftliche Rückkehr der Frau aus dem Gebären, wie die Reportagen bezeugen. Bei den Ungarndeutschen führte der erste Weg mit dem Baby im Kindstuch zur kirchlichen Aussegnungsprozession oder als paraliturgische Lösung zum Gebet an einem Wegkreuz. Frauen aus Szűr und Székelyszabar beteten vor allem an einem Wegkreuz im Rahmen ihres ersten Wegs, weil die Pfarrer der benachbarten Abtei von Himesháza nur zeitweise eine Messe in der örtlichen Filialkirche hielten. Nach Székelyszabarer Erinnerungen: „Der erste Weg der Mutter mit ihrem Kind führte zum Kreuz (*Kraiz*) vor der Kirche. Dort betete sie ein Vaterunser [...]. Man sagte zu diesem Weg im Dorf: Sie gehen aus (= Sie *ken aus*)."[945] Den ersten Weg nannte man auch in Himesháza „Ausken"[946], der zur kirchlichen Aussegnung führte. Die Aussegnungsprozessionen hinterließen in den untersuchten Regionen in den bischöflichen Visitationsakten und in Pfarrchroniken aus dem 18.–19. Jahrhundert ihre Spuren, deutlich anhand der Stolgebühr, die an den Pfarrer zu entrichten war. Der Pfarrer und Kirchenhistoriker Franz Galambos-Göller formuliert mit der impliziten Schattierung von Unreinheit, anhand der Aufzeichnungen der Akten der *Babarcer visitatio canonica* aus dem Jahr 1761, dass die Mütter der Prozession der Aussegnung bedurften, da diese ihnen die Rückkehr in die Gesellschaft sicherte.[947]

> „Von den deutschen Katholiken sprachen nur ganz wenige ungarisch. Daher wurden die Predigten hauptsächlich auf Deutsch gehalten, einige aber waren auf ungarisch für die wenigen madjarischen Katholiken. Die Reformierten sprachen nur ungarisch. In diesem Jahre wurden etwa 27 Kinder getauft, ebenso viele Mütter baten um den Segen nach der Entbindung, es wurden sieben Trauungen durchgeführt, sieben Erwachsene und etwa 13 Kinder wurden beerdigt."[948]

Die Quelle zeichnet ein Bild der die Glaubensausübung der Protestanten regelnde Verordnung (1731. Carolina Resolutio), laut der die Protestanten, die in nicht hervorgehobenen, sogenannten „artikularen Orten" lebten, in die Obhut des römisch-katholischen

---

945 Schreiner 1999, S. 95.
946 Interview 2 mit Frau L. Himesháza, 04. 10. 2013.
947 Vgl. Galambos-Göller, Franz: Die Geschichte der Pfarre. In: Wild, Katharina: Bawaz. Geschichte, Brauchtum, Sprache. Bawaz 2010, S. 24–110, hier S. 36.
948 Ebd.

Pfarrers fielen. Daher mussten sie ihm für die persönlichen Pfarrdienste (Hochzeit, Taufe, Aussegnung, Beerdigung) die Stolgebühr zahlen.[949] In Babarc wurden die Summen der pfarrlichen Stolgebühren im Laufe der 1810er und 1829er *visitatio canonica* festgelegt, die unter geringer Änderung bis in die 1930er-Jahre in Kraft blieben.[950] „Die Stolgebühren: Bei einer Taufe 15 Kreuzer, bei der Aussegnung einer Wöchnerin oder von Jungverheirateten 7 Kreuzer, für eine Trauung 30 Kreuzer. Das Stipendium bei einem Hochamt betrug 1 Gulden, bei einer Stillmesse 30 Kreuzer."[951] Laut eines Eintrags in der Pfarrchronik legte ein in Babarc dienender Pfarrer ab Mitte der 1920er-Jahre fest, dass die Stolgebühren nur mit Bargeld bezahlt werden können.[952]

Auf ungarischem Sprachgebiet werden zwei Arten der liturgischen Tradition der Frauensegnung in der Fachliteratur der Volkskunde festgehalten, die Segnung der frisch verheirateten Frau und die Aussegnung der Wöchnerin.[953] Die erste Anwendung des Kindstuchs knüpft sich an die Aussegnung der Wöchnerin, mit der ich mich in meiner Studie beschäftige. Der Ursprung der Aussegnungsprozession der christlichen Kirche ist neben den Gesetzen der Reinigung im Alten Testament in der Beschreibung des Evangeliums über die Entbindung Mariäs zu suchen.[954] Hartinger stellt fest, dass die Prozession einen Anteil daran hatte, dass der Aberglaube der Unreinheit der schwangeren und menstruierenden Frau bis in die jüngste Vergangenheit erhalten bleiben konnte.[955] Die Reform der Liturgie durch das Zweite Vatikanische Konzil (1962–1965) integrierte die Aussegnung einerseits in die Zeremonie der Taufe, andererseits blieb sie mit neuem Text versehen auch unabhängig wählbar.[956] Die Neuerungen des Zweiten Vatikanischen Konzils wurden von Turner kritisiert, da die von oben diktierten Veränderungen im Falle der geschichtlich entstandenen Ritualordnungen eine ungünstige Auswirkung auf das Leben der lokalen Gemeinschaften hätten.[957] Im Gegensatz zu Turner vertritt Bell die Meinung, dass das liturgische Inventar nicht unveränderbar sei, er sieht die Entwicklung christlicher

---

949 Bárth 1999, S. 379. „In den Visitationsakten vom Jahre 1732 findet man auch die Einwohnerzahlen: Babarc zählte 190 katholische und 17 reformierte Ehepaare". In: Galambos-Göller 2010, S. 25.

950 Vgl. Galambos-Göller 2010, S. 31 f.

951 Ebd., S. 31. 1 Gulden = 60 Kreuzer

952 Vgl. Ebd., S. 32.

953 Vgl. Bárth 1999, S. 359.

954 Vgl. ebd., S. 360. Lev 12, 1–7 und Luk. 2, 22 f.

955 Hartinger, Walter: Religion und Brauch. Darmstadt 1992, S.141.

956 Bárth 1999, S. 370.

957 Vgl. Kirsch, Mona/Rock, Charlotte/Schmidt, Andreas: Liturgie. In: Brosius, Christiane/Michaels, Axel/Schrode, Paula (Hg.): Ritual und Ritualdynamik. Göttingen 2013, S. 62–68, hier 66 f.

Gemeinschaften nicht im Festhalten an den Traditionen, sondern in der Bereitschaft zur Wandlung.[958]

Von den internationalen, historischen, die Aussegnung untersuchenden Arbeiten würde ich das 1909 erschienene Werk des Theologen Adolph Franz hervorheben, in dem er anhand von liturgischen Texten ein Bild der mittelalterlichen Benediktionspraxis vermittelt. Franz behandelt die Vielfalt der Segensarten rund um die Geburt und die Praxis der östlichen und der westlichen Kirche. Die in der Wochenbett-Periode erhaltenen, mittelalterlichen Segen haben apotropäischen und Krankensegnungscharakter.[959] Neben den den liturgischen Texten der Entbindung folgenden Segen erhalten auch die Niederschriften von magischen Praktiken und Objekten, kirchlichen Ereignissen und Ritualen, die zum apotropäischem Schutz der Wöchnerin und des Kindes dienen, einen Platz.[960] Es ist festzustellen, dass sämtliche mittelalterlichen kirchlichen Handlungen und magische Praktiken, die an die Wöchnerin geknüpft werden können und über die Franz berichtet, in den Baranyaer Reportagen aufzufinden sind: Zum Beispiel die Vorstellung der Unreinheit der menstruierenden und gebärenden Frau aus dem Alten Testament, der Danksagungscharakter der Aussegnung, die Betrachtung der Wöchnerin als Kranke und die Anwendung von apotropäischen Schutz leistenden Praktiken und Amulett-Objekten (ein mit geweihten Kräutern gefülltes „Kässje"). Ein wesentlicher Teil der historischen Forschungen stellt fest, dass der Ritus der Aussegnung nur innerhalb der Parameter Zeit−Raum−Akteur untersucht werden kann und das zeigt ein vielfarbiges und sich ständig änderndes Bild. Der Historiker William Coster ist bei der Untersuchung des frühneuzeitlichen Quellenmaterials der anglikanischen Reformation und ihres Puritanismus zu dem Ergebnis gekommen, dass die Existenz dieser Zeremonie die niedrige gesellschaftliche Einschätzung der Frau, des Gebärens und der Sexualität bedeutete.[961] Das Beharren der anglikanischen Kirche auf das Schleiertragen gab dem Ritus trotz der ausgelösten, scharfen Debatte einen Purifikations- und keinen sich an den Zeitgeist richtenden Danksagungssinn.[962] Bárth fasst zusammen, dass die sich im 16.–17. Jahrhundert erneuernde katholische Kirche den Ritus der Aussegnung, der sich an das Muster der mittelalterlichen Ritualordnung orientierte, in das 1614 herausgegebene „Rituale Romanum" und dadurch in die europäische Zeremonienbücher integrierte.[963]

---

958 Vgl. ebd.

959 Franz, Adolph: Kirchliche Benediktionen im Mittelalter. Freiburg im Breisgau 1909, S. 208 f, 212.

960 Vgl. ebd., S. 208–216.

961 Vgl. Coster, William: Purity, Profanity, and Puritanism. The Churching of Women, 1500–1700. In: Sheils, W.J./Wood, Diana (Hg.): Women in the Church. Oxford 1990, S. 377–387, hier S. 384.

962 Vgl. ebd.

963 Vgl. Bárth 2005, S. 212.

„Von den Faktoren, die für das Ritual eine Reformansicht vertreten, können folgende hervorgehoben werden: Die Kirche hat die obligatorische Länge der Zeitperiode zwischen der Entbindung und der Aussegnung nicht festgelegt und nahm diesbezüglich weder von einem zeitlichen Verbot noch von sonstigen Verboten Kenntnis; die Tatsache der Unreinheit der Mütter wurde geleugnet und anstatt des Purifikationscharakters des Rituals wurde die Danksagung in den Vordergrund gestellt [...]."[964]

Coster weist darauf hin, dass neben einigen verstreuten nonkonformistischen Bestrebungen die Frauen wegen der gesellschaftlichen Anforderungen selbst auf dem Ritual bestanden.[965] In den 1950er-Jahren nahmen mehr als 90 Prozent der gebärenden Frauen in East London an einem Aussegnungsritual teil.[966] Der Historiker David Cressy stellt in seiner Untersuchung der Epoche nach der englischen Reformation fest, dass der Muttersegen zahlreiche Lesearten hat, die sich der Sichtweise gemäß ändern.[967] Durch den Muttersegen wurde die Frau in ihrem neuen, mütterlichen Status von der Kirche und der Gemeinschaft aufgenommen und ihr Status der Fruchtbarkeit anerkannt. Sie geriet somit in den Mittelpunkt der Aufmerksamkeit. Es ging bei der Segnung um die Frau, selbst dann – meint Cressy – wenn die Kirche immer wieder der Hauptdarsteller des Rituals hätte sein wollen.[968] Paula M. Rieder untersuchte als Historikerin „la feste des relevailles" im Bestand der französischen Archive des Mittelalters und kam auf ähnliche Folgerungen wie Cressy.[969] Die Historikerin Becky R. Lee forschte in Handbüchern der Beichte und Seelsorge sowie in Bußbüchern aus dem 13.–14. Jahrhundert auf englischem Sprachgebiet, die von Klerikern für zukünftige Pfarrer mit edukativer Absicht verfasst wurden. Die sexuelle Abstinenz zwischen den Ehepartnern beruht – laut den Handbüchern – auf der Bereinigung nach der Geburt. Wenn die menstruierende Frau in die Kirche tritt, muss sie eine Buße abhalten.[970] Obwohl die Pflicht der Purifikation nach dem Gebären als Erniedrigung des Status der Frau angesehen werden kann, kann den Dokumenten auch

---

964 Ebd., S. 213. [Eigene Übersetzung].
965 Coster 1990, S. 386.
966 Ebd.
967 Vgl. Cressy, David: Purification, Thanksgiving and the Churching of Women in Post-Reformation England. In: Past and Present. 141 (1993), S. 106–146, hier S. 144.
968 Vgl. ebd., S. 145.
969 Vgl. Rieder, Paula M.: On the Purification of Women. Churching in Northern France, 1100–1500. New York 2006, S. 151.
970 Vgl. Lee, Becky R.: The Purification of Women after Childbirth. A Window onto Medieval Perceptions of Women. Florilegium 14, 1995–1996, S. 43–55, hier S. 44.

die Leseart entnommen werden, wonach die Frauen aus diesem Ritual gestärkt hervorgekommen sind.[971] Lee stellt fest, dass womöglich auch die Frauen im Entwicklungsprozess des Purifikationsrituals nach der Entbindung die eigenen Interessen vor Augen haltend eine Rolle spielten.[972] Laut englischen Quellen aus der frühen Neuzeit war die neue Mutter von Frauen umgeben, der Status der Hebamme war stärker als der des Ehemanns und dadurch konnte die frisch gewordene Mutter innerhalb der Familie ein festeres hierarchisches Verhältnis schaffen.[973] Das Vorhandensein der sich an das Blut knüpfenden Tabus und der Purifikationscharakter des Ritus bestätigen die Adäquatheit der mittelalterlichen Gender-Stereotype bezüglich der Frauen, aber dieser Ritus bot Raum dafür, dass die vorherrschenden Gender-Stereotype verändert werden konnten, konstatiert Lee.[974] Auf ungarischem Sprachgebiet untersuchte der Historiker-Ethnograf Dániel Bárth das liturgische Quellen- und das Archivmaterial des Aussegnungrituals mit einem Ausblick auf ethnografische Forschungen. Das Material meiner Untersuchung in der Baranya unterstreicht die Richtlinie der Veränderungen des von Bárth vorgestellten Muttersegen-Rituals im Ungarn des 20. Jahrhunderts.[975]

Zur Annäherung an das Thema aus ethnografischer Sicht hebe ich zwei Werke hervor. Die sich auf das deutsche Sprachgebiet beziehende Arbeit von Gerda Grober-Glück wurde anhand der Datenerhebung aus dem Jahre 1933 als Kulturraumforschung (Sammlungen des Atlas der deutschen Volkskunde) angefertigt. Grober-Glück stellt fest, dass die Wöchnerinnen selbst das kirchliche Ritual der Aussegnung beanspruchten.[976] Hartinger unterstreicht die Vermutung Grober-Glücks, wonach die Frauen das Ritual wegen seines apotropäischen Charakters brauchten und auch damit die sexuelle Beschränkung der Wochenbett-Periode formell ein Ende hatte.[977] Die problemorientierte Studie von Nils-Arvid Bringéus beschäftigt sich anhand von Fallbeispielen, die in schwedischen Archiven aufzufinden sind, mit dem Thema der Fehlgeburt. Bringéus umreißt die seelische, therapeutische (Berührung der Hand oder der Kleidung des Pfarrers) Purifikationsrolle der Kirche in der Krisensituation der Frau, die sich infolge der Fehlgeburt ergibt.[978]

---

971 Vgl. ebd., S. 48.

972 Vgl. ebd., S. 49.

973 Vgl. ebd., S. 48 ff.

974 Vgl. ebd., S. 50.

975 Bárth 1999, S. 386 f.

976 Grober-Glück, Gerda: Der Erste Kirchgang der Wöchnerin um 1930. Ein „Kirchenbrauch" in Verbreitung und Wandel. Nach den Sammlungen des Atlas der deutschen Volkskunde. In: Rheinisch-westfälische Zeitschrift für Volkskunde. Band XXIII, 1977, S. 22–86, hier S. 76.

977 Hartinger 1992, S. 263.

978 Bringéus, Nils-Arvid: Die Macht des Talars. In: Ders. (Hg.): Volksfrömmigkeit. Schwedische Religionsethnologische Studien. Münster u. a. 2000, S. 5–14, hier S. 14.

Den Muttersegen und den gesellschaftlichen Kontext der Mutterrolle analysierende, feministische, theologische Studien reflektieren basierend auf Erfahrungen feministisch-theologischer Praxis die geschichtlichen Tatsachen. Die Theologin Susan K. Roll untersucht in ihrer Studie die historischen Fakten im Spiegel der *Oral-History*-Erhebungen, die unter Teilnahme von älteren (70–90 Jahre alten), belgischen und niederländischen Frauen, die am Muttersegen-Ritus noch teilnahmen, angefertigt wurden. Laut der Forscherin ist die Geschichte des Muttersegens von bedeutendem, sozialem Druck und von einer andauernden Dichotomie im Ritus begleitet.[979] Die Theologin Natalie Knödel analysiert in ihrer Studie die Geschichte des Muttersegens aus feministisch-theologischer Sicht. Knödel stellt fest, dass die geschichtliche Untersuchung des Muttersegen-Ritus bestätigt, dass die Frau in ihre reproduktive Rolle eingeengt und nicht als Individuum behandelt wurde.[980] Die Autorin erachtet es auf das heutige Zeitalter bezogen für wichtig, dass die von Frauen definierte, neue Sichtweise auch in die theologische Praxis umgesetzt werden und an Stelle der patriarchalischen Auffassung treten soll.

Frau R. knüpft das in den 1970er-Jahren eingetretene Verschwinden der Aussegnung unter anderem an die Versetzung der erfahreneren Pfarrer; zu dieser Zeit war in Himesháza nur noch ein Priester anwesend.[981] Frau L. erwähnt als Grund für das Erlöschen des Rituals die Veränderungen, die Medikalisierung (Entbindung im Krankenhaus, Aufhebung der Hebammenschaft) und den politischen Druck auf den Pfarrer[982]. Frau M. aus Szűr brachte ihren Säugling im Kindstuch 1968 mit der Absicht der Danksagung im Rahmen ihres ersten Weges zum Kreuz, aber ihrer Meinung nach war sie ein Mitglied der letzten Generation, die so vorgegangen ist. *„Ich habe mir vorgenommen, dass ich allein gehe und ich wollte allein dort sein mit meinem Kind, am Kreuz. Wir beteten da und dankten Gott, dass das Kind gesund auf die Welt kam."*[983] Über die Ansicht der Unreinheit nach dem Gebären und der sechswöchigen sexuellen Abstinenz und deren Nicht-Einhaltung sprach Frau M. im Rahmen einer Anekdote. *„In einem Fall war das hier so, es wurde als ein Witz erzählt, dass das Kind mit einem Auto nach Himesháza zur Taufe gebracht wurde. Der Mann ließ bei seiner Frau nicht locker, bis die anderen weg waren und neun Monate darauf kam das andere Kind zur Welt. Dann wurde gesagt, dass dieser Mann der Frau keine Ruhe ließ. Na, ob das stimmt, oder nicht, das weiß ich*

---

979 Roll, Susan K.: Der alte Ritus des ersten Kirchgangs von Frauen nach der Geburt. In: Esser, Annette/Günter, Andrea/Scheepers, Rajah (Hg.): Kinder haben, Kind sein, Geboren sein. Philosophische und theologische Beiträge zu Kindheit und Geburt. Königstein/Taunus 2008, S. 176–194, hier S. 190.

980 Knödel, Natalie: Reconsidering an Obsolete Rite. The Churching of Women and Feminist Liturgical Theology. In: Feminist Theology. The Journal of the Britain & Ireland School. Issue 14, 1997, S. 106–125, hier S. 120 ff.

981 Interview 1 mit Frau R. Himesháza, 22. 12. 2009.

982 Interview 2 mit Frau L. Himesháza, 04. 10. 2013.

983 Interview mit Frau M. Szűr, 05. 10. 2013.

nicht.'[984] Wie die Berichte aus der Baranya bezeugen, kann aus emischer Einschätzung des kirchlichen Aussegnungrituals neben der apotropäischen und heilenden Rolle sowohl der Purifikations- als auch der Danksagungscharakter gesehen werden. Die Annahme der Unreinheit der Wöchnerin und über den Machtstatus der Alten verbirgt sich hinter solchen Aussagen, in denen die Interviewpartner die Traditionen der säkularen Lebenswelt des 21. Jahrhunderts um die Geburt mit kritisch artikulieren. *„Aber früher war es nicht so, dass ich ein Kind auf die Welt bringe und drei Stunden hinterher spaziere ich schon draußen mit dem Kinderwagen.'*[985] Die Modernisierungs- und Säkularisationsprozesse der 1950er-Jahre, die Medikalisierung des Gebärens, das Ende der Institution der Hebamme und das Ablegen der Tracht änderten in den 1960er-Jahren den Begriff der Körperlichkeit. Anstelle der magisch-religiösen Beeinflussung der Angst vor Krankheiten und Kindersterblichkeit trat schrittweise die Medizin.[986] Infolge der politischen und wirtschaftlichen Veränderungen zerfiel die Einheit der Agrargesellschaft, es entstand eine hochgradige Mobilität. All diese Faktoren, des Weiteren die eingetretenen Veränderungen in der kirchlichen Liturgie boten günstige Voraussetzungen für die Auflösung der traditionellen Hausgeburt in den 1960er- und der Aussegnungsriten in den 1970er-Jahren.

6.3. Communitas, der Weg vom rituellen Kindertragen zum ritualisierten Babytragen

Turner stellt an Wendepunkten gesellschaftlicher Veränderungen die Herausbildung einer kurzlebigen Antistruktur fest, die das Individuum oder eine Gruppe von Individuen von den normativen Gebundenheiten der Gesellschaft vorübergehend freistellt.[987] Der Communitas ist ein Ereignis der Erläuterung und des Zusammenhalts, ein gemeinsames, menschliches Erlebnis, in den rituellen Prozessen eine mögliche Formation der liminalen Phase und Schauplatz der Veränderungen. In jeder Phase der Riten um die traditionelle Geburt ist die verstärkte Gegenwart der weiblichen Kommune zu verspüren. Hieran kann die oben erwähnte Forschung von Vaclavík anknüpfen, wonach zur traditionell mährischen ländlichen Aussegnung die Wöchnerin ihr Kind in einem Leinen-Einsegnungstuch haltend in Begleitung von neun bis 18 Frauen erschien, die ebenfalls auf eine

---

984 Interview mit Frau M. Szűr, 05. 10. 2013.
985 Interview 2 mit Frau L. Himesháza, 04. 10. 2013.
986 Deáky, Zita/Krász, Lilla: Minden dolgok kezdete. A születés kulturtörténete Magyarországon (XVI-XX. század). [Der Anfang aller Dinge. Kulturgeschichte der Geburt in Ungarn. 16.–20. Jahrhundert.] Budapest 2005, S. 360 f.
987 Turner 2009, S. 68 f.

Aussegnung hofften (früher konnten es sogar 30 sein) und die ihre eigenen Einsegnungstücher während des Aufzuges über die Schulter geworfen trugen [988]. Das Fehlen solcher gemeinschaftlichen Erlebnisse und den Anspruch auf solche charakterisieren die moderne Gesellschaft. Knödels Erfahrung bezeugt in der zeitgenössischen Praxis der anglikanischen Liturgie einen Mangel darin, dass der neue Status der neuen Mutter eine zeremonielle Anerkennung im Kreise der anderen weiblichen Mitglieder der gegebenen Gemeinschaft bieten solle. [989] Die Ereignisse um die Geburt und der Ritus betrafen vor allem die Gemeinschaft, die weibliche Sphäre der Familie. Anhand der Forschungen von Csonka-Takács wird klar, dass Aberglauben und die Normen um die Geburt in erster Linie unter den Frauen bekannt sind, denn sie erhalten diese am Leben. Die Aufrechterhaltung und Ausübung von Aberglauben ist je nach Person oder Familie unterschiedlich differenziert, es ist nicht nur eine Frage von Generationen. [990] Auf die letzten Jahrzehnte des 20. Jahrhunderts trifft zu, dass im Rahmen der technokratischen Geburtshilfe, mit der die Medizin kartesianischer Gesinnung die Trennbarkeit von Körper und Seele vertritt, ein bio-psycho-soziales Gleichgewicht im Falle einer gebärenden Frau wohl kaum zustandekommen kann. [991] Bei einer Entbindung im Krankenhaus ist die nötige Anwesenheit weiblicher Erfahrungen nicht immer gesichert, der größte Teil der Geburtshelfer sind Männer, die mit der gebärenden Frau in einer paternalistischen Beziehung stehen, stellt Kisdi fest. [992] Die Notwendigkeit eines Entbindungsmodells holistischen Charakters, die Ersetzung des weiblichen Wissens, die Abwesenheit der Gemeinschaft und das Bedürfnis nach Ablehnung des autoritären Arztes führte zur Ausbildung der alternativen Hausgeburt-Bewegungen. [993] Nadig meint, dass in der Gegenüberstellung von Entbindung im Krankenhaus und alternativer, postmoderner Hausgeburt das Phänomen der Communitas sichtbar wird. [994] Die Turnersche Communitas-Theorie verdeutlicht den Platz der Hausgeburt-Bewegung in jenem Wandlungsprozess von Struktur und Antistruktur, im Laufe dessen jegliche Gesellschaft die entstandenen Konflikte handhabt. [995]

---

988 Vaclavík 1956, S. 36.

989 Knödel 1997, S. 125.

990 Csonka-Takács, Eszter: Gyermekágy és asszonyavatás Gyimesközéplokon. [Kindsbett und Aussegnung in Gyimesközéplok]. In: Pócs, Éva (Hg.): Maszk, átváltozás, beavatás. Vallásetnológiai fogalmak tudományközi megközelítésben. [Maske, Verwandlung, Einweihung. Glaubensethnologische Begriffe in wissenschaftlicher Annäherung]. Budapest 2007, S. 97–135, hier S. 99.

991 Varga, Katalin/Suhai, Gábor: Szülés és születés. Lélektanon innen és túl. [Entbindung und Geburt. Diesseits und jenseits der Seelenlehre]. Budapest 2010, S. 110 ff.

992 Vgl. Kisdi 2013, S. 42.

993 Vgl. ebd., S. 72.

994 Vgl. Nadig 2011, S. 46 f.

995 Vgl. ebd., S. 45 f.

In dem klar umgrenzten Raum der Hausgeburt bietet die Atmosphäre der spontanen Ereignisse Möglichkeit für das Erleben einer holistischen Entbindung, solange im Gegensatz dazu das technokratische Entbindungsmodell die Sphäre der institutionellen Kontrolle, der autoritären menschlichen Beziehungen, bewahren kann.[996]

Die Veränderung der Rituale ist keine Erscheinung der Moderne, sondern ein Phänomen der rituellen Praxis.[997] „In der globalen Erlebnisgesellschaft werden Rituale wiederentdeckt und neu erfunden, kombiniert man alte mit neuen Handlungsmustern oder importiert sie aus anderen Kulturen."[998] Aus ethnologischer Sicht gibt es laut Barna hinter den ritualisierten Handlungen in der modernen Lebenswelt eine Wahlmöglichkeit, nämlich einen Grund ihres Zustandekommens, wodurch sie so einen hervorgehobenen und konkreten Widerspruch verdeutlichen, den die Handelnden für besser und effektiver halten.[999] Die ritualisierten Handlungen drücken einen Widerstand, einen Protest gegenüber der Konformität der zwangsläufigen Normen aus, sie legen ihr neues Erscheinungsbild aus Ritualteilen zusammen, womit sie zugleich den Schein einer Art Tradition erwecken wollen.[1000] Redlin führt aus, dass die in der heutigen europäischen Alltagskultur anwesenden Babytragen im Laufe der gesellschaftlichen und kulturellen Prozesse, die durch die 1968er Studenten- und amerikanischen Hippiebewegungen in Gang gesetzt wurden, ihre heutige Form annahmen.[1001] Die Neuentdeckung des Objekts bedeutete einen Paradigmenwechsel, dessen Ziele die Gesellschaftskritik, der Drang zur Aufarbeitung der nationalsozialistischen Vergangenheit, der Protest gegen die Elterngeneration und bürgerliche Normen und gegen autoritäre Erziehung waren.[1002] Die als Industrieprodukt vertriebenen Tragetücher nehmen ihre Muster nicht aus der Vergangenheit der europäischen Kultur, sondern aus der Kindertragekulturtechnik der Ureinwohner anderer Kontinente.[1003] Anhand der Untersuchungen kann festgestellt werden, dass sich das moderne Baranyaer Kindertragen im 21. Jahrhundert in die Kindertragekultur Ungarns eingliedert, die sich als Teil der alternativen Bewegungen um Geburt und Gebären ausgebildet hat. Nach der Jahrtausendwende ist in Ungarn und in der Baranya eine Modernisierung der Geschlechterrollen zu spüren, wie die die egalitären Prinzipien bekennende

---

996 Vgl. ebd., S. 46 f.
997 Vgl. Harth/Michaels 2013, S. 125.
998 Ebd.
999 Barna 2002, S. 154.
1000 Vgl. Harth/Michaels 2013, S. 125.
1001 Redlin 2010, S. 167.
1002 Vgl. ebd., S. 168.
1003 Ebd.

Vaterrolle und die veränderte Einstellung gegenüber nicht-traditionellen Familienformen. Die ungarische Babytrage-Industrie baut auf die Käufer mit alternativen Lebensweisen.[1004] Die

moderne, ritualisierte Babytragekultur organisiert sich im realen und virtuellen Raum mittels in kommerzialisierter Szene gestalteten Trageberatungs-Kursen und Klubs sowie Online-Gemeinschaften. Pasche Guignard stellt fest: „Babywearing in the media age reflects some of the changing values that (re)define and express prevailing and culturally specific norms of ‚good mothering‘.“[1005]

6.4. Kindstuch und Ritualdynamik

6.4.1. Funktionen des Kindstuches und Funktionsänderungen

Turner führt in seiner *Symbologie*-These aus, dass die in den Riten oder in der Kunst erscheinenden nonverbalen Ausdrucksformen ihre Wirkung akustisch, optisch oder taktil entfalten und in gesellschaftlichen Veränderungs- und psychologischen Prozessen eine Rolle spielen.[1006] Das Kindertrageobjekt ist ein Akteur der Übergangsprozesse im gesellschaftlichen Leben der gegebenen Gemeinschaft. Mauss richtet die Aufmerksamkeit aus holistischer Sicht auf die Körpertechniken, zum Beispiel auf die gesellschaftlichen, seelisch-psychologischen und biologischen Elemente des Kindertragens.[1007] Das rituelle Objekt ist bei individuellen und gesellschaftlichen Übergangsprozessen behilflich und ist deren Marker.[1008] Hauptdarsteller der Riten sind die teilnehmenden Personen, aber im Ablauf des Ritus können materielle Dinge oder sogar Naturerscheinungen Akteure sein.[1009] Vaclavík schreibt in seinem bereits vorgestellten Werk, dass auf mährischem Gebiet die Wöchnerin mit dem Kind, das sie in einem Einsegnungstuch an sich gewickelt trug, den Weg zur Aussegnung ging, während die sie begleitenden Frauen, die auf Fruchtbarkeit hofften, ihre eigenen Einsegnungstücher als Schultertuch benutzten.[1010] In manchen slowakischen Dörfern war das Kindertragetuch in mehreren Lebensphase-Übergangs-Riten der Frau anwesend.[1011] In Kenntnis der Ergebnisse Vaclavíks unternahm

---

1004 Vgl. Patik 2014, S. 83.
1005 Pasche Guignard 2016, S, 32.
1006 Turner 2009, S. 28 ff.
1007 Mauss 1978, S. 203.
1008 Vgl. Bräunlein 2014, S. 247 f.
1009 Vgl. ebd.
1010 Vgl. Václavík 1956, S. 36.
1011 Vgl. ebd., S. 35 f.

Williams eine Feldforschung auf tschechischen und slowakischen Gebieten: Sie analysierte in ihrer Studie die magisch-religiöse Funktion des Kindertragetuchs und der Haube, die während der Riten der Hochzeit, der Geburt und der Beerdigung getragen wurden und stellt fest, dass diese Gegenstände noch in der zweiten Hälfte des 20. Jahrhunderts in Gebrauch waren.[1012] Der rituelle Gebrauch des Kindstuchobjekts bedeutete für die Wöchnerin nach der Wochenbett-Periode ihr erster Weg zur Aussegnung oder zum Wegkreuz. Anhand der Interviews und der schriftlichen Dokumente erhielt bei den Ungarndeutschen nahezu jede Frau zumindest ein Kindstuch als Teil der Aussteuer, spätestens bei der Geburt des ersten Kindes. Laut des analytischen Systems Bogatyrevs, der die Trachten nach den Anlässen des Tragens klassifizierte (alltäglich, festlich, feierlich-festlich, rituell[1013]) ist das Kindstuch auch im Gebrauch relevant. Meistens wurde durch Zustand und Alter des Kindstuchs und der Šarenica bestimmt, zu welchen Anlässen die Textilien benutzt werden konnten, aber auch die Farbenzusammensetzung konnte entscheidend sein. Die Verwendung der Farben schwarz-weiß, eventuell grün, galt in Újpetre als festlicher als die sehr bunten Textilstücke (Anh. II/11.). An solchen Orten, wo sowohl die zwei- als auch die vierschaftigen Kindstücher verwendet wurden, hatten die vierschaftigen einen höheren Prestigewert. Bei festlichen und rituellen Anlässen wurden die neuwertigen Textilien, im Alltag die von den früheren Generationen geerbten älteren Stücke benutzt. Der Fall der Kindstücher der Frau W. ist ein gutes Beispiel dafür, welchen Übergang die festliche und ausschließlich rituelle Anwendung bildet.[1014] Das vererbte und aus dem Ausland zurückgeschickte Kindstuch Frau W.-s wurde mit ästhetisch-regionalem Akzent ausschließlich bei der Aussegnung ein einziges Mal rituell verwendet.[1015] So sehr das ein einziges Mal im Leben in ritueller Funktion verwendete Kindstuch sorgfältig verwahrt wurde und einen dominanten Stellenwert ähnlich der Hochzeitstracht[1016] hatte, kam das alltägliche, im Alltag abgenutzte, in Fetzen zerrissene Tuch in einer umso abgewerteten Rolle zur Erwähnung *(„Der Hund hat auch eins in seinem Haus"[1017])*. Im strukturellen Beziehungssystem der Funktion zieht eine sich dominant erweisende Funktion, die Abschwächung anderer Funktionen mit sich, konstatiert Bogatyrev.[1018] Die Alltagsfunktion geriet in eine ähnlich niedrige Position in der Beurteilung der Kindstücher von Frau D. (Alltagstuch, Festtagstuch, feierliches Festtagstuch) dadurch, dass der Akzent auf

---

1012 Williams 1999, S. 146.
1013 Bogatyrev 1971, S. 43 f.
1014 Vgl. ebd., S. 46.
1015 Interview 1. mit Frau W. Himesháza, 12. 09. 2009.
1016 Vgl. ebd.
1017 Interview 2 mit Frau W. Himesháza, 12. 06. 2010.
1018 Bogatyrev 1971, S. 34.

den Unterschied zwischen dem festlichen und feierlich-festlichen Textilobjekt fällt.[1019]
Mit der Abschwächung der rituellen und der Alltagsfunktion in der zweiten Hälfte des
20. Jahrhunderts ist zu beobachten, dass sich zum Beispiel in der Kindstuchwahrneh-
mung der nach Pécs fahrenden Frauen die Dominanz der ästhetischen, eventuell der
erotischen Funktion vereint und mit regionalistisch-nationalistischer Bedeutung verstärkt. *„Die sind verrückt geworden, Na, ich weiß nicht was los ist, dass es so schön ist."*[1020] Neben
den praktischen Funktionen des Kindstuchs (es unterstützt die Mobilität, ermöglicht kleinere Arbeiten, hilft in den Schlaf wiegen und schützt vor Kälte), ist seine Symbolrolle
ähnlich wie die der Tracht-Objekte.[1021] Das Kindstuch markiert die Gruppenidentität
und die Binnengliederung einer Gruppe, religiöse und territoriale Zugehörigkeit, darüber
hinaus ist es ein interaktives Mittel der Repräsentation, der individuellen und gesellschaftlichen Identitäts-Aspirationen und des Statusaufbaus. Korff hebt im Zusammenhang mit
den Objekten ihre Multifunktionalität, ihre Bedeutung über die instrumentale und zielra-
tionale Verwendung hinaus hervor.[1022] Er schreibt:

> „Sachen, selbst Bestandteile eines gesellschaftlichen Symbolsystems, können in
> ihrem Gebrauch Bedeutungen erlangen, die zwischen Fetischisierung, animisti-
> scher Verlebendigung und instrumentellem Gebrauchswert oszillieren und da-
> mit zu Gegenständen sowohl individueller als auch kollektiver Mythologien wer-
> den – seien die Mythen religiös, ästhetisch oder sozial gefärbt."[1023]

Mauss betont, dass sich für den Handelnden die „[t]echnische Handlung, physische
Handlung, magisch-religiöse Handlung" ineinanderfügen.[1024] Das Kindertrageobjekt ist
neben seiner gesellschaftlichen, rituellen und alltäglichen Funktion interaktiver Akteur
physiologischer Prozesse. Das Kindertragetuch sichert zur extrauterinen Entwicklung
des Kleinkindes das den Mutterleib imitierende Raumerlebnis (*Organverlängerung*), den
Körperkontakt zur Mutter, der laut Montagu in der Entwicklung des Kindes entscheidend ist.[1025] Im Kindstuch wurden die Kinder in der Baranya bis zum dritten Lebensjahr
getragen (Bild I/8, I/9.). Das dicke Wollkindertragetuch bringt einen Winnicottschen

---

1019 Gruppeninterview mit Frau D. und ihrer Tochter, Frau R. Himesháza, 20. 05. 2015.
1020 Interview mit Frau Fi. Újpetre, 30. 07. 2014.
1021 Vgl. Bogatyrev 1971, S. 80.
1022 Vgl. Korff 2013a, S. 290 f.
1023 Ebd.
1024 Mauss 1978, S. 205.
1025 Montagu, Ashley: Körperkontakt. Die Bedeutung der Haut für die Entwicklung des Men-
    schen. Stuttgart 1997, S. 171 ff.

intermediären Raum um die Mutter-Kind-Diade zustande und es kann, wie die Interviews bezeugen, ähnlich den Übergangsobjekten die Mutter repräsentieren. *„[E]r erkannte mich nicht, aber das Tuch brachte ihm wieder die Erinnerung zurück".*[1026] An Winnicotts Ergebnisse im Bereich Entwicklungspsychologie anknüpfend untersucht Barbara Boudewijnse die Verbindung von Ritual und *Übergangsphänomenen.*[1027] Sie betont, dass die Abwesenheit der Mutter durch Übergangsobjekte, die den Raum zwischen inneren Sehnsüchten und der äußeren Realität überbrücken können, ersetzt werden kann. Sie bilden einen sogenannten Zwischenraum oder potenziellen Raum (*potential space*) zwischen Verlangen und Wirklichkeit. Die kulturelle Erfahrung erfolgt im intermediären oder potentiellen Raum der Übergangsobjekte, des Spiels und des gemeinsamen Spiels, unterstreicht Boudewijnse auf Winnicott bezogen.[1028] „Like the potential space, ritual is located intermediately between inside-outside, subject-object, ideal-reality [...] Ritual functions as a bridge between the inner experience of the individual and the external socio-cultural world."[1029] In seiner Untersuchung der zeitlichen Existenz der Gegenstände stellt Hofer fest, dass einzelne Objekte diverse Lebensphasen haben.[1030] Nach der Verwendung können sie ihre Laufbahn in einem Nachleben in einer zweitrangigen Funktion, oder zu einem anderen Gegenstand umgeformt, beenden, die hinfälligen Handwerkergegenstände gelangen in Form von Asche in die Erde.[1031] Die traditionellen Tragetücher in der Baranya werden in den Familien als Träger des familiären Gedächtnisses aufbewahrt, verkauft oder in einer sekundären Funktion (als Wand-, Bett-, Armsesselschutz, Decke für einen Menschen in einer Krisensituation im Krieg, Bedeckung für den Sarg oder die Hundehütte) wiederverwertet. Als Erscheinung gruppenexterner Kommunikation konnte das Kindstuch als Bricolage-Objekt zur schokatzischen Schürze werden.[1032] Gegebenenfalls erscheinen die Kindstücher als Objekte der Gruppenidentität in Musealisations- und Festivalisationsprozessen.

1026 Eröffnungsrede von R. J. im Textilmuseum in Budapest zur Ausstellung „Hordozókendők és női sorsok. Hordozókendő a baranyai németek viseletében. Kindstücher und Frauengeschichten. Das Kindstuch bei den Deutschen in der Baranya". 29. 04. 2010. [Unveröffentlicht].

1027 Boudewijnse, Barbara: Ritual and Psyche. In: Kreinath, Jens/Snoek, Jan/Stausberg, Michael (Hg.): Theorizing Rituals: Issues, Topics, Approaches, Concepts. Leiden u.a. 2006, S. 123–141, hier S. 134.

1028 Vgl. ebd.

1029 Ebd., S. 134 f.

1030 Hofer 2009, S. 245.

1031 Vgl. ebd., S. 245 f.

1032 Sammlung der Inhaber der Keller-Galerie in Nagypall.

6.4.2. Ordnungsvorstellung: Das Kindstuch in der Aussteuer

Das Kindstuch, das die ungarndeutschen Frauen auf dem Untersuchungsgebiet bis Mitte des 20. Jahrhunderts spätestens zur Geburt ihres Kindes erhielten, war ein Teil der Aussteuer, der Betttextilien. Gegebenenfalls war das Kindstuch Teil der männlichen Aussteuer, wenn der Mann (als Tochtermann) bei der Eheschließung sein Elternhaus verließ. Ebenfalls war es auch möglich, dass die junge Frau von ihrer Schwiegermutter die im Haus verbliebenen Kindstücher erhielt. Mit der Kindstuch-Anfertigung beschäftigte sich nicht jeder Weber, pro Dorf oder Gebiet wurden die Kindstücher von je einem Handwerkerspezialisten hergestellt. Das Kindstuch wurde nicht immer neu zur Aussteuer angefertigt. Sein Kreislauf innerhalb der Gruppe und der Familie festigte die sozialen Kontakte.[1033] Vom Grundstoff und von der Anfertigung her war es ein wertvolles Stück, wegen seiner langen Lebensdauer wurde es von Generation zu Generation vererbt. Das Kindstuch erscheint in Eheverträgen und Inventaren im Quellenmaterial des Baranyaer Archivs aus dem 18.–19. Jahrhundert. In einem 1808 in Németbóly geschlossenen Ehevertrag übergibt eine Witwe ihrem neu verheirateten Mann die Leitung der Wirtschaft unter der Bedingung, dass dieser die Zukunft der zwei Töchter der Frau den Traditionen gemäß sichert.[1034] Laut des Anerbenrechts darf der Sohn der Witwe nach Belieben in die Wirtschaft einheiraten. Die Tochter muss bei ihrer Heirat eine Mitgift (200 Gulden aus der Wirtschaft und ein einjähriges Kalb) und eine Aussteuer aufweisen, ferner hat sie zum Hochzeitsfest einen Eimer voll Weizen, zehn Pfund Rind- und zehn Pfund Schweinefleisch vorzulegen. Die Teile der Aussteuer sind laut der Abschrift: „ein Beth; nämlich: Eine Oberdecke mit 10 Pfund Feder, vier Bolster, jedes mit 4 Pfund Feder, Zwey Leintücher, ein feines und ein grobes, ein Tischtuch, ein Handtuch, ein Kindstuch, und ein Oberblatt."[1035] In einem Szajker Ehevertrag eines heiratenden Witwers (auf seinen Status verweisende Daten sind nicht vorhanden, anhand seiner Wirtschaft und seines Weingartenbesitzes gehörte er vermutlich zu den Kleinhäuslern) aus dem Jahre 1848 wurden unter anderem Mitgift und Aussteuer der drei vorhandenen und aller weiteren Kinder festgelegt.[1036] Gemäß des Anerbenrechts erhält der älteste Sohn die Wirtschaft, falls er sterben sollte, bekommen sie die anderen. Für das Hochzeitskleid erhielten alle Kinder zehn Gulden, weiterhin erhielten alle heiratsfähigen Jungen eine Aussteuer: „zwei Bolster und

---

1033 Vgl. Gennep 2005, S. 38.

1034 Krauss 2003, S. 323.

1035 Ebd.

1036 MNL BaML XI. 605. h. P. Pécsváradi közalapítványi kerület levéltára. [Archiv des Pécsvárader Stiftungbezirkes]. Versendi uradalom iratai. Szerződések [Akten der Herrschaft Versend. Verträge.] Házassági szerződés. [Ehevertrag]. Szajk, 1848.

zwei Leintücher, das ist ein feines und ein Grobes"[1037]. Die Mädchen: „ein Bettstelle, ein Strohsack, ein feines und ein grobes Leintuch, vier Bolster und ein Federdecke (beides mit blauen Überzug), ein Überthan, ein Einfasstuch [Kindstuch], ein Tischtuch, ein Handtuch und einen hohen Kasten."[1038] Das in den untersuchten Eheverträgen vorkommende Wort „Überthan" hat die Bedeutung „Leichentuch"[1039]. Laut Véménder Erinnerungen wurden die in der ersten Stube aufgebahrten Toten mit einem blau- oder lilafarben bestickten Leichentuch abgedeckt [1040], während meiner Feldarbeit bin ich in Somberek auch einem gestickten, zum Abdecken des Toten angefertigten Leinentuch begegnet, das als Teil der Aussteuer aufbewahrt wurde.

In den 1930er-Jahren bestand das weibliche Himesházaer Kleinhäusler Aussteuer-Modell grundsätzlich aus einem *„aufgericht Bett und einem Koste"*, in der männlichen Aussteuer kamen ein *„aufgericht Bett, eine Lode, Schublot und Fußbekleidung"*, wie *„hohe Patschker, Schnierstifl, Schluppe"* vor.[1041] In den 1950er-Jahre wurde im Falle des Leinenzeugs in Himesháza und Újpetre der Kleinhäusler- oder Bauernstatus der Frau überwiegend in einem sechs- oder zwölfteiligen Aussteuer-Modell festgelegt, in Kisjakabfalva kamen sogar 24-Stück-Aussteuer-Modelle vor, ferner gelangten bürgerliche Schlafzimmermöbel ins erste Zimmer, bestehend aus zwei Schränken und zwei Betten. Laut Himesházaer Erinnerungen konnte die Frau Mitte des 20. Jahrhunderts als Mitgift eine Färse erhalten.[1042] 1940 erhielt die Frau in Újpetre außer dem Sechs-Stück-Aussteuer-Modell pro Person sechs Pferde zur landwirtschaftlichen Arbeit und sechs Bauernsäcke, weiterhin bürgerliche Schlafzimmermöbel, ihr Mann bekam eine Färse, die am Kalben war.[1043] Es ist festzustellen, dass die Eheverträge des 19. Jahrhunderts das Anerbenrecht der Bauernwirtschaften sicherten, demzufolge der älteste Sohn den ungeteilten Grundbesitz und die Wirtschaft erben konnte.[1044] Die ungeteilte Vererbung der Wirtschaft blieb bis zum Anfang des Zweiten Weltkrieges bestehen[1045], nach der Aussage der Befragten konnte im 20. Jahrhundert ein jedes Kind ohne Rücksicht auf sein Geschlecht der Erbe sein.[1046]

1037 MNL BaML XI. 605. h. P. Házassági szerződés. [Ehevertrag]. Szajk, 1848.

1038 MNL BaML XI. 605. h. P. Házassági szerződés. [Ehevertrag]. Szajk, 1848.

1039 Höfer, Matthias: „Überthan". In: Deutsches Wörterbuch von Jacob Grimm und Wilhelm Grimm. Bd. 23. Leipzig 1854–1961. Sp. 593.

1040 Interview mit Frau S. Véménd, 21. 03. 2012.

1041 Gruppeninterview mit Frau Tu., ihrer Tochter, ihrem Schwiegersohn und Frau R. Himesháza, 22. 03. 2012.

1042 Gruppeninterview mit Frau Tu., ihrer Tochter, ihrem Schwiegersohn und Frau R. Himesháza, 22. 03. 2012.

1043 Interview 1 mit Frau Ö. Újpetre, 18. 02. 2014.

1044 Seewann 2012a, S. 335 f.

1045 Ebd.

1046 Gruppeninterview mit Frau Tu., ihrer Tochter, ihrem Schwiegersohn und Frau R. Himesháza, 22. 03. 2012.

Es ist festzustellen, dass im Gegensatz zum Realteilung-System[1047] das Anerbenrecht die Linie der Patrilinearität, der Dominanz des maskulinen Geschlechts, festlegte. Die weibliche und männliche Aussteuer der Baranyaer Ungarndeutschen waren ähnlichen Charakters, ihre Mitgift einander ergänzend, wenn es zum Besipiel um Mittel der Aufbewahrung, oder um Möbel ging. Die Zusammensetzung der Gegenstandsgruppen der Aussteuer änderte sich je nach Zeit und Ort. Hofer schreibt über die Gegenstandsgruppen: „Bei all den Gruppierungen der Gegenstände setzen sich neben praktischen Ansprüchen der Verwendung auch traditionelle, bzw. schichtspezifische Normen der ‚Vollständigkeit' und die Prestigefunktion der Menge und der Anhäufung durch."[1048] Hofer führt die sechs-, zwölf- und 24-teiligen Tafelgeschirr und Tischtücher der bürgerlichen Haushalte als Beispiel dafür an, dass diese Mengen nicht die Normen der Gastfreundschaft, eher die anerkannten Stufen der Vollständigkeit ausdrücken.[1049] Wie die Untersuchungen bezeugen, erscheinen die Zahlenrelationen der Bürgerhaushalte seit der letzten Jahrhundertwende um die Mitte des 20. Jahrhunderts in den Aussteuer-Modellen der Baranya. Die Befragten sprechen im symbolischen Sinne über das Zahlenverhältnis der lokalen Normen für die Aussteuer aufgrund des jeweiligen Vermögens oder der ersehnten gesellschaftlichen Stellung. Die Aussteuer und die Mitgift wurden üblicherweise nicht zur Schau gestellt – von einem Véménder Beispiel abgesehen[1050] – und es kamen auch nicht immer alle Teile auf einmal bis zur Hochzeit zusammen. Die Vorbereitung der Teile der Aussteuer ab dem zwölften Lebensjahr, wie das Erlernen des Strickens, des Stickens und das Geldverdienen mit Magdarbeit, betont das konforme Verhalten den gesellschaftlichen, geschlechtlichen Normen gegenüber.[1051] Die Begründung des nonkonformen Verhaltens[1052] der traditionellen weiblichen Rolle (im Falle von Frau K.) und die Artikulation des durch die politisch-wirtschaftlichen Veränderungen nach dem Zweiten Weltkrieg verursachten Leids wurde für die Befragten in den Narrativen über die Absenz der Aussteuer ermöglicht. „Frage: Und haben Sie eine Ausstaffierung bekommen? *Staffier? Alles weg, einfach mitgenommen, rausgeschmissen.*"[1053] Bei der Untersuchung der Zusammensetzung der Aussteuer der Ungarndeutschen im 19.–20. Jahrhundert ist aufgrund der Ergebnisse von Fél-Hofer und Hauser festzustellen, dass das einander ergänzende Ensemble von männlicher und weiblicher Aussteuer die gegenständliche Hilfe für die Gründung einer

---

1047 Hauser, Andrea: Dinge des Alltags. Studien zur historischen Sachkultur eines schwäbischen Dorfes. Tübingen 1994, S. 362.

1048 Hofer 2009, S. 243.

1049 Vgl. ebd.

1050 Interview mit Frau S. Véménd, 21. 03. 2012.

1051 Interview 1 mit Frau L. Himesháza, 22. 03. 2012.

1052 Interview 1 mit Frau K. Szűr, 29. 09. 2014.

1053 Gruppeninterview 2 mit Frau R. und einer Frau aus Liptód. Liptód, 29. 09. 2014.

neuen Generation beinhaltet. In der Aussteuer erhält das neue Paar die zur Einnahme der traditionellen Rollen notwendige Gegenstandsgruppe, stellt *Fél-Hofer* fest.[1054] Aufgrund der ritualdynamischen Untersuchung der Kindstuch-Verwendung kann festgestellt werden, dass das Kindstuch einen Teil der Aussteuer-Objektgruppe bei den Ungarndeutschen bildete: Seine rituelle Funktion deutet auf den rituellen Rollenkreis der Aussteuer-Gegenstände, die sich an die Zäsuren des menschlichen Lebens (Hochzeit, Gebären-Geburt, Tod) knüpfen.

6.5. Fazit

Das traditionelle Kindertragen in der Baranya, die ritualdynamische Untersuchung der Kindstuch-Verwendung, eröffnet ein Fenster auf die Veränderungen und auf den Prozess der Auflösung der mittelalterliche Elemente aufweisenden Riten rund um die Geburt, des Wochenbetts und der Aussegnung im 20. Jahrhundert. Dieser Prozess bedingt die Veränderung der Gebrauchsfunktionen des Kindstuchs. Teil des ritualdynamischen Prozesses ist, dass das moderne, ritualisierte Kindertragen in der globalen Erlebnisgesellschaft des 21. Jahrhunderts auch in der Baranya erscheint, das nicht den eigenen sondern als eine Erscheinung von *Ritualtransfer*[1055] den Tragetechniken anderer Kulturen folgt. Die in der Struktur der Gesellschaft eingenommene Rolle der rituellen und ritualisierten Handlungen besteht in der Sicherung der Macht- und Herrschaftsverhältnisse.[1056] Bell stellt fest: „Ritual practices are themselves the very production and negotiation of power relations."[1057] Mitte des 20. Jahrhunderts spiegelt das Ablegen der Trachten die veränderte Körperwahrnehmung der Frau und die Veränderung der gesellschaftlichen Geschlechterrollen in der Baranya wider. Die Wurzeln dessen sind in den Veränderungen der politisch-gesellschaftlich-wirtschaftlichen Rahmenbedingungen in den 1950–1960er–Jahren, in der Medikalisierung der Entbindung und in der Veränderung der Machtverhältnisse innerhalb der Familie zu suchen. Max Weber weist darauf hin, dass ein Machtverhältnis dann existieren kann, wenn durch einen externen oder internen Belang gesteuert ein Wille zu Einfügung besteht.[1058] Seewann schreibt über die historische Dynamik der Veränderungen:

1054 Fél/Hofer 1969, S. 371.
1055 Langer, Robert/Snoek, Jan A. M.: Ritualtransfer. In: Brosius, Christiane/Michaels, Axel/Schrode, Paula (Hg.): Ritual und Ritualdynamik. Göttingen 2013, S. 188–196, hier S. 188.
1056 Büttner/Mattheis/Sobkowiak 2013, S. 71.
1057 Zitiert nach Büttner/Mattheis/Sobkowiak 2013, S. 71.
1058 Weber, Max: Wirtschaft und Gesellschaft. Grundriss der verstehenden Soziologie. Band 1. Köln u. a. 1964, S. 157.

„Mit der 1961 abgeschlossenen Kollektivierung der Landwirtschaft und dem daraufhin beschleunigten Wandel der primär dörflichen Lebenswelt der Nationalitäten in Richtung Urbanisierung, Industrialisierung und Mobilisierung hatten
sich die Siedlungs- und Berufsstruktur, aber auch die Wohn- und Bildungsver-
hältnisse und das Identitätsbewusstsein der deutschen Minderheit nachhaltig
verändert."[1059]

Das Kindstuch bildete in Bewahrung menschlicher Kontinuität einen Teil der sich an
menschliche Lebenswenden, an die Übergangsriten geknüpften Objektgruppe der weiblichen, oft auch männlichen Aussteuer der Ungarndeutschen in der Baranya. Mauss betont die Einheit der menschlichen Körpertechniken und der gesellschaftlich-biologisch-
seelischen Komponenten des Kindertragens. Den holistischen Zugang der Körpertechniken untermauert die ritualdynamische und entwicklungspsychologische Deutungsmög-
lichkeit der Kindstuch-Verwendung. Aus der Sicht der Benutzer erfüllt das Kindertrageobjekt im Übergangsritus, in der Liminalität im Kindesalter neben der praktischen eine
apotropäische und Heilfunktion. Aus entwicklungspsychologisch-etischer Sicht kann es
als Winnicottsches Übergangsobjekt betrachtet werden. Boudewijnse hebt in diesem Zusammenhang die Brückenfunktion der Rituale und der Übergangserscheinungen in der
psychologischen Entwicklung der rituellen Subjekte hervor: Nach innen die Selbsterfah-
rung der Identität, nach außen die Zugehörigkeit zu menschlichen Gemeinschaften.[1060]

1059 Seewann 2012b, S. 380.
1060 Boudewijnse 2006, S. 135.

7. Analyse B: „Culture as a Space of Communication"[1061]

7.1. Diversity: Kindertragetücher und Wollgewebe im Kommunikationsraum

Die mit den Kindertragetüchern (Kindstuch, Šarenica) untersuchte repräsentative Baranyaer Wollgewebe-Kultur deute ich im Rahmen der auf den kommunikativen Raum fokussierenden Kulturtheorie von Csáky. Csáky sieht in der Heterogenität der mitteleuropäischen Region nicht eine die kulturellen Unterschiede nivellierende Multikulturalität, sondern eine die Unterschiede hervorhebende Plurikulturalität als maßgebend.[1062] Johler fasst den Kulturbegriff im Sinne des „konstruktivistischen, prozesshaften und praxeologischen" Kulturverständnisses der Empirischen Kulturwissenschaft im Wesentlichen zusammen: „Kultur [...] als höchst dynamisches und komplex hybrides Gebilde, das erst durch vielfältige Vermischungen, Überlappungen, Transfers und Kreuzungen konstituiert wird."[1063] Csáky hält die Kultur aus der Perspektive der Kommunikation betrachtet für einen Prozess der sich dynamisch verändernden Verhaltensformen.[1064] Der Begriff der als kommunikativen Raum verstandenen Kultur beinhaltet die Konkurrenz von Individuen und Gruppen, die miteinander wetteifern, das heißt es gibt Gewinner, die sich eine Art symbolisches Kapital aneignen, und Verlierer.[1065] Laut meiner Untersuchung nehmen die repräsentativen Wollgewebe in der Baranyaer Region an dieser Konkurrenzschlacht als Medium und Akteur der nonverbalen und visuellen Kommunikation teil. Die repräsentativen Wollgewebe sind dank ihrer im „Symbolstreit"[1066] angenommenen Bedeutung auch noch im 21. Jahrhundert im Leben der Region anwesend. Über das kurzfristige Zusammenleben von Gruppen zeugen die im 21. Jahrhundert im musealisierten Kontext erscheinenden, im Heimatmuseum von Himesháza ausgestellten, ungarndeutschen Kindstücher und Farbigen Teppiche der Bukowina-Szekler. Die materielle Ähnlichkeit der Kindstücher der Ungarndeutschen und der Šarenica der Schokatzen spiegelt

---

1061 Csáky 2014, S. 187–208.
1062 Vgl. ebd., S. 188.
1063 Johler 2012, S. 2.
1064 Csáky 2014, S. 195.
1065 Vgl. ebd., S. 200.
1066 Feischmidt 2003, S. 34 f.

laut der in den Kátolyer Region geführten Interviews die gleiche Rolle im Ritus der einstigen Aussegnung und der alltäglichen Verwendung wider. Diese Tatsache verdeutlicht das langfristige Zusammenleben von Gruppen und die Verflechtung von kommunikativen Räumen. Csáky stellt fest, dass zwischen den kommunikativen Räumen dynamische Interaktionen entstehen, zugleich sind aber auch die sichtbaren Grenzlinien der Unterschiede wahrnehmbar.[1067] Als Erscheinung der Interaktion zwischen kommunikativen Räumen kann die räumliche Einrichtung der oben erwähnten Sombereker Szekler-Hochzeit gelten: Eine Serbin aus Somberek schöpfte aus eigenem Brauchtumskreis und infolge einer spontanen Idee wurde hinter dem jungen Szekler Brautpaar ein Farbiger Szekler-Teppich aufgehängt.[1068] Die als kommunikativer Raum verstandene Kultur ist eine Hybridkultur.[1069] Sökefeld führt zu dieser Hybridität näher aus:

> „Anstelle von Differenz würde das Konzept Gemeinsamkeiten und Kontinuitäten betonen und zwar weniger im Sinne gemeinsamer Eigenschaften, als im Sinne von sozialen Prozessen und einer geteilten Fähigkeit zur Interaktion und Kommunikation, die alle möglichen ,Elemente' hervorbringen kann."[1070]

Die Erscheinung der hybriden Kultur in der Baranyaer Region zeigt sich zum Beispiel in der Positionierung einer ungarndeutschen Familie im Jahre 1937 mit der im Hintergrund inszenierten, südslawischen Kelim-Gewebe-Draperie (Bild I/28.) auf dem Erstkommunionsfoto, oder das aus einem altertümlichen Kindstuch-Stück angefertigte, mit Fransen versehene schokatzische Schürzen-Bricolage-Objekt (Bild I/18.). Berta stellt anhand der Silberbecher und der silbernen Krüge mit Deckel der Gábor-Roma aus Siebenbürgen dar, wie die einst von sächsischen und ungarischen Goldschmieden für Aristokraten und Bürger angefertigten Silberobjekte, die eine De- und Rekontextualisierung erfahren haben, zu Prestigeobjekten der Gábor-Roma wurden.[1071] Die Logik der Kommunikation und der Interaktion wird durch eine extreme Erscheinung beleuchtet: Aus dem dekontextualisierten Kindstuch konnte durch Rekontextualisierung eine schokatzische Schürze werden. Der Streifenrhythmus der Kindstücher wurde einfach in die Tracht der dörflichen Schokatzen eingegliedert: Frau J. webte ihre Schokatzenschürze und ihr Kindertragetuch als eine zusammenpassende Einheit (Bild I/21.), ähnlich der Tracht einer Frau aus Nagykozár, die auf der Archivaufnahme aus dem Jahr 1947 zu sehen ist (Bild I/2.). Die Skizzierung der Šarenica- und Kindstuchverwendung reflektiert die Entwicklung

---

1067 Vgl. ebd., S. 198.
1068 Interview mit Frau U., Somberek, 13. 09. 2011.
1069 Csáky 2014, S. 199.
1070 Sökefeld 2007, S. 48 f.
1071 Berta 2014, S. 248 f.

Kátolyer lokaler Identitäten und den Prozess von Interaktionen. Sowohl die dörflichen Schokatzinnen als auch die ungarndeutschen Frauen brachten ihr Kind bis in die 1950er-Jahre in Kátoly im Kindertragetuch zum Ritus der Aussegnung. Die Verwendung ähnlicher, repräsentativer Wolltücher bei gleichen Riten, wie im Falle von gemeinsamem Messebesuch, drückte das Relationssystem lokaler Identitäten aus, indem neben der Separierung der Altersgruppen und Geschlechter sich auch die Absonderung der einzelnen Volksgruppen in der kirchlichen Sitzordnung durchsetzte. Auch in der räumlichen Dorfstruktur war die Absonderung der Wohnorte der Volksgruppen bis zur Aussiedlung gegeben. Das Kindstuch und die Šarenica waren Prestigeobjekte, die die religiöse Zugehörigkeit, den bäuerlichen Status auszudrücken berufen waren und deren formelle und funktionelle Ähnlichkeit die Interaktion zwischen Volksgruppen signalisierte. Mit dem Gedanken von Csáky ausgedrückt: „fluid transitory stages between spaces of communication".[1072]

7.2. Die Objektifikation des Marienkults in der Handlung des ritualen Kindertragens in der Baranya. Das Phänomen des ihr Kind tragenden Marien/Mutterbildes in der europäischen bildenden Kunst.

Die Bestrebung nach Identifizierung mit dem Marienbild drückten meine Gewährspersonen aus, die ihr Kind nach örtlichem Brauch im Kindstuch oder in der Šarenica zur Aussegnung brachten. Lantos untersuchte in der Pécser Diözese (in den Komitaten Baranya und Tolna) die landschaftsorganisierende Rolle des Marienkults und anderer Schutzheiligenkulte aus geschichtlicher Perspektive.[1073] Lantos betont die zwischen Volksgruppen bestehenden interethnischen Wechselbeziehungen der sakralen Traditionen (Wallfahrten nach Máriagyűd, Máriakéménd, zu heiligen Quellen und Brunnen).[1074] Die Kirche setzte seit dem Mittelalter das Bild der idealen Frau und Mutter in der Gestalt von Maria fest, ermittelt Orsi: „Mary is *there* in representation of her."[1075] In der oben erwähnten Predigt des Michael Winkler aus dem 18. Jahrhundert fungierte das auf dem

---

1072 Csáky 2014, S. 196.
1073 Lantos 1997, S. 63.
1074 Vgl. Lantos 1994, S 197 ff.
1075 Orsi 2005a, S. 50.

Gebiet der einstigen Schwäbischen Türkei verwendete Kindstuch als Mittel der kirchlichen Sozialdisziplinierung der Frauen.[1076] Wie meine Befragungen in der Baranya bezeugen, war die Šarenica bis zu den 1950er-Jahren, das Kindstuch bis zu den 1960–70er-Jahren ein rituelles Objekt der Aussegnung. Die Frauen befolgten die Aussegnung als ein Ritual, das dem Leben und Taten (Darstellung Jesu im Tempel) Marias entsprach. Orsi weist darauf hin, dass die katholische, sakrale Kultur bis in die 1960er-Jahre, als das Zweite Vatikanische Konzil die die feudalen Elemente bewahrende Liturgie modernisierte, die Kultur der Verkörperung und der Präsenz war.[1077] In der untersuchten Region waren Kindstuch und Šarenica wahrnehmbare, materielle Akteure der Marienpräsenz. Diese setzten sich im Körpergefühl fest und objektifizierten sich in Gegenständen. Mit der rituellen und tagtäglichen Verwendung dieser Objekte verankerten sich die gesellschaftliche Identität und die Geschlechterrolle der Frau mittels verkörperter Erfahrungen. Laut Forschungen von Paládi-Kovács waren die meist aus Leinen angefertigten Kindertragetücher in einer ähnlichen Form wie die wollgewebten Kindertragetücher aus der Baranya des um den Brustkorb fixierten Tragetyps und im 19.–20. Jahrhundert im kulturellen Vermächtnis der Völker in der Kontaktzone des ungarisch-slowakischen Sprachgebiets und der Nord-Karpaten (in der dörflichen Bevölkerung der Slowaken, Ruthenen, Deutschen, Ungarn) zu finden.[1078] Vaclavík stellt fest, dass in Mähren und in der Slowakei bei jedem relativ gut situierten Haus Wochenbett- und Einsegnungstuch vorhanden waren, oft verschmolzen diese Funktionen.[1079] Aus der Feststellung Vaclavíks bezüglich der Slowakei ist zu vermuten, dass die Kindertragetücher neben ihrer tagtäglichen Trage- und Mobilitätsfunktion auch in der Kontaktzone des ungarisch-slowakischen Sprachgebiets eine rituelle Funktion eingenommen haben. In den nördlichen Teilen Ungarns und des Karpatenbeckens war das gebündelte Lasttragen auf dem Rücken charakteristisch.[1080] In dieser Region haben beispielsweise die Ungarndeutschen aus Budaörs in einem zum Lasttragen geeigneten, auf dem Rücken getragenen Leinentuch bei Gelegenheit auch Kinder getragen, sein Name war *Hutschapingl*.[1081] Gemäß meiner Forschungen hatte der *Hutschapingl* im 20. Jahrhundert nur eine Lasttragefunktion und keine rituelle.

Die Marienpräsenz objektifiziert sich unter anderem in Form von Kunstwerken. „Religious cultures offer multiple media for materializing the sacred. There are images,

---

1076 Winkler/Galambos 1987, S. 152.

1077 Orsi 2005a, S. 55.

1078 Paládi-Kovács 2009, S. 276.

1079 Vaclavík 1956, S. 35.

1080 Paládi-Kovács, Attila: A szállítás és közlekedés hagyományos eszközei a Palócföldön. [Traditionelle Mittel des Transports und des Verkehrs im Palotzer Land]. In: Bakó, Ferenc (Hg.): Palócok. [Palotzen]. Band 3. Eger 1989, S. 333–377, hier S. 334.

1081 Herzog, Pál: A „Hutschapingl". In: Riedl, Ferenc: Szülőföldünk Budaörs. [Unsere Heimat Budaörs]. Budaörser Heimatbuch. Budaörs 2008, S. 132.

statues, beads, ritual objects, smells, visions, colors, foods and tastes, vestments, oils, and water."[1082] Auf den spätgotischen Darstellungen von Mariä Geburt, auf den Genrebildern,[1083] die die bürgerliche Lebensweise widerspiegeln, erscheinen die Handlungen und das materielle Zubehör der Wochenbett-Riten: eine kleinformatige Holzmulde oder Holzwanne, eine kufenartige Wiege (beide zuletzt erwähnten Objekte lassen sich z. B. auf dem Flügelaltar vom Ende des 14. Jahrhunderts der Schottener Liebfrauenkirche entdecken)[1084]. Die Abbildung der im durch einen Vorhang abgeschirmten Wochenbett liegenden Heiligen Anna/Mutter und der Hebamme, die das Kind in einem Leinentuch gewickelt in einer kleinen Holzwanne badet, (z. B. auf dem Tafelbild Geburt Marias vom Meister der Oberfalkensteiner Altarflügel)[1085] stellt die Handlungen der Riten um die Wöchnerin und die rituellen Objekte dar. Die zu den Riten gehörenden Handlungen hinterließen bis zum 20.–21. Jahrhundert ihre Spuren in der bäuerlichen Lebenswelt, zum Beispiel im dinglichen und kommunikativen Gedächtnis in der Baranya.[1086] K. Csilléry skizziert in ihrer Studie die Darstellung der Kindertragetücher in der europäischen Kunst, sie fokussiert auf die Anwendung der Tücher im 14. Jahrhundert und schildert einen Ausblick auf die künstlerischen und volkskundlichen Darstellungen des Objekts auf ungarischem Sprachgebiet. Ihr zufolge bedeutet das Verschwinden der Kindertragen aus den Heiligendarstellungen nach dem 14. Jahrhundert, dass sie in den Augen der Bürger unmodern geworden waren.[1087] Das im späten Mittelalter erstarkte Bürgertum änderte seine Lebensweise, und auch seine materiellen Gegenstände veränderten sich: Die Kufenwiege war etwas Neues, das Kindertragetuch geriet allmählich unter die Gebrauchsgegenstände der Bäuerinnen.[1088] In der gegenwärtigen Studie zeige ich, dass die Darstellung der Kindertragetextilien in der bildenden Kunst ab ihrer Erscheinung im 14. Jahrhundert zwischen Realismus und Stilisierung wechselt. Giotto stellt in der Szene Flucht nach Ägypten auf seinem das Leben von Maria und Jesus darstellenden Fres-

---

1082 Orsi 2005b, S. 74.

1083 Lechner, Gregor Martin: Anna Mutter Mariens. In: Kirschbaum, Engelbert/Braunfels, Wolfgang (Hg.): Lexikon der christlichen Ikonographie. Ikonographie der Heiligen Aaron bis Crescencianus von Rom. Rom u. a. 1973, Sp. 168–184, hier Sp. 183.

1084 Geburt Mariae. Schotten an der Nidda/Oberhessen, Liebfrauenkirche, Flügelaltar, 1390 körül. In: Zglinicki, Friedrich von: Die Wiege volkskundlich-kulturgeschichtlich-kunstwissenschaftlich-medizinhistorisch. Regensburg 1979, S. 374.

1085 Geburt Mariens von Meister der Oberfalkensteiner Altarflügel, bald nach 1512, Fichtenholz, 148,5x56 cm, Spittal a.d. Drau (Ktn.), Pfarramt. In: Rosenauer, Arthur (Hg.): Geschichte der Bildenden Kunst in Österreich. Band 3. München u.a. 2003, Nr. 242, S. 475.

1086 Interview 2 mit Frau R. Himesháza, 12. 10. 2010.

1087 K. Csilléry 2001, S. 308 f.

1088 Vgl. ebd., S. 309.

kenzyklus in der Scrovegni-Kapelle zu Padua eine Kindertragetextilie als Mittel der Mobilität dar.[1089] Das Maria und ihr Kind zusammenbindende, mit roten Musterstreifen versehene, leinengewebte Tragetuch fällt inmitten der Anfang des 14. Jahrhunderts angefertigten Komposition. Auf dem stilisierten, draperieartigen Kleid Marias markiert das mit
realistischer Detailliertheit ausgearbeitete, mit einem großen Knoten an der Schulter fest-
gemachte, das Muster von Gewebe aufweisende Tragetuch die biblische Szene mit einen
humanen und lokalen Akzent. In der geschnitzten Holzskulpturszene, die Verteilung der
Opfergaben auf dem spätgotischen Flügelaltar der Kempener Propsteikirche, erscheint
unter den zum Ereignis eilenden Bürgern eine Familie im Vordergrund.[1090] Die Mutterfigur trägt gemäß der Mode der Zeit eine realistisch gemusterte Kleidung und schnürt ihr
kleineres Kind mithilfe eines dünnen, gestreiften Tragetuchs um sich. Auf einem illustra-
tiven naturalistischen Holzschnitt im medizinisch-literarisch-bildkünstlerischen Buch des
Arztes und Anthropologen Gustave Joseph Witkowski über das Stillen im 19. Jahrhundert kommt eine Bettlerin mit zerrissenen, befleckten Kleidern und unbedecktem Busen
vor, die ihr in einer Kindstuch-ähnlichen Textilie getragenes Baby unterwegs stillt, das
andere Kleinkind transportiert sie in einem kleinen Stuhl auf dem Rücken.[1091] Die stilisierte bildkünstliche Darstellung des Tragetuchs ist auch für zwei bemalte Madonna-Sta-
tuen aus dem 14. Jahrhundert charakteristisch, auf die sich K. Csilléry bezieht.[1092] Im
Falle der gegen 1380 angefertigten Maria-lactans-Statue aus der Sigismundkapelle bei Mariazell brachte der Bildhauer auf die gotische Marienfigur ein weiß bemaltes, großformatiges, auf den Schultern ruhendes Tuch an. Maria hält das Kind mit dem weißen Tuch
lose, in stilisierter Weise an sich. Ähnlich ätherisch, stilisiert und weiß bemalt erscheint
ein dünneres Kindermanteltuch auf der 1370–80 angefertigten Friesentor-Madonna.
Nach K. Csilléry bedeutete die Erscheinung des Tragetuchs auf Marienstatuen im
14. Jahrhundert, dass in dieser Zeit das Objekt eindeutig zur alltäglichen Ausstattung der

---

1089 Vgl. ebd., S. 306.

1090 Annenaltar des Adrian van Overbeck, Verteilung der Opfergaben, Rechtes Gefach im
    Schrein, Anfang des 16. Jahrhunderts, Kempen, Propsteikirche St. Mariae Geburt. In: Hans-
    mann, Wilfried/Hoffmann, Godehard: Spätgotik am Niederrhein. Rheinische und Flämische
    Flügelaltäre im Licht neuer Forschung. Köln 1998, Tafel XVIII.

1091 Kloek 2011, S. 59, 62.

Ursprüngliche Quelle: Witkowski, Gustave Joseph: Curiostés Médicales, Littéraires Et Artistique
    Sur Lés Seins Et L'Allaitement. Paris 1898, S. 323, Fig. 173. URL:

https://gallica.bnf.fr/ark:/12148/bpt6k97739578/f341.item.texteImage.zoom (Zugriff: 28. 10.
    2020).

1092 K. Csilléry 2001, S. 307, 315. A) Maria lactans aus der Sigismundkapelle bei Mariazell, um
    1380. Germanisches Nationalmuseum, Nürnberg, c. 1380, Lindenholz, H. 94 cm, In. N. Pl.O.
    2387. B) Friesentor Madonna, Schnütgen-Museum, Köln, c.1370–1380, Nussholz, H. 132 cm,
    Inv. N. A 40.

Frauen mit kleinen Kindern gehörte.[1093] Das Tragetuch erscheint in der bildenden Kunst zumeist stilisiert, einfarbig und nicht raumspezifisch, zum Beispiel in der Szene *Ecce homo* des Passions-Zyklus auf dem von Lucas Cranach 1509 angefertigten Holzschnitt.[1094] Im Hintergrund des Bildes führt die Mutterfigur einer bürgerlichen Familie, die Teil einer im Laubengang die Ereignisse betrachtenden Menschengruppe ist, ihr Kind im Kindertragetuch mit sich. Diese Darstellung wurde das ikonografische Musterbild einer späteren *Ecce-homo*-Darstellung, die eine Mutterfigur mit dem Kindertragetuch zeigt (Werkstatt von Paul von Leutschau, Leutschauer Altar, St. Jakobskirche, um 1516).[1095] Das Kindertrageobjekt verschwindet bis zum Ende des Mittelalters (15.–16. Jahrhundert) allmählich aus den Darstellungen von Heiligen und Bibelszenen, denn in den Augen des Bürgertums passte das Objekt nicht mehr zum Thema.[1096] Die Darstellung des Tragetuchs und des Kindertragens in der bildenden Kunst wurde einerseits zum Attribut benachteiligter, stigmatisierter Menschen und Menschengruppen[1097], andererseits ein Ausdrucksmittel der idealisierten Mutter-Kind- oder Familienmodell-Darstellungen.

7.3. Streifen als Zeichen: Sprache der visuellen Kommunikation anhand der Branauer Kindstücher

Zur Untersuchung der Bedeutungen, die sich im Streifenrhythmus und in den gewebten Musterstreifen der Kindstücher verbergen, ist die Information unerlässlich, dass auf ungarischem Sprachgebiet der Großteil der Bauern bis zur Einführung des Volksschulgesetzes 1868 Analphabeten waren.[1098] Die im Baranyaer gesellschaftlichen Raum erscheinenden, gewebten Objekte waren visuelle Informationsträger. Der Brauch, bei dem die gewebten Grabtücher auf das Grabkreuz gelegt wurden, war bei den Schokatzen und Bosniaken in der Umgebung von Pécs und im Falle der Schokatzen entlang der Drau bis

---

1093 Csilléry 2001, S. 307.

1094 Lucas Cranach d. Ä.: Die Ausstellung Christi (Ecce homo), 1509, Holzschnitt. Staatliche Kunstsammlungen, Kupferstich-Kabinett, Dresden. In: Marx, Harald/Mössinger, Ingrid: Cranach. Gemälde aus Dresden. Bonn 2005, Bild 155, S. 342.

1095 Werkstatt von Paul von Leutschau, Leutschauer Altar, St. Jakobskirche: Ecce homo, um 1516, Tableubild. In: Pašteka, Július: Meister Paul von Leutschau. Der Spätgotische Altar zu St. Jakob. Prag 1961, Tafel 72, 74, S. 35.

1096 Csilléry 2001, S. 308 f.

1097 Kloek 2011, S. 60 f.; Redlin 2010, S. 169.; K. Csilléry 2001, S. 309.

1098 Volksschulgesetz, GA 38/1868 [1868. évi XXXVIII. törvénycikk]. In: Seewann 2012b, S. 26.

zum Ende des 20. Jahrhunderts ein Teil des dinglichen und kommunikativen Gedächtnisses.[1099] Laut der Erfahrung der Kásáder (an der Drau) schokatzischen Weberin, Frau Ma., markierte im 20. Jahrhundert die Färbung der Streifenmuster im Grabtuch das Alter des Verstorbenen (schwarz oder schwarz-blau stand für Menschen über 80, rot für jung Verstorbene).[1100] Šarošac stellt fest, dass die Grabtücher die Gefühle gegenüber dem Verstorbenen und auch das Ausmaß der Trauer ausdrückten, das Andenken des Verstorbenen wurde durch diese 35 Jahre lang bewahrt (die verbrauchten Textilien wurden am Allerseelentag ausgetauscht).[1101] Im kulturellen Gedächtnis der Kátolyer Schokatzen lebt die Anwendung der Grabtücher in den Riten rund um den Tod nicht weiter, im untersuchten Zeitraum war dieser Ritus nur in der größeren Region um Pécs gebräuchlich. Der Streifenrhythmus-Code des Kindstuchs und der Šarenica, der in den Übergangsriten in Kátoly eine Rolle spielte, ist sowohl bei den Ungarndeutschen als auch bei den dörflichen Schokatzen ein gemeinsames, kommunikatives Codesystem. Pastoureau bezieht sich auf die dynamische Rolle des Streifenmusters, das Übergänge markiert[1102] und schreibt: „The stripe is not disorder; it is a sign of disorder and a means of restoring order. The stripe is not exclusion; it is a mark of exclusion and an attempt at reintegration."[1103] Ihm zufolge konnte man anhand mittelalterlicher, westeuropäischer, schriftlicher und bildlicher Quellen mit solchen realen und fiktiven Figuren gestreifte Kleidungsstücke bestellen, die die bestehende Rechtsordnung gefährdeten: für Geächtete und Verurteilte (Ketzer und Zirkusleute, Leprakranke, Henker, Prostituierte, Verräter) oder für Vertreter anderer Religionen (Moslems, Juden).[1104] In der Neuzeit erweiterte sich die Anwendungsmöglichkeit des Streifenmusters (z. B. auf dekorativen Textilien im Wohnbereich) und auch seine Bedeutung änderte sich;[1105] nachdem die gestreifte Bekleidung im Mittelalter eine diabolische Bedeutung gehabt und in der Heraldik eine hervorgehobene Rolle eingenommen hatte. „In eighteenth-century Europe, we thus find, side by side, an aristocratic and a peasant stripe, a holiday stripe and an everyday stripe, an exotic tripe and a domestic stripe."[1106] Ab Ende des 18. Jahrhunderts markierte die gestreifte Gefängniskleidung den Gefangenenstatus.[1107] Die im Zeitalter der Moderne aus billigen Stoffen angefertigte, gestreifte Bekleidung der Häftlinge und Deportierten markiert den

---

1099 Vgl. Šarošac 2001, S. 229 ff.
1100 Interview mit Frau Ma. Kásád, 28. 02. 2014.
1101 Vgl. Šarošac 2001, S. 229 ff.
1102 Vgl. Pastoureau 2003, S. 22.
1103 Ebd., S. 90.
1104 Vgl. ebd., S. 2, 14.
1105 Vgl. ebd., S. 35 f.
1106 Ebd., S. 36.
1107 Vgl. ebd., S. 56.

Ausgestoßenenstatus laut Pastoreau in der Weise, die im Gegensatz zur gestreiften Bekleidung im Mittelalter seinem Träger die Möglichkeit der Erlösung nicht sichert.[1108] Die gestreifte Uniform in den Konzentrationslagern der Nazis wurde zum materiellen Sinnbild der Gewalt, der vernichteten menschlichen Würde.[1109] Pastoureau legt dar, dass die gestreifte Tracht in der Gesellschaft des Mittelalters den Status des Ausgestoßenseins markierte, zugleich hatte sie auch eine apotropäische Rolle.[1110] Die Marker- und Reintegrationsrolle der mit einem Streifenrhythmus gewebten Baranyaer Kindertragetücher im rituellen Prozess umriss ich in meiner Studie. Die apotropäische Rolle der Kindstücher wurde durch die halbbordürehafte Komposition der Textilien verstärkt. Bei den Ungarndeutschen hatte auch das um den Hals des Kindes gehängte, aus gestreiftem Stoff genähte und mit gesegneten Pflanzen gefüllte Amulett (*Kässje*) eine apotropäische Funktion. Pastoreau hebt die Rolle des Streifenrhythmus in der Geschichte der europäischen Heraldik hervor und betont, dass auf der Bekleidung, auf Textilmedien erscheinende Streifencodes auch auf anderen Kontinenten die Zugehörigkeit zu einer Gruppe, einem Klan oder einer Familie ausdrücken.[1111] Hendrikson schreibt bezüglich der handgewebten Rocktrachten der Maya, dass die weiße Streifung und die karierten Muster des altertümlichen „corte"-Rockstoffs eine räumliche Zugehörigkeit ausdrücken.[1112] Die untersuchten Baranyaer repräsentativen Textilien (Kindstücher und Szekler-Teppiche, die Farbigen) sind Symbolrollen einnehmende Objekte, die in gewissen geschichtlichen und politischen Situationen zum Symbol der jeweiligen Gruppe werden. Sie dienten als räumliche und kulturelle Abgrenzung innerhalb der Gruppe, weshalb man die Kindstücher in Palotabozsok ausschließlich auf weißem Grund mit schwarzer Streifenmusterung anfertigte und trug. Anfang des 20. Jahrhunderts wurden die auf die Farben der deutschen Flagge anspielenden, mit schwarz-rot-gelben Streifenmustern gewebten Kindstücher in Szűr zum Symbol, sie spiegelten infolge des Assimilationsdrucks und der nationalistischen Konflikte den stärker gewordenen deutschen Identitätssinn wider. Pál stellt fest, dass die Fahne als Teil der „erfundenen Traditionen" ein Mittel zur Stärkung der Gruppenkohäsion ist.[1113]

> „The primary endeavour of ethnic groups is to express themselves as social groups and gain recognition as such. Representation allowed for the visualization of traditions and the re-creation of the community's past. Tradition is the

---

1108 Vgl. ebd., S. 57.
1109 Vgl. ebd., S. 58.
1110 Vgl. ebd., S. 61.
1111 Vgl. ebd., S. 28 f.
1112 Vgl. Hendrickson 1995, S. 35.
1113 Pál 2013, S. 95.

main stabilizer of group culture, while its preservation is the guarantee for the functioning of the ethnic identity."[1114]

Das 1994 im öffentlichen Raum des Dorfes erbaute, holzgeschnitzte Szeklertor und die im symbolischen Raum des 1997 eröffneten Deutschen Heimatmuseums ausgestellten, repräsentativen Farbigen Szekler-Teppiche sind in der oben bereits ausgeführten, veränderten politischen Situation Repräsentationen und Mittel der symbolischen Raumforderung der nach dem Zweiten Weltkrieg angesiedelten Bukowina-Szekler Volksgruppe in Himesháza.[1115]

7.4. Materialität und Distinktion. Produktion der Kindstücher

Rituale sind zielorientierte Handlungen, und es werden oft Mittel der Kunst mit einbezogen, damit das Ziel der Ausbildung einer individuellen und einer kollektiven Identität erreicht wird, stellen Williams und Boyd fest.[1116] Nach der Turnerschen Theorie verwirklicht sich in der liminalen Phase der Riten der Statuswechsel des Einzelnen und es entsteht eine gesellschaftliche Stabilität.[1117] „[R]itual processes, let us say, assemble artful aggregates, involving percepts and affects rather than concepts, and promote sustained interaction with the paradoxical aspects of human experience."[1118] Neben dem praktischen Gebrauchswert der Kindertragetextilien verfügen sie über eine hohe ästhetische und handwerkliche Qualität. Die Kindertragetextilien bildeten einen Teil der weiblichen und männlichen Aussteuer, die eine Summe von materiellen Objekten zur neuen Generationsbildung darstellt. Das Kindstuch ist ab seiner Anfertigung Akteur der Familie und der das Bestehen der Gemeinschaft sichernden Reproduktion. *„Sie erhielten [...] dieses Kindstuch. Man dachte, dass es Kinder geben wird und dass welche sein sollen."*[1119] Die erste Verwendung des Kindstuchs und seine rituelle Anwendung fällt auf das Ende der Wochenbett-Riten.

1114 Ebd., S. 106.

1115 1993 wurde die gesetzliche Grundlage für die Gründung von Minderheitenselbstverwaltungen in Ungarn geschaffen: Gesetz Nr. LXXVII im Jahre 1993 über die Rechte der nationalen und ethnischen Minderheiten. In Himesháza wurde die deutsche Minderheitenselbstverwaltung 1998 gegründet.

1116 Williams, Ron G./Boyd, James W.: Aesthetics.In: Kreinath, Jens/Snoek, Jan/Stausberg, Michael (Hg.): Theorizing Rituals: Issues, Topics, Approaches, Concepts. Leiden u. a. 2006, S. 285–319, hier S. 303.

1117 Vgl. Ebd.

1118 Ebd., S. 305.

1119 Interview mit Frau M. Szűr, 05. 10. 2013.

Weiter oben wurde seine apotropäische Rolle bezüglich der sich verzögernden rituellen Liminalität des Kindes, weiterhin seine Bedeutung als Winnicottsches Übergangsobjekt und als Objekt der Zwischenraumgestaltung in der biologisch-psychischen Entwicklung des Kindes analysiert. In der Wahrnehmung der Kindstücher bedeutete die Zahl der zur Verfügung stehenden Objekte einen Vermögensunterschied. Ein Kindstuch hat ein jeder erhalten oder sich besorgt; ein weiteres, gesondert eine Festtagsfunktion einnehmendes Kindstuch war ein Prestigeobjekt. Einige verfügten sogar über ein drittes, feierliches Festtagstuch für Großanlässe. In Himesháza gab es eine einzige Gewährsperson, die ein solches Kindstuch aufbewahrte, das nur einmal in ritueller Funktion gebraucht wurde: Im Hintergrund dessen steht keine sachliche, sondern eine moralische Distinktion. Als Rarität geltend kommen in den Nachlassinventaren der Versender Herrschaft für Waisenangelegenheiten in der ersten Hälfte des 19. Jahrhunderts häufiger Kindstuch-Objekte vor.[1120] Die Wahrnehmung der Kindstücher bezieht sich sowohl in den Archivquellen als auch im Interview-Material überwiegend auf den Zustand (neuwertig[1121]) und auf die Qualität (wollenes[1122]) des Objekts, des Weiteren sind auch Mundartbezeichnungen wahrzunehmen (Manteltuch, Einfasstuch[1123]). Die Qualität der zum Kindstuch und zur Šarenica verwendeten Wolle, wie auch die Zahl der Kindertragen markierte einen gesellschaftlichen und sachlichen Unterschied.[1124] Die Musterung von Oberflächen und die

---

1120 Kindstücher kamen unter der Versender Vogtei von János Kiss (1808–1835) und der Versender Rendantur von Ferenc Lainczinger (1829–1837) in die Inventarien, von den Verwaltern siehe: Borsy, Judit: A pécsváradi közalapítványi kerület gazdatisztjei a 19. század első felében. [Die Verwalter des Pécsvárader Stiftungsbezirks in der ersten Hälfte des 19. Jahrhunderts]. In: Szirácsik, Éva (Hg.): Nagyváthy és a magyar uradalmak. [Nagyváty und die ungarischen Herrschaftsgebiete]. Dominium III. Budapest 2017, S. 130–172. Ein Dank gilt an Dr. Judit Borsy für die Quellen der Kindstücher und an die Archivarin Zsófia Papp für ihre professionelle Hilfe.

1121 MNL BaML XI. 605. h. O-100/217. Pécsváradi közalapítványi kerület levéltára. [Archiv des Pécsvárader Stiftungbezirkes]. Versendi uradalom iratai. Árvák iratai. [Akten der Herrschaft Versend. Waisenangelegenheiten.] Noll. 1836.

1122 MNL BaML XI. 605. h. O-100/197. Pécsváradi közalapítványi kerület levéltára. [Archiv des Pécsvárader Stiftungbezirkes]. Versendi uradalom iratai. Árvák iratai. [Akten der Herrschaft Versend. Waisenangelegenheiten.] Máli. 1831.

MNL BaML XI. 605. a.2. 57G/161. Pécsváradi közalapítványi kerület levéltára. [Archiv des Pécsvárader Stiftungbezirkes]. Főtiszti iratok. [Akten des Präfekts.] Fay. 1832.

Drei wollene Kindstücher: MNL BaML XI. 605. h. O-100/214. Pécsváradi közalapítványi kerület levéltára. [Archiv des Pécsvárader Stiftungbezirkes]. Versendi uradalom iratai. Árvák iratai. [Akten der Herrschaft Versend. Waisenangelegenheiten.] Hahner. 1834.

1123 „ein kinder ein Mandels duch": MNL BaML XI. 605. i. P. Pécsváradi közalapítványi kerület levéltára. [Archiv des Pécsvárader Stiftungbezirkes]. Pécsváradi fiskális iratai. Hozományi inventárium. [Akten des Pécsvárader Sachwalters. Beibringensinventar.] Jahn. 1791.

„Ein Einfaßtuch": MNL BaML XI. 605. h. O-100/195. Pécsváradi közalapítványi kerület levéltára. [Archiv des Pécsvárader Stiftungbezirkes]. Versendi uradalom iratai. Árvák iratai. [Akten der Herrschaft Versend. Waisenangelegenheiten.] Herrlich. 1832.

1124 Interview 2 mit Frau H. Kátoly, 27. 10. 2014.

Wahrnehmung von Farben betreffend stellt Pastoureau anhand seiner Forschungen in der mittelalterlichen Kultur und in der Heraldik fest, dass es in der Bedeutung der einfarbigen und gemusterten (gestreift, gepunktet, usw.) Oberflächen grundsätzlich Unterschiede gibt, die gemusterte Oberfläche kann Unreinheit, die Zerstörung der Ordnung und Unheil ausdrücken.[1125] Ähnlich im Falle der Farben. Die Wahrnehmung von bichromatischen und polichromatischen Farben unterscheidet sich in der Kultur des Mittelalters kaum. „Two colors are worth the same as ten colors; two stripes are worth the same as ten squares or a hundred diamonds."[1126] Die emische Wahrnehmung der Kindstücher zeigte in zwei Fällen dominante Unterschiede, in beiden Fällen im Zusammenhang mit der Verwendung der Farben schwarz-weiß (eventuell grün). Die Verwendung der auf weißem Grund mit schwarzem Streifenrhythmus gewebten Kindstücher in Palotabozsok kennzeichnet eine territoriale und kulturelle Abgrenzung innerhalb der Gruppe. Die vierwebschaftigen schwarz-weiß-grünen Kindstücher indizierten eine Festtagsfunktion. In den ersten Jahrzehnten des 20. Jahrhunderts stellten der Szűrer Herr W. wie auch der Himesházaer Herr R. das Kindstuch mit schwarz-rot-gelben Streifen her, die an die deutsche Fahne erinnerten und eine politische Stellungnahme bedeutenden. Sie waren in ihren eigenen Dörfern und innerhalb der engeren Region bekannte Kindstuchweber. Die Wahrnehmung des politischen Inhalts der Farben schwarz-rot-gelb war im 21. Jahrhundert im Kreise der Kindstuch verwendenden Frauen nicht spürbar, ein Webermeister-Spezialist aus Kárász machte mich auf diese Erscheinung 2009 aufmerksam.[1127] Dörfer, die entlang der Landstraße Nr. 57 liegen, wie zum Beispiel Kátoly, repräsentieren einen Zwischenraum, einerseits in Anbetracht der zweischaftigen Kindstuchanfertigung auf dem Gebiet um Himesháza–Mohács und der früher über eine ausgeprägte Zunft-Handwerkerkultur verfügenden Region um Pécs–Siklós–Bóly, wo vierschaftige Kindstücher angefertigt wurden. Andererseits waren sie hybride Grenzgebiete langwieriger Zusammenlebens unterschiedlicher Volksgruppen. Eine sich geschichtlich herausgebildete Diversität offenbart sich in der traditionellen Kindertragekultur dieses Zwischenraums. Die sakrale landschaftsorganisierende Rolle[1128] des Baranyaer Marienkults und das Phänomen der Kommunikation zwischen Volksgruppen zeigt sich im Dialog der Kátolyer Kindstücher und der Šarenica, ferner im Vorkommen des aus den Objekten der katholischen Ungarn gesammelten, gestickten Leinen-Kindertragetuchs in der Region, in Bogád und Egerág (im Feld ist es mir nicht gelungen, Informanten zum Gebrauch der Leinen-

---

1125 Vgl. Pastoureau 2003, S. 25.
1126 Vgl. ebd.
1127 M. O. Web- und Töpfermeister, Sammler, Kárász.
1128 Lantos 1997, S. 63.

Kindertragen zu finden).[1129] In Kátoly oder in Liptód – als Zwischenraum – ist die Wahrnehmung des zusammengesetzten Musters und die Prestigerolle des vierschaftigen Kindstuchs zu spüren. Das Muster (Nattergang) vierschaftigen Kindstücher, das an das mittelalterliche Meisterstück erinnerte, wurde in der Region um Pécs–Siklós–Bóly in einer
kleineren Menge von Webermeistern angefertigt, die über eine Meisterprüfung verfügten
und Gewerbesteuer bezahlten (z. B. den Herrn Hu. lehrende Nagybudmérer Webermeister). Die Kindstücher anfertigenden Weber verfügten aber zumeist nicht über einen Gewerbeschein und verrichteten Heimarbeit je nach Saison, vereinzelt waren es Handwerkerspezialisten, die für ihre unmittelbare Umgebung arbeiteten. Die aus Kisjakabfalva
stammende Frau Kr., die im Dorf als Hebamme tätig war, webte die vierschaftigen Kindstücher als das rituell am besten unterrichtete Mitglied der Gemeinschaft in der ersten
Hälfte des 20. Jahrhunderts. Der in der Region bekannte Nagybudmérer Kindstuchweber
Herr Hu. erhielt trotz des Erwerbs des Meisterbriefs Ende der 1940er-Jahre keinen Gewerbeschein, also führte er die eingegangenen Kindstuch-Bestellungen bis zum Anfang
der 1950er-Jahre in Schwarzarbeit aus. Über die Stammeskultur und über die als Objektifikation der Struktur der Gesellschaft geltenden Stammesobjekte künstlerischer Qualität
schreibt Tilly: „They provide, in particular, a means of ordering the relationships between
people, ancestors and land."[1130]

7.5. Fazit

Die soziale Diversität repräsentierende Baranyaer Wollgewebe-Kultur in der als kommunikativen Raum verstandenen, Csákyschen Kulturtheorie reflektiert die interaktive Rolle
der Textilien und die Kommunikation der nebeneinander lebenden, miteinander wettei-
fernden Gruppen. Die Materialität der repräsentativen Wollgewebe kann auf das Zusammenleben von Gruppen, auf den Verlauf kultureller Prozesse hinweisen. Die im symbolischen Raum des Himesházaer Heimatmuseums im 21. Jahrhundert erscheinenden
Kindstücher und die Teppiche der Bukowinaer Szekler spiegeln die Konkurrenz der
Gruppen und ihr kurzfristiges Zusammenleben wider. Die Gemeinsamkeiten des Stoffs
und der Verwendung von Kindstüchern und der schokatzischen Šarenica kennzeichnen
die Verflechtung kommunikativer Räume und das langwierige Zusammenleben von
Gruppen. Es ist zu vermuten, dass die untersuchten Wollgewebe gerade aufgrund ihrer
in der Kommunikation eingenommenen, interaktiven Rolle auch noch im 21. Jahrhundert in der Baranyaer Region fortleben. In geschichtlicher Perspektive objektifizierte sich

1129 Janus Pannonium Múzeum Pécs, Ltsz. 84.5.4, 84. 19.1.
1130 Tilly 2013, S. 66.

die im Alltag eingenommene identitätsformende Wirkung der Religion[1131], die sakrale, landschaftsorganisierende Rolle[1132] des Marienkults im Baranyaer rituellen Kindertragen. Laut der Quelle aus dem 18. Jahrhundert kam die Kindstuch-Verwendung in der Region als Instrument der kirchlichen Sozialdisziplinierung vor.[1133] Als materielle Akteure der von der Kirche kultivierten Marienpräsenz[1134] können die Baranyaer rituellen Kindertragen gelten. Infolge ihrer rituellen Anwendung prägte sich die gesellschaftliche Geschlechterrolle der Frau mittels körperlicher Erfahrungen. Das Erscheinen von Kindertrageobjekten in den Mariendarstellungen in der europäischen bildenden Kunst des 14. Jahrhunderts beweist die Verbreitung des Objekts in der mittelalterlichen alltäglichen Verwendung.[1135] Für die visuelle Darstellung der Kindertragetücher ist ab dem 14. Jahrhundert der Realismus (z. B. Giotto, Flucht nach Ägypten, 1304–1306, Scrovegni-Kapelle Padua) oder die künstlerische Stilisierung charakteristisch (z. B. Maria lactans aus der Sigismundkapelle bei Mariazell, bemalte Statue, um 1380). Bis zum Ende des Mittelalters verschwindet allmählich die Tragetuchdarstellung in den Heiligendarstellungen, weil das Tuch für die Bürger als überholt galt, es wurde in die Verwendung seitens der Bauern abgedrängt.[1136]

Der Streifenrhythmuscode der zweischaftigen Kindstücher und der Šarenica bildet ein gemeinsames Codesystem. Bei seiner Untersuchung der Bedeutung des Streifenrhythmus in geschichtlicher Perspektive stellt Pastoureau fest, dass im Mittelalter die gestreifte Tracht ein Zeichen der Ausgrenzung war, aber sie hatte auch eine apotropäische und reintegrierende Bedeutung, ferner kennzeichnete sie die bäuerliche Kleidung.[1137] Pastoureau hebt die Rolle des Streifenmusters in der europäischen Heraldik hervor.[1138] Die schwarz-weiße Musterung der in Palotabozsok verwendeten Kindstücher hat eine Symbolrolle, denn sie weist eine territoriale und kulturelle Abgrenzung innerhalb einer Gruppe auf. Anfang des 20. Jahrhunderts drückt das Kindstuch infolge des sich verstärkenden, nationalistischen politischen Drucks eine Selbstidentität aus, es wurde in Nachahmung der deutschen Fahne mit schwarz-rot-gelben Streifenmustern in Szűr angefertigt. Im Falle von Überlappung kommunikativer Räume, in hybriden Grenzgebieten, zum Beispiel in Kátoly, kann in den Kindertrageobjekten die soziale Vermittlung, das Phäno-

---

1131 Vgl. Seewann 2012a, S. 228.
1132 Lantos 1997, S. 63.
1133 Winkler/Galambos 1987, S. 152.
1134 Von Orsi verwendeter Begriff. In: Orsi 2005a, S. 59 f.
1135 Vgl. K. Csilléry 2001, S. 307.
1136 Vgl. ebd., S. 309.
1137 Vgl. Pastoureau 2003, S. 36, 61.
1138 Vgl. ebd., S. 26–32.

men der Kommunikation, zwischen Volksgruppen festgestellt werden. Ferner kann daraus die Distinktion zwischen den Kindstüchern erschlossen werden und die Prestigerolle der aus Zunfttraditionen entstandenen vierschaftigen Kindstücher im Vergleich mit den zweischaftigen.

8. Zusammenfassung und Konklusion

8.1. Zusammenfassung

Thema meiner Dissertation ist die qualitative Analyse des traditionellen Kindertragens in der Baranya und der repräsentativen, wollgewebten Kindertrageobjekte (des Kindstuchs und der Šarenica) in dieser Region. Der Gebrauch des Kindstuchs bei den römisch-katholischen Ungarndeutschen, die Landwirtschaft betrieben, wird vermittels der disziplinären Perspektive der empirischen Kulturwissenschaft in lebensweltlich-ethnografischer Annäherung untersucht; der Gebrauch der Šarenica bei den römisch-katholischen dörflichen Schokatzen, mit denen die Ungarndeutschen zusammenlebten, partiell erörtert. Die Fragestellung der Studie, die auf die entstandenen Interaktionen zwischen Kindertrageobjekten und Subjekten und deren Bedeutung in der Gestaltung der personalen und gesellschaftlichen Identität fokussiert, spiegelt die Problemsensitivität der modernen Materiellen Kulturforschung wider. Im Rahmen der Analyse zeichnet sich die Rolle des Untersuchungsobjekts in den Übergangsriten der Geburt, in den Winnicottschen Übergangserscheinungen, in den biologisch-psychologisch-gesellschaftlichen Wandlungsprozessen der Frau und des Kindes ab. Den theoretischen Hintergrund der Untersuchung – als *Grounded Theory* – bilden die Ritualtheorien von van Gennep (Übergangsriten) und Turner (Liminalität, Communitas), ferner das sich an die performativen und kommunikativen Aspekte der Rituale orientierende, ritualdynamische Paradigma[1139]. Im Zusammenhang mit den angewandten Kulturtheorien stehen die *Diversity* und die als kommunikativer Raum gedeutete Csákysche Kulturtheorie im Fokus. Unter dem Aspekt der anthropologischen Anschauung kommt die Auffassung von Abu-Lhugod zur Geltung: Anstatt ein konstruiertes Kulturbild aufzuzeichnen, wird die Strategie der Ethnografie des Partikulären befolgt.[1140] Bezüglich der Methodik der Datenerhebung spielen in meiner Feldforschung die teilnehmende Beobachtung und die Körpererfahrung als Wahrnehmungsmethode eine Rolle. Die problemzentrierten und narrativen Interviews dienen der Erschließung der interaktiven und kommunikativen Formen einzelner Gruppen. Die Quellen aus den Archiven ermöglichen einen Einblick in die Geschichtlichkeit der Objektverwendung. Zur Wahrnehmung der Materialität der Baranyaer Kindertragetücher

---

1139 Vgl. Harth/Michaels 2013, S. 123 ff.
1140 Vgl. Abu-Lughod 1991, S. 147 ff.

und der Interaktionen bietet die Methode der Objektbiografie den angemessensten Zugang.[1141] Korff bestimmt – aufbauend auf den wissenschaftlichen Ergebnissen Kramers – zur Erfassung der im Objektgebrauch bestehenden „kollektiven, kulturell kodierten Bedeutsamkeiten" die Analyse der Funktionen, der Gestalt und des Stoffs im Kontext.[1142]

Das Baranyaer traditionelle Kindertragen und die Kindertragetextilien waren Gegenstand der Feldforschung im Originalkontext. Die sich den Mensch-Objekt-Interaktionen auf sensitive Weise annähernden qualitativen Interviews vermitteln ein Bild zur Veränderung und die Auflösung der traditionellen Kindertragekultur im Verlauf des 20. Jahrhunderts zum Erscheinen eines den globalen Modellen folgenden Konzepts des Kindertragens im 20. und 21. Jahrhundert. Keller-Drescher unterstreicht in diesem Zusammenhang, dass die geschichtlichen Objekte immer epistemische Objekte seien und verweist auf die Wichtigkeit der Bindung der Akteure und Objekte der Untersuchung an die Gegenwart.[1143] Die Kulturbedeutsamkeit[1144] des traditionellen Kindertragens kann gerade in seinem Wandlungsprozess erfasst werden. Es kann festgestellt werden, dass die Kultur des Kindertragens und die Mobilität mit dem Kind mit der jeweiligen Geburtskultur verknüpft sind. Der biologische Prozess des Gebärens und der Geburt wird von den Parametern von Ort und Zeit mit bestimmten kulturellen Deutungen durchdrungen.[1145] Die kulturelle Interpretation des Körpers und seine Beeinflussung aus einer Machtposition, seine Kolonisation ist einer jeden Gesellschaft eigen.[1146] Douglas schreibt: „So there we are: deceived by the purity rule, our minds structured by the cosmologies which are generated by the ways we deal with one another, our categories reinforcing our social choices."[1147] Laut Kisdis Feststellung ist die Kolonisation des weiblichen Körpers im Falle der traditionellen *prämodernen* und der technokratischen *modernen Geburtskulturen* prägnant vernehmbar, solange die *postmoderne Geburtskultur* aus holistischer Betrachtungsweise gerade die Kritik an der medikalisierten modernen Geburtskultur verkörpert. Diese wird durch die Bestrebung nach Dekolonisierung des weiblichen Körpers gekennzeichnet.[1148] Das traditionelle Baranyaer Kindertragen knüpft an die prämoderne Geburtskul-

---

1141 Vgl. Hahn 2005, S. 45.
1142 Korff, Gottfried: Ein paar Worte zur Dingbedeutsamkeit. In: Göttsch, Silke/Sievers, Kai Detlev (Hg.): Kieler Blätter zur Volkskunde 32. 2000, S. 21–33, hier S. 31.
1143 Vgl. Keller-Drescher 2008, S. 247.
1144 Vgl. ebd., 240 ff.
1145 Vgl. Kisdi 2012, S. 23.
1146 Vgl. ebd.
1147 Douglas, Mary: In the Nature of Things. In: Dies.: Implicit Meanings. Essays in Anthropology. London u. a. 1975, S. 210–229, hier S. 226. Zitiert nach Kisdi 2010, S. 23.
1148 Vgl. Kisdi 2012, S. 24 ff., 43 f.

tur an, konkret an das gewisse körperliche Funktionen als Verunreinigungstabus wahr-
nehmende Körperbild und an den rituellen Brauchtumskreis. Ab den 1940er-Jahren lös-
ten sich die rituellen Funktionen des traditionellen Kindertragens nach und nach auf, als
Folge der Verbreitung der medikalisierten Geburtskultur, der politisch-wirtschaftlichen
Wandlungen und der Veränderungen der Machtverhältnisse innerhalb der Familie in der
Baranya (und auch in anderen Gebieten Ungarns). Zum Statusobjekt der Mobilität mit
Kindern wurde der das Streben nach Verbürgerlichung verkörpernde Kinderwagen. Hei-
merdinger konstatiert, dass das moderne Kindertragen (im Tragetuch) in der westlichen
Welt zum Teil der mit der medizinischen Heilung polemisierenden Bewegung Ende der
1960er-Jahre wurde: Die Gesundheit kann durch den Zustand des körperlich-geistlich-
sozialen Wohlstandes (salutogenetische Ansicht) und nicht ausschließlich durch das
Nichtvorhandensein der Krankheit (pathogenetische Ansicht) bedingt sein.[1149] Das moderne Kindertragen spricht – laut Heimerdinger – neben der Frage nach der Gesund-
heitsanschauung auch Fragen zur Eltern-Kind-Verbindung (*attachment parenting* versus
emanzipatives Prinzip) und die Identitätsbildung an. In Untersuchung der sozio-kultu-
rellen Bezüge des Kindertragens in der Baranya des 21. Jahrhunderts ist festzustellen,
dass diese Globalisierungsprozesse widerspiegeln. Solange das rituelle Kindstuch ein materieller Träger der Gruppenidentität war, zeigte die Wahl zwischen Babybeförderungs-
mitteln, die globalen Modellen folgen, eine individuelle Entscheidung, eine individuelle
Identitätskonstruktion, auf. Die ritualisierte Verwendung der modernen Tragetücher in
der Baranya und in Ungarn kann mit *attachment parenting*, alternativen Kindererziehungsbewegungen und der postmodernen Geburtskultur verknüpft werden.[1150] In sämtlichen
Phasen der Riten der prämodernen Geburtskultur ist die prägende Anwesenheit der
weiblichen Gemeinschaft spürbar, auch das rituelle Kindertragen ist mit dem Handlungs-
kreis der weiblichen Sphäre verbunden. In der postmodernen Geburtskultur, im Falle der
eine Kritik an die technokratische Entbindung im Krankenhaus darstellenden Hausgeburt-Bewegung, in der Struktur-Antistruktur-Relation, erscheint das Turnersche Com-
munitas-Phänomen.[1151] Die moderne Babytragekultur formt und verbreitet sich in organisierten, in wirklichen oder virtuellen Räumen der entstandenen Gemeinschaften aus
kommerziellem Interesse. In der Baranya ist nach der Jahrtausendwende die Modernisierung der Geschlechterrollen, das Erscheinen der Vaterrolle in egalitärer Auffassung und
die Akzeptanz von alternativen Familienmodellen wahrnehmbar. Merkmal der ritualdynamischen Prozesse ist das Phänomen, dass in der modernen, globalisierten Erlebnisge-

---

1149 Vgl. Heimerdinger 2011, S. 324 f.
1150 Vgl. Kisdi 2012, S. 188.
1151 Vgl. Nadig 2011, S. 45 ff.

sellschaft aus der eigenen Kultur oder aus anderen Kulturen stammende rituelle Traditionsteile neu entdeckt werden: In der ritualisierten, modernen Babytragekultur wurden Tragetechniken von Kulturen außerhalb Europas nachahmenswert.[1152] Ritualisierte Handlungen können als Revolte gegen die bestehenden, zwingenden Normen gelten.[1153] Laut den Interviews sollte das in der Baranyaer Kultur einen Prestigestatus bekleidende Kindstuch in einem sich veränderten gesellschaftlichen und materiellen Umfeld seinen Träger stigmatisieren.[1154] In diesem Zusammenhang weist Redlin darauf hin, dass die Neuentdeckung des Babytragens in den durch die 1968-er Studenten- und Hippierevolutionen ausgelösten Bewegungen eine Auflehnung gegen die autoritären Erziehungsprinzipien der Elterngeneration in der westlichen Welt bedeuteten.[1155] Ihm zufolge steht die europäische Neuentdeckung des Kindertrageobjekts im 20. Jahrhundert und die Wahl der Kindertragetechniken aus anderen Kulturen für ein Modell des Paradigmenwechsels, hinter dem sich die Kritik an den vorherrschenden politischen und gesellschaftlichen Beziehungen und bürgerlichen Normen verbirgt.[1156]

Das dingliche Gedächtnis traditioneller Kindertragekultur ist in der untersuchten Region in der Baranya (Pécs–Siklós–Mohács–Erdősmecske) bis heute aufzufinden. Im Fokus der Untersuchung steht das wollgewebte Kindstuch der Ungarndeutschen, ferner beschäftigt sie sich mit der wollgewebten Šarenica der dörflichen Schokatzen. Als museales Objekt kann das gestickte Kindertragetuch[1157] aus Leinen bei den römisch-katholischen Ungarn in Bogád und Egerág erwähnt werden (darüber konnten allerdings während der Feldforschung keine Informationen gesammelt werden). Unter den im 18. Jahrhundert auf Initiative des Staates und der privaten Grundherren in Ungarn angesiedelten Deutschen wird die Verwendung der Kindstücher im 18.–19. Jahrhundert durch schriftliche Quellen – wie Inventare, Heiratsverträge – für das Gebiet Südost-Transdanubien bezeugt. Während der 150-jährigen osmanischen Herrschaft kam die von den Türken privilegierte südslawische Bevölkerung im Laufe ihrer Süd-Nord-Migration in die südliche Region des Königreichs Ungarn. Nach dem Frieden von Passarowitz 1718 rückte das osmanische Heer endgültig aus Ungarn ab, das nun Teil des Habsburgerreiches wurde. Der Wiener Hof und der Hochadel strebten merkantilistischen Überlegungen folgend eine schnelle landwirtschaftliche Nutzbarmachung der von den Osmanen eroberten Gebiete an. In Südost-Transdanubien wurde im 18. Jahrhundert durch die Großgrundbesitzer anstatt der Methode der extensiven Weidewirtschaft der Serben der Ausbau von

---

1152 Vgl. Hart/Michaels 2013, S. 125.
1153 Vgl. ebd.
1154 Interview mit Frau T. Himesháza, 29. 09. 2014.
1155 Vgl. Redlin 2010, S. 167.
1156 Vgl. ebd., S. 167 f.
1157 Janus Pannonius Múzeum Pécs, Ltsz. 84.5.4., 84.19.1.

intensivem Ackerbau, Meiereien und Molkereien mithilfe des Fachwissens der angesiedelten deutschen Landwirte verwirklicht. Seitens der Habsburger erwies sich das Mittel der Sozialdisziplinierung zur Durchsetzung der merkantilistischen Wirtschaftspolitik als angemessen, um tüchtige und disziplinierte Untertanen ins Land zu holen. Die Nutzung des Kindstuchs erfolgte als Mittel kirchlicher Sozialdisziplinierung der Frauen, wie aus dem Auszug der Predigt des Pfarrers Michael Winkler in Gödre aus dem 18. Jahrhundert hervorgeht (unter Hinweis auf die südost-transdanubische Verbreitung des Gegenstandes im Kreis der Deutschen). Im 18. Jahrhundert erlebte die Baranya eine wirtschaftliche und gesellschaftliche Konsolidierung. Die sich organisierenden religiösen Gemeinschaften, die Pflege des Marien- und Schutzheiligenkults und der Besuch der Wallfahrtsorte hatten eine sakrale, landschaftsorganisierende, interethnische und nicht zuletzt eine integrierende Rolle.[1158] In der als *Social Diversity* gekennzeichneten Baranya markierte das für den Aussegnungsprozess verwendete Kindertragetuch, das Kindstuch und die Šarenica das langfristige Zusammenleben von Volksgruppen und die nonverbale Kommunikation zwischen ihnen. Aufgrund der untersuchten Zunftbriefe kann festgestellt werden, dass in der Baranyaer Weberzunftkultur des 18. Jahrhunderts der deutsch-österreichische Einfluss bedeutend war, wenn auch bei denjenigen Zünften, die im 19. Jahrhundert gegründet worden waren – mit Ausnahme der Németbólyer gemischten Zunft –, dieser Einfluss abgenommen hat. Die mit vier Webschaften gewebten, vom Ende des 19. und aus der ersten Hälfte des 20. Jahrhunderts stammenden Kindstücher bezogen die Tätigkeit der in der Region (Umgebung von Pécs–Siklós–Bóly) wirkenden Weberzünfte. Die durch die dörflichen Handwerker-Weber und Pfuscher gewebten Objekte bewahrten die Traditionen, konkret den Musteranforderungen des mittelalterlichen Meisterstücks gemäß das Nattergang/Schlange/cursum serpentinum-Motiv in individuellen Varianten. Sowohl die mit dynamischen Streifenrhythmen gewebten zweischaftigen als auch die mit Nattergang-Mustervariationen angefertigten vierschaftigen Kindstuch-Kompositionen verkörpern die Reproduktion und die abstrakte kosmologische Darstellung des Lebensweges. Infolge nationalistischer Konflikte und Assimilationsbestrebungen in den ersten Jahrzehnten des 20. Jahrhunderts übernahm ein Teil der zweischaftigen Kindstücher eine Bekenntnisrolle, denn die mit schwarz-rot-gelbem Streifenrhythmus gewebten zweischaftigen Kindstücher führten die Farben der deutschen Fahne und brachten damit ein gestärktes deutsches Selbstbewusstsein zum Ausdruck. Zur gleichen Zeit betonten die deutschen Frauen aus Mözs, Komitat Tolna, als Antwort auf die angefachten nationalistischen Bestrebungen ihre Loyalität zu Ungarn und bestickten ihre Schultertücher aus

---

1158 Vgl. Lantos 1997, S. 63 ff.

Seide mit den Farben rot-weiß-grün, den Farben der ungarischen Flagge.[1159] Im Dezember 1944 nahm der Himesházaer Weber das Kindstuch als Decke mit sich, als er zur Zwangsarbeit in ein sowjetisches Lager verschleppt wurde. Einige der vertriebenen Ungarndeutschen nahmen 1945 ihre Kindstücher während der Enteignung der Baranyaer Wohneigentümer zur neuen Bleibe mit, auch die ab 1946 nach Deutschland ausgesiedelten Ungarndeutschen. Vielerorts kehrten die Ausgesiedelten samt ihren Kindstüchern in ihre zurückgekauften, eigenen Wohnhäuser zurück, oder die Verwandten schickten die in der Baranya noch funktional verwendete Textilie aus dem Ausland zurück.

Nach 1945 begann für die Ungarndeutschen die Epoche der Vertreibung, der politischen und gesellschaftlichen Diskriminierung bis 1983, als die Rehabilitierung der Ungarndeutschen vom Vorwurf der Kollektivschuld stattfand.[1160] Als Resultat der politischen und wirtschaftlichen Veränderungen erfolgte zum Beispiel in Újpetre die Auflösung der traditionellen Lebensweise bereits nach 1945. Laut eines Himesházaer Erinnerungsbildes war der Tracht- und Kindstuchgebrauch im Jahre 1956 zur Zeit der Revolution für viele noch ein Teil der Lebenswelt bis in die 1960er-Jahre. In der Baranya erscheint das Kindstuch im 20.–21. Jahrhundert in zahlreichen Räumen bei festivalisierten Veranstaltungen und in musealisierter Umgebung. Die in den Heimatmuseen ausgestellten Kindstücher repräsentieren die ungarndeutsche Kultur und Identität und kommunizieren sie mit den repräsentativen, wollgewebten Textilien anderer Volksgruppen (in Himesháza z. B. die Szekler Teppiche, die sogenannten Farbigen) der lokalen Gemeinschaften, die bisweilen über einen kürzeren Zeitraum mit den Ungarndeutschen zusammenlebten.

In Himesháza erfolgte die rituelle und erste Verwendung des Kindstuchs am Ende der Wochenbett-Periode, wenn die Wöchnerin mit ihrem im Kindertragetuch um ihren Körper gewickelten Kind im Rahmen des Auskens (eine lokale Bezeichnung) in die örtliche Kirche zur Aussegnung oder (öfters in den umliegenden Dörfern) als paraliturgische Handlung zur Danksagung zu einem Wegkreuz ging. Die rituellen und alltäglichen Funktionen des Kindstuchs und deren Änderungsprozess im 20. Jahrhundert konnten am besten in der Region um Himesháza untersucht werden. In der Lebenswelt von Himesháza spielte die ab dem 18. Jahrhundert hier tätige, mehrere umliegende dörfliche Filialen versorgende Abtei eine bedeutende Rolle. Laut einer soziologischen Umfrage konnte die ungarndeutsche Bevölkerung ihre eigene Identität im kommunistischen System dank der Ausübung ihrer Riten aufrechterhalten.[1161] Als Beispiel werden die Beerdigungsriten an-

---

1159 Vgl. Weber-Kellermann 1978, S. 316.
1160 Vgl. Seewann 2012b, S. 379.
1161 Vgl. Ludescher 2009, S. 74 f.

geführt, aber auch die Riten um die Geburt können hierzu gerechnet werden, diese erlo-
schen allerdings in dieser Region in den 1970er-Jahren. Nadig zufolge werden so bedeutende physische, biologische Prozesse wie die Reproduktion oder der Tod vom Individuum oder von der Gemeinschaft durch ihre eigene kulturelle Praxis aufgearbeitet.[1162]
„Schwangerschaft, Geburt und Mutterschaft, respektive frühe Kindheit stellen eine der
längsten Übergangsperioden dar, die durch vielfältige Begleitrituale kulturell strukturiert
wird."[1163] Van Gennep erschloss, dass die prämodernen Gesellschaften die Lebenskrise-
Situationen im Rahmen von Übergangsriten handhaben. Er betrachtete die Phase der
Schwangerschaft und die Wochenbett-Periode als eine Übergangsriten-Einheit, in der die
schwangere Frau aus ihrem früheren sozialen Status heraustritt; anschließend verwirklicht sich bei ihr nach der liminalen Phase der Schwangerschaft und der Entbindung mit
dem Abschluss der Kindbettperiode die soziale Rückkehr aus dem Wochenbett.[1164] Turner schenkte der mittleren Phase der Übergangsriten, der Liminalität, besondere Aufmerksamkeit, in der die Subjekte des Rituals einen zweideutigen Raum und eine zweideutige Zeit durchqueren und sich dadurch der gesellschaftliche Statuswechsel vollzieht.[1165]
Interviews aus Himesháza und Szűr geben über den *Downplaying*-Charakter der Isolierung
der Frau während der Wochenbettzeit ein Bild, aber auch über Erzählweisen bezüglich
der rituellen Prozesse in symbolischen Formeln, über die Verwendung von Handlungs-
und Worttabus zur Vermeidung des bösen Blicks, über die zurückhaltende Verhaltens-
weise (nach Freud: Vermeidung) bezüglich der körperlichen Funktionen und emotionalen Äußerungen. Durch die Durchsetzung des Unreinheits-Tabus prägten sich die Herrschaftsverhältnisse und Machtpositionen der Gemeinschaft durch verkörperte Erfahrungen in den Körper der Frau ein.[1166] Aus den Interviews aus Himesháza geht hervor, dass
die Bewahrung der rituellen Verunreinigungs- und Unreinheitsvorstellung durch die
Menstruation und die Körperflüssigkeit um die Geburt bis zu den Veränderungen im
20. Jahrhundert sich an die lokalen Träger der Weberschen „Macht" und „Herrschaft"[1167], an die Generation der Alten und der Kirche knüpfte („*Früher dirigierten die
Alten.*"[1168]). „*Sie geht rein und kommt rein*"[1169], mit dieser Formel erkannten die Alten die
Entbindung im Krankenhaus 1963 an, als die Frauenarbeit und die medikalisierte Entbindung sich verbreiteten und infolge der politisch-wirtschaftlichen Veränderungen die

---

1162 Vgl. Nadig 2011, S.43.
1163 Ebd.
1164 Vgl. Gennep 2005, S. 49–52.
1165 Vgl. Turner 2009, S. 34 ff.
1166 Vgl. Kisdi 2012, S. 23.
1167 Büttner/Mattheis/Sobkowiak 2013, S. 69.
1168 Interview 4 mit Frau R. Himesháza, 05. 10. 2013.
1169 Interview 2 mit Frau L. Himesháza, 04. 10. 2013.

Machtposition der älteren Generation ins Wanken geriet und das Festhalten an solchen Tabus keinen Sinn mehr besaß. Douglas schreibt über die Durchsetzung des Aberglaubens bezüglich der Unreinheit:

> „The case of menstruation rites is only one example of a whole range of danger beliefs which are used to underline roles and obligations and to maintain statuses. They not only express people's interest in these social distinctions and duties – they give a handle for coercing everyone into conforming to the pattern."[1170]

Im Spiegel der internationalen, geschichtlichen Studien, die die Aussegnung untersuchten, kann festgestellt werden, dass sich in den Interviews aus Himeshāza und in der Baranya sämtliche mit der Aussegnung und der Wöchnerin verbundene mittelalterliche kirchliche Handlungen und magische Praktiken finden lassen. Der Prozess der Aussegnung, ihr Purifikationscharakter, die Anwendung von magischen Praktiken und Amuletten, die die Gesundheit und einen apotropäischen Schutz seitens der Handelnden sicherten, haben mittelalterliche Elemente beibehalten. Der Ritus der Aussegnung markierte das geringe gesellschaftliche Ansehen der Frau und der Entbindung, aber die Frauen selbst spielten im Wandlungsprozess dieses Ritus eine Rolle und der Ritus ermöglichte auch eine Umkehrung der vorherrschenden Gender-Stereotypen, worauf Lee hinweist.[1171] Hartinger hebt die Rolle der Kirche und der Aussegnung hervor und betont deren Wirksamkeit, dass dadurch der Aberglaube der Unreinheit der schwangeren und menstruierenden Frau bis in die jüngste Vergangenheit aufrechterhalten bleiben konnte.[1172] Das Kindstuch war ein Akteur der Repräsentation der traditionellen weiblichen Gender-Konstruktion und des Mutter-Status im Verlauf des rituellen Durchgangs durch den gesellschaftlichen Raum (Ausken) und der kirchlichen Aussegnungszeremonie. Nach Orsi formulierte die Kirche das ideale Frauen- und Mutterbild seit dem Mittelalter in der Gestalt der Maria.[1173] Die Kindstuch und Šarenica tragenden Baranyaer Frauen folgten der Aussegnung als einem Prozess, der einem Lebensereignis Marias entspricht. Ihre Handlungen waren vom Bestreben geleitet, dem Marienbild zu entsprechen. Das Kindstuch und die Šarenica waren in der Baranya die materiellen Akteure der Versinnlichung der Mariä-Präsenz. Mit der rituellen und alltäglichen Verwendung des Kindertragens verankerten sich die gesellschaftliche Identität und die Geschlechterrolle der

---

1170 Douglas 2006c, S. 172.
1171 Vgl. Lee 1995–1996, S. 48 ff.
1172 Vgl. Hartinger 1992, S. 141.
1173 Vgl. Orsi 2005b, S. 50 f.

Frau in ihrem Körper. Das Kindertrageobjekt erscheint in der bildenden Kunst auf Ma-
riä-Darstellungen als ein Zeichen des Mutter-Status. Giotto stellte Maria im Trecento, in
der Scrovegni-Kapelle in Padua, in der Szene Flucht nach Ägypten mit einem realistisch
gemalten Kindertragetuch dar. So transportierten die Frauen dieser Epoche ihr Kind mithilfe des Tuches. Das Kindstuch war somit ein Mittel der Mobilität und ein Akteur ritueller Abläufe: Mit seiner Verwendung konnte das kulturelle Wissen der Gemeinschaft im
Laufe der kinästhetischen Erlebnisse in Form von verkörperter Erfahrung befestigt werden. Mit dem Wochenbett, mit den Riten der Taufe und der Aussegnung war die liminale
Phase für das Neugeborene nicht sofort abgeschlossen, denn die Zeitspanne ist je nach
Volksgruppe unterschiedlich, wann die erste Phase des liminalen Zustandes der Kindheit
beendet ist.[1174] Im frühen Abschnitt des Lebens des Neugeborenen, zur Zeit der verzö-
gerten Liminalität, spielte die Verwendung des Kindstuchs eine bedeutende Rolle. Aus
emischer Perspektive waren neben der Mobilität der Schutz gegen Widrigkeiten der Wit-
terung, gegen Krankheiten und der apotropäische Schutz relevante Funktionsrollen des
Kindstuchs. Mauss betont in diesem Zusammenhang die kulturelle Determiniertheit der
menschlichen Körpertechniken und die Einheit der biologisch-psychologisch-gesellschaftlichen Komponenten der traditionellen Handlungstechniken.[1175] Laut der Interviews aus Himesháza funktionierte das Kindstuch als Winnicottsches Übergangsobjekt:
Für das Kind wurde dadurch um den Körper der Mutter ein der Gebärmutter ähnlicher
(Organverlängerung), geschlossener, intermediärer Raum geschaffen, der die Entwicklung des Kindes auf aktive Weise beeinflussen sollte. Boudewijnse hebt hier die entwicklungspsychologische Verbindung zwischen dem Ritual und dem Winnicottschen Über-
gangsphänomen hervor.[1176] Das Kindstuch unterstützte als rituelles und Übergangsobjekt die Herausbildung der Mutter-Kind-Verbindung, der individuellen Identität und der
gesellschaftlich-kulturellen Bindung. In der zweiten Hälfte des 20. Jahrhunderts entfiel
die rituelle Funktion des Kindstuchs infolge der politisch-wirtschaftlich-gesellschaftli-
chen Veränderungen; die alltäglichen Funktionen der Mobilität und der Beruhigung (als
Übergangsobjekt) blieben jedoch bis ins 21. Jahrhundert erhalten. Das analytische System
Bogatyrevs vermittelt den Änderungsprozess der Funktionen (alltäglich, feierlich, feierlich-festlich, rituell) des Kindstuchs in der Beobachtung. „*Die sind verrückt geworden. Na,
ich weiß nicht was los ist, dass es so schön ist.*"[1177] Parallel zur Abschwächung der rituellen
Funktionen ist die Stärkung der ästhetischen, regionalistisch-nationalistischen Funktionen nach Bogatyrevschen Kategorien, gegebenenfalls mit erotischer Färbung, zu spüren.

1174 Vgl. Gennep 2005, S. 49.
1175 Vgl. Mauss 1978, S. 203.
1176 Vgl. Boudewijnse 2006, S. 134.
1177 Interview mit Frau Fi. Újpetre, 30. 07. 2014.

Kopytoff konstatiert: „Behind the extraordinarily vehement assertions of aesthetic values may stand conflicts of culture, class, and ethnic identity [...].“[1178] Infolge der politisch-wirtschaftlichen Änderungen, der medikalisierten Entbindung und der eingetretenen Wandlungen in der kirchlichen Liturgie (2. Vatikanisches Konzil) löste sich der selbst-ständige Aussegnungsprozess in Himesháza, wo unter den untersuchten Ortschaften die Zeremonie am längsten aufrechterhalten blieb, im Verlauf der 1970er-Jahre auf.

Die Decodierung der Ähnlichkeiten, der Unterschiede und der Informationen, die sich in der Form und in der Materialität der traditionellen Baranyaer Kindertragetücher verbergen, konnte in der Kátolyer Region, für die gesellschaftliche Vielfalt charakter-istisch ist, und mittels der empirischen Untersuchungen in der Gegend von Újpetre ver-wirklicht werden. Újpetre und einige untersuchte umliegende Dörfer gehörten ab dem 18. Jahrhundert zur gut organisierten Batthyány-Herrschaft und in den Marktflecken auf dem Lande funktionierte bis 1872 die Zunftindustrie. In Kátoly vermittelt die gleichzei-tige Anwesenheit dreierlei wollgewebter Kindertragen, die Šarenica-Nutzung der dörfli-chen Schokatzen und die Verwendung von zwei- beziehungsweise vierschaftigen Kinds-tüchern seitens der Ungarndeutschen die Verbindungen zwischen den Gruppen sowie eine Distinktion innerhalb der Gruppen. In Kátoly war sowohl die im Gebiet um Himesháza-Mohács mit einfachem Streifenrhythmus angefertigte zweischaftige als auch die förmlich ähnliche, in der Umgebung von Pécs–Siklós–Bóly verbreitete vierschaftige Kindstuch-Variation in Verwendung, die aus der entwickelten Weberzunfttradition die-ser Gegend hervorging. In der Kátolyer Region ist die Prestigerolle der vierschaftigen Kindstücher, die alle durch die mittelalterliche Weberzunftordnung vorgeschriebene Meisterstück-Muster (Nattergang/Schlange/cursum serpentinum) variieren, gegenüber den zweischaftigen wahrzunehmen. Diese Erscheinung ermöglicht einen Blick auf die Binnengliederung innerhalb der Gruppe der Ungarndeutschen. Eine territorial und kul-turelle Binnengliederung innerhalb einer Gruppe bedeutete, dass zweischaftige Kindstü-cher in Palotabozsok, die ausschließlich in den Farben schwarz-weiß hergestellt wurden, auf einzigartige Weise im Gebrauch war. Eine Binnengliederung unter religiösem Aspekt bedeutete, dass in Borjád ausschließlich die katholischen Ungarndeutschen ein Kindstuch verwendeten, da die dort lebenden evangelischen Ungarndeutschen das nicht taten. Sie besaßen eine abweichende Mundart und Tracht. Einen interkulturellen Prozess zwischen Volksgruppen zeigt die Kommunikation der in Kátoly verwendeten Šarenica und Kind-stücher auf. Csáky weist in diesem Zusammenhang darauf hin, dass die als kommunika-tiver Raum verstandene Kultur immer eine hybride Mischung ist, die die Unterschiede bewahrt und nicht verwischt.[1179] „Spaces of communication are formed by individuals

---

1178 Kopytoff 2011, S. 81.
1179 Vgl. Csáky 2014, S. 199.

and groups guided by economic and social aims and agendas."[1180] Ein atypisches Brico-lage-Objekt ist die aus einem Stück eines Kindstuchs angefertigte Schokatzenschürze (Bild I/18.) als Erscheinung sozialer Vermittlungsprozesse. Ein dynamischer Eingliede-rungsprozess wird dargestellt, indem aufgrund formeller und materieller Gemeinsamkei-ten Kulturobjekte von Gruppen eine Hybridisierung erfahren. Die Kindertrage-Šarenica ist nach ihrer Form und ihrem Material dem Kindstuch ähnlich, aber da sie nicht auf breiten Webstühlen angefertigt wurde, wurde sie aus zwei Stücken der Länge nach zu-sammengenäht, ihr Muster gliederte sich in die visuelle Struktur der schokatzischen Trachten-Schürze ein (Bild I/2., 21.). Die formell-materiell-funktionelle Kommunikation der Kátolyer Kindstücher mit der Šarenica ermöglicht einen Einblick in die gemeinsa-men, rituell-religiösen Handlungen von Volksgruppen im Baranyaer Marienkult. Ass-mann stellt dazu fest, dass das identitätssichernde Wissen von Gruppen, deren Kultur auf Mündlichkeit aufbaut, durch repetitive Riten lebendig erhalten wird.[1181] Die formell-materiell-funktionelle Ähnlichkeiten und Unterschiede zwischen Kindstüchern und Šare-nica sind Generationen überspannende Objektifikationen rituell-religiösen Zusammen-lebens, Objekte der Baranyaer hybriden, kulturellen Formation.[1182] Die objektbiografi-sche Annäherung der Kindstuch- und Šarenica-Objekte ermöglicht das Verständnis in-teraktiver Prozesse zwischen Subjekten und Objekten. In der Welt der Dinge lassen sich Objektifikationen identitätsbildender Prozesse von Gesellschaften und Individuen erfas-sen.[1183] Akteur des ersehnten Bauernstatus war das 1940 in Újpetre als eines der letzten produzierten Stücke fertiggestellte vierschaftige Kindstuch („*Ein neues* [Kindstuch] *hatte nur ich.*"[1184]). In der zweiten Hälfte der 1940er-Jahre wirkte das Kindstuch in Újpetre be-reits altmodisch und stigmatisierend, die Rolle eines dem bürgerlich-bäuerlichen Status entsprechenden Mobilitätsmittels nahm nunmehr der Kinderwagen ein.

Die Šarenica wurde zu Hause auf einem Bauernwebstuhl von Frauen als Teil der weiblichen Kleidung angefertigt. Das Kindstuch fertigte der von der Dorfgemeinschaft beauftragte männliche Weber an. Im 20. Jahrhundert kam es aber zum Beispiel in Jakab-falva vor, dass eine Frau auf Kindstücheranfertigung spezialisiert war. Das Kindstuch war ein Teil der Aussteuer-Objektgruppe der ungarndeutschen Frau, gegebenenfalls auch des Mannes. Es bildete einen Teil des „*aufgerichtet Betts*"[1185], das die zu Übergangsriten verwendeten, rituellen Textilien einschloss. In der Aussteuer erhielt das neue Paar die zur

---

1180 Ebd., S. 200.
1181 Vgl. Assman 2000, S. 143.
1182 Ebd., S. 139.
1183 Vgl. Tilley 2013, S. 61.
1184 Interview 1 mit Frau Ö. Újpetre, 18. 02. 2014.
1185 Gruppeninterview mit Frau Tu., ihrer Tochter, ihrem Schwiegersohn und Frau R. Himesháza, 22. 03. 2012.

Besetzung der traditionellen Rollen notwendige Gegenstandsgruppe.[1186] Das Kindstuch war ein Akteur der die Erhaltung der Gemeinschaft sichernden Reproduktion. In der Zusammensetzung der Aussteuer offenbarten sich die in der jeweiligen Gesellschaft gültigen Normen und Proportionen.[1187] In manchen der oben untersuchten Baranyaer Heiratsverträge aus dem 19. Jahrhundert kommt in der an die Tochter auszuhändigenden Aussteuer (mit der Auflistung des Kindstuchs) ein Ein-Stück-Modell der Objekte vor, das die Möglichkeiten der Knappheitsgesellschaft widerspiegelt und die minimale Anzahl der Textilobjektgruppen, die für die Übergansriten notwendig waren, beinhaltete.[1188] Auch ein einziges Kindstuch konnte sowohl die alltäglichen als auch die festlichen Funktionen einnehmen, an Festtagen wurde dabei die wohl bewahrte, schönere, im Alltag die abgenutztere Seite nach Außen gedreht. Laut der Interviews setzten sich in der Mitte des 20. Jahrhunderts im Aussteuer-Textilien-Modell, das den Kleinhäusler-bäuerlich-großbäuerlichen Status abbildete, die Normen bezüglich des Tafelgeschirrs der bürgerlichen Haushalte durch (6-12-24 Stück). Die Interviews besagen, dass in der ersten Hälfte des 20. Jahrhunderts die Anzahl der erhaltenen und verwendeten Kindstücher, die eine alltäglich-festlich-rituelle Funktion einnehmen, auch drei sein konnte, und auch ihren Prestigegehalt vermittels ihrer Anhäufung steigerten. Die Forschung untersuchte in interdisziplinärer Annäherung, wie sich Subjekte vermittels der Baranyaer traditionellen Kindstuch- und Šarenica-Objekte ausgebildeten Handlungen und Interaktionen die individuelle und gesellschaftliche Identität bestimmten und wie sie Machtverhältnisse und gesellschaftliche Geschlechterrollen formten und schließlich gesellschaftliche Kommunikations- und dynamische Veränderungsprozesse verdeutlichten.

8.2. Konklusion

Das traditionelle Baranyaer Kindertragen ist ein Teil der prämodernen Geburtskultur. Die Kultur der Geburt und zugleich die des Kindertragens werden nicht nur durch biologisch-psychologische Prozesse bestimmt, sondern auch durch allgemeingültige, gesellschaftliche Werte vermittelnde Normen, Tabus, Gewohnheitsrechte und Ideologien.[1189]

1186 Vgl. Fél/Hofer 1969, S. 371.

1187 Vgl. Hofer 2009, S. 244.

1188 Zum Beispiel: MNL BaML XI. 605. h.P. Ehevertrag aus Szajk, 1848.

1189 Vgl. Kisdi, Barbara: Bevezető. A szülés, mint társadalomtudományi téma. [Einführung. Die Entbindung als sozialwissenschaftliches Thema.] In: Kisdi, Barbara (Hg.): Létkérdések a születés körül. Társadalomtudományi vizsgálatok a szülés és születés témakörében. [Existenzfragen um die Geburt. Sozialwissenschaftliche Forschungen in den Themen Entbindung und Geburt.] Budapest 2015, S. 7–17, hier S. 7.

Die körperlichen Prozesse wichtiger Lebensereignisse wie Entbindung-Geburt und Tod und die biologischen und psychologischen Geschehnisse werden durch rituelle und ritualisierte Handlungen unterstützt, die Ängste reduzieren und Gefahren abweisen.[1190] Während in den Knappheitsgesellschaften die Naturgefahren und die Gefahr des Mangels an Lebensmitteln ein gesellschaftliches Risiko bedeuteten, gerieten in der zweiten Hälfte des 20. Jahrhunderts die Nebeneffekte der Modernisierungsprozesse in der Vordergrund: Die Selbstgefährdungsfähigkeit der Zivilisation und die durch Umweltverschmutzungskatastrophen verursachte Angst gestalten die von Befürchtungen begleitete Risiko-Gesellschaft.[1191] Ähnlich den prämodernen Gesellschaften werden auch in den modernen das Ereignis der Entbindung-Geburt betont und ritualisiert. Der Unterschied besteht in der Wahl und in den Möglichkeiten der Pluralität.[1192] Die ritualdynamische Untersuchung konturiert, wie politisch-wirtschaftliche, Modernisierungs- und Säkularisierungsprozesse, die Medikalisierung der Entbindung und die Auflösung der Hebammenschaft ab Mitte des 20. Jahrhunderts die Rituale um die Geburt und das rituelle Kindertragen in der Baranya veränderten. In den Dörfern der Baranya bedeuteten das Erscheinen moderner, Kulturtechniken anderer Kontinente folgender Babytragen und ihre ritualisierte Verwendung im 21. Jahrhundert globale, wirtschaftlich-kulturelle Prozesse, eine Kritik an die geschichtliche Vergangenheit und eine Akzeptanz von alternativen Familienmodellen und Erziehungsprinzipien.

1190 Vgl. Nadig 2011, S. 39.

1191 Vgl. Beck, Ulrich: Risikogesellschaft. Auf dem Weg in eine andere Moderne. Frankfurt am Main 1996, S. 66.

1192 Vgl. Kisdi 2015, S. 7.

9. Quellenverzeichnis

9.1. Archivquellen

9.1.1. Magyar Nemzeti Levéltár Baranya Megyei Levéltára [Komitatsarchiv Baranya des Ungarischen Nationalarchivs, abgekürzt: MNL BaML].

Baranya vármegye alispánjának közigazgatási iratai [Verwaltungsakten des Vizegespans des Komitats Baranya].

Adatszolgáltatás a Háziiparról. [Datenerhebung über die Hausindustrie]. Sign. 410. b. Újpetre/1939.

Községek szociális felmérésének iratai. [Dokumente der Sozialerhebung der Gemeinden]. Sign. IV. 410. s. Himesháza/1938.

Községek szociális felmérésének iratai. [Dokumente der Sozialerhebung der Gemeinden]. Sign. IV. 410. s. Kátoly/1939.

Községek szociális felmérésének iratai. [Dokumente der Sozialerhebung der Gemeinden]. Sign. IV. 410. s. Szűr/1925.

Községek szociális felmérésének iratai. [Dokumente der Sozialerhebung der Gemeinden]. Sign. IV. 410. s. Kisjakabfalva/1938.

Községek szociális felmérésének iratai. [Dokumente der Sozialerhebung der Gemeinden]. Sign. IV. 410. s. Kisjakabfalva/1939.

Községek szociális felmérésének iratai. [Dokumente der Sozialerhebung der Gemeinden]. Sign. IV. 410. s. Nagybudmér/1938.

Községek szociális felmérésének iratai. [Dokumente der Sozialerhebung der Gemeinden]. Sign. IV. 410. s. Nagybudmér/1939.

Községek szociális felmérésének iratai. [Dokumente der Sozialerhebung der Gemeinden]. Sign. IV. 410. s. Újpetre/1938.

Községvizsgálati jegyzőkönyvek. [Untersuchungsprotokolle der Gemeinde]. Sign. IV. 410. q. Nagybudmér/1891.

Községi közigazgatási tájékoztatók. [Informationsmaterialien der Gemeindeverwaltung]. Sign. IV. 410. r. Rácpetre/1925.

Pécsváradi közalapítványi kerület levéltára. [Archiv des Pécsvárader Stiftungsbezirkes].

Fötiszti iratok. [Akten des Präfekts]. Sign. XI. 605. a. 2. 57G/161. Fay, 1832.

Pécsváradi fiskális iratai. Hozományi inventárium. [Akten des Pécsvárader Sachwalters. Beibringensinventar.] Sign. XI. 605. i. P. Jahn, 1791.

Versendi uradalom iratai. Szerződések. [Akten der Herrschaft Versend. Verträge]. Sign. XI. 605. h. P. Házassági szerződés [Ehevertrag], Szajk, 1848.

Versendi uradalom iratai. Árvák iratai. [Akten der Herrschaft Versend. Waisenangelegenheiten].

Hahner. Sign. XI. 605. h. O-100/214. 1834.

Herrlich. Sign. XI. 605. h. O-100/195. 1832.

Máli. Sign. XI. 605. h. O-100/197. 1831.

Noll. Sign. XI. 605. h. O-100/217. 1836.

Villányi Ipartestület iratai [Dokumente der Villányer Gewerbekorporation].

Beszedési Lajstrom. [Einnahmeregister]. Sign. IX. 262. 1940.

Gutpelet Antal. Sign. IX. 262. Lippó.

Statisztikai kérdőív. [Statistischer Fragebogen]. Sign. IX. 262. 1939.

Tanonclajstrom. [Lehrlingsregister]. Sign. IX. 262. 1897–1949.

Villányi járás főjegyzőjének közigazgatási iratai [Verwaltungsakten des Obernotars des Villányer Bezirks].

Huber József. Sign. IV. 419. b. Nagybudmér 1338/1948

9.1.2. Magyar Nemzeti Levéltár Országos Levéltára, Budapest [Landesarchiv des Ungarischen Nationalarchivs, abgekürzt: MNL OL].

Helytartótanácsi Levéltár, Acta Mechanica. [Statthaltereiratsarchiv, Acta Mechanica, abgekürzt: Act. Mech].

Pécsi takácscéh. [Pécser Weberzunft]. Sign. C 25, Nr. 2.

Siklósi vegyescéh. [Siklóser gemischte Zunft]. Sign. C 25, Nr. 17.

Magyar Kancelláriai Levéltár, Acta Generalia. [Archiv der ungarischen Kanzlei, abgekürzt: Act. Gen].

Mohácsi takácscéh. [Mohácser Weberzunft]. Sign. A39, Nr. 12173/1819.

Németbólyi és dárdai vegyescéh [Gemischte Zünfte in Németbóly und Dárda]. Sign. A39, Nr. 7591/1822.

Magyar Kancelláriai Levéltár, Privilegia Coehalia. [Archiv der ungarischen Kanzlei, abgekürzt: Priv. Coeh].

Pozsonyi takács céh. 8. Artikulus. [Pozsonyer Weberzunft, Artikel 8]. Sign. A 72, Nr. 85/1712.

9.1.3. Pécsi Egyházmegyei Levéltár [Diözesanarchiv Fünfkirchen, abgekürzt: PEL].

III. 46. Himesháza. matr.cop. 1919–1958.

Frickinger, Johann Michael: Nützliches [...] Weber-Bild-Buch [...]. Neustadt/Leipzig 1783.

Haas, Mihály: Baranya. Emlékirat. [Baranya-Denkschrift]. Pécs 1845.

Hölbling, Miksa: Baranya vármegyének orvosi helyirata. [Medizinischer Lagebericht über das Komitat Baranya]. Pécs 1845.

Kirschbaum, Johann Michael: Neues Weberbild- und Musterbuch. Heilbronn u. a. 1771.

9.2. Film- und Videoaufnahmen

Bezedeki, Martin; „Palotabozsok. Boschok unvergessene Heimat." Palotabozsok: Filmaufnahmen von Pfarrer Martin Bezedeki, 1943–1944.

Szepesi, Anna: Hordozókendők és női sorsok/Kindstücher und Frauengeschichten. Budapest: Produktion: Szepesi-Waliczky 2010b.

9.3. Literaturverzeichnis

Abu-Lughod, Lila: Writing Against Culture. In: Fox, Richard G.: Recapturing Anthro-
    pology. Working in the Present. Santa Fe 1991, S. 137–162.

Andrásfalvy, Bertalan: Nyugat-Baranyai német telepesek történeti néprajzi kérdései a
    levéltári források tükrében. [Geschichtlich-volkskundliche Fragen deutscher Kolo-
    nisten der West-Branau im Spiegel der archivalischen Quellen]. In: Máté, Gábor
    (Hg.): Együtt élő népek - eltérő értékrendek: Andrásfalvy Bertalan válogatott társada-
    lomnéprajzi tanulmányai. [Zusammenlebende Völker – verschiedene Wertordnun-
    gen: Ausgewählte ethnographische Studien von Bertalan Andrásfalvy]. Pécs u.a.
    2011a, S. 263–279.

Andrásfalvy, Bertalan: A bukovinai székelyek kultúrájáról. [Über die Kultur der Szekler
    aus der Bukowina]. In: Máté, Gábor (Hg.): Együtt élő népek - eltérő értékrendek:
    Andrásfalvy Bertalan válogatott társadalomnéprajzi tanulmányai. [Zusammenle-
    bende Völker – verschiedene Wertordnungen: Ausgewählte ethnographische Stu-
    dien von Bertalan Andrásfalvy]. Pécs u.a. 2011b, S. 369–384.

Andrásfalvy, Bertalan: Falusi műveltségi csoportok Baranyában, 1975. Az agglomerációs
    és urbanizációs folyamatok mikéntje a mai falu társadalmi rétegei és műveltségi cso-
    portjai szerint. [Dörfliche Bildungsgruppen in der Baranya, 1975. Das Wie der Ag-
    glomerations- und Urbanisationsprozesse nach den gesellschaftlichen Schichten und
    Bildungsgruppen der heutigen Dörfer.] In: Máté, Gábor (Hg.): Együtt élő népek -
    eltérő értékrendek: Andrásfalvy Bertalan válogatott társadalomnéprajzi tanulmányai.
    [Zusammenlebende Völker – verschiedene Wertordnungen: Ausgewählte ethnogra-
    phische Studien von Bertalan Andrásfalvy]. Pécs u.a. 2011c, S. 222–261.

Appadurai, Arjun: Introduction: commodities and the politics of value. In Ders. (Hg.):
    The social life of things. Commodities in cultural perspective. Cambridge 2011, S.
    3–63.

Assmann, Jan: Das kulturelle Gedächtnis. Schrift, Erinnerung und politische Identität in
    frühen Hochkulturen. München 2000.

Aubert, Antal: Himesháza lakói a múltban és a jelenben. Die Einwohner von Himesháza
    in der Vergangenheit und in der Gegenwart. Pécs 1991.

Bakay, Erzsébet: Festékes szőnyegek műhelytitkai. [Werkstattgeheimnisse der Farbigen
    Teppiche]. Budapest 1996.

Bakó, Boglárka: Az interetnikus kutatásokról. [Über interethnische Forschungen]. In: Árendás, Zsuzsa/Bakó, Boglárka u.a. (Hg.): Lokális Világok. Együttélés a Kárpát-medencében. [Lokale Welten. Zusammenleben im Karpatenbecken]. Budapest 2003.

Balatinácz, Jeromos: Kátoly és környéke. Kátoly, Erzsébet, Kékesd, Szellő és a kátolyi „Új Élet" Termelőszövetkezet története. [Kátoly und seine Umgebung. Die Geschichte von Kátoly, Erzsébet, Szellő und der Kátolyer landwirtschaftlichen Produktionsgenossenschaft „Neues Leben"]. Pécs 1974.

Barna, Gábor: „Ich bedanke mich für meine Gesundheit." Gästebücher in einem Krankenhaus. *Acta ethnographica Hungarica*. 47. 3–4, 2002, S. 301–307.

Bárth, Dániel: Asszonyavatás [Aussegnung]. In: Ethnographia CX (2.), 1999, S. 359–398.

Bárth, Dániel: Esküvő, keresztelő, avatás. Egyház és népi kultúra a kora újkori Magyarországon. [Hochzeit, Taufe, Muttersegen. Kirche und Volkskultur in Ungarn der Frühen Neuzeit.] Budapest 2005.

Barth, Fredrik: Introduction. In: Ders. (Hg.): Ethnic Groups and Boundaries. The Social Organization of Culture Difference. Long Grove 1998, S. 9–38.

Bausinger, Hermann: Eröffnung des Kongresses und Begrüßung. In: Köstlin, Konrad/Bausinger, Hermann (Hg.): Umgang mit Sachen. Zur Kulturgeschichte des Dinggebrauchs. Regensburg 1983, S. 7–10.

Beck, Ulrich: Risikogesellschaft. Auf dem Weg in eine andere Moderne. Frankfurt am Main 1996.

Becker-Schmidt, Regina/Bilden, Helga: Impulse für die qualitative sozialforschung aus der Frauenforschung. In: Flick, Uwe u.a. (H.g) Handbuch Qualitative Sozialforschung. Grundlagen, Konzepte, Methoden und Anwendungen. Weinheim 1995, S. 23–30.

Bell, Catherine: Embodiment. In: Kreinath, Jens/Snoek, Jan/Stausberg, Michael (Hg.): Theorizing Rituals: Issues, Topics, Approaches, Concepts. Leiden u. a. 2006, S. 533–543.

Bell, Catherine: Ritual Theory, Ritual Practice. New York 2009.

Bellér, Béla: A magyarországi németek rövid története. [Kurze Geschichte der Ungarndeutschen]. Budapest 1981.

Berta, Péter: Szubjektumok alkotta tárgyak- tárgyak által konstruált szubjektumok. Inter-akció, kölcsönhatás, egymásra utaltság: az "új" anyagikultúra-kutatásról [Durch Subjekte erschaffene Objekte, durch Objekte konstruierte Subjekte. Interaktion, Wechselbeziehung, Angewiesenheit: Über die neue Materielle Kultur Forschung]. In: Replika 63 (2008), S. 29–60.

Berta, Péter: Fogyasztás, hírnév, politika. Az erdélyi gábor romák presztizsgazdasága [Konsum, Prestige, Politik. Die Prestigewirtschaft der Gábor-Roma aus Siebenbürgen]. Budapest 2014.

Boesch, Ernst E.: Das Persönliche Objekt. In: Lantermann, Ernst D. (Hg.): Wechselwirkungen. Psychologische Analysen der Mensch-Umwelt-Beziehung. Göttingen u. a. 1982, S. 29–41.

Bogatyrev, Petr: The Functions of Folk Costume in Moravian Slovakia. Den Haag u. a. 1971.

Borsy, Judit: A pécsváradi közalapítványi kerület gazdatisztjei a 19. század első felében. [Die Verwalter des Pécsvárader Stiftungsbezirks in der ersten Hälfte des 19. Jahrhunderts]. In: Szirácsik, Éva (Hg.): Nagyváthy és a magyar uradalmak. [Nagyváthy und die ungarischen Herrschaftsgebiete]. Dominium III. Budapest 2017, S. 130–172.

Bosch, Aida: Identität und Dinge. In: Samida, Stefanie/Eggert, Manfred K.H./Hahn, Hans Peter (Hg.): Handbuch Materielle Kultur: Bedeutungen, Konzepte, Disziplinen. Stuttgart 2014, S: 70–77.

Boudewijnse, Barbara: Ritual and Psyche. In: Kreinath, Jens/Snoek, Jan/Stausberg, Michael (Hg.): Theorizing Rituals: Issues, Topics, Approaches, Concepts. Leiden u. a. 2006, S. 123–141.

Bräunlein, Peter J.: Zur Aktualität von Victor W. Turner. Einleitung in sein Werk. Wiesbaden 2012.

Bräunlein, Peter J.: Ritualdinge. In: Samida, Stefanie/Eggert, Manfred K.H./Hahn, Hans Peter (Hg.): Handbuch Materielle Kultur: Bedeutungen, Konzepte, Disziplinen. Stuttgart 2014, S. 245–248.

Bringéus, Nils-Arvid: Die Macht des Talars. In: Ders. (Hg.): Volksfrömmigkeit. Schwedische Religionsethnologische Studien. Münster u. a. 2000, S. 5–14.

Brosius, Christiane/Michaels, Axel/Schrode, Paula: Ritualforschung heute, ein Überblick. In: Brosius, Christiane/Michaels, Axel/Schrode, Paula (Hg.): Ritual und Ritualdynamik. Göttingen 2013, S. 9–24.

Bühler-Niederberger, Doris: Analytische Induktion. In: Flick, Uwe, u.a. (Hg.): Handbuch Qualitative Sozialforschung. Grundlagen, Konzepte, Methoden und Anwendungen. Weinheim 1995, S. 446–450.

Büttner, Andreas/Mattheis, Marco/Sobkowiak, Kerstin: Macht uns Herrschaft. In: Brosius, Christiane/Michaels, Axel/Schrode, Paula (Hg.): Ritual und Ritualdynamik. Göttingen 2013, S. 69–76.

Camman, Alfred/Karasek, Alfred: Donauschwaben erzählen, Teil 2. Marburg 1977.

Camman, Alfred/Karasek, Alfred: Donauschwaben erzählen, Teil 4. Marburg 1979.

Camman, Alfred/ Karasek, Alfred: Ungarndeutsche Volkserzählung. Aus deutscher Siedlung im altungarischen Raum Teil 2. Marburg 1982.

Clifford, James/Marcus, Georg E. (Hg.): Writing Culture: The Poetics and Politics of Ethnography. Berkerley u. a. 1986.

Clifford, James: Sich selbst sammeln. In: Korff, Gottfried/ Roth, Martin (Hg.): Das historische Museum. Labor, Schaubühne, Identitätsfabrik. Frankfurt/Main, New York 1990, S. 87–106.

Coster, William: Purity, Profanity and Puritanism. The Churching of Women 1500–1700. In: Sheils, W.J./Wood, Diana (Hg.): Women in the Church. Oxford 1990, S. 377–387.

Cressy, David: Purification, Thanksgiving and the Churching of Women in Post-Reformation England. In: Past and Present. 141 (1993). S. 106–146.

Csáky, Moritz: Culture as a Space of Communication. In: Feichtinger, Johannes/Cohen, Gerry B. (Hg.): Understanding Multiculturalism: The Habsburg Central European Experience. New York u. a. 2014, S. 187–208.

K. Csilléry, Klára: 14. századi ábrázolások a gyermekhordó kendő alkalmazásáról [Darstellungen zur Verwendung des Kindertragetuchs im 14. Jahrhundert]. In: Szilágyi, Miklós (Hg.): Számadó: Tanulmányok Paládi-Kovács Attila tiszteletére [Studien zu Ehren von Attila Paládi-Kovács]. Budapest 2001, S. 305–315.

Csonka-Takács, Eszter: Női tisztátalansági tabuk a magyar néphitben. [Weibliche Unreinheitstabus im ungarischen Volksglauben]. In: Küllős, Imola (Hg.): Hagyományos női szerepek. Nők a populáris kultúrában és a folklórban. [Traditionelle weibliche Rollen. Frauen in der Popularkultur und in der Folklore]. Budapest 1999, S. 266–272.

Csonka-Takács, Eszter: A test és a ház tabui az átmeneti rítusokban. [Tabus des Körpers und des Hauses in den Übergangsriten]. In: Pócs, Éva: Mikrokozmosz-Makrokozmosz. Vallásetnológiai fogalmak tudományközi megközelítésben. [Mikrokosmos-Makrokosmos. Religionsethnologische Begriffe in binnenwissenschaftlicher Annäherung]. Budapest 2002, S. 412–428.

Csonka-Takács, Eszter: Gyermekágy és asszonyavatás Gyimesközéplokon. [Kindsbett und Aussegnung in Gyimesközéplok]. In: Pócs, Éva (Hg.): Maszk, átváltozás, beavatás. Vallásetnológiai fogalmak tudományközi megközelítésben. [Maske, Verwandlung, Einweihung. Glaubensethnologische Begriffe in wissenschaftlicher Annäherung]. Budapest 2007, S. 97–135.

Csonka-Takács, Eszter: Keresztelő Gyimesközéplokon. [Taufe in Gyimesközéplok]. In: Pócs, Éva (Hg.): „Vannak csodák, csak észre kell venni." Helyi vallás, néphit és vallásos folklór Gyimesben 1. [„Es gibt Wunder, man muss sie nur bemerken." Lokaler Glaube, Volksglaube und religiöse Folklore in Gyimes 1]. Budapest 2008, S. 113–161.

Deáky, Zita/Krász, Lilla: Minden dolgok kezdete. A születés kulturtörténete Magyarországon (XVI–XX. század). [Der Anfang aller Dinge. Kulturgeschichte der Geburt in Ungarn. 16.–20. Jahrhundert.] Budapest 2005.

Dilger, Julia/Redlin, Jane: KinderMobil. Kleine Helfer für kleine Helden. (Begleitbuch zur Ausstellung des Museums Europäischen Kulturen – Staatliche Museen zu Berlin, 1.4.2007–4.1.2009). Schriften der Freunde des Museums Europäischer Kulturen, Heft 6. Berlin 2007.

Dóka, Klára: A kézművesipar a török kiűzésétől a céhek megszűntetéséig (1686–1872). [Das Handwerkgewerbe von der Vertreibung der Türken bis zur Aufhebung der Zünfte]. In: Szulovszky, János (Hg.): A magyar kézművesipar története. [Geschichte des ungarischen Handwerkgewerbes]. Budapest 2005, S.209–240.

Domonkos, Ottó: Céhes takácsok [Weberzünfte]. In: Ders. (Hg.): Magyar Néprajz III. Kézművesség [Ungarische Volkskunde III. Handwerk]. Budapest 1991, S. 369–381.

Domonkos, Ottó: A magyarországi takácsok mintakönyvei. [Die Musterbücher der ungarischen Weber]. Sopron 1998.

Douglas, Mary: In the Nature of Things. In: Dies: Implicit Meanings. Essays in Anthropology. London u. a. 1975, S. 210–229.

Douglas, Mary: Preface, 1975. In: Dies: Implicit Meanings. Selected Essays in Anthropology. London u. a. 2006a, S. XI–XX.

Douglas, Mary: Pollution. In: Dies: Implicit Meanings. Selected Essays in Anthropology. London u. a. 2006b, S. 106–115.

Douglas, Mary: Couvade and menstruation. In: Dies: Implicit Meanings. Selected Essays in Anthropology. London u. a. 2006c, S. 170–179.

DuBois, Fletcher/Jungaberle, Henrik: Erfahrungsdynamik. In: Brosius, Christiane/Michaels, Axel/Schrode, Paula (Hg.): Ritual und Ritualdynamik. Göttingen 2013, S. 46–54.

Dücker, Burkhard: Ritualisierung. In: Brosius, Christiane/Michaels, Axel/Schrode, Paula (Hg.): Ritual und Ritualdynamik. Göttingen 2013, S. 151–158.

Eperjessy, Géza: Mezővárosi és falusi céhek az Alföldön és a Dunántúlon (1686–1848) [Zünfte in den Marktflecken und Dörfern der Tiefebene und in Transdanubien (1686–1848)]. Budapest 1967.

Erdődy, Gyula: Újpetre község története. Geschichte der Gemeinde Újpetre. Újpetre 1996.

Faragó, Tamás: Das ungarische Zunftwesen im 18. Jahrhundert anhand quantitativer Zeugnisse. In: Haupt, Heinz-Gerhard (Hg.): Das Ende der Zünfte: ein europäischer Vergleich. Göttingen 2002, S. 251–270.

Faragó, Tamás: Céhek és kézművesek Magyarországon a 17–19. században a számok tükrében. Gondolatok a céhkataszter forrásértékéről és használatáról. [Zünfte und Handwerker in Ungarn im 17.–19. Jahrhundert im Spiegel der Zahlen]. In: Sasfi, Csaba (Hg.): Rendi társadalom - polgári társadalom 10. A társadalomtörténet-írás helyzete hazánkban. Ipar és társadalom a 18–20. században. A Hajnal István Kör - Társadalomtörténeti Egyesület 10. jubileumi konferenciájának előadásai. Salgótarján, 1996. augusztus 22–23. [Standesgesellschaft – bürgerliche Gesellschaft, Band 10. Situation der Sozialgeschichtsschreibung in unserer Heimat. Industrie und Gesellschaft im 18.–20. Jahrhundert. Vorträge der 10. Jubiläumskonferenz des Sozialgeschichtlichen Vereins István Hajnal Kreis. Salgótarján, 22.–23. 08. 1966]. Salgótarján u.a. 2003, S. 79–142.

Feest, Christian F./Janata, Alfred: Technologie und Ergologie in der Völkerkunde. Band 2. Berlin 1989.

Feischmidt, Margit: Ethnizität als Konstruktion und Erfahrung. Symbolstreit und Alltagskultur im siebenbürgischen Cluj. Münster u. a. 2003.

Fél, Edit/ Hofer, Tamás: Das Ordnungsgefüge bäuerlicher Gegenstände am Beispiel der Aussteuer in Kalotaszentkirály (Siebenbürgen). In: Heilfurth, Gerhard u.a. (Hg.): Kontakte und Grenzen. Probleme der Volks-, Kultur- und Sozialforschung. Festschrift für Gerhard Heilfurth zum 60. Geburtstag. Göttingen 1969, S. 367–384.

Fél, Edit/Hofer, Tamás: Arányok és mértékek a paraszti gazdálkodásban. [Bäuerliche Denkweise in Wirtschaft und Haushalt.]. Budapest 1977.

Fine, Agnès: Die Aussteuer – Teil einer weiblichen Kultur? In: Corbin, Alain u.a.: Geschlecht und Geschichte. Frankfurt/Main 1989, S. 161–198.

Franz, Adolph: Kirchliche Benediktionen im Mittelalter. Freiburg im Breisgau 1909.

Freud, Sigmund: Totem und Tabu. Einige Übereinstimmungen im Seelenleben der Wilden und der Neurotiker. Leipzig u. a. 1922.

Galambos-Göller, Franz: Die Geschichte der Pfarre. In: Wild, Katharina: Bawaz. Geschichte, Brauchtum, Sprache. Bawaz 2010, S. 24–110.

Gaugele, Elke: Schurz und Schürze. Kleidung als Medium der Geschlechterkonstruktion. Köln u. a. 2002.

Gehl, Hans: Wörterbuch der donauschwäbischen Bekleidungsgewerbe. Sigmaringen 1997.

Gennep, Arnold van: Übergangsriten (Les rites de passage). Frankfurt u. a. 2005 [Original: Les rites de passage. Paris 1909].

Gerndt, Helge: Kleidung als Indikator kultureller Prozesse. Eine Problemskizze. In: Schweizerisches Archiv für Volkskunde/Archives suisses des traditions populaires 70 (1974), H. 3–4, S. 80–92.

Giddens, Anthony: Runaway World. How Globalisation is Reshaping our Lives. London 1999.

Giddens, Anthony: Sociology. Cambridge 2009.

Grober-Glück, Gerda: Der Erste Kirchgang der Wöchnerin um 1930. Ein „Kirchenbrauch" in Verbreitung und Wandel. Nach den Sammlungen des Atlas der deutschen Volkskunde. In: Rheinisch-westfälische Zeitschrift für Volkskunde. Band XXIII, 1977, S. 22–86.

Habermas, Tilmann: Geliebte Objekte. Symbole und Instrumente der Identitätsbildung. Frankfurt/Main 1999.

Hager, Helga: Hochzeitskleidung, Biographie, Körper und Geschlecht. Eine kulturwissenschaftliche Studie in drei württembergischen Dörfern. Tübingen 1999.

Hahn, Hans Peter: Materielle Kultur. Eine Einführung. Berlin 2005. S. 45.

Hall, Stuart: The question of cultural identity. In: Hall, Stuart/Held, David/McGrew, Tony (Hg.): Modernity and its Futures. Cambridge 1992, S. 273–326.

Halton, Eugene/Csíkszentmihályi, Mihály: The Meaning of Things: Domestic Symbols and the Self. Cambridge 1981.

Hannerz, Ulf: Diversity is Our Business. In: American Anthropologiest 112 (2010), H. 4, S. 539–551.

Hansmann, Wilfried/Hoffmann, Godehard: Spätgotik am Niederrhein. Rheinische und Flämische Flügelaltäre im Licht neuer Forschung. Köln 1998.

Harth, Dietrich/Michaels, Axel: Ritualdynamik. In: Brosius, Christiane/Michaels, Axel/Schrode, Paula (Hg.): Ritual und Ritualdynamik. Göttingen 2013, S. 123–128.

Hartinger, Walter: Religion und Brauch. Darmstadt 1992.

Hauser, Andrea: Dinge des Alltags. Studien zur historischen Sachkultur eines schwäbischen Dorfes. Tübingen 1994.

Heimerdinger, Timo: Vewickelt aber tragfähig. Europäisch-ethnologische Perspektiven auf ein Stück Stoff: das Babytragetuch. In: Österreichische Zeitschrift für Volkskunde. LXV/114 (2011), H. 3, S. 311–345.

Hendrickson, Carol: Weaving Identities. Construction of Dress and Self in a Highland Guatemala Town. Austin 1995.

Hennig, Nina: Objektbiographien. In: Samida, Stefanie/Eggert, Manfred K.H./Hahn, Hans Peter (Hg.): Handbuch Materielle Kultur: Bedeutungen, Konzepte, Disziplinen. Stuttgart 2014, S. 234–237.

Herzog, Pál: A „Hutschapingl". In: Riedl, Ferenc: Szülőföldünk Budaörs. [Unsere Heimat Budaörs]. Budaörser Heimatbuch. Budaörs 2008.

Hofer, Tamás: A "tárgyak elméletéhez." Felszerelések és tárgyegyüttesek néprajzi elemzése [Zur Theorie der Dinge. Ethnographische Analyse von Ausstattungen und Sachuniversen]. In: Hofer, Tamás (Hg.): Antropológia és/vagy néprajz. Tanulmányok két kutatási terület vitatott határvidékéről [Anthropologie und/oder Ethnographie. Studien vom Schwellengebiet zweier Untersuchungsgebiete]. Budapest 2009 [Original in: Népi Kultúra. Népi Társadalom 13, 1983, S. 29–64], S. 236–263.

Hopf, Christel: Befragungsverfahren. In: Flick, Uwe, u.a. (Hg.): Handbuch Qualitative Sozialforschung. Grundlagen, Konzepte, Methoden und Anwendungen. Weinheim 1995, S. 177–188.

Hout, I. C. van: The meaning of symbolic ornamentation. In: Ders. (Hg.): Beloved Burden. How children are carried. Amsterdam 2011, S. 14–21.

Höfer, Matthias: „Überthan". In: Deutsches Wörterbuch von Jacob Grimm und Wilhelm Grimm. 16 Bde. in 32 Teilbänden, hier Bd. 32. Leipzig 1854–1961, S. 593.

Jannelli. Angela: Wilde Museen. Zur Museologie des Amateurmuseums. Bielefeld 2012.

Jaszmann, Gabriella (Hg.): Mesélő házak. Magyarországi német tájházak és tájszobák. Häuser, die uns erzählen. Ungrandeutsche Heimatmuseen und Heimatstuben. Budaörs 2011.

Johler, Reinhard: „Hibridismus". Istrien, die Volkskunde und die Kulturtheorie. In: Zeitschrift für Volkskunde (2012/1) 108, S. 1–21.

Judson, Pieter M.: The Habsburg Empire. A New History. Cambridge u. a. 2016.

Jung, Carl-Gustav: Archetyp und Unbewußtes. In: Barz, Helmut u. a. (Hg.): Jung in neuen Bänden. Bd. 2. Zürich u. a. 1996.

Kaschuba, Wolfgang: Einführung in die Europäische Ethnologie. München 2012.

Keller-Drescher, Lioba: Das Versprechen der Dinge. Aspekte einer kulturwissenschaftlichen Epistemologie. In: Basler Jahrbuch für historische Musikpraxis XXXII. 2008, S. 235–247.

Kienlin, Tobias L./Widura, Anne: Dinge als Zeichen. In: Samida, Stefanie/Eggert, Manfred K.H./Hahn, Hans Peter: Handbuch Materielle Kultur: Bedeutungen, Konzepte, Disziplinen. Stuttgart u. a. 2014, S. 31–38.

Kirsch, Mona/Rock, Charlotte/Schmidt, Andreas: Liturgie. In: Brosius, Christiane/Michaels, Axel/Schrode, Paula (Hg.): Ritual und Ritualdynamik. Göttingen 2013, S. 62–68.

Kisdi, Barbara: A női test dekolonizációja. A szülés posztmodern szemlélete [Dekolonisation des weiblichen Körpers. Die postmoderne Anschauung der Entbindung]. In: Néprajzi Látóhatár 2012/3, S. 23–44.

Kisdi, Barbara: Mint a földbe hullott mag. Otthon szülés Magyarországon, egy antropológiai vizsgálat tanulságai [Wie der in den Boden gefallene Samen. Die Hausgeburt in Ungarn, Lehren einer anthropologischen Untersuchung]. Budapest 2013.

Kisdi, Barbara: Bevezető. A szülés, mint társadalomtudományi téma. [Einführung. Die Entbindung als sozialwissenschaftliches Thema.] In: Kisdi, Barbara (Hg.): Létkérdések a születés körül. Társadalomtudományi vizsgálatok a szülés és születés témakörében. [Existenzfragen um die Geburt. Sozialwissenschaftliche Forschungen in den Themen Entbindung und Geburt.] Budapest 2015, S. 7–17.

Kleining, Gerhard: Methodologie und Geschichte qualitativer Sozialforschung. In: Flick, Uwe, u.a. (Hg.): Handbuch Qualitative Sozialforschung. Grundlagen, Konzepte, Methoden und Anwendungen. Weinheim 1995, S. 11–22.

Kloek, E. M.: Europe. For beggars, musicians, gypsies and hippies. In: Hout, I. C. van (Hg.): Beloved Burden. Baby-wearing around the World. Amsterdam 2011, S. 58–68.

Knödel, Natalie: Reconsidering an Obsolete Rite. The Churching of Women and Feminist Liturgical Theology. In: Feminist Theology. The Journal of the Britain & Ireland School. Issue 14, 1997, S. 106–125.

Kodolányi, János: Baranyai szőttesek. [Baranyaer Gewebtes]. Pécs 1957.

König, Gudrun M./Papierz, Zuzanna: Plädoyer für eine qualitative Dinganalyse. In: Hess, Sabine/Moser, Johannes/Schwertl, Maria (Hg.): Europäisch-ethnologisches Forschen. Neue Methoden und Konzepte. Berlin 2013, S. 283–307.

König, Gudrun M.: Europäische Ethnologie/Empirische Kulturwissenschaft. In: Samida, Stefanie/Eggert, Manfred K.H./Hahn, Hans Peter (Hg.): Handbuch Materielle Kultur. Bedeutungen, Konzepte, Disziplinen. Stuttgart 2014, S. 279–287.

Kopytoff, Igor: The cultural biography of things: commodozation as process. In: Appaduraj, Arjun (Hg.): The social life of things. Commodities in cultural perspective. Cambridge 2011, S. 64–91.

Korff, Gottfried: Einleitung. Notizen zur Dingbedeutsamkeit. In: Eberspächer, Martina/Ders. (Hg.): 13 Dinge. Form, Funktion, Bedeutung. Stuttgart 1992, S. 8–17.

Korff, Gottfried: Bemerkungen zur Dingbedeutsamkeit des Besens. In: Anzeiger des Germanischen Nationalmuseums und Berichte aus dem Forschungsinstitut für Realienkunde, 1995, S. 33–44.

Korff, Gottfried: Ein paar Worte zur Dingbedeutsamkeit. In: Göttsch, Silke/Sievers, Kai Detlev (Hg.): Kieler Blätter zur Volkskunde 32. 2000, S. 21–33.

Korff, Gottfried: Dinge: unsäglich kultiviert. Notizen zur volkskundlichen Sachkultur-
    forschung. In: Ders.: Simplizität und Sinnfälligkeit. Volkskundliche Studien zu Ritual
    und Symbol. Tübingen 2013a, S. 276–294.

Korff, Gottfried: Holz und Hand. Überlegungen zu einer „deutschen" Werkstoffkunde
    der Zwischenkriegzeit. In: Ders.: Simplizität und Sinnfälligkeit. Volkskundliche Stu-
    dien zu Ritual und Symbol. Tübingen 2013b, S. 295–313.

Ö. Kovács, József: A paraszti társadalom felszámolása a kommunista diktatúrában. A
    vidéki Magyarország politikai társadalomtörténete 1945–1965. [Die Auflösung der
    Bauerngesellschaft in der kommunistischen Diktatur. Politische Sozialgeschichte des
    ländlichen Ungarns 1945–1965]. Budapest 2012.

Kramer, Karl-Sigismund: Dingbedeutsamkeit. Zur Geschichte des Begriffs und seines
    Inhaltes. In: Anzeiger des Germanischen Nationalmuseums, 1995, S. 22–32.

Krammné Mezei, Anikó (Hg.): Verschleppte, Kriegsgefangene und weitere Kriegsopfer.
    Verluste der Ungarndeutschen in Nimmesch (1939–1949). Erhulcoltak, hadifoglyok
    és további háborús áldozatok. A himesházi németség veszteségei (1939–1949).
    Himesháza 2017.

Krauss, Karl Peter: Deutsche Auswanderer in Ungarn. Ansiedlung in der Herrschaft Bóly
    im 18. Jahrhundert. Stuttgart 2003.

Kunt, Ernő: Lichtbilder und Bauern. Ein Beitrag zu einer visuellen Anthropologie. In:
    Zeitschrift für Volkskunde, 80, (1984), S. 216–228.

Kunt, Ernő: A fénykép a parasztság életében. [Das Foto im Leben des Bauerntums]. In:
    Ders. (Hg.): Az antropológia keresése. Válogatott tanulmányok. [Auf der Suche nach
    der Anthropologie. Ausgewählte Studien]. Budapest 2003, S. 89–122.

Lackner, Mónika: A bukovinai székely festékes szőnyegek. [Die Farbigen Teppiche der
    Szekler aus der Bukowina]. In: Fülöp, Hajnalka/Lackner, Monika: Nők, szőnyegek,
    háziipar. [Frauen, Teppiche, Hausindustrie]. Ausstellung im Museum für Volks-
    kunde zw. dem 24. Juni 2011 und dem 26. August 2012. Budapest 2012, S. 168–179.

Landgráf, Katalin/Penkala, Éva/Szittner, Andrea: Nagy szövéskönyv. [Großes Buch des
    Webens]. Band 1. Budapest 2001.

Langer, Robert/Snoek, Jan A. M.: Ritualtransfer. In: Brosius, Christiane/Michaels,
    Axel/Schrode, Paula (Hg.): Ritual und Ritualdynamik. Göttingen 2013, S. 188–196.

Lantos, Mária I.: Szakrális táj és kultusz a pécsi egyházmegyében I. Csodaforrások és
    szentkutak. [Sakrale Landschaft und Kult in der Pécser Diözese. I. Wunderquellen

und heilige Brunnen]. In: A Janus Pannonius Múzeum Évkönyve [Jahrbuch des Janus Pannonius Museums] 39 (1994), S. 197–211.

Lantos, Mária I.: Interethnische Züge der Volksreligiosität in der Fünfkirchner Diözese. In: Fata, Márta (Hg.): Die Schwäbische Türkei. Lebensformen der Ethnien in Südwestungarn. Sigmaringen 1997, S. 63–72.

Lechner, Gregor Martin: Anna Mutter Mariens. In: Kirschbaum, Engelbert/Braunfels, Wolfgang (Hg.): Lexikon der christlichen Ikonographie. Ikonographie der Heiligen Aaron bis Crescencianus von Rom. Rom u. a. 1973, Sp. 168–184.

Lee, Becky R.: The Purification of Women after Childbirth. A Window onto Medieval Perception of Women. Florilegium 14, 1995–1996, S. 43–55.

Lévi-Strauss, Claude: The Savage Mind. London 1966.

Lévi-Strauss, Claude: Rasse und Geschichte. Frankfurt/Main 1972.

Lévi-Strauss, Claude: Einleitung. Geschichte und Ethnologie. In: Ders.: Strukturale Anthropologie I. 1991 Frankfurt am Main, S. 11–40.

Lévi-Strauss, Claude: Die Struktur und die Form. Reflexionen über ein Werk von Wladimir Propp. In: Ders.: Strukturale Anthropologie II. 1999a Frankfurt am Main, S. 135–168.

Lévi-Strauss, Claude: Die Geschichte von Asdiwal. In: Ders.: Strukturale Anthropologie II. 1999b Frankfurt am Main, S. 169–224.

Liedloff, Jean: Auf der Suche nach dem verlorenen Glück. Gegen die Zerstörung unserer Glücksfähigkeit in der frühen Kindheit. München 2006. [Original: The Continuum Concept. New York 1977].

Lőrincz, Etel: Bukovinai székelyek festékes szőnyegei. Hagyományos és új szőnyegek mintakincse, szövésmódja. [Farbige Teppiche der Szekler aus der Bukowina. Mustermotive und Webart der traditionellen und neuen Teppiche]. Budapest 2005.

Lőrincz-Zsolt, Piroska: Hásságyi emlékeim 1928–1949. Amiért örökre szívembe zártam szülőfalumat [Meine Erinnerungen an Hásságy 1928–1949. Warum ich mein Heimatdorf für immer ins Herz schloss]. Hásságy 2008.

Ludescher, Gabriella: A helyi társadalmak szerepe a falvak sikerességében. Doktori értekezés. Pécsi Tudományegyetem Közgazdaságtudományi Kar. [Rolle der lokalen

Gesellschaften im Erfolg der Dörfer. Dissertation. Universität Pécs, Wirtschaftswissenschaftliche Fakultät]. Pécs 2009. URL: https://docplayer.hu/41738502-Ludescher-gabriella-doktori-ertekezes.html (Zugriff: 06.05.2020.)

Manherz, Karl/ Boross, Marietta: Volkstrachten der Ungarndeutschen. Budapest 2000.

Márfi, Attila (Hg.): Pécs ezer éve. Szemelvények és források a város történetéből 1009–1962. Történelmi olvasókönyv. [Tausend Jahre Pécs. Eine Auslese und Quellen aus der Stadtgeschichte von 1009 bis 1962]. Pécs 1996.

Marková, Emília: Slovenské ľudové tkaniny. [Slowakische Volksgewebe]. Bratislava 1976.

Márkus, Beáta: „Messze voltam én fogságban, nagy Oroszországban...“ Magyarországi németek szovjet kényszermunkán 1944/45–1949. „Malenkij robot“ interjúkötet. [„Ich war fern in der Gefangenschaft im großen Russland…“ Ungarndeutsche in sowjetischer Zwangsarbeit ab 1944/45–1949. Interviewband „Malenkij robot“]. Pécs 2013.

Marx, Harald/Mössinger, Ingrid: Cranach. Gemälde aus Dresden. Bonn 2005.

Mauss, Marcel: Die Techniken des Körpers. In: Ders.: Soziologie und Anthropologie, Bd. 2. Gabentausch, Soziologie und Psychologie, Todesvorstellung, Körpertechniken, Begriff der Person. Frankfurt/Main u. a. 1978, S. 199–220.

Mentges, Gaby: Erziehung, Dressur und Anstand in der Sprache der Kinderkleidung. Frankfurt/Main u. a. 1989.

Mentges, Gabriele: Für eine Kulturanthropologie des Textilen. Einige Überlegungen. In: Dies. (Hg.): Kulturanthropologie des Textilen. Berlin 2005, S. 11–54.

Michaels, Axel: Bedeutung und Bedeutungslosigkeit. In: Brosius, Christiane/Michaels, Axel/Schrode, Paula (Hg.): Ritual und Ritualdynamik. Göttingen 2013, S. 39–45.

Mladenovic, Vesna: Threads of Life: Red Fringes in Macedonian Dress. In: Welters, Linda (Hg.): Folk Dress in Europe and Anatolia. Beliefs about Protection and Fertility. Oxford u. a. 1999, S. 97–110.

Mohr, Sebastian/Vetter, Andrea: Körpererfahrung in der Feldforschung. In: Bischoff, Christine/Oehme-Jüngling, Karoline, Leimgruber, Walter (Hg.): Methoden der Kulturanthropologie. Bern 2014, S. 101–116.

Montagu, Ashley: Körperkontakt. Die Bedeutung der Haut für die Entwicklung des Menschen. Stuttgart 1997.

Murinko, Lívia: A nemi szerepekkel és a családdal kapcsolatos attitűdök európai kite-kintésben: értékek és gyermekgondozás [Attitüde bezüglich Geschlechterrollen und Familien im Europäischen Umfeld: Werte und Kindererziehung]. In. Szociológiai Szemle 24 (2014), H. 1, S. 67–101.

Nadig, Maya: Körperhaftigkeit, Erfahrung und Ritual: Geburtsrituale im interkulturellen Vergleich. In: Villa, Paula-Irene/ Moebius, Stephan/Thiessen, Barbara (Hg.): Sozio-logie der Geburt. Frankfurt/Main u. a. 2011, S. 39–73.

Niermann, M. Monika: Deutsche Kindheit in der Dobrudscha. Marburg 1996.

Orsi, Robert A.: The Many Names of the Mother of God. In: Ders. (Hg.): Between Heaven and Earth. The Religious Worlds People Make and the Scholars Who Study Them. Princeton/Oxford 2005a, S. 48–72.

Orsi, Robert A.: Material Children. Making God's Presence Real for Catholic Boys and Girls and for the Adults in Relation to Them. In: Ders. (Hg.): Between Heaven and Earth. The Religious Worlds People Make and the Scholars Who Study Them. Princeton/Oxford 2005b, S. 73–109.

Pál, Judit: ‚The Struggle of Colours': Flags as National Symbols in Transylvania in 1848. In: Blomqvist, Anders E. B./Iordachi, Constantin/Trencsényi, Balázs (Hg.): Hun-gary and Romania beyond National Narratives. Comparisons and Entanglements. Oxford u. a. 2013, S. 93–123.

Paládi-Kovács, Attila: A szállítás és közlekedés hagyományos eszközei a Palócföldön. [Traditionelle Mittel des Transports und des Verkehrs im Palotzer Land]. In: Bakó, Ferenc (Hg.): Palócok. [Palotzen]. Band 3. Eger 1989, S. 333–377.

Paládi-Kovács, Attila: Gyermekhordó kendők a felföldi magyar-szlovák kontaktzónában [Kindertragetücher in der ungarisch-slowakischen Kontaktzone in Oberungarn]. In: Ethnographia, 2009/3, S. 267–278.

Pap, Éva: Szentelt gyógyfű csokor. [Geweihter Heilkrautstrauß]. Benedictus herbae fasci-culus. Würzbüschel. Werzpischl. Bonyhád 2007.

Pasche Guignard, Florence: Mediated Babywearing as Aesthetic Orthodoxy. In: Coats, Curtis D./Emerich, Monica M. (Hg.): Practical Spiritualities in a Media Age. London u. a. 2016, S. 17–34.

Pašteka, Július: Meister Paul von Leutschau. Der Spätgotische Altar zu St. Jakob. Prag 1961.

Pastoureau, Michel: The Devil's Cloth. A History of Stripes. New York u. a. 2003.

Patik, Réka: Porter és az anyaság, avagy a rombusz egy niche-piacon [Porter und die Mut-
    terschaft, oder der Rhombus auf einem Nische-Markt]. In: Lukovics, Miklós (Hg.):
    Tanulmányok Lengyel Imre professzor 60. születésnapja tiszteletére [Studien zu Eh-
    ren des 60. Geburtstags des Professors Imre Lengyel]. Szeged 2014, S. 83–89.

Pausz-Palotai, Erika: Egy falu Baranyában: Kisjakabfalva. II. kötet. A millennium
    emlékére jelent meg 2000-ben. Ein Dorf in der Baranya: Kisjakabfalva. Band 2. Die-
    ses Buch erschien im Jahre 2000 zur Erinnerung an das Millennium. Kisjakabfalva
    2000.

Pesti, János (Hg.): Baranya megye földrajzi nevei I. Baranya monográfiai sorozat. [Geo-
    graphische Namen im Komitat Baranya I. Monographische Baranya-Reihe]. Pécs
    1982a.

Pesti, János (Hg.): Baranya megye földrajzi nevei II. Baranya monográfiai sorozat. [Geo-
    graphische Namen im Komitat Baranya II. Monographische Baranya-Reihe]. Pécs
    1982b.

Pink, Sarah: Doing Sensory Ethnography. Los Angeles u. a. 2015.

Pócs, Éva: Tér és idő a néphitben. [Raum und Zeit im Volksglauben]. In: Ethnographia
    XCIV (2.), 1983, S. 177–206.

Polit, Karin: Verkörperung. In: Brosius, Christiane/Michaels, Axel/Schrode, Paula (Hg.):
    Ritual und Rituadynamik. Göttingen 2013, S. 215–221.

Propp, Vladimir J.: Morphologie des Märchens. Frankfurt 1975.

Redlin, Jane: Kitras - Alltagsdinge und Symbolträger. Eine Forschungsskizze. In: Tiet-
    meyer, Elisabeth u.a. (Hg.): Die Sprache der Dinge – kulturwissenschaftliche Per-
    spektiven auf die materielle Kultur. Münster 2010, S. 163–171.

Rieder, Paula M.: On the Purification of Women. Churching in Northern France, 1100–
    1500. New York 2006.

Roll, Susan K.: Der alte Ritus des ersten Kirchgangs von Frauen nach der Geburt. In:
    Esser, Annette/Günter, Andrea/Scheepers, Rajah (Hg.): Kinder haben, Kind sein,
    Geboren sein. Philosophische und theologische Beiträge zu Kindheit und Geburt.
    Königstein/Taunus 2008, S. 176–194.

Rosenauer, Arthur (Hg.): Geschichte der Bildenden Kunst in Österreich. Band 3. Mün-
    chen u. a. 2003.

Röder, Annemarie: Zur Funktionalität der donauschwäbischen Trachten. In: Jahrbuch für Deutsche und Osteuropäische Volkskunde Band 39, 1996. S. 256–281.

Röder, Annemarie: Deutsche, Schwaben, Donauschwaben. Ethnisierungsprozesse einer deutschen Minderheit in Südosteuropa. Marburg 1998.

Sahm, Simon: Donauschwäbische Sagenbildung in der Vojvodina (1944–1952). Psychologische Aspekte eines narrativen Marienkults. In: Jahrbuch für deutsche und osteuropäische Volkskunde. Band 51. Münster u. a. 2010, S. 75–109.

W. Sáfrány, Zsuzsa: A gyermekhordó kendők Baranyában [Die Kindertragetücher in der Baranya]. In: A Béri Balogh Ádám Múzeum Évkönyve 8–9, 1979, S. 258–260.

Šarošac, Đuro: Narodna umjetnost Hrvata u Madarskoj. Magyarországi horvát népművészet. [Kroatische Volkskunst in Ungarn]. Mohács 2001.

Schiffauer, Werner: Die Angst vor der Differenz. Zu neuen Strömungen in der Kulturanthropologie. In: Zeitschrift für Volkskunde 92, 1996, S. 20–31.

Schmidt-Lauber, Brigitta: Feldforschung. Kulturanalyse durch teilnehmende Beobachtung. In: Göttsch, Silke/Lehmann, Albrecht (Hg.): Methoden der Volkskunde. Positionen, Quellen, Arbeitsweisen der Europäischen Ethnologie. Berlin 2007, S. 219–248.

Schneider, Jane: Cloth and Clothing. In: Tilley, Christopher u.a. (Hg.): Handbook of Material Culture. London u. a. 2013. S. 203–220.

Schreiner, Erzsébet: Der Anfang und das Ende eines Menschenlebens bei den Deutschen in Sawer. In: Karl Manherz (Hg.): Beiträge zur Volkskunde der Ungarndeutschen 15. 1999, S. 91–107.

Seewann, Gerhard: Die ungarischen Schwaben. Skizze ihrer Geschichte vom 18. bis zum 20. Jahrhundert. In: Szepesi, Anna (Hg.): Hordozókendők és női sorsok. Hordozókendő a baranyai németek viseletében. Kindstücher und Frauengeschichten. Das Kindstuch bei den Deutschen in der Baranya. Textilmúzeum, Budapest 2010, S. 38–60.

Seewann, Gerhard: Geschichte der Deutschen in Ungarn. Bd. 1: Vom Frühmittelalter bis 1860 (Studien zur Ostmitteleuropaforschung). Marburg 2012a.

Seewann, Gerhard: Geschichte der Deutschen in Ungarn. Bd. 2: 1860 bis 2006 (Studien zur Ostmitteleuropaforschung). Marburg 2012b.

Solymár, Imre: A dél-dunántúli németek mentalitása. Die Mentalität der Deutschen in Südtransdanubien. Bonyhád 2003.

Sökefeld, Martin: Zum Paradigma kultureller Differenz. In: Johler, Reinhard (Hg.): Europa und seine Fremden. Die Gestaltung kultureller Vielfalt als Herausforderung. Bielefeld 2007, S. 41–57.

Stollberg-Rilinger, Barbara: Rituale. Frankfurt/Main 2013.

Szádeczky, Lajos: Iparfejlődés és a czéhek története Magyarországon, okirattárral 1307–1848. [Gewerbeentwicklung und Geschichte der Zünfte in Ungarn samt Urkunden von 1307 bis 1848]. Bd. 2, Budapest 1913.

Székely, Tibor: „Oltáriszentség." [„Altarsakrament."] In: Diós, István (Hg.): Magyar Katolikus Lexikon I–XVII. [Ungarisches katholisches Lexikon I–XVI.] Bd. X. Budapest 1995.

Szepesi, Anna: Hordozókendő a baranyai németek viseletében. Das Kindstuch bei den Deutschen in der Baranya. In: Dies. (Hg.): Hordozókendők és női sorsok. Hordozókendő a baranyai németek viseletében. Kindstücher und Frauengeschichten. Das Kindstuch bei den Deutschen in der Baranya. Textilmúzeum, Budapest 2010a, S. 5–37.

Szepesi, Anna: A rituális gyermekhordástól a ritualizált babahordozásig. Rituáldinamikai folyamatk a baranyai gyermekhordozó kendő (Kindstuch) használatában [Vom ritualen Kindertragen zum ritualisierten Babytragen. Ritualdynamische Prozesse in der Verwendung des Kindstuchs in der Baranya]. In: Ethnographia 128 (2017/4), S. 663–688.

Szolnoky, Lajos: Falusi takácscéhek Magyarországon. [Ländliche Weberzünfte in Ungarn]. In: Ethnographia LXXXIII (1972) 2–3, S. 250–265.

Szulovszky, János: A kézművesipar helyzetének változásai a céhek megszűntetésétől az államosítás küszöbéig. [Veränderungen der Lage des Handwerkergewerbes ab Aufhebung der Zünfte bis zur die Schwelle der Verstaatlichung]. (1872–1945). In: Szulovszky, János (Hg.): A magyar kézművesipar története. [Geschichte des ungarischen Handwerkergewerbes], Budapest 2005, S. 243–285.

Tagijeva, Röja: Az azerbajdzsáni szőnyeg. [Der Aserbaidschanische Teppich]. Budapest 2011.

Tambiah, Stanley J.: Eine performative Theorie des Rituals. In: Belliger, Andréa/Krieger, David J.: Ritualtheorien. Ein einführendes Handbuch. Luzern 2013, S. 223–246.

Tilley, Christopher: Objectification. In: Ders. u.a. (Hg.): Handbook of Material Culture. London u. a. 2013, S. 60–73.

Turner, Victor: Das Ritual. Struktur und Anti-Struktur. Frankfurt u.a. 2005 [Original: The Ritual Process: Structure and Anti-Structure. Chicago 1969].

Turner, Victor: Das Liminale und das Liminoide in Spiel, "Fluss" und Ritual. Ein Essay zur vergleichenden Symbologie. In: Ders.: Vom Ritual zum Theater. Der Ernst des menschlichen Spiels. Frankfurt u. a. 2009, S. 28–94.

Ulitzkaja, Ljudmila: Jakobsleiter. München 2017.

Vaclavík, Antonín: Volkskunst und Gewebe. Prag 1956.

Vándor, Andrea: Multietnikus dimenziók. Dél-Magyarország 1916–1920. Multi - ethnic Dimensions. Southern Hungary 1916–1920. [Austellungskataloge]. Pécs 2010.

Varga, Katalin/Suhai, Gábor: Szülés és születés. Lélektanon innen és túl. [Entbindung und Geburt. Diesseits und jenseits der Seelenlehre]. Budapest 2010.

Vörös, István Károly: A pécsi zsidók tragédiája 1944-ben. [Tragödie der Pécser Juden im Jahre 1944]. In Hábel, János (Hg.): Pécsi levelek 1944-ből. Dokumentumok a "zsidókérdés" pécsi megoldásáról. [Pécser Briefe aus dem Jahre 1944. Dokumente der Pécser Lösung der „Judenfrage"]. Pécs 2014, S. 17–41.

Weber, Max: Wirtschaft und Gesellschaft. Grundriss der verstehenden Soziologie. Band 1. Köln u. a. 1964.

Weber-Kellermann, Ingeborg: Zur Interethnik. Donauschwaben, Siebenbürger Sachsen und ihre Nachbarn. Frakfurt/Main 1978.

Wiedemann, Peter: Gegenstandsnahe Theoriebildung. In: Flick, Uwe u.a. (Hg.): Handbuch Qualitative Sozialforschung. Grundlagen, Konzepte, Methoden und Anwendungen. Weinheim 1995, S. 440–445.

Williams, Patricia: Protection from Harm: The Shawl and Cap in Czech and Slovak Wedding, Birthing and Funerary Rites. In: Welters, Linda (Hg.): Folk Dress in Europe and Anatolia: Beliefs about Protection and Fertility. Oxford u. a. 1999, S. 135–154.

Williams, Ron G./Boyd, James W.: Aesthetics. In: Kreinath, Jens/Snoek, Jan/Stausberg, Michael (Hg.): Theorizing Rituals: Issues, Topics, Approaches, Concepts. Leiden u. a. 2006, S. 285–319.

Winkler, Michael/Galambos, Franz: Glaube und Kirche in der Schwäbischen Türkei des 18. Jahrhunderts. Aufzeichnungen von Michael Winkler in den Pfarrchroniken von

Szakadát, Bonyhád und Gödre. Zusammengestellt, aus dem Lateinischen übersetzt und eingeleitet von Franz Galambos. München 1987.

Winnicott, Donald Woods: Transitional Objects and Transitional Phenomena. In: Ders.: Playing and Reality. London u. a. 2005, S. 1–34.

Wolf, Eli: „We are here, we are queer, get used to it." Diversity-Management als professionelles Handeln in der sozialen Arbeit am Beispiel sexueller Orientierung. In: Aschenbrenner-Wellmann, Beate (Hg.): Mit der Vielfalt leben. Verantwortung und Respekt in der Diversity- und Antidiskriminierungsarbeit mit Personen, Organisationen und Sozialrämen. Stuttgart 2009, S. 112–137.

Woodward, Ian: Understanding Material Culture. Los Angeles u. a. 2014.

Zglinicki, Friedrich von: Die Wiege volkskundlich-kulturgeschichtlich-kunstwissenschaftlich-medizinhistorisch. Regensburg 1979.

10. Liste der Interviews[1193]

(Die Videointerviews und die Transkriptionen wurden auf einem USB-Stick kopiert und der Dissertation beigefügt.)

1. **Interview mit Frau Zs. (geb. 1982 in Mohács)**
   Interview mit Frau Zs. Himesháza, 04.06.2015, 7 Min.

2. **Interview mit Herrn G. (geb. 1980 in Mohács)**
   Interview mit Herrn G. Pécs, 15.04.2015, 23 Min.

3. **Interview mit Frau T. (geb. 1956 in Himesháza)**
   Interview mit Frau T. Himesháza, 29.09.2014, 17 Min.

4. **Interview mit Frau R. (geb. 1931 in Himesháza, gest. 2021 in Mohács)**
   Interview 1 mit Frau R. Himesháza, 22.12.2009, 3 Min.
   Interview 2 mit Frau R. Himesháza, 12.10.2010, 32 Min.
   Interview 3 mit Frau R. Himesháza, 04.10.2013, 68 Min.
   Interview 4 mit Frau R. Himesháza, 05.10.2013, 6 Min.
   Interview 5 mit Frau R. Telefonisch, 01.11.2013, 2 Min.
   Interview 6 mit Frau R. Himesháza, 29.09.2014, 106 Min.
   Gruppeninterview 1 mit Frau R., zwei Frauen aus Babarc und einer Frau aus Liptód. Babarc, 29.09.2014, 19 Min.
   Gruppeninterview 2 mit Frau R. und einer Frau aus Liptód. Liptód, 29.09.2014, 22 Min.

5. **Interview mit Frau É. (geb. 1928 und gest. 2019 in Himesháza)**
   Interview mit Frau É. Himesháza, 16.09.2014, 33 Min.
   Gruppeninterview mit Frau É. und Frau R. Himesháza, 22.08.2017, 15 Min.

6. **Interview mit Frau. L. (geb. 1937 in Himesháza)**
   Interview 1 mit Frau L. Himesháza, 22.03.2012, 42 Min.

1193 Die Gruppeninterviews verliefen mit der Teilnahme jeweils eines Interviewpartners. Die anderen Teilnehmer werden erwähnt, in relevanten Fällen kommen ihre biografischen Daten im Text vor.

Interview 2 mit Frau L. Himesháza, 04.10.2013, 43 Min.
Interview 3 mit Frau L. Himesháza, 16.09.2014, 14 Min.
Interview 4 mit Frau L. Himesháza, 30.09.2014, 53 Min.

7. **Interview mit Frau K. (geb. 1931 in Szűr)**
Interview 1 mit Frau K. Szűr, 29.09.2014, 47 Min.
Interview 2 mit Frau K. Szűr, 30.09.2014, 9 Min.

8. **Interview mit Frau M. (geb. 1939 in Szűr)**
Interview mit Frau M. Szűr, 05.10.2013, 30 Min.

9. **Interview mit Frau A. (geb. 1922 in Feked, gest. 2016 in Erdősmecske)**
Interview mit Frau A. Erdősmecske, 05.09.2012, 34 Min.

10. **Interview mit Frau W. (geb. 1922 und gest. 2018 in Himesháza)**
Interview 1 mit Frau W. Himesháza, 12.09.2009, 6 Min.
Interview 2 mit Frau W. Himesháza, 12.06.2010, 5 Min.
Interview 3 mit Frau W. Himesháza, 14.09.2011, 5 Min.
Interview 4 mit Frau W. und ihrem Sohn. Himesháza, 30.12.2012, 9 Min.

11. **Interview mit Frau D. (geb. 1930 in Szűr, gest. 2015 in Himesháza)**
Gruppeninterview mit Frau D., ihrer Tochter und Frau R. Himesháza, 20.05.2015, 21 Min.

12. **Interview mit Frau F. (geb. 1929 und gest. 2021 in Himesháza)**
Interview mit Frau F. Himesháza, 16.09.2014, 13 Min.

13. **Interview mit Frau B. (geb. 1931 und gest. 2014 in Himesháza)**
Interview mit Frau B. Himesháza, 13.06.2010, 20 Min.

14. **Interview mit Frau S. (geb. 1942 in Véménd)**
Interview mit Frau S. Véménd, 21.03.2012, 52 Min.

15. **Interview mit Frau Tu. (geb. 1920 und gest. 2017 in Himesháza)**
Gruppeninterview mit Frau Tu., ihrer Tochter, ihrem Schwiegersohn und Frau R. Himesháza, 22.03.2012, 33Min.

16. **Interview mit Frau G. (geb. 1928 in Kiskoszmály, gest. 2015 in Himesháza)**

Interview mit Frau G. Himesháza, 30.09.2014, 11 Min.

17. **Interview mit Frau Di. (geb. 1939 in Kiskoszmály)**
Interview mit Frau Di. Himesháza, 30.09.2014, 5 Min.

18. **Interview mit Frau E. (geb. 1916 in Hadikfalva, gest. 2017 in Himesháza)**
Gruppeninterview mit Frau E., ihrer Tochter und Frau R. Himesháza, 30.09.2014, 16 Min.

19. **Interview mit Frau I. (geb. 1931 in Hadikfalva)**
Interview mit Frau I. Bonyhádvarasd, 14.09.2011, 9 Min.

20. **Interview mit Frau H. (geb. 1938 und gest. 2018 in Kátoly)**
Interview 1 mit Frau H. Kátoly, 22.12.2009, 9 Min.
Interview 2 mit Frau H. Kátoly, 27.10.2014, 102 Min.
Gruppeninterview mit Frau H. und ihrer Schwiegertochter, Frau Z. Kátoly, 27.10.2014, 14 Min.

21. **Interview mit Frau J. (geb. 1926 und gest. 2016 in Kátoly)**
Gruppeninterview 1 mit Frau J., ihrer Tochter und Frau H. Kátoly, 27.10.2014, 50 Min.
Gruppeninterview 2 mit Frau J., ihrer Tochter und Frau H. Kátoly, 04.05.2015, 9 Min.

22. **Interview mit Herrn F. (geb. 1955 in Mohács)**
Interview mit Herrn F. Mohács, 30.07.2014, 5 Min.

23. **Interview mit Frau U. (geb. 1962 in Somberek)**
Interview mit Frau U. Somberek, 13.09.2011, 8 Min.

24. **Interview mit Frau C. (geb. 1922 in Kátoly und gest. 2017 in Bóly)**
Interview mit Frau C. Bóly, 29.09.2014, 22 Min.

25. **Interview mit Herrn J. (geb. 1932 und gest. 2020 in Borjád)**
Interview mit Herrn J. Borjád, 27.02.2014, 16 Min.

26. **Interview mit Frau Ö. (geb. 1922 in Rácpetre, gest. 2018 in Újpetre)**
Interview 1. mit Frau Ö. Újpetre, 18.02.2014, 116 Min.

Interview 2. mit Frau Ö. Újpetre, 16.07.2014, 43 Min.

Interview 3. mit Frau Ö. Újpetre, 18.07.2014, 22 Min.

Gruppeninterview 1 mit Frau Ö. und ihrer Tochter. Újpetre, 20.02.2014, 82 Min.

Gruppeninterview 2 mit Frau Ö. und Nachbarinnen. Újpetre, 16.07.2014, 59 Min.

Gruppeninterview 3 mit Frau Ö. und Nachbarinnen. Újpetre, 30.07.2014, 12 Min.

27. **Interview mit der Tochter der Frau Ö. (geb. 1940 und gest. 2020 in Újpetre)**

Interview mit Frau Ro. (Tochter der Frau Ö.). Újpetre, 30.07.2014, 52 Min.

28. **Interview mit Frau Fi. (geb. 1925 in Nagybudmér, gest. 2017 in Újpetre)**

Interview mit Frau Fi. Újpetre, 30.07.2014, 53 Min.

29. **Interview mit Frau Ra. (geb. 1936 in Nagybudmér)**

Interview mit Frau Ra. und ihrer Schwägerin. Palkonya, 19.02.2014, 50 Min.

30. **Interview mit Frau Szi. (geb. 1930 in Kisjakabfalva)**

Interview mit Frau Szi. Kisjakabfalva, 17.02.2014, 27 Min.

31. **Interview mit Frau Ha. (geb. 1930 und gest. 2019 in Kisjakabfalva)**

Interview mit Frau Ha. Kisjakabfalva, 17.02.2014, 28 Min.

32. **Interview mit Frau Bo. (geb. 1930 in Kisjakabfalva)**

Interview mit Frau Bo. Villány, 17.02.2014, 43 Min.

33. **Interview mit der Tochter des Herrn Hu. (geb. 1948 in Nagybudmér)**

Interview mit der Tochter des Herrn Hu. Bóly, 14.07.2014, 30 Min.

34. **Interview mit dem Sohn des Herrn Hu., (geb. 1956 in Mohács)**

Interview mit dem Sohn des Herrn Hu. Pócsa, 15.07.2014, 13 Min.

35. **Interview mit der Frau des Lehrlings von Herrn Hu. (Lehrling: geb. 1931 in Belvárdgyula, gest. 2012 in Villány)**

Interview mit der Frau des Lehrlings von Herrn Hu. Villány, 14.07.2014, 24 Min.

36. **Interview mit Frau Ma. (geb. 1944 in Kásád)**

Interview mit Frau Ma. Kásád, 28.02.2014, 32 Min.

I. Bildanhang

Abbildung 1: Kleinkind im Kindstuch an der Gemeindegrenze zu Himesháza, 1954. Familienfoto.

Abbildung 2: Kleinkind in einer Šarenica, Schokatzinnen und Kinder in Festtracht in Nagykozár, erste Hälfte des 20. Jahrhunderts. Janus Pannonius Múzeum Pécs, Volkskundliche Abteilung, Fotoarchiv 346.

Abbildung 3: Kind im Kindstuch, Kirmes in Nagynyárád, 1983. Familienfoto.

Abbildung 4: Kind in einer Šarenica, Versend, 1980. Kanizsai Dorottya Múzeum Mohács, Foto Sarosácz György, 13510.

Abbildung 5: Kleinkind in einem modernen
Tragetuch des Typs Mei Tai in der Gemarkung von Fazekasboda, 2014. Foto A. Sz.

Abbildung 6: Traditioneller Hochzeitszug, festivalisiertes
Ereignis in Himesháza, 2005. Privataufnahme.

Himesháza lakói, 1990

Abbildung 7: Bandgrundstücke und Einwohner in Himesháza, 1990.
In: Aubert 1991, Landkartenbeilage.

Abbildung 8: Im Kindstuch, zum Weggehen bereit, Himesháza, 1941. Familienfoto.

Abbildung 9: Im Kindstuch, Olasz, 1948. Familienfoto.

Abbildung 10: Familienfoto von
Frau R., Himesháza, 1956.

Abbildung 11: Kindstuch von Frau K., Szűr,
2014. Foto A. Sz.

Abbildung 12: Tracht einer jungen Frau aus
Himesháza, 1910. Anhand einer Fotoauf-
nahme angefertigtes Aquarell, 1956–1962.
Originalquelle: NM. EA 9938 S. 20. Taf.III

Abbildung 13: Mädchen aus Himesháza wiegen die Nachbarskinder im Kindstuch, 1953. Familienfoto.

Abbildung 14: Himesháza, 1940er-Jahre. Familienfoto.

Abbildung 15: Bukowina-Szekler Teppich, der sogenannte Farbige, Bonyhásvarasd, 2011. Foto A. Sz.

Abbildung 16: Bukowina-Szekler Teppich, der sogenannte Farbige, Himesháza, 2014. Foto A. Sz.

Abbildung 17: Serbisches, rituelles Tischtuch aus dem 19. Jahrhundert, Somberek, 2011. Foto A. Sz.

Abbildung 18: Aus einem Kindstuch angefertigte schokatzische Schürze, Mitte des 20. Jahrhunderts. Privatsammlung, Foto Eddy Smid.

Abbildung 19: Mädchen in schokatzischer Tracht, Kátoly, Anfang 1950er-Jahre. Familienfoto.

Abbildung 20: Frau samt Šarenica, Kátoly, 2009. Foto: A. Sz.

Abbildung 21: Frau mit Šarenica und Schürze, Kátoly, 2009. Foto: A. Sz.

Abbildung 22: Frau mit Kindstuch, Palotabozsok, 2009. Foto: A. Sz.

Abbildung 23: Im Kindstuch in Himesháza, 1937. Familienfoto.

Abbildung 24: Alltagskindstuch der Frau Ö, Újpetre, 1990er-Jahre. Familienfoto.

Abbildung 25: Mutter mit ihren Kindern, Großmutter im Hintergrund, Újpetre, 1961. Familienfoto.

Abbildung 26: Vierschaftiges Kindstuch der Frau Fi., das der Webermeister Herr H. aus Nagybudmér 1942 angefertigt hatte, Újpetre, 2014. Foto: A. Sz.

Abbildung 27: Kindstuch als Hintergrund-Draperie, Himesháza, 1958. Familienfoto.

Abbildung 28: Erstkommunion, südslawisches Kelim-Gewebe als Hintergrund-Draperie, Himesháza, 1937. Familienfoto.

Abbildung 29: 1956 aus Himesháza zu einer Familie in Somberek geratenes Kindstuch. Es war bei festivalisierten Ereignissen 2019 in Somberek in Verwendung, 2019. Foto: A. Sz.

II. Technische Beschreibung
   der Kindstücher

Textiltechnische Beschreibungen, vom Gewebe ausgegangen, angefertigt durch den Fachmann für Textilien Péter Kovács, Juni 2015.

II.1. Das Kindstuch von Frau R.

Fundort des Kindstuchs von Frau R.: Himesháza

Anfertigungszeitpunkt: ca. Anfang des 20. Jahrhunderts.

Aktueller Fundort: Familienbesitz.

Zweischaftiges Beiderwand-Gewebe in Leinwandbindung.

Maße: 230 x 105 cm.

Kette: Zweifach gezwirnter Hanffaden. Kettdichte: 124/10 cm.

Schuss: An den Kanten Hanf als Schussfaden, Dichte: 130/10 cm. Handgesäumte Kanten. Bunte, einfach gezwirnte Wolle als Schussfaden, Dichte im Grund: 96/10 cm, Dichte im Muster: 80/10 cm. Farben: natur, rot, grün, blau, lila, rosa, gelb, schwarz.

Muster: Die breiten Streifen wiederholen sich mit jeder fünften Einheit. Farben: rot, lila, grün, rosa, schwarz. Die Färbung der als Abtrennung dienenden schmalen Streifen geschah nach der Fantasie.

Anmerkung: Wegen der Abweichung der Dichte von Kette und Schussfaden sind die Ketten im Stocken. Auf einer Seite geraut, die Schussfäden bedecken die Kettfäden nicht, sichtbare Bindungen. Das Tuch ist stark abgenutzt.

II.2. Das Kindstuch von Frau T., Schwägerin von Frau R.

Fundort des Kindstuchs von Frau T.: Es gelangte aus Somberek nach Himesháza

Anfertigungszeitpunkt: ca. Ende des 19. Jahrhunderts

Aktueller Fundort: Familienbesitz.

Vierschaftiges Gewebe mit Spitzeinzug.

Maße: 240 x 79 cm.

Kette: Einfach gezwirnter rauer Leinenfaden. Kettdichte: 60/10 cm.

Schuss: Im Grund zweifach gezwirnte Rohbaumwollfaden, Dichte im Grund: 410/10 cm.
   Schuss im Muster: Zweifach gezwirnte Naturbaumwollfaden, Dichte: 410/10 cm, und
   einfach gezwirnte farbige Wolle, Dichte: 240/10 cm. Farben: schwarz, rot, rosa, blau,
   zyklam, grün. Eintragung: Bunt, ändert sich nach dem Muster.

Bindungen: Schussripsbindung im Grund. Schussripsbindung im Muster, mit Variationen,
   die sich aus den vier Webschaften ergeben.

Anmerkung: Bordürartiges Muster, beide Enden sind nach demselben Streifenrhythmus
   gewebt. Wiederholung der breiten Streifen: Nach drei dunklen Streifen kommt ein
   Streifen mit hellerem Grund. Als Muster wurden Schlangen/Nattergang-Variationen
   (doppelt, gedehnt, gespiegelt) gewebt. „K"-Monogramm mit Kreuzstickerei.

II.3. Das Alltagskindstuch der Frau L., das sie von ihrer Mutter erhielt.

Fundort des Kindstuchs von Frau L.: Himesháza

Anfertigungszeitpunkt: Ca. Ende des 19. / Anfang des 20. Jahrhunderts

Aktueller Fundort: Familienbesitz.

Zweischaftiges Beiderwand-Gewebe in Leinwandbindung.

Maße: 245 x 100 cm.

Kette: Einfachfach gezwirnter Hanffaden. Kettdichte: 128/10 cm. Am Rande des Tuches verdichtete Ketten.

Schuss: An den Kanten Hanf als Schussfaden, Dichte: 100/10 cm. Handgesäumte Kanten. Bunte, einfach gezwirnte Wolle als Schussfaden. Dichte im Muster: 72/10 cm. Farben: natur, grün, rot, dunkellila, gelb, schwarz.

Muster: Die breiten Streifen wiederholen sich mit jeder vierten Einheit. Grundfarbe der Streifen: gelb, grün, rot, schwarz. Das Muster endet mit zwei schmalen Streifen.

Anmerkung: Archaisches Stück. Auf einer Seite geraut, die Schussfäden bedecken die Kettfäden nicht, sichtbare Bindungen.

II.4. Das Festtagskindstuch der Frau L., das sie von ihrer Schwiegermutter erhielt.

Fundort des Kindstuchs von Frau L.: Himesháza

Anfertigungszeitpunkt: Ca. Anfang des 20.Jahrhunderts

Aktueller Fundort: Familienbesitz.

Zweischaftiges Beiderwand-Gewebe in Leinwandbindung.

Maße: 237 x 105 cm.

Kette: Einfach gezwirnter Baumwollfaden. Kettdichte: 120/10 cm.

Schuss: An den Kanten Hanf als Schussfaden, Dichte: 80/10 cm. Handgesäumte Kanten. Bunte, einfach gezwirnte Wolle als Schussfaden. Dichte: 88/10 cm. Farben: natur, schwarz, zyklam, rot, grün, gelb, dunkelblau.

Muster: Die breiten Streifen wiederholen sich mit jeder fünften Einheit. Farben: dunkelblau, zyklam-grün-schwarz-rot. Der letzte breite Streifen ist schwarz statt dunkelblau. An beiden Endseiten zwei bordürhafte, schmale, abschließende Streifen.

Anmerkung: Auf einer Seite geraut, die Schussfäden bedecken die Kettfäden nicht, sichtbare Bindun-gen. Am Ende in Kettfäden gesticktes „L. A." Monogramm, darunter mit Kreuzstickerei eine Zick-Zack Zierreihe.

II.5. Das abgenutzte Kindstuch der Frau L., in vier Stücke geschnitten.

Fundort des Kindstuchs von Frau L.: Himesháza

Anfertigungszeitpunkt: ca. Anfang des 20. Jahrhunderts

Aktueller Fundort: Familienbesitz.

Fragment aus vier Stücken.

Zweischaftiges Beiderwand-Gewebe in Leinwandbindung.

Volle Größe: 224 x 104 cm.

Kette: Einfach gezwirnter Hanffaden. Kettdichte: 128/10 cm.

Schuss: An den Kanten Hanf als Schussfaden, Dichte: 100/10 cm. Handgesäumte Kanten. Bunte, einfach gezwirnte Wolle als Schussfaden. Dichte an den beiden Enden: 88/10 cm. Dichte im Muster: 80/ 10 cm. Farben: natur, rot, grün, dunkellila, bläulich-lila, gelb.

Anmerkung: Auf einer Seite geraut, die Schussfäden bedecken die Kettfäden nicht, sichtbare Bindungen. Bordürhaft, aber es sind nur auf der einen Endseite fünf schmale Streifen zu erkennen. Es ist in vier Teile geschnitten, die Farben sind verschwommen.

II.6. Kindstuch der Frau K.

Fundort des Kindstuchs von Frau K.: Szűr

Anfertigungszeitpunkt: ca. Anfang des 20. Jahrhunderts

Aktueller Fundort: Familienbesitz.

Zweischaftiges Beiderwand-Gewebe in Leinwandbindung.

Maße: 228 x 106 cm.

Kette: Einfach gezwirnter Baumwollfaden. Kettdichte: 128/10 cm.

Schuss: An den Kanten Hanf als Schussfaden, Dichte: 100/10 cm. Handgesäumte Kanten.
Bunte, einfach gezwirnte Wolle als Schussfaden. Dichte im Grundstoff: 110/10 cm,
Dichte im Muster: 90/10 cm. Farben: natur, rot, gelb, schwarz.

Muster: Drei breite Streifen werden wiederholt. Rot-gelb-schwarz. Die schmalen Streifen:
schwarz-rot und rot-gelb.

Anmerkung: Auf einer Seite stark geraut, die Schussfäden bedecken die Kettfäden nicht,
sichtbare Bindungen.

II.7. Šarenica der Frau H.

Fundort der Šarenica von Frau H.: Kátoly

Anfertigungszeitpunkt: 20. Jahrhundert

Aktueller Fundort: Forschungssammlung.

Zweischaftiges Gewebe in Leinwandbindung. Es ist aus zwei Stücken zusammengenäht.

A) Dicht gestreifter Teil.

Maße: 240 x 44 cm.

Kette: Zweifach gezwirnter Baumwollfaden. Zweifach in die Schäfte gefädelt.

Kettdichte: 80+80/10 cm.

Schuss: Einfach gezwirnte Wolle, Dichte: 216/10 cm.

Muster: Dichte, bunte Streifen.

B) Mit weniger Streifen gewebter Teil.

Maße: 240 x 44 cm.

Kette: Zweifach gezwirnter Baumwollfaden. Zweifach in die Schäfte gefädelt.

Kettdichte: 80+80/10 cm.

Schuss: Einfach gezwirnte Wolle, Dichte: 200/10 cm. Am Ende ist die Rohwolle in zwei
    Fasern, 12 cm lang eingefädelt.

Muster: Wenige, bunte Streifen.

Anmerkung: Die zwei Teile wurden womöglich am selben Webstuhl angefertigt. Sie wirken
    stark bunt.

II.8. Das Festtagskindstuch der Frau C., das sie von ihrer Mutter erhielt

Fundort des Kindstuchs von Frau C.: Kátoly/Bóly

Anfertigungszeitpunkt: ca. Anfang des 20. Jahrhunderts

Aktueller Fundort: Forschungssammlung.

Vierschaftiges Gewebe mit verlängertem Spitzeinzug.

Maße: 244 x 78 cm.

Kette: Roher Hanf. Kettdichte: 64/10 cm.

Schuss: An den Kanten Hanf als Schussfaden, Dichte: 120/10 cm. Handgesäumte Kanten.

Im Grund: Doppelsträngige Rohbaumwolle, Dichte: 340/10 cm.

Muster: Doppelsträngige Rohbaumwolle als rohfarbiger Schussfaden. Einfach gezwirnte Wolle als bunter Schussfaden. Farben: zyklam, bordeaux, rot, bläulich-lila, grün, schwarz.

Dichte im Muster: 180/10 cm.

Eintragung: Farbig, ändert sich nach dem Muster.

Bindung: An den Kanten Leinwandbindung.

Bindung im Grund: Schussripsbindung.

Im Muster: Schussripsbindung mit Variationen, die sich aus den vier Webschaften ergeben.

Anmerkung: Bordürartiges Muster, beide Enden sind nach demselben Streifenrhythmus gewebt. Nach sechs farbigen Streifen kommt ein breiterer, anschließend kommen wie-

der sechs schmalere Streifen. Der gespiegelte Teil startet mit einem doppelten Nattergang. Die Fortsetzung ist nicht mehr dieselbe. Es wechseln sich mit kleinen Ringlein
gewebte Teile zwischen widergespiegeltem Nattergang, Streifenrhythmen und einfa-
chen Nattergang-Motiven ab. Neben Abbildungen aus Musterbüchern[1194] wurden im-
provisatorische Teile in Richtung Schuss mit etwas gestreckten, verzerrten Mustern ins
Tuch gewebt. Der verlängerte Spitzeinzug in Richtung der Kette streckt die Muster
ebenfalls. Das Tuch hat eine bunte Auswirkung. Auf der Vorderseite befindet sich ein
bläulich-lila und rosafarbenes Stickmuster mit Kreuzstickerei in altdeutscher Schrift:
„C. W." Zwischen den Buchstaben befindet sich eine kleine Ornamentik.

[1194] Vgl. Kirschbaum 1771, S. 93 f und Tafel 71–73.

II.9. Das Alltagskindstuch der Frau Ö., das sie von ihrer Mutter erhielt.

Fundort des Kindstuchs von Frau Ö.: Újpetre

Anfertigungszeitpunkt: Ca. Ende des 19.Jahrhunderts-ö

Aktueller Fundort: Familienbesitz.

Zweischaftiges Gewebe.

Maße: 232 x 67 cm.

Kette: Baumwolle. Kettdichte: 156/10 cm. Einzug: 4-fach in die Litzen und in die Webkämme.

Schuss: An den Kanten Baumwolle als Schussfaden. Dichte: 160/10 cm. Handgesäumte Kanten.

Im Grund: Doppelsträngige Baumwolle. Dichte im Grund: 250/10 cm.

Muster: Einfach gezwirnte, bunte Wolle. Dichte im Muster: 125/10 cm.

Bindung: Leinwandbindung. Aufgrund der 4-er Einlesung entsteht eine starke Ripswirkung.

Muster: Entsteht mit buntem Schussfaden. Der Phantasie nach aus fünf Farben: schwarz, dunkelweinrot, veilchenlila, lila, haselnussbraun. An einem Ende der Komposition beginnt das Muster nach einem schwarzen Streifen, am anderen Ende markieren immer dünner werdende bunte Reihen den Schluss. Nicht geraut. Vielleicht ist es die Darstellung des Lebensweges.

II.10. Das Festtagskindstuch der Frau Ö., das von ihrem Mann gewebt wurde.

Fundort des Kindstuchs von Frau Ö.: Újpetre, Anfertigungszeitpunkt: 1940.

Aktueller Fundort: Familienbesitz.

Vierschaftiges Gewebe mit Spitzeinzug.

Maße: 248 x 74 cm.

Kette: Doppelsträngiger Hanf. Kettdichte: 80/10 cm.

Schuss: An den Kanten Hanf als Schussfaden, Dichte: 180/10 cm.

  Im Grund: Einfach gezwirnte Rohbaumwolle, Dichte: 240/10 cm.

  Muster: Doppelsträngige Rohbaumwolle als rohfarbiger Schussfaden. Einfach gezwirnte Wolle als bunter Schussfaden. Farben: schwarz, rot, pflaumenblau, blau, grün,
  orange, zyk-lame. Dichte im Muster: 80/10 cm.

Bindung: An den Kanten Ripsbindung. Bindung im Grund: 4-er Schussripsbindung.

Im Muster: Die schmalen Streifen sind in 4-er Ripsbindung. Breite Musterstreifen: Schussripsbindung mit Variationen, die sich aus den vier Webschaften ergeben.

Anmerkung: Bordürartiges Muster, an beiden Enden aus schmalen Streifen mit sehr ähnlichen Streifenrhythmen gewebt. Die breiten Musterstreifen weisen keine Struktur auf.

II.11. Das archaische Kindstuch
der Nachbarin der Frau Ö.

Fundort des Kindstuchs von E. S.: Újpetre, Anfertigungszeitpunkt: Ca. Ende des 19. Jh.s.

Aktueller Fundort: Forschungssammlung.

Vierschaftiges Gewebe mit Spitzeinzug.

Maße: 244 x 68 cm.

Kette: Doppelsträngiger roher Hanf. Kettdichte: 60/10 cm.

Schuss: Im Grund: Einfach gezwirnte Rohbaumwolle, Dichte: 400/10 cm.

Muster: Doppelsträngige Rohbaumwolle als rohfarbiger Schussfaden. Einfach gezwirnte Wolle als bunter Schussfaden. Farben: dunkelgrün, schwarz. Des Weiteren gerautes blau, doppelsträngige Wolle. Dichte im Muster: 180/10 cm.

Bindung: Der Anfang ist beiderseits des Tuchs aus Leinenbindung.

Im Muster: Schussripsbindung mit Variationen, die sich aus den vier Webschaften ergeben.

Anmerkung: Bordürartiges Muster, die zwei Enden sind ungleich, aber die ersten vier Musterreihen sind beiderseits ähnlich. Es gibt in mehreren Musterreihen Ähnlichkeiten bezüglich der Muster des Kirschbaum Musterbuchs.[1195] Effekt: archaisch, festliches Tuch.

[1195] Vgl. ebd.

II.12. Das Kindstuch der Frau Fi., das von Herrn Hu. gewebt wurde.

Fundort des Kindstuchs von Frau Fi.: Nagybudmér/Újpetre

Anfertigungszeitpunkt: 1939–1942.

Aktueller Fundort: Familienbesitz.

Vierschaftiges Gewebe mit Spitzeinzug.

Maße: 248 x 72 cm.

Kette: Einfach gezwirnter Hanffaden. Kettdichte: 88/10 cm.

Schuss: An den Kanten Hanf als Schussfaden, Dichte: 120/10 cm.

   Im Grund: Stark geflochtene, einfach gezwirnte Baumwolle, Dichte: 480/10 cm.

Muster: Rohbaumwolle als rohfarbiger Schussfaden. Einfach gezwirnte Wolle, als bunter
   Schussfaden. Farben: schwarz, rot, rötlichbraun, dunkelorange, mittelorange, zyklam,
   grün, pflaumenblau, blau. Dichte im Muster: 82/10 cm.

Bindung: An den Kanten Ripsbindung. Bindung im Grund: 4-er Schussripsbindung.
   Im Muster: Die schmalen Streifen sind in 4-er Ripsbindung. Die breiten Musterstrei-
   fen: Schussripsbindung mit Variationen, die sich aus den vier Webschaften ergeben.
   Variationen des Nat-tergangs.

Anmerkung: Bordürartiges Muster, aber die beiden Enden sind nicht gleich. Beim Anfang sind von den schmalen Streifen drei gemustert. System der breiten Streifen: ein Streifen mit hellem, ein Streifen mit dunklem Grund. Das Muster ist bunt, sehr lebhaft. Am Anfang findet man eine die ganze Breite ausfüllende Kreuzstickerei, angefertigt aus den Farben des Tuchs: „Imhof 1942 Mari".

III. Ortschafts- und Komitatsnamen der Feldforschung

Länderkürzel nach UN/LOCODE

HR	Kroatien	RO	Rumänien	SK	Slowakei
HU	Ungarn	RS	Serbien	UA	Ukraine

Alsószentmárton/Szentmárton, Semartin, Sânmarta de Jos (HU)

Andrásfalva, Măneuți (RO)

Átány (HU)

Babarc, Bawarz, Babarc (HU)

Bács-Bodrog, Batsch-Bodrog, Bačko-Bodroška (Komitat; HU)

Bács-Kiskun, Batsch-Kleinkumanien, Bačko-kiškunska (Komitat; HU)

Bácska, Batschka, Bačka (Komitat, HU/RS)

Baja, Frankenstadt (HU)

Bánság/Bánát, Banat (Komitat; HU/RO/RS)

Bár, Baar, Bar (HU)

Baranya, Branau, Baranja (Komitat, HU)

Baranyavár, Branjin Vrh (HR)

Belgrád, Beograd (RS)

Belvárdgyula, Belward, Belvar (HU)

Beremend, Behrend, Breme (HU)

Bogád, Bogadin/Borovo (HU)

Bóly, Bohl, Boja (HU)

Bonyhád, Bonnhard (HU)

Bonyhádvarasd, Warasch (HU)

Borjád, Burjad, Borja (HU)

Bratislava, Pozsony, Pressburg (SK)

Budaörs, Wudersch, Jerša (HU)

Bükkösd, Wickisch, Bikeš/Bukoveccel (HU)

Bukowina, Bucovina, Буковина (RO/UA)

Cikó, Zickau (HU)

Dárda, Lanzenau, Darda (HR)

Egerág, Egrad, Egrag/Jegrag (HU)

Erdősmárok, Bischofsmarok, Marok (HU)

Erdősmecske, Ratzmetschke, Mečka (HU)

Fazekasboda, Boden, Bodica (HU)

Fejér, Stuhlweiß, Bila/Fejerska (Komitat; HU)

Feked, Schwarzfeld, Fejket (HU)

Fogadjisten, Vergeltsgott, Iacobeşti (RO)

Geresd, heute Geresdlak, Gereschlak, Gereš (HU)

Gödre, Gödring, Đudra (HU)

Görcsönydoboka, Ketschinge-Tuwoke, Garčin (HU)

Grosny (RU)

Gyimesközéplok, Lunca de Jos, Nieder-Gimesch (RO)

Hadikfalva, Kriegsdorf, Dorneşti (RO)

Hegyhát (Kreis; HU)

Hercegszabar, heute Székelyszabar (HU), s. Székelyszabar

Hajdú-Bihar (Komitat, HU)

Himesháza, Nimme(r)sch, Imeš/Imešaz/Nemišaz/Nimeš (HU)

Istensegíts, Helfgott, Ţibeni (RO)

Józseffalva, Vornicenii Mici (RO)

Juhépuszta, heute Ortsteil von Kisdorog, Kleindorog (HU)

Kalotaszentkirály, Heilkönig/Sehngrall, Sâncraiu (RO)

Kárászpuszta, heute Ortsteil von Szentegát (HU)

Kásád, Kašad (HU)

Kátoly, Katol/Kattelhof, Katolj (HU)

Kárász (HU)

Kačarevo, Franzfeld (RS)

Karlowitz, Srijemski Karlovci, Karlóca (RS)

Kisbudmér, Kleinbudmer, Mali Budmir (HU)

Kisherend, Renda (HU)

Kisjakabfalva, Jackfall, Jakobovo (HU)

Kiskálna (SK)

Kiskassa, Kascha, Kaša (HU)

Kiskoszmály, Malé Kozmálovce (SK)

Kisóvár, Starý Hrádok (SK)

Köblény, Kewling, Kubin (HU)

Kövesd, s. Villánykövesd

Leutschau, Lőcse, heute Levoča (SK)

Lippó, Lippwar, Lipovica/Lipova (HU)

Liptód, Litowr, Litoba (HU)

Maráza, Marase, Maraza (HU)

Máriagyűd, Marjud, Jud/Đud, heute Stadtteil von Siklós (HU)

Máriakéménd, Kemend, Kemed (HU)

Márok/Németmárok, Deutschmarok (HU)

Mecsekalja (Region; HU)

Mohács, Mohatsch, Mohač (HU)

Mözs, Mesch/Mötschau (HU)

Nagybudmér, Großbudmer, Veliki Budmir (HU)

Nagykálna, Kalná (SK)

Nagykozár, Kosar, Kozar (HU)

Nagynyárád, Großnaarad, Veliki Narad (HU)

Nagypall, Nadjpohl/Pahl, Palija (HU)

Németbóly, Deutsch-Bohl heute Bóly, s. Bóly (HU)

Olasz, Ahlaß, Olas (HU)

Ormánság (Region, HU)

Palkonya, Palkan, Plakinja/Palkonija (HU)

Palotabozsok, Boschok, Božuk (HU)

Pécs, Fünfkirchen, Pečuh (HU)

Pécsdevecser, Dewetsch, Devčar (HU)

Pécsvárad, Petschwar, Pečvar (HU)

Pest (Komitat; HU)

Peterd, Peterda (HU)

Palkonya, Palkan, Plakinja/Palkonija (HU)

Pozsony, Bratislava, Pressburg, Požun (SK)

Rácpetre, heute Újpetre, s. Újpetre (HU)

Ráckipli, Raizgipfel, Teil von Újpetre (HU)

Sathmar, Satu Mare, Szatmárnémeti (RO)

Siebenbürgen, Erdély, Transilvania (Region, RO)

Siklós, Sieglos, Šikloš (HU)

Solymár, Schaumar (HU)

Somberek, Schomberg, Šumberak/Šumbrig (HU)

Somogy, Schomodei, Šomođska županija (Komitat; HU)

Szabolcs-Szatmár (Komitat, HU)

Szajk, Seike, Sajka (HU)

Szakadát, Sagetal (HU)

Szalánta, Salanta (HU)

Szebény, Sebinj/Sevenj (HU)

Szekszárd, Sechshard/Sechsard, Seksar (HU)

Székelyszabar, Sabern (HU)

Szentgotthárd, St. Gotthard, Monošter (HU)

Szigetvár, Großsiget/Inselburg, Siget (HU)

Szőlőhegy, heute Teil von Mohács (HU)

Szőreg, heute Teil von Szeged, Sirig (HU)

Szűr, Sier/Siehr, Sur (HU)

Tiszalök (HU)

Tolna, Tolnau, Tolna (Komitat, HU)

Újpetre, Ratzpeter, Petra/Racpetra (HU)

Véménd, Wemend/Weimend, Vemen/Vimen (HU)

Versend, Wöschendorf, Vršenda (HU)

Villány, Wieland, Vilanj (HU)

Villánykövesd, Gowisch, Keveša/Kovaš (HU)

Virágos, heute Stadtteil von Villány (HU)

Vokány, Wakan, Vakan (HU)

Völgység (Region, HU)